Müller · Leitner · Mráz
Physik

Leistungskurs 1. Semester
Elektrische und
magnetische Felder

Oldenbourg

Das Papier ist aus chlorfrei gebleichtem Zellstoff hergestellt, ist säurefrei und recyclingfähig.

© 1998 Oldenbourg Schulbuchverlag GmbH, München
www.oldenbourg-bsv.de

Das Werk und seine Teile sind urheberrechtlich geschützt. Jede Verwertung in anderen als den gesetzlich zugelassenen Fällen bedarf deshalb der vorherigen schriftlichen Einwilligung des Verlages.

9., neubearbeitete Auflage 1988
Unveränderter Nachdruck   06   05   04   03   02
Die letzte Zahl bezeichnet das Jahr des Drucks.

Umschlagkonzeption: Mendell & Oberer, München
Satz und Druck: Tutte Druckerei GmbH, Salzweg-Passau
Bindung: R. Oldenbourg, Graph. Betriebe GmbH, München

ISBN 3-486-**02987**-8

Inhalt

Vorwort 5

A Elektrostatik
1. Physikalische Größen, Definitionen und Gesetze der Elektrizitätslehre
   Wiederholung aus der Mittelstufe 7
2. Elektrische Stromstärke und elektrische Ladung 14
3. Eigenschaften der elektrischen Ladung (qualitativ) – Kondensator 18
4. Die elektrische Feldstärke 28
5. Arbeit im elektrischen Feld 35
6. Das elektrische Potential 44
7. Spannung und Potentialdifferenz 49
8. Potentialmessungen 51
9. Die elektrische Verschiebungsdichte 56
10. Das radialsymmetrische Feld – das Coulombsche Gesetz 60
11. Materie im elektrischen Feld 69
12. Energie im elektrischen Feld 76
13. Die Faradayschen Gesetze der Elektrolyse 83
14. Der Millikanische Öltröpfchenversuch –
    Elementarladung Praktikumsversuch 85
15. Bewegung von Elektronen im homogenen elektrischen Feld 91

B Das magnetische Feld
16. Wiederholung der wichtigsten Begriffe des Magnetismus
    aus der Mittelstufe 99
17. Kraft auf einen stromdurchflossenen Leiter im Magnetfeld 104
18. Kraft auf bewegte Ladungsträger im Magnetfeld – Lorentzkraft $\vec{F}_l$ 110
19. Die elektromagnetische Induktion – 1. Teil 114
20. Der Hall-Effekt 119
21. Bewegung geladener Teilchen im homogenen Magnetfeld 126
22. Abituraufgaben zu Ladungen im elektrischen und magnetischen Feld 134
23. Die magnetische Feldstärke 138
24. Lineare Überlagerung magnetischer Felder* 146
25. Die elektromagnetische Induktion – 2. Teil 148
26. Das Lenzsche Gesetz 156
27. Wechselstrom 163
28. Ferromagnetismus* 169
29. Die Selbstinduktion 173
30. Ein- und Ausschaltvorgänge an Kondensator und Spule 187
31. Energiedichte des magnetischen Feldes 192

Anhang 1: Zusammenfassung einiger Gesetze der Integralrechnung 198
Anhang 2: Das Spiegelgalvanometer – Praktikum 200
Anhang 3: Vereinfachte Darstellung der Funktionsweise
  eines Meßverstärkers 207

Anhang 4: Hinweise zur Durchführung und Auswertung des
Millikan-Versuches   209
Anhang 5: Messung von Spannungsstößen mit dem Galvanometer   213
Anhang 6: Lösung der wichtigsten Aufgaben   216
Anhang 7: Themen für Referate   262
Anhang 8: Ein- und Ausschaltvorgänge bei Spule und
Kondensator, Computersimulation   266
Anhang 9: Neuere Reifeprüfungsaufgaben   270
Literaturverzeichnis   276
Register   277

Vorwort

Das vorliegende Buch für das erste Semester des Leistungskurses Physik behandelt in bewußt straffer Form und einprägsamer bildlicher Darstellung die Lerninhalte des derzeit in Bayern gültigen Lehrplanes.
Dem Lehrer bleibt dabei die wünschenswerte Freiheit in der Gestaltung des Unterrichts erhalten – der Schüler findet das für ihn Wesentliche so dargestellt, daß er die Lernziele erreichen kann. Darüber hinaus wird dem Schüler durch Hinweis auf geeignete Literatur die Möglichkeit geboten, seine Kenntnisse noch zu vertiefen.
Kleinere geeignete Abschnitte des Lehrstoffes werden in Form von Aufgaben gestellt, um den Schüler zur Eigentätigkeit anzuregen. Ausführliche Lösungen hierzu sind in einem Anhang aufgenommen. Darüber hinaus findet der Leser im Lehrbuch zahlreiche für den Leistungskurs geeignete Aufgaben zur Lernzielkontrolle, deren Lösungen dem Lehrbuch ebenfalls in einem Anhang beigegeben sind. Für einige Aufgaben wurden bewußt keine Lösungen angegeben.
Die beschriebenen Versuche sind im allgemeinen nicht an bestimmte Gerätetypen gebunden. Experimente, die für ein Praktikum geeignet sind, werden so ausführlich beschrieben, daß sie der Schüler selbständig vorbereiten und durchführen kann. Das Symbol ■ weist auf geeignete Unterrichtsfilme hin.
In einem Anhang sind für zusätzliche Übung neuere Reifeprüfungsaufgaben aus Bayern hinzugefügt.
Kapitel, die mit einem Stern (*) gekennzeichnet sind, gehören nicht zum Pflichtpensum des in Bayern gültigen Lehrplans.
Im Anhang ist eine Liste von Referatsthemen aufgeführt. Die Literaturhinweise sollen dem Kollegiaten die Vorbereitung erleichtern.

Die Verfasser

Vorwort zur 8. Auflage

Die überarbeitete Auflage berücksichtigt die zum Schuljahr 1987/88 in Bayern in Kraft getretenen Lehrplanänderungen sowie die Änderungen der für die Reifeprüfung zugelassenen Formelsammlung.

Die Verfasser

A Elektrostatik

1. Physikalische Größen, Definitionen und Gesetze der Elektrizitätslehre, Wiederholung aus der Mittelstufe

Im ersten Semester werden die von der Mittelstufe bekannten Gebiete »Elektrizitätslehre« und »Magnetismus« wieder aufgegriffen und vertieft behandelt. Im folgenden wiederholen wir die wichtigsten Begriffe aus der Elektrizitätslehre und festigen sie mit Hilfe von Aufgaben.

1.1 Die Kirchhoffschen Gesetze

Zu den drei Basisgrößen aus der Mechanik (Länge, Masse und Zeit) kommt in der Elektrizitätslehre noch die Grundgröße **Stromstärke** hinzu. Die genaue Festlegung dieser Basisgröße erfolgt in Kapitel **2**.

Diese vier Grundgrößen bilden das sogenannte **MKSA-System** (Meter-Kilogramm-Sekunde-Ampere-System). Bei Berechnungen ist es sinnvoll, diese Einheiten zu verwenden, da dann die Einheitenumwandlungen besonders einfach ausfallen.

Besitzt eine Stromquelle die Spannung U und fließt aufgrund dieser Spannung im Kreis ein Strom der Stärke I (kurz: der Strom I), so hat der Kreis den Widerstand R mit

$$R = \frac{U}{I}; \quad \text{(Definition des Widerstandes)}$$

Für die Einheit von R gilt:

$$[R] = 1\,\frac{\text{V}}{\text{A}} = 1\,\Omega;$$

Bei bestimmten Leitern (z. B. Konstantandraht) ist der Strom I zur Spannung U proportional. In diesem Fall gilt das **Ohmsche Gesetz:**

$U \sim I$; oder R konstant   (Gesetz von Ohm)

Den Widerstandswert eines Leiters kann man auch aus seiner Länge l und seinem (konstanten) Querschnitt A berechnen:

$$R = \varrho \cdot \frac{l}{A};$$

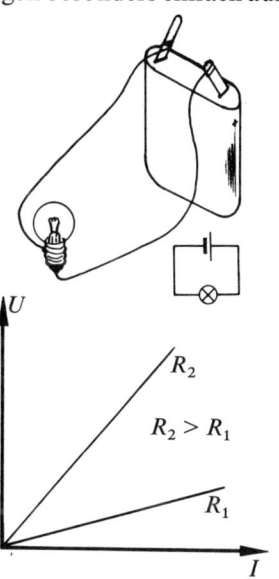

Bei »ohmschen« Widerständen sind Spannung und Strom zueinander proportional.

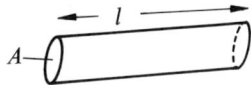

Dabei ist ϱ der materialabhängige **spezifische Widerstand**. Seine übliche Einheit ist:

$$[\varrho] = 1\,\frac{\Omega \cdot mm^2}{m} \quad (= 10^{-6}\,\Omega m);$$

Um in einem komplexen Stromkreis alle Ströme und Teilspannungen berechnen zu können, bedient man sich der Kirchhoffschen Gesetze.

1. Kirchhoffsches Gesetz (Knotenregel)
Die Summe der zu einem Verzweigungspunkt (Knoten) hinfließenden Ströme ist gleich der Summe der abfließenden Ströme.
Im dargestellten Beispiel gilt:

$$I = I_1 + I_2 + I_3;$$

2. Kirchhoffsches Gesetz (Maschenregel)
Bei einem beliebigen geschlossenen Stromkreis ist die Summe der Teilspannungen gleich der Gesamtspannung.
Im dargestellten Beispiel gilt:

$$U = U_1 + U_3; \quad \text{oder}$$
$$U = U_1 + U_2 + U_4;$$

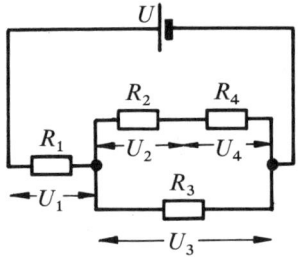

Bei nebenstehender Parallelschaltung gilt insbesondere:

$$U = U_1 = U_2 = U_3; \quad \text{oder}$$
$$I_1 \cdot R_1 = I_2 \cdot R_2 = I_3 \cdot R_3;$$

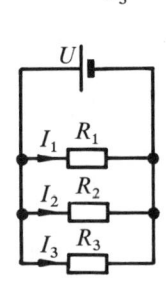

Aus diesen Gesetzen lassen sich für den Gesamtwiderstand R_g einer Serienschaltung von zwei Widerständen die Beziehung

$$R_g = R_1 + R_2;$$

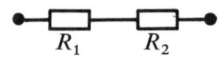

und für den Gesamtwiderstand einer Parallelschaltung von zwei Widerständen die Beziehung

$$\frac{1}{R_g} = \frac{1}{R_1} + \frac{1}{R_2};$$
$$R_g = R_1 \parallel R_2 = \frac{R_1 \cdot R_2}{R_1 + R_2};$$

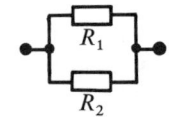

herleiten.

Physikalische Größen, Definitionen und Gesetze der Elektrizitätslehre 9

1. Aufgabe:
Leiten Sie aus den Kirchhoffschen Gesetzen die Formel für den Gesamtwiderstand
a) einer Serienschaltung von drei Widerständen R_1, R_2 und R_3,
b) einer Parallelschaltung von drei Widerständen R_1, R_2 und R_3
her.

2. Aufgabe:
Eine Kupferleitung soll durch eine Leitung aus Aluminium ersetzt werden, wobei Länge und Widerstand die gleichen Werte haben sollen. Gegeben sind die Materialdaten:

$\gamma_{Cu} = 8{,}7 \cdot 10^4 \text{ N/m}^3$
$\gamma_{Al} = 2{,}6 \cdot 10^4 \text{ N/m}^3$
$\varrho_{Cu} = 0{,}018 \text{ } \Omega \text{ mm}^2/\text{m}$
$\varrho_{Al} = 0{,}029 \text{ } \Omega \text{ mm}^2/\text{m}$

Berechnen Sie das Gewichtsverhältnis von Kupfer- und Aluminiumleitung!

3. Aufgabe:
Aus drei Widerständen $R_1 = 20 \text{ } \Omega$; $R_2 = 25 \text{ } \Omega$; $R_3 = 100 \text{ } \Omega$; werden die gezeichneten Kombinationen zusammengestellt.

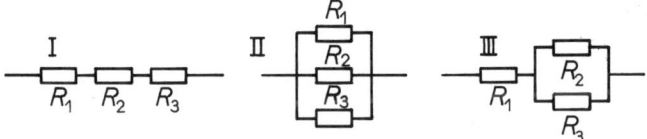

An jeder der drei Kombinationen wird jeweils die Spannung $U = 116$ V angelegt.
Man berechne für jede Kombination:
a) den Gesamtwiderstand
b) die an jedem einzelnen Widerstand liegende Spannung
c) den durch jeden einzelnen Widerstand fließenden Strom.

4. Aufgabe:
Ein (Drehspul-)Meßgerät, welches einen Widerstand $R_M = 50 \text{ } \Omega$ hat und bei einem Strom $I_M = 2$ mA Vollausschlag zeigt, soll in der gezeichneten Schaltung für die Meßbereiche 10 mA und 100 mA verwendet werden.

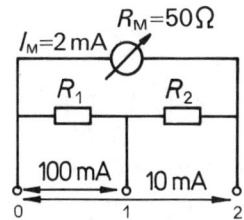

Wie sind die Widerstände R_1 und R_2 zu wählen, damit zwischen den Klemmen 0–2 bzw. 0–1 die angegebenen Meßbereiche erhalten werden?

5. Aufgabe:
Ein Amperemeter mit einem Innenwiderstand von $R_i = 50\,\Omega$ zeigt bei einem Strom von $I = 2{,}0$ mA Vollausschlag.

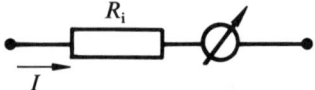

a) Welche Spannung kann mit obigem Instrument höchstens gemessen werden?
b) Der Meßbereich des Amperemeters soll auf 1,0 A erweitert werden.
 α) Wie hat man hierbei vorzugehen? Schaltskizze!
 β) Berechnen Sie den Wert des benötigten Widerstandes.

6. Aufgabe:
Durch ein Meßinstrument fließen 300 µA, wenn an ihm die Spannung 60 mV anliegt. Das Gerät zeigt dann gerade Vollausschlag.
a) Berechnen Sie den Innenwiderstand des Gerätes.
b) Der Meßbereich des Instruments soll auf 100 V erweitert werden:
 α) Wie muß man dabei vorgehen? Schaltskizze!
 β) Berechnen Sie den Wert des benötigten Widerstandes.

7. Aufgabe:
Die Werte zweier Widerstände $R_1 = 2{,}0\,\Omega$ und $R_2 = 800$ kΩ sollen durch Messung überprüft werden. Zur Verfügung stehen:
eine Batterie mit $U = 10{,}0$ V,
ein Spannungsmeßgerät (Bereich 10 V, Innenwiderstand 5,0 kΩ) und drei Strommeßgeräte
A_1: Bereich 6 A,   Innenwiderstand 0,50 Ω,
A_2: Bereich 3 mA,   Innenwiderstand 50 Ω,
A_3: Bereich 100 µA, Innenwiderstand 1000 Ω.
Prinzipiell kann der Widerstand auf zwei Arten gemessen werden:

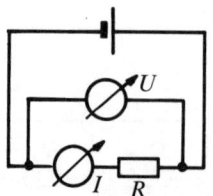   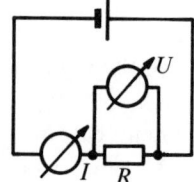

»stromrichtige« Messung   »spannungsrichtige« Messung

a) Welche Werte R_1' bzw. R_2' würde man aus der stromrichtigen Messung

berechnen? Überlegen Sie dazu, welches Strommeßgerät zu verwenden ist, und berücksichtigen Sie die Innenwiderstände der Meßinstrumente.
b) Wie weit weichen die Werte R_1' und R_2' (prozentual) von den wahren Werten R_1 bzw. R_2 bei der stromrichtigen Messung ab?
c) Welche Werte R_1'' bzw. R_2'' würde man aus der spannungsrichtigen Messung berechnen? Überlegen Sie dazu, welches Strommeßgerät zu verwenden ist, und berücksichtigen Sie die Innenwiderstände der Meßinstrumente.
d) Wie weit weichen die Werte R_1'' und R_2'' (prozentual) von den wahren Werten R_1 bzw. R_2 bei der spannungsrichtigen Messung ab?
e) Begründen Sie allgemein, warum für hohe Widerstände die stromrichtige, für kleine Widerstände die spannungsrichtige Messung vorzuziehen ist.

8. Aufgabe:
Von einem auf eine Spule aufgewickelten Konstantandraht mit dem Durchmesser 1,0 mm kann die Länge bequem bestimmt werden, wenn man an ihn eine Spannung (z. B. 10 V) legt und den fließenden Strom (2,0 mA) mißt. Wie lang ist der Draht?

$\varrho_{konst} = 0{,}50 \dfrac{\Omega \cdot mm^2}{m}$;

9. Aufgabe:
Ein Autoakku ($U = 12$ V) habe den Innenwiderstand $R_i = 0{,}025\,\Omega$. Auf welchen Wert sinkt die Klemmenspannung des Akkus, wenn mit ihm der Anlasser mit dem Widerstand $R_a = 0{,}050\,\Omega$ betrieben wird?

10. Aufgabe:
An einem Schiebewiderstand (Länge $l = 40$ cm; Gesamtwiderstand $R = 100\,\Omega$) wird die Spannung zwischen den Punkten A und B durch ein hochohmiges Voltmeter registriert. Dabei variiert die Lage des Punktes B zwischen $x = 0$ und $x = l$. $U_0 = 10$ V.
a) Stellen Sie den Verlauf der Spannung U in Abhängigkeit von x graphisch dar.
b) Nun wird der Spannungsteiler mit einem ohmschen Widerstand $R_L = 6{,}0\,\Omega$ belastet. Stellen Sie auch in diesem Fall U in Abhängigkeit von x dar.

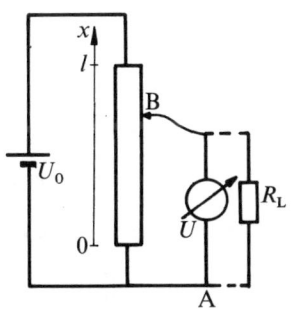

1.2 Stromarbeit und elektrische Leistung

Bei der Bewegung der Ladungsträger im Leiter geben diese Energie an die Atome des Leiters ab, die sie vorher von der Stromquelle aufgenommen haben. Der Leiter erwärmt sich (Stromwärme).
Die Arbeit beim Ladungstransport wird als **Stromarbeit** W_{el} bezeichnet.
Es gilt:

$$\boxed{W_{el} = U \cdot I \cdot t}, \text{ wenn } U \text{ und } I \text{ konstant bleiben.}$$

$$[W_{el}] = 1 \text{ V} \cdot \text{A} \cdot \text{s} = 1 \text{ J} = 1 \text{ Ws};$$

Mit dem Zusammenhang zwischen Stromstärke und Ladung (s. a. Kapitel 2).

$$\boxed{Q = I \cdot t}$$

erhält man für die Stromarbeit auch

$$\boxed{W_{el} = Q \cdot U}$$

Neben dem Begriff der elektrischen Arbeit spielt bei manchen Betrachtungen die elektrische Leistung P_{el} eine Rolle:

$$\text{Leistung} = \frac{\text{Arbeit}}{\text{Zeit}} \quad \text{oder kurz} \quad \boxed{P_{el} = \frac{W_{el}}{t}}$$

Mit der Formel für die Stromarbeit, $W_{el} = U \cdot I \cdot t$, kann man auch schreiben:

$$\boxed{P_{el} = U \cdot I}$$

Die Einheit der Leistung wird in Watt angegeben:

$$[P] = 1 \text{ W} = 1 \text{ VA} = 1 \frac{\text{J}}{\text{s}}$$

---

11. Aufgabe:
Eine Überlandleitung der Länge $l = 200$ km besteht aus einem Stahlkern mit dem Querschnitt 35 mm² und dem spezifischen Widerstand $0{,}1 \frac{\Omega \cdot \text{mm}^2}{\text{m}}$, auf den Aluminiumdrähte mit dem Gesamtquerschnitt 270 mm² und dem spezifischen Widerstand $0{,}027 \frac{\Omega \cdot \text{mm}^2}{\text{m}}$ gewickelt sind.

a) Berechnen Sie den Widerstand der Fernleitung.
b) Welche Leistung geht in dieser Leitung verloren, wenn durch sie ein Strom von 400 A fließt?

12. Aufgabe:

a) Berechnen Sie den Gesamtwiderstand der nebenstehenden Schaltung.
b) Welche Spannungen liegen an den einzelnen Widerständen?
c) Berechnen Sie die Ströme in den einzelnen Widerständen.
d) Welche elektrische Leistung wird am Widerstand R_3 in Wärmeleistung umgesetzt?
e) Welche Ladung fließt in der Zeit $\Delta t = 50$ s aus der Quelle?

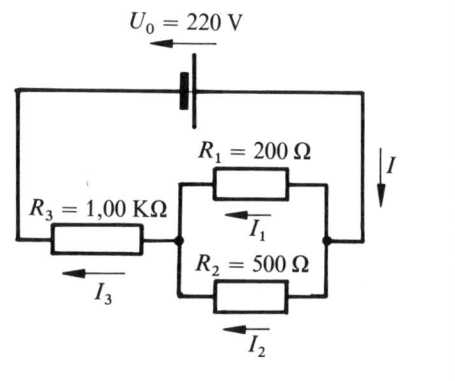

13. Aufgabe:

In einem Topf befinden sich 2,0 l Wasser. Das Wasser soll von einem Tauchsieder (Wirkungsgrad 100%) in 5,0 Minuten um 50 °C erwärmt werden.

a) Welche Leistung muß dieser Tauchsieder besitzen?
b) Wie teuer kommt das Aufheizen, wenn die Kilowattstunde 28 Pfennige kostet?
c) Welchen Widerstand muß der Tauchsieder haben, damit er beim Anschluß an unser Wechselstromnetz gerade die in a) berechnete Leistung hat?
d) Welche elektrische Ladung fließt während des gesamten Heizprozesses durch den Tauchsieder?
e) Wie lange würde das Erwärmen der halben Wassermenge dauern, wenn man an den gleichen Tauchsieder nun die Spannung $U' = 110$ V anlegen würde?

14. Aufgabe:

Gegeben ist die Serienschaltung zweier Widerstände R_1 und R_2, $R_1 = 100\ \Omega$, R_2 ist veränderlich. Die angelegte Gesamtspannung beträgt 220 V.

a) Man berechne die in R_2 umgesetzte Leistung P_2 für die Fälle $R_2 = 50\ \Omega$, $R_2 = 100\ \Omega$, $R_2 = 200\ \Omega$;
b) Für welchen Wert des Widerstandes R_2 wird P_2 maximal?
c) Wie groß ist für die drei unter a) bezeichneten Fälle die am Eingang in die Schaltung eingespeiste Leistung P_E?

Literaturhinweis:
Weitere Aufgaben und Anwendungen zum Ohmschen Gesetz siehe: Lüscher: Experimentalphysik II, S. 47 ff.; S. 67 ff.

2. Elektrische Stromstärke und elektrische Ladung

2.1 Stromstärke als Basisgröße

Die früher übliche Festlegung der Stromstärkeeinheit über die Abscheidung von Silber aus einer Silbernitratlösung erwies sich für Präzisionsbestimmungen als zu ungenau. Sie wurde deshalb durch die folgende neue Festlegung ersetzt:
1 Ampere ist die Stärke eines zeitlich unveränderlichen elektrischen Stromes, der, durch zwei im Vakuum parallel im Abstand 1 Meter voneinander angeordnete geradlinige, unendlich lange Leiter von vernachlässigbar kleinem, kreisförmigem Querschnitt fließend, zwischen diesen Leitern je 1 Meter Leiterlänge die Kraft 1/5 000 000 N hervorrufen würde. (Auszug aus dem Gesetz über die Einheiten im Meßwesen)
Erst mit Kenntnis der Gesetze des magnetischen Feldes stromdurchflossener Leiter kann diese Meßvorschrift mit einer praktikablen Versuchsanordnung realisiert werden.
Neben der **Einheit** müssen bei einer physikalischen Basisgröße auch noch die **Gleichheit** und die **Vielfachheit** festgelegt werden:

Gleichheit: Zwei Ströme sind gleich, wenn bei gleicher Leiteranordnung die gleichen Kraftwirkungen auftreten.

Vielfachheit: Ein Strom I ist n-mal so groß wie ein Strom I', wenn bei gleicher Leiteranordnung die Kraftwirkung n-mal so groß ist.

Literaturhinweis:
Zur Definition der Stromstärke siehe: Lexikon der Technik und Naturwissenschaften, Bd. 1, S. 139, dtv-Lexikon der Physik, Bd. 1, S. 90f. Beschreibung der Bestimmung der Stromstärke in: Physik und Didaktik, 5. Jg. 1977, 4. Quartal S. 265ff.

2.2 Die elektrische Ladung als abgeleitete Größe
Definition der elektrischen Ladung:

$\Delta Q = I \cdot \Delta t$

Ein konstanter elektrischer Strom der Stärke I in einem Leiter transportiert in der Zeit Δt die Ladung ΔQ durch den Leiterquerschnitt.

---

1. Aufgabe:
Berechnen Sie die Ladung, die bei einer Stromstärke $I = 10$ mA in der Zeit $\Delta t = 5$ s durch den Leiterquerschnitt transportiert wird.

Die Definitionsgleichung $\Delta Q = I \cdot \Delta t$ ist nur dann für die Berechnung der Ladung anwendbar, wenn I während der Zeitdauer des Stromflusses konstant ist. Solche Bedingungen lassen sich zwar experimentell leicht herstellen (vgl. Rechteckstoß beim Spiegelgalvanometer, im **Anhang 2**), in der Praxis treten jedoch meist zeitlich veränderliche Ströme auf:

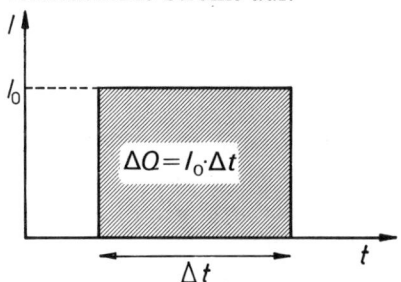
zeitlich konstanter Strom

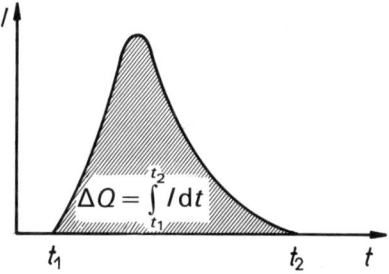
zeitlich veränderlicher Strom

Die beim zeitlich veränderlichen Strom im Intervall $\Delta t = t_2 - t_1$ geflossene Ladung läßt sich mit der Beziehung $\Delta Q = I \cdot \Delta t$ angenähert berechnen, wenn man Δt in mehrere kleinere Zeitintervalle aufteilt, während derer man eine jeweils geeignete konstante Stromstärke I_v festlegt:

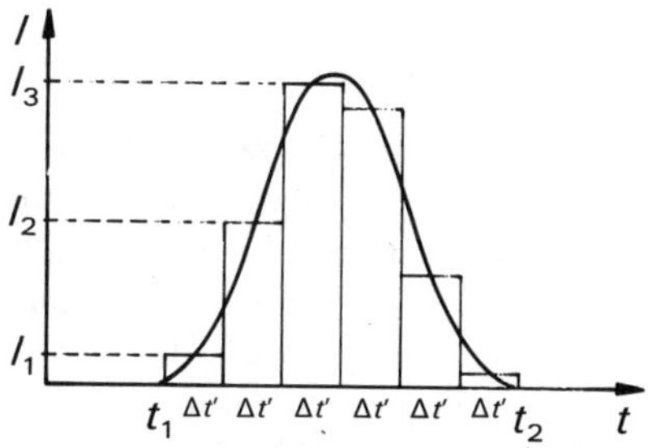

$\Delta Q' = I_1 \cdot \Delta t' + I_2 \cdot \Delta t' + \ldots I_n \cdot \Delta t'$

mit $\Delta t' = \dfrac{\Delta t}{n}$.

Die so berechnete Ladung $\Delta Q'$ unterscheidet sich von der tatsächlich geflossenen Ladung ΔQ um so weniger, je geringer die angenommene Treppenkurve von der tatsächlichen Strom-Zeit-Kurve abweicht. Durch die Verkleinerung der Zeitintervalle $\Delta t'$ ($n \to \infty$) kann so eine beliebig genaue Berechnung von ΔQ erfolgen.

Mathematisch gesehen kommt die Ladungsberechnung einer Flächenberechnung zwischen Kurve und Abszisse gleich. Dieses Problem wird in der Integralrechnung ausführlich behandelt.

$\Delta Q = \lim\limits_{n \to \infty} \sum\limits_{v=1}^{n} I_v(t) \cdot \dfrac{\Delta t}{n};$ oder in symbolischer Schreibweise:

$$\boxed{\Delta Q = \int_{t_1}^{t_2} I(t)\,dt\,;}$$

Eine kurze Zusammenfassung wichtiger Gesetze der Integralrechnung ist in **Anhang 1** gegeben.

2. Aufgabe:
Gegeben ist der folgende Strom-Zeit-Verlauf: $I(t) = 0{,}1 \cdot t^3 \text{ A/s}^3$. Berechnen Sie die zwischen der 1. und der 2. Sekunde geflossene elektrische Ladung.

2.3 Messung der elektrischen Ladung

a) Elektrometer

Ein Elektrometer besteht aus einem Gehäuse und einem dagegen isolierten Meßsystem mit leicht beweglichen Zeigern.
Die leicht beweglichen Zeiger des isolierten Elektrometerteils spreizen um so weiter auseinander, je größer die aufgebrachte Ladung ist. Wegen Änderung der Kapazität (siehe Kapitel 3) zwischen Zeiger und Gehäuse bei Änderung der Zeigerstellung treten bei quantitativen Ladungsmessungen Schwierigkeiten auf.

b) Ballistisches Galvanometer

Für quantitative Ladungsmessungen eignet sich das sogenannte ballistische Galvanometer besser.

Funktionsweise:

Das ballistische Galvanometer ist im allgemeinen ein Drehspulinstrument mit einer Schwingungsdauer von mehreren Sekunden. Schickt man durch ein solches Instrument einen zeitlich konstanten Strom, dessen Zeitdauer lang gegen die Schwingungsdauer T des Galvanometers ist, so stellt sich ein stationärer Endausschlag ein, der ein Maß für die Stromstärke I darstellt.
Ist die Dauer des Stromflusses jedoch kurz gegen T (Stromstoß), so reagiert das System mit einem Stoßausschlag*. Der größte hierbei auftretende Ausschlag α ist ein Maß für die geflossene Ladung $Q = \int_0^t I \, dt$. Es gilt: $Q \sim \alpha$. Der Quotient $\frac{Q}{\alpha}$ wird als Stromstoßkonstante c_{it} bezeichnet. Man bestimmt c_{it}, indem man bekannte Ladungsmengen durch das Galvanometer schickt und die dazugehörigen Stoßausschläge mißt. Es gilt: $Q = c_{it} \cdot \alpha$. Eine ausführliche Darstellung der ballistischen Ladungsmessung ist in **Anhang 2** zu finden. Die ballistische Ladungsmessung ist auch als Praktikum geeignet.
Übliche Schulspiegelgalvanometer haben eine Stromstoßkonstante

$$c_{it} \approx 1{,}0 \cdot 10^{-7} \, \frac{\text{As}}{\text{Skt}}.$$

Geht man davon aus, daß der kleinste noch deutlich feststellbare Ausschlag $\frac{1}{2}$ Skalenteil ist, so kann man mit einem solchen Galvanometer noch Ladungen von $Q = 0{,}5 \cdot 10^{-7}$ As nachweisen. Die bei elektrostatischen Versuchen nachzuweisenden Ladungen sind z. T. noch wesentlich kleiner als 10^{-7} As. Zum Nachweis solch kleiner Ladungen verwendet man einen Meßverstärker mit angeschlossenem Drehspulinstrument.

---

* Ein mechanisches Analogon hierzu ist das ballistische Pendel zur Messung des Kraftstoßes.

c) Meßverstärker

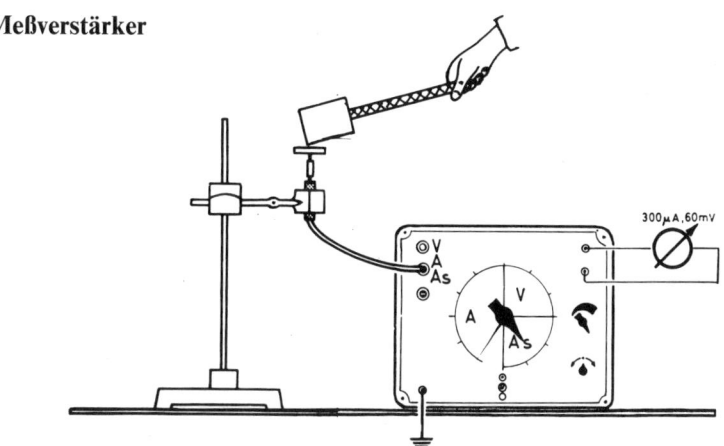

Im Meßverstärker wird der am Eingang auftretende Stromstoß so weit verstärkt, daß er mit einem relativ unempfindlichen Drehspulinstrument (300 µA/60 mV) nachgewiesen werden kann. Bei Verwendung des Meßverstärkers können noch Ladungen von etwa $1{,}0 \cdot 10^{-11}$ As nachgewiesen werden. Eine vereinfachte Erklärung der Funktionsweise des Meßverstärkers wird in **Anhang 3** gegeben.

3. Eigenschaften der elektrischen Ladung (qualitativ) – Kondensator

3.1 Eigenschaften der elektrischen Ladung

1. Versuch:

1. Berührung eines Stromquellenpoles mit dem Probelöffel.
2. Einbringen des Löffels in den Faraday-Becher.

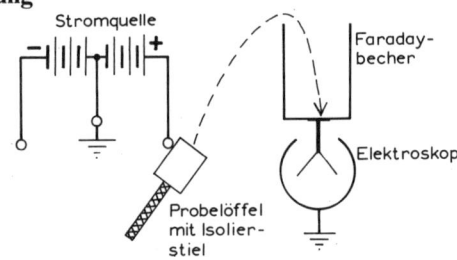

Versuchsergebnis:

Der Elektrometerausschlag steigt bei fortgesetztem Löffeln. Löffelt man anschließend vom anderen Pol in den Faraday-Becher, so geht der Ausschlag wieder zurück.
Der Ablauf des Versuches legt folgende Modellvorstellung nahe:
1. Auf den Polen einer Stromquelle sitzt **elektrische Ladung**.
2. Elektrische Ladungen können in Metallen fließen.
3. Es gibt **positive** und **negative** Ladungen, die sich in ihrer Wirkung gegenseitig aufheben können.

Der Ausschlag des Elektroskops stellt eine **erste Nachweismöglichkeit für elektrische Ladungen** dar.

2. Versuch:

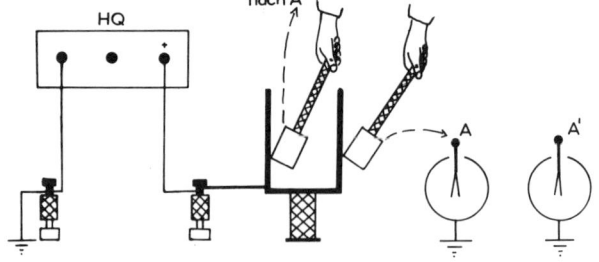

Versuchsergebnis:
Die Ladung sitzt auf der äußeren Oberfläche eines Leiters, von der Innenseite kann keine Ladung abgenommen werden.

3. Versuch:

Ladung geht auf den Löffel in Form eines kurzzeitigen Stromflusses über (Stromstoß). Nachweis durch Aufleuchten der Glimmlampe

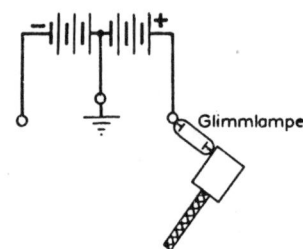

Stromrichtung und Leuchterscheinung in der Glimmlampe (negatives Glimmlicht) hängen, wie in der Skizze gezeigt, zusammen.

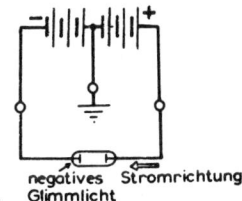

Versuchsergebnis:

Elektrischer Strom ist Fließen von elektrischer Ladung.

4. Versuch:

Die Löffelladung fließt über das ballistische Galvanometer (lange Schwingungsdauer im Vergleich zur Entladungsdauer) zur Erde ab.
Der Galvanometerzeiger führt einen Stoßausschlag α aus.

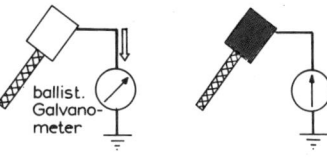

Dieser Stoßausschlag ist eine **zweite Nachweis- und Meßmöglichkeit für elektrische Ladung**. Es zeigt sich nämlich (vgl. **Anhang 2**): $Q \sim \alpha$.

5. Versuch:

Gleichnamig geladene Körper stoßen einander ab, ungleichnamig geladene Körper ziehen einander an.

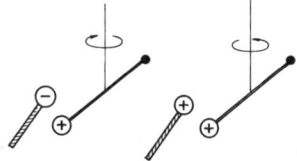

3.2 Folgerung aus der Kraftwirkung zwischen geladenen Körpern: Influenz

6. Versuch: Elektrische Influenz in Leitern

Durch den Einfluß der positiven Ladungen des Bandgenerators werden in den Doppelplatten Ladungen getrennt.

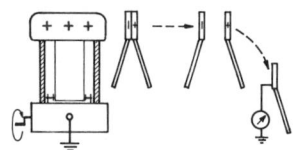

7. Versuch: Elektrische Influenz in Nichtleitern

Durch den Einfluß der positiven Ladungen des Bandgenerators werden in dem Isolator Ladungen verschoben. Dies führt zu einer Anziehung zwischen Isolator und Bandgenerator, da die negativen Influenzladungen dem Konduktor des Bandgenerators näher sind.

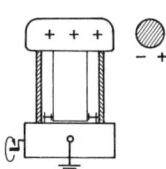

1. Aufgabe:

Erklären Sie die Elektrometerwirkung und beschreiben Sie die Ladungsverteilung bei der angegebenen Bauart, wenn der Kopf des Elektroskops mit einem positiv geladenen Löffel berührt wird.

2. Aufgabe:

Einem entladenen Elektroskop wird ein positiv geladener Kunststoffstab genähert.
Beschreiben Sie den in der Bildreihe dargestellten Versuchsablauf und die auftretenden Erscheinungen. Welche Ladung trägt das Elektroskop am Ende der Versuchsreihe?

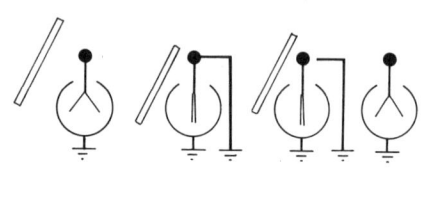

Literaturhinweis:
Weitere hübsche Influenzversuche findet man in Grimsehl: Lehrbuch der Physik, Bd. 2, S. 32 ff.

3.3 Kapazität von Kondensatoren

Eine Anordnung aus zwei isoliert aufgestellten Leitern heißt **Kondensator**. Im Sonderfall kann der zweite Leiter die Erde sein.

Beispiele: beliebiger Kondensator   Zylinderkondensator

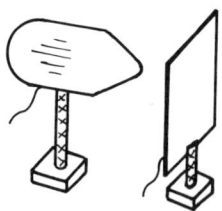
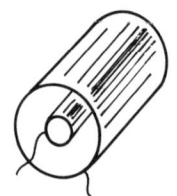

Kugelkondensator (im Schnitt)   Plattenkondensator

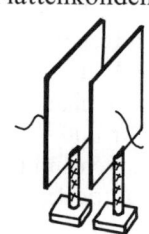

Jede dieser Anordnungen ist in der Lage, Ladungen zu speichern. Im weiteren wollen wir der Einfachheit halber einen Plattenkondensator betrachten.

Zusammenhang zwischen Plattenladung und Spannung bei einem Plattenkondensator

Um die Ladung einer Platte des geladenen Kondensators messen zu können, muß man sie über das Ladungsmeßgerät abfließen lassen. Hierzu eignet sich die skizzierte Versuchsanordnung, da man lediglich die nichtgeerdete Platte über das Meßgerät mit der Erde verbinden muß. Beachten Sie, daß trotz geerdeter unterer Platte auf ihr negative Ladung sitzt, und zwar auf der der positiven Platte zugewandten Seite. Es ist eine Influenzladung, die genauso groß wie die positive Ladung (ihr Sitz ist ebenfalls auf der Platteninnenseite!) ist, wenn beide Platten einen wesentlich kleineren Abstand zueinander haben als die positive Platte zu sonstigen geerdeten Teilen der Versuchsanordnung.

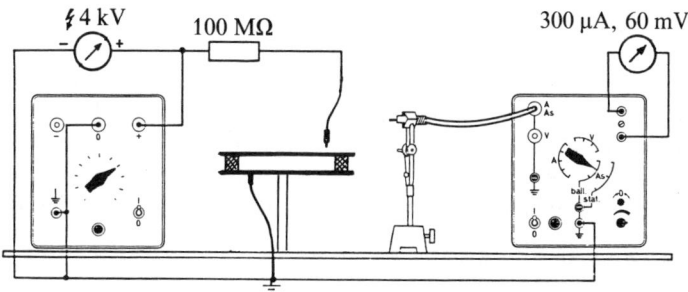

Die negative Ladung ist durch die positive Ladung »gebunden«. Ist die positive Platte entladen, so ist die negative Ladung »frei« und fließt zur Erde ab. Der Kondensator ist dann entladen.

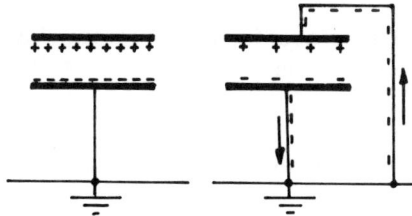

Im folgenden soll untersucht werden, von welchen Größen die Ladung einer Platte (Kondensatorladung) abhängt.

Meßbeispiel:

U in V	50	100	150	200	250
Q in 10^{-8} As	3,7	7,3	10,8	14,4	18,1

Plattenfläche $A = 800$ cm^2; Plattenabstand $d = 1,0$ mm

Ergebnis:

Für den Kondensator gilt:

$Q \sim U$

Hinweis:
Diese Proportionalität gilt für alle Kondensatoren, unabhängig von ihrer Bauart. Führt man in obiger Beziehung die Proportionalitätskonstante C ein, so gilt:

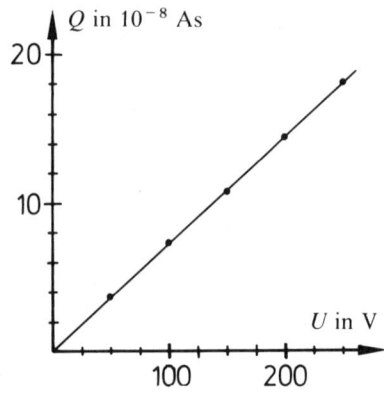

$$C = \frac{Q}{U} \quad \text{oder} \quad Q = C \cdot U \quad \text{mit}$$

$$[C] = 1 \frac{\text{As}}{\text{V}}$$

Man bezeichnet C als **Kapazität** eines Kondensators. Der Zahlenwert der Kapazität beschreibt das »Fassungsvermögen« eines Kondensators. Lädt man verschiedene Kondensatoren auf die gleiche Spannung auf, so ist $Q \sim C$, d. h., die Kapazität ist ein Maß für die Ladung, die Kondensatoren bei gleicher Spannung aufnehmen können. In Erinnerung an den englischen Physiker Michael Faraday bezeichnet man die Einheit $1 \frac{\text{As}}{\text{V}}$ als 1 Farad, kurz 1 F.

Für die Kapazität des verwendeten Plattenkondensators gilt:

$$C = \frac{Q}{U}; \quad C = \frac{14{,}4 \cdot 10^{-8}}{200} \frac{\text{As}}{\text{V}} = 7{,}2 \cdot 10^{-10} \text{ F};$$

Ein Farad stellt eine relativ große Kapazität dar. Im Unterricht verwendet man meist Kapazitäten im Bereich von 10^{-6} F = 1 µF bis 10^{-12} F = 1 pF.

3.4 Abhängigkeit der Kapazität eines Plattenkondensators von seinen Abmessungen

Im folgenden soll nun untersucht werden, wie die Kapazität des Plattenkondensators von dessen geometrischen Daten abhängt.
Schließt man Kondensatoren stets an die gleiche Spannung an, so gilt $Q \sim C$. Zum Vergleich verschiedener Kapazitäten genügt also ein Ladungsvergleich.

a) Abhängigkeit der Kapazität von der Plattenfläche A

Neben dem Kondensator mit den großen Platten ($A = 800 \text{ cm}^2$) werden weitere Plattenkondensatoren mit den Plattenflächen 400 cm² und 200 cm² verwendet. Es zeigt sich, daß bei konstantem U und d bei der halben Plattenfläche die halbe Ladung auf einer Platte sitzt usw.

Es gilt also $Q \sim A$ oder, da $C = \dfrac{Q}{U}$,

$C \sim A$ bei konstantem d

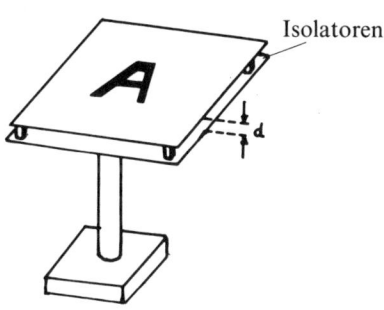

b) Abhängigkeit der Kapazität vom Plattenabstand d

$U = 200 \text{ V}$; $A = 800 \text{ cm}^2$;

d in mm	1,0	2,0	3,0	4,0	5,0
Q in 10^{-8} As	14,4	7,6	4,8	4,0	3,3
C in 10^{-10} F	7,2	3,8	2,4	2,0	1,7

Ergebnis:

Je größer der Plattenabstand d ist, desto kleiner wird die Kapazität C bei konstanter Plattenfläche.

Im $\dfrac{1}{d}$ – C-Diagramm ergibt sich annähernd eine Ursprungsgerade, d. h., es gilt:

$$C \sim \frac{1}{d} \text{ bei konstantem } A$$

Faßt man die Ergebnisse der obigen Versuche zusammen, so erhält man

$$C \sim \frac{A}{d}$$

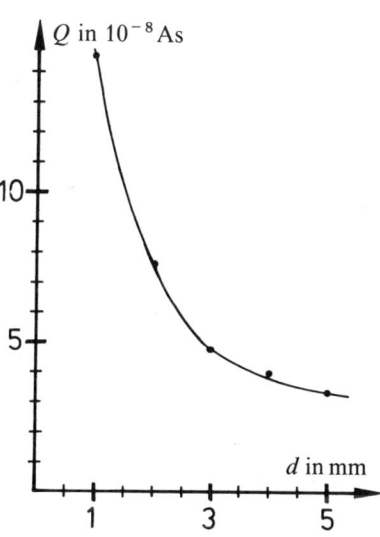

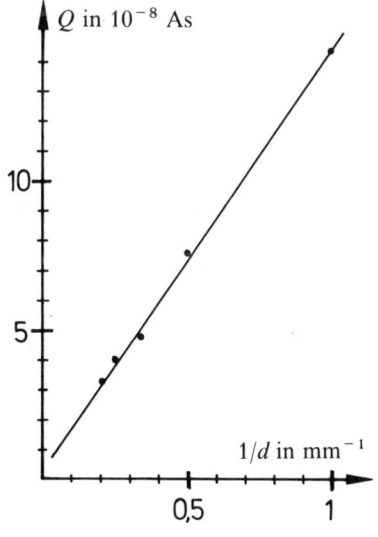

Nach Einführung einer Proportionalitätskonstante ε_0 gilt für die Kapazität des Plattenkondensators

$$\boxed{C = \varepsilon_0 \cdot \frac{A}{d}} \quad ^1)$$

ε_0 ist eine Naturkonstante und wird als elektrische Feldkonstante oder auch als absolute Dielektrizitätskonstante bezeichnet.

Berechnung von ε_0 aus den Versuchsdaten:

$$\varepsilon_0 = \frac{C \cdot d}{A} \quad \text{oder} \quad \varepsilon_0 = \frac{Q \cdot d}{U \cdot A}$$

$$\varepsilon_0 = \frac{14{,}4 \cdot 10^{-8} \cdot 1{,}0 \cdot 10^{-3}}{200 \cdot 0{,}08} \frac{\text{As} \cdot \text{m}}{\text{V} \cdot \text{m}^2}; \quad \varepsilon_0 = 9 \cdot 10^{-12} \frac{\text{As}}{\text{Vm}};$$

Der genaue Wert ist $\varepsilon_0 = 8{,}85 \cdot 10^{-12} \frac{\text{As}}{\text{Vm}}$.

Beispiel:

Ein luftgefüllter Kondensator ($A = 2{,}26$ dm^2; $d_1 = 2{,}0$ mm) wird an eine Spannungsquelle angeschlossen ($U = 200$ V).

a) Bei **angeschlossener** Spannungsquelle werden die Platten auf $d_2 = 4{,}0$ mm auseinandergezogen.

   α) Berechnen Sie die Ladungen Q_1 bzw. Q_2 auf der positiven Platte vor bzw. nach dem Auseinanderziehen.

   β) Welche Ladung fließt beim Auseinanderziehen vom Kondensator zur Spannungsquelle?

b) Bei **abgetrennter** Spannungsquelle werden die Platten auf $d_2 = 4{,}0$ mm auseinandergezogen.
   Berechnen Sie die Spannung U_2 zwischen den Platten nach dem Auseinanderziehen.

Lösung:

a) Bei angeschlossener Spannungsquelle bleibt die Spannung U zwischen den Platten stets konstant.

   α) $Q_1 = C_1 \cdot U; \quad Q_1 = \varepsilon_0 \cdot \dfrac{A}{d_1} \cdot U;$

   $Q_1 = 8{,}85 \cdot 10^{-12} \cdot \dfrac{2{,}26 \cdot 10^{-2} \cdot 200}{2{,}0 \cdot 10^{-3}} \dfrac{\text{As} \cdot \text{m}^2 \cdot \text{V}}{\text{Vm} \cdot \text{m}}; \quad \underline{Q_1 = 2{,}0 \cdot 10^{-8} \text{ As}};$

   $Q_2 = C_2 \cdot U; \quad Q_2 = \varepsilon_0 \cdot \dfrac{A}{d_2} \cdot U; \quad \underline{Q_2 = \dfrac{1}{2} \cdot Q_1 = 1{,}0 \cdot 10^{-8} \text{ As}};$

   β) Es fließt die Ladung $\Delta Q = Q_1 - Q_2 = 1{,}0 \cdot 10^{-8}$ As zur Spannungsquelle.

[1]) Die Formel $C = \varepsilon_0 \dfrac{A}{d}$ gilt streng nur, wenn der Raum zwischen den Platten evakuiert ist.

b) Bei abgetrennter Spannungsquelle bleibt die Ladung Q auf den Platten stets konstant.

$U_2 = \dfrac{Q_1}{C_2}; \quad U_2 = \dfrac{Q_1 \cdot d_2}{\varepsilon_0 \cdot A}; \quad U_2 = \dfrac{2{,}0 \cdot 10^{-8} \cdot 4{,}0 \cdot 10^{-3}}{8{,}85 \cdot 10^{-12} \cdot 2{,}26 \cdot 10^{-2}} \dfrac{\text{As} \cdot \text{m} \cdot \text{Vm}}{\text{As} \cdot \text{m}^2};$

$\underline{U_2 = 400 \text{ V};}$

---

3. Aufgabe:
a) Welche Kapazität muß ein Kondensator haben, damit er bei $U = 220$ V diejenige Ladung speichern kann, die während einer Trockenrasur von 3 Minuten Dauer durch den Rasierapparat ($P = 10$ W) fließt?
b) Wie groß müßte die Fläche eines luftgefüllten Plattenkondensators sein, damit er bei einem Plattenabstand von $d = 1{,}0$ mm die in **a)** berechnete Kapazität besitzt?

---

4. Aufgabe:
Ein Kondensator mit quadratischen Platten der Kantenlänge $a = 20$ cm und dem Plattenabstand $d = 2{,}0$ mm ist mit den Polen einer Spannungsquelle ($U = 30$ V) verbunden.
a) Welche elektrische Ladung sitzt auf einer Platte?
b) Wieviel Ladung fließt vom ursprünglich luftgefüllten Kondensator, wenn die Platten auf $d = 6{,}0$ mm auseinandergezogen werden?

---

5. Aufgabe:
In nebenstehender Skizze ist ein sogenannter Drehkondensator dargestellt. Erklären Sie, warum mit dem Drehkondensator verschiedene Kapazitätswerte eingestellt werden können.

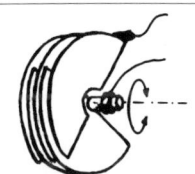

3.5 Schaltung von Kondensatoren

a) Parallelschaltung

An beiden Kondensatoren liegt die Spannung U. Somit sitzt auf dem ersten Kondensator die Ladung $Q_1 = C_1 \cdot U$ und auf dem zweiten die Ladung $Q_2 = C_2 \cdot U$. Bei der Entladung der Anordnung fließt die Ladung $Q_{ges} = Q_1 + Q_2$ ab. Somit gilt:

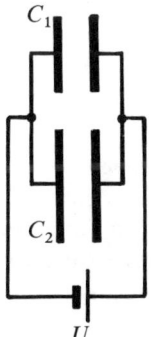

$C_{ges} = \dfrac{Q_{ges}}{U} \quad \text{oder} \quad C_{ges} = \dfrac{Q_1 + Q_2}{U} = \dfrac{Q_1}{U} + \dfrac{Q_2}{U}$

$$\boxed{C_{ges} = C_1 + C_2}$$

Man erhält die Gesamtkapazität bei Parallelschaltung von Kondensatoren durch Addition der Einzelkapazitäten. Die Gesamtkapazität ist stets größer als die größte Einzelkapazität.

b) Serienschaltung

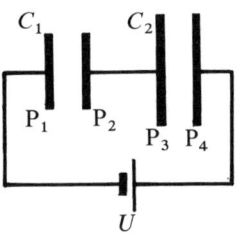

Die mit der Spannungsquelle verbundenen Platten P_1 und P_2 tragen die Ladung $-Q$ bzw. $+Q$. Wegen der elektrischen Influenz sitzt dann auf den inneren Platten P_2 bzw. P_3 die Ladung $+Q$ bzw. $-Q$. Die Spannungen an den Kondensatoren C_1 und C_2 sind $U_1 = \dfrac{Q}{C_1}$ und $U_2 = \dfrac{Q}{C_2}$.

Nach der Kirchhoffschen Maschenregel gilt $U = U_1 + U_2$; und somit

$$U = \frac{Q}{C_1} + \frac{Q}{C_2};$$

Dividiert man diese Gleichung durch Q, so erhält man

$$\frac{U}{Q} = \frac{1}{C_1} + \frac{1}{C_2};$$

$\dfrac{U}{Q}$ ist aber der Kehrwert der Gesamtkapazität der Schaltung, so daß gilt:

$$\boxed{\frac{1}{C_{ges}} = \frac{1}{C_1} + \frac{1}{C_2}}$$

Die Gesamtkapazität einer Serienschaltung von Kondensatoren ist stets kleiner als die kleinste Einzelkapazität.

6. Aufgabe:
Zwei Kondensatoren $C_1 = 1\ \mu F$ und $C_2 = 4\ \mu F$, die beide ladungsfrei waren, werden in Serie geschaltet und an eine Spannung $U = 5000\ V$ gelegt. Der Aufladevorgang sei beendet. Man berechne:

a) die resultierende Kapazität
b) die Ladungsmenge Q (auf einer Elektrode)
c) die beiden Teilspannungen U_1 und U_2 an den beiden Kondensatoren C_1 und C_2.

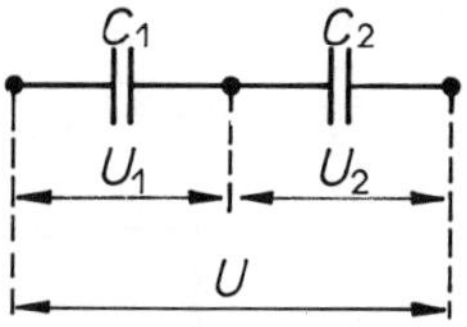

7. Aufgabe:
Berechnen Sie die Gesamtkapazität der nebenstehenden Anordnung.
$C_1 = 4{,}0\,\mu\text{F}$; $C_2 = 6{,}0\,\mu\text{F}$ und
$C_3 = 5{,}0\,\mu\text{F}$.

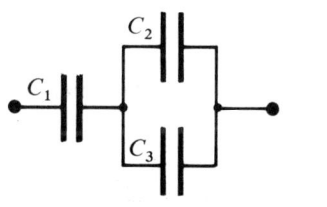

8. Aufgabe:
Zur Verfügung steht ein Kondensator der Kapazität $C = 5{,}0\,\mu\text{F}$. Durch Hinzuschaltung eines weiteren Kondensators soll
a) die Gesamtkapazität $9{,}0\,\mu\text{F}$
b) die Gesamtkapazität $3{,}0\,\mu\text{F}$
erreicht werden. Wie hat man vorzugehen, und welchen Wert muß die zugeschaltete Kapazität haben?

9. Aufgabe:
Um die Kapazität C eines ungeladenen Kondensators festzustellen, verbindet man ihn mit einem Elektroskop, dessen Kapazität $C_E = 5{,}0\,\text{pF}$ ist und das vor der Verbindung die Spannung $5{,}0\,\text{kV}$ anzeigt. Nach der Verbindung zeigt das Elektroskop die Spannung $3{,}0\,\text{kV}$. Wie groß ist C?

4. Die elektrische Feldstärke

4.1 Qualitative Beschreibung des elektrischen Feldes

Versuch:

In der Umgebung geladener Körper erfahren andere geladene Körper Kraftwirkungen.
a) und **b)** aufgeladene Körper,
c) Isolatoren mit Influenzladungen (s. u.)
d) drehbarer Isolator mit Drehpunkt D (s. u.)

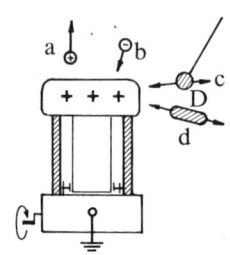

a) und **b)** legen folgende Definitionen nahe:

Definition:

Ein elektrisches Feld ist ein Raum, in dem auf geladene Körper Kräfte ausgeübt werden.

Auch ein Isolator, also ein Körper ohne frei bewegliche Ladungsträger, erfährt im elektrischen Feld eine Kraftwirkung. Dies erscheint zunächst paradox, läßt sich aber mit dem Atomaufbau leicht erklären: In einem elektrischen Feld wird die Elektronenhülle aller Atome etwas deformiert. Die Atome werden also zum Dipol. Nach außen hin ist das Verhalten eines influenzierten Isolators das gleiche wie das eines influenzierten Leiters.

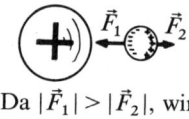

Da $|\vec{F}_1| > |\vec{F}_2|$, wird der influenzierte Körper angezogen.

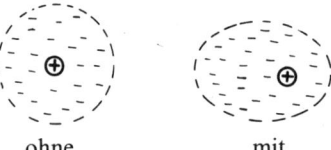

ohne   mit
äußeres Feld

> **Elektrische Influenz:**
> Ein zunächst neutraler Körper wird im elektrischen Feld zum elektrischen Dipol.

Durch die Wirkung der elektrischen Influenz erklären sich die Kraftwirkungen im Fall **c)** und **d)** des eingangs dargestellten Versuches.

Der Kraftverlauf und damit die Struktur des elektrischen Feldes lassen sich durch **Feldlinien** übersichtlich darstellen. Kleine längliche Dipole ordnen sich im elektrischen Feld tangential zu den Feldlinien und bilden aufgrund der Anziehung positiver und negativer Ladungen Ketten.
Grießkörner, in einer dünnen Ölschicht schwimmend, bzw. längliche Kunststofffasern eignen sich sehr gut. Sie werden im elektrischen Feld influenziert und somit zu Dipolen.

Die elektrische Feldstärke 29

Beispiele für Feldlinienbilder:

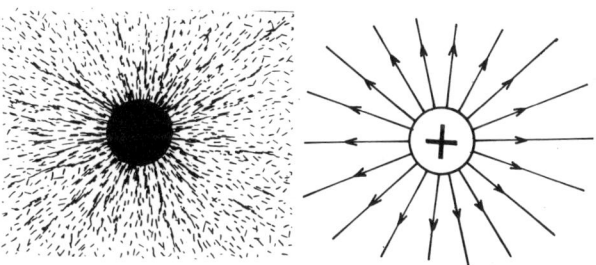

Radiales Feld einer positiv geladenen Kugel

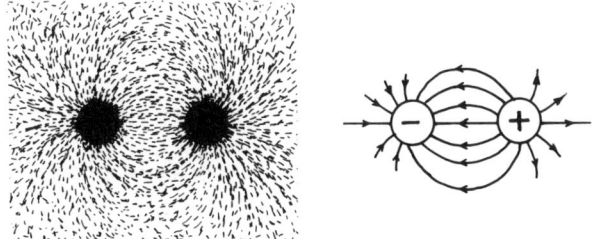

Feld zweier ungleichnamig geladener Kugeln

Der eingangs vorgestellte Versuch zeigt auch, daß nahe dem geladenen Körper die Kraftwirkungen größer sind als in einiger Entfernung von ihm. Der Vergleich mit dem Feldlinienbild um die geladene Kugel ergibt, daß die Kraft auf ein und dieselbe Probeladung umso größer ist, je dichter die Feldlinien verlaufen.

Ein besonders einfacher Feldtyp liegt zwischen zwei parallelen, ungleichnamig geladenen Metallplatten vor. Man nennt diese Anordnung einen **Plattenkondensator**. Dort verlaufen die Feldlinien parallel, was darauf schließen läßt, daß die Kraft auf eine Probeladung dort überall konstant ist. Ein solcher Feldtyp heißt **homogenes Feld**.

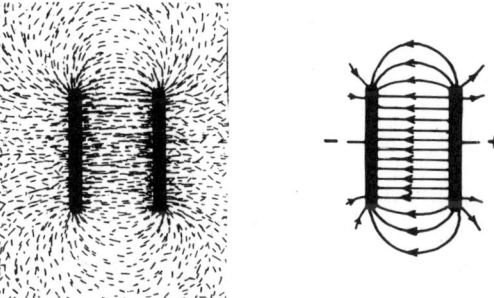

FWU-Diaserie: Elektrische Feldlinien-Bilder 102143
FWU-Film: Elektrisches Feld 360103
FWU-Film: Influenz 360106

Die Untersuchung des Feldlinienverlaufs elektrostatischer Felder liefert folgende zusätzliche Ergebnisse:

1. Feldlinien statischer Felder beginnen und enden stets auf Ladungen. Die Feldlinienrichtung ist definitionsgemäß von der positiven zur negativen Ladung festgelegt. Man sagt auch: Positive Ladungen sind **Quellen**, negative Ladungen sind **Senken** des elektrischen Feldes.
2. Auf Leitern treffen Feldlinien stets senkrecht auf.
3. Feldlinien schneiden sich nicht.
4. Je dichter die Feldlinien in einem Gebiet verlaufen, desto stärker ist dort die Kraftwirkung.

Konstruktion des Verlaufs einer Feldlinie

Zusammengesetzte Felder lassen sich durch Überlagerung der Felder aller beteiligten geladenen Körper konstruieren. Ein Beispiel hierzu ist in der folgenden Skizze dargestellt:

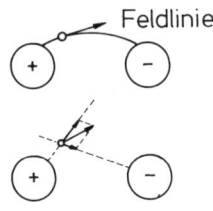

Konstruktion der Kraftrichtung

Zur Entwicklung des Feldbegriffes:
Der Begriff des Feldes wurde wesentlich von Michael Faraday (1791–1867) geprägt. Newton deutete die Kräfte zwischen Massen, Coulomb die Kräfte zwischen geladenen Körpern als Fernwirkungskräfte (**Fernwirkungstheorie**). Dabei wurde angenommen, daß von jeder Masse bzw. Ladung **ohne Beteiligung des Zwischenraumes** eine Kraft auf eine zweite Masse bzw. Ladung wirke. Änderungen der Masse- bzw. Ladungsverteilung sollten sich unendlich schnell auf den Partner auswirken.
Angeregt durch Feldlinienbilder mit Eisenfeilspänen, interpretierte Faraday 1855 die Kraftwirkung auf einen Körper als Folge des Feldes, das den Körper umgibt (**Nahwirkungstheorie**). Während bei ruhenden bzw. gleichförmig bewegten Ladungen beide Theorien zum gleichen Ergebnis führen, verhalf das Auftreten elektromagnetischer Wellen bei beschleunigten Ladungen der Nahwirkungstheorie zum Durchbruch.

4.2 Quantitative Beschreibung des elektrischen Feldes

In elektrischen Feldern werden auf Ladungen Kräfte ausgeübt. In jedem Feldpunkt ist die Richtung der Kraft auf unterschiedlich starke Ladungen gleichen Vorzeichens gleich, nicht jedoch der Betrag der Kraft. Je stärker die Ladung, desto größer ist auch die Kraft auf sie.
Hieraus folgt, daß sich die Kraft allein nicht zur Beschreibung der Stärke des Feldes eignet. Für ein brauchbares Feldstärkemaß muß man außer der Kraft auf den Feldindikator auch noch seine Ladung berücksichtigen.
Um Messungen der Feldstärke in kleinen Feldbereichen zu ermöglichen, muß der Probekörper, der die Ladung trägt, klein sein. Dies hat jedoch den Nachteil, daß der Körper im allgemeinen auch nur wenig Ladung trägt. Messungen solch kleiner Ladungen sind jedoch schwierig durchzuführen.

Man kann aber auf einfache Weise verschiedene Ladungen in genau bekannten Verhältnissen auf einem Körper in folgender Weise herstellen: Bringt man einen geladenen Probekörper (Ladung Q_0) mit einem **völlig gleich** gebauten, **neutralen** Körper in Berührung, so trägt nach der Berührung jeder Körper die gleiche Ladung $Q_0/2$. Durch Wiederholen des gleichen Vorganges kann man somit auf dem Probekörper nacheinander die Ladungen Q_0, $Q_0/2$, $Q_0/4$, $Q_0/8$ ... herstellen.
Bei der fortgesetzten Ladungshalbierung ist darauf zu achten, daß kein äußeres elektrisches Feld vorhanden ist, da sonst durch elektrische Influenz zusätzlich ungleichnamige Ladungen auf beiden Körpern entstehen, die nach der Trennung auf ihnen verbleiben.

Die Messung der Kraft auf den geladenen Probekörpern erfordert einigen Aufwand, da die Kräfte sehr klein sind. Zur Gewinnung eines Feldstärkemaßes verwenden wir den einfachsten Feldtyp, nämlich das homogene Feld eines geladenen Plattenkondensators mit der konstanten Spannung U. Man erreicht damit, daß das Feld immer die gleiche Stärke hat.

Zusammenhang zwischen der Ladung eines Körpers und der auf ihn wirkenden Kraft bei konstantem elektrischem Feld

a) Messung mit der Drehwaage

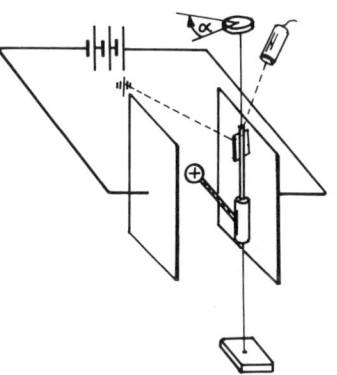

Wirkt auf den Probekörper eine Kraft F, so kann man eine Drehung der Anordnung durch Verdrillen des Aufhängedrahtes in Gegenrichtung verhindern. Der Probekörper bleibt also trotz Kraftwirkung am gleichen Ort. Der Drehwinkel α ist zur wirkenden Kraft F proportional. Auch ungeeicht läßt sich eine solche Anordnung zum qualitativen Kräftevergleich verwenden.

Meßbeispiel:
Kondensatorspannung: $U \approx 10\,\text{kV}$
Plattenabstand: $d \approx 8\,\text{cm}$

Ladung Q_p	Q_0	$Q_0/2$	$Q_0/4$	$Q_0/8$
$\alpha \sim F$	20°	9°	5°	3°

b) Messung mit einer Analysenwaage

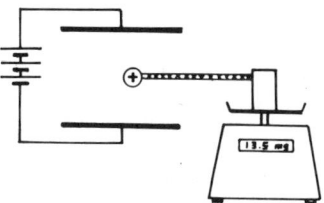

Auf dem Teller einer genügend empfindlichen elektrischen Schnellwaage wird ein Probekörper an einem Isolator befestigt.

Hinweis:
Entscheidend für das Gelingen der Versuche ist ein hochwertiger Isolator (z. B. Plexiglas oder Hart-PVC). Eventuelle Feuchtigkeitsbelegung vermeidet man, indem man den Isolator vorsichtig mit einer Bunsenflamme erwärmt oder die gesamte Anordnung der Strahlung einer Heizsonne aussetzt.

Aus der Massenangabe auf der Waage kann man über die Beziehung $G = m \cdot g$ die Feldkraft auf den Probekörper berechnen.

Meßbeispiel:
Kondensatorspannung: $U \approx 10\,\text{kV}$
Plattenabstand: $d \approx 8\,\text{cm}$

Ladung Q_p	Q_0	$Q_0/2$	$Q_0/4$	$Q_0/8$
Feldkraft F in 10^{-3} N	12	5,9	2,9	1,5

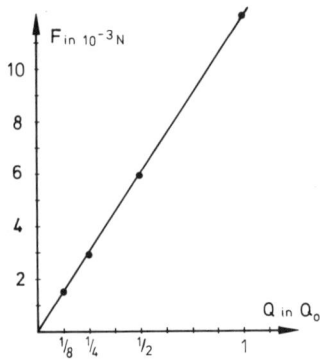

Beide Versuche führen zu dem gleichen Ergebnis:

> Bei konstantem Feld ist auch der Quotient F/Q_p konstant.

Erhöht man die Spannung U des Kondensators, was zu einer Erhöhung der Feldstärke führt, so vergrößert sich auch F/Q_p. F/Q_p eignet sich somit als Maß für die elektrische Feldstärke. Diese ist unabhängig von der Probeladung.

> Definition: $E = \dfrac{F}{Q_p}$
>
> Einheit: $[E] = 1\,\dfrac{\text{N}}{\text{As}}$

$\vec{E}$ ist ein Vektor, dessen Richtung mit der Kraft auf eine positive Probeladung übereinstimmt.
Vektoriell gilt für positive wie negative Ladungen:

$$\vec{E} = \dfrac{\vec{F}}{Q_p} \quad \text{oder} \quad \vec{F} = Q_p \cdot \vec{E}$$

Hinweis:

Die Kraftwirkung auf die Probeladung ist im Inneren eines Plattenkondensators nicht überall gleich.

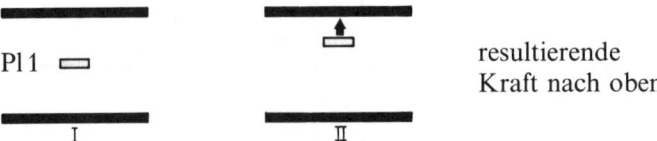

resultierende Kraft nach oben

Auf den beiden Kondensatorplatten (leitendes Material) werden durch die Probeladung, die auf Pl 1 sitzt, Ladungen influenziert. Nur wenn die Probeladung von beiden Platten gleich weit entfernt ist, ergibt sich keine resultierende Kraft auf Pl 1 aufgrund der Influenzwirkung (Fall I im Gegensatz zu Fall II).

Die elektrische Feldstärke

4.3 Zusatzversuch:

Zusammenhang zwischen der Kraft auf einen geladenen Körper und der Spannung am Kondensator:

F in 10^{-3} N	0,20	0,42	0,65	0,82
U in 10^{3} V	1,00	2,00	3,00	4,00
$\dfrac{F}{U}$ in $10^{-6}\dfrac{\text{N}}{\text{V}}$	0,20	0,21	0,22	0,21

Q_p = const.

$$\boxed{\dfrac{F}{U} = \text{const.}}$$ bei konstanter Probeladung

Dieses experimentell gefundene Ergebnis wird auf Seite 53 deduziert.

Hinweis:

Wie auf Seite 30 schon besprochen wurde, lassen sich zusammengesetzte Felder durch Überlagerung der Felder aller beteiligten geladenen Körper konstruieren. Wirkt in einem Raumpunkt auf die Probeladung Q_p von einem geladenen Körper 1 die Kraft $\vec{F}_1$ und von einem geladenen Körper 2 die Kraft $\vec{F}_2$, so wirkt auf die Probeladung die resultierende Kraft $\vec{F}_r$.

$$\vec{F}_r = \vec{F}_1 + \vec{F}_2$$
$$\vec{F}_r = Q_p\vec{E}_1 + Q_p\vec{E}_2$$
$$\vec{F}_r = Q_p(\vec{E}_1 + \vec{E}_2)$$

damit ist $\vec{E}_r = \dfrac{\vec{F}_r}{Q_p}$ mit $\boxed{\vec{E}_r = \vec{E}_1 + \vec{E}_2}$

---

1. Aufgabe:
a) Welche Kraft erfährt ein mit $Q_1 = 5{,}0 \cdot 10^{-9}$ As geladener Körper der Masse $m = 0{,}30$ g in einem vertikal nach unten gerichteten elektrischen Feld der Stärke $E = 2{,}0 \cdot 10^4$ N/As?
b) Welche Beschleunigung würde der Körper aufgrund dieser Kraft erfahren?

---

2. Aufgabe:
Eine geladene Kugel ($Q_k = 4{,}0 \cdot 10^{-9}$ As; $m = 0{,}30$ g) hängt an einem $l = 1{,}50$ m langen Faden. In einem homogenen elektrischen Feld wird die Kugel um $\Delta x = 12$ mm ausgelenkt. Berechnen Sie die Feldstärke E des homogenen Feldes.

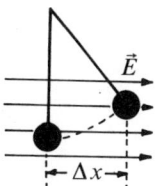

3. Aufgabe:
a) Warum ist die Kraft auf einen geladenen Probekörper keine geeignete Größe zur Beschreibung der Stärke des elektrischen Feldes?
b) Eine Kugel trägt die Ladung $Q_1 = 1,0 \cdot 10^{-7}$ As und erfährt in einem elektrischen Feld die Kraft $2,0 \cdot 10^{-4}$ N. Eine zweite Kugel mit der Ladung $Q_2 = 3,0 \cdot 10^{-7}$ As erfährt in einem anderen Feld die gleiche Kraft. Welches Feld ist stärker?

4. Aufgabe:
Bei einem Versuch mit der Drehwaage stellt man fest, daß der Torsionsknopf nach dem Einschalten des Feldes um 10° gedreht werden muß, damit die Probekugel, auf der die Ladung $Q_p = 1,6 \cdot 10^{-9}$ As sitzt, wieder in die ursprüngliche Lage zurückgeht. Berechnen Sie die im Plattenkondensator wirkende Feldstärke.
Hinweis: Es ist außerdem bekannt, daß der Draht um 15° verdrillt wird, wenn auf die Probekugel eine Kraft von $F = 2,0 \cdot 10^{-4}$ N wirkt.

5. Aufgabe:
Bei dem Versuch mit der Analysenwaage sei die Feldstärke im Plattenkondensator $E = 1,25 \cdot 10^5$ N/As. Berechnen Sie unter Heranziehung des Diagramms von Seite 32 die auf der Probekugel sitzende Ladung Q_0.

6. Aufgabe:
In das homogene Feld eines Plattenkondensators wird eine Kugel der Masse $m = 1,1$ mg und der Ladung $|Q| = 2,4 \cdot 10^{-9}$ As gebracht. Die Feldstärke $\vec{E}$ ist parallel zur Gravitationskraft gerichtet, die Feldkraft entgegengesetzt zu ihr.
a) Skizzieren Sie eine entsprechende Anordnung und geben Sie dabei die Ladungsvorzeichen auf den Kondensatorplatten und der Probekugel an.
b) Wie groß muß der Betrag der Feldstärke sein, damit die Kugel im Feld schwebt?

5. Arbeit im elektrischen Feld

5.1 Wiederholungen und Ergänzungen zur physikalischen Arbeit

a) Arbeitsverrichtung bei konstanter Kraft

Wirkt auf einen Körper die konstante Kraft $\vec{F}$, so verrichtet diese Kraft bei einer Verschiebung des Körpers um $\vec{s}_{12}$ (geradlinig von P_1 nach P_2) die physikalische Arbeit

$$W_{12} = \vec{F} \cdot \vec{s}_{12}$$

Dabei gilt für das Skalarprodukt $\vec{F} \cdot \vec{s} = |\vec{F}| \cdot |\vec{s}| \cdot \cos[\measuredangle(\vec{F}; \vec{s})]$.

Die Verrichtung einer Arbeit geschieht unter Abbau eines Energievorrates. Gleichzeitig wird durch die Arbeit ein gleich großer Energiebetrag aufgebaut.

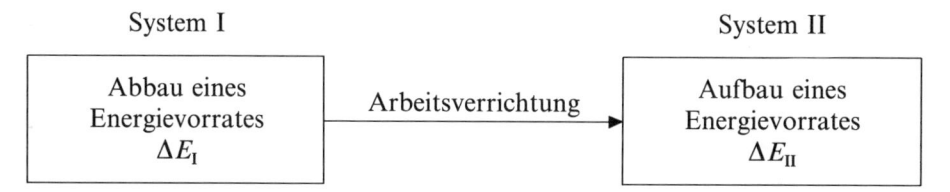

System I		System II
Abbau eines Energievorrates ΔE_I	—Arbeitsverrichtung→	Aufbau eines Energievorrates ΔE_{II}

Machen Sie sich dies nochmals an Beispielen aus der Mechanik klar:

1. Beispiel:
Im Schwerefeld der Erde bewege sich ein Körper K **entgegen** der Gewichtskraftrichtung, also lotrecht nach oben. Von den vielen Möglichkeiten, wie dies geschehen kann, seien folgende herausgegriffen:

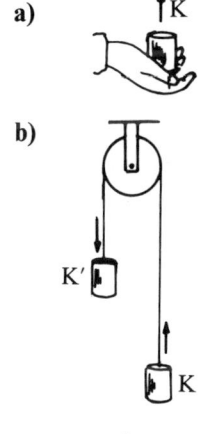

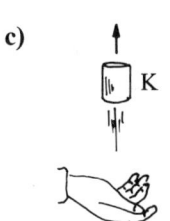

a) Der Experimentator baut etwas von seiner inneren Energie ab und verrichtet Hubarbeit, wobei der Körper K an potentieller Energie gewinnt.

b) Der Körper K' verliert potentielle Energie, es wird Hubarbeit verrichtet, und K gewinnt potentielle Energie.

c) Der Körper K verliert kinetische Energie, es wird Hubarbeit verrichtet, und K gewinnt potentielle Energie.

2. Beispiel:
Im Schwerfeld der Erde bewege sich der Körper K **in** Richtung der Gewichtskraft:

a) Der Körper K verliert potentielle Energie, verrichtet an K′ Hubarbeit, und K′ gewinnt damit potentielle Energie.

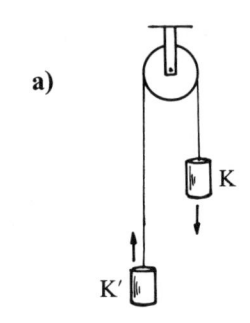

b) Der Körper K verliert potentielle Energie, verrichtet an sich Beschleunigungsarbeit und gewinnt dadurch kinetische Energie.

---

1. Aufgabe:
Wenden Sie das obige Energie-Arbeits-Schema auf ein Pendel an, das im Punkt 1 losgelassen wird und über den Nulldurchgang (Punkt 2) schließlich den Punkt 3 erreicht.

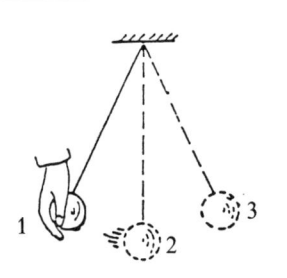

---

2. Aufgabe:
Wenden Sie das Energie-Arbeits-Schema auf eine volle Schwingung eines Federpendels an.

---

3. Aufgabe:
Eine Kraft $F = 50$ N zieht einen Körper längs eines Weges von $s = 0,70$ m. Kraft- und Wegrichtung schließen einen Winkel von $70°$ ein. Berechnen Sie die verrichtete Arbeit.

b) Arbeitsverrichtung bei nicht konstanter Kraft

Ist die Kraft $\vec{F}(s)$ längs der geradlinigen Verschiebung von P_1 nach P_2 nicht konstant, so ergibt sich für die Arbeit W_{12}:

$$W_{12} = \int_{P_1}^{P_2} \vec{F}(s) \cdot d\vec{s};$$

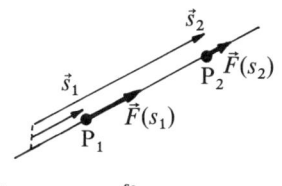

$$\int_{P_1}^{P_2} \vec{F}(s) \cdot d\vec{s} = \int_{s_1}^{s_2} F(s)\,ds$$

Begründung:

$W_{12} \approx \sum_{r=1}^{n} \vec{F}_r(s) \cdot \Delta\vec{s}$, wenn Δs so klein gewählt wird, daß sich die Kraft auf dieser Wegstrecke Δs nicht wesentlich ändert und damit etwa der mittleren Kraft im Intervall gleichgesetzt werden kann.

Durch Übergang zu immer kleineren Intervallen erhält man

$$W_{12} = \lim_{n\to\infty} \sum_{\nu=1}^{n} \vec{F}_\nu(s) \cdot \Delta\vec{s} = \int_{P_1}^{P_2} \vec{F}(s) \cdot d\vec{s};$$

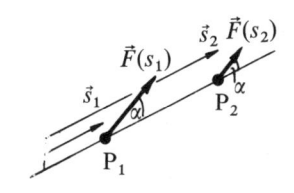

$$\int_{P_1}^{P_2} \vec{F}(s)\,d\vec{s} = \int_{s_1}^{s_2} F(s) \cdot \cos\alpha \cdot ds$$

Beispiel: Dehnungsarbeit bei einer elastischen Schraubenfeder

Gegeben: $s_1 = 3$ cm; $\overline{P_1 P_2} = 12$ cm; $D = 8$ N/cm;
Die Kraft $\vec{F}$ wirkt stets in Wegrichtung, und es gilt: $F = D \cdot s$

$$W_{12} = \int_{P_1}^{P_2} \vec{F}(s) \cdot d\vec{s} = \int_{s_1}^{s_2} F(s) \cdot ds; \quad \text{da } \cos[\sphericalangle(\vec{F}; \vec{s})] = 1;$$

$$W_{12} = \int_{s_1}^{s_2} D \cdot s \cdot ds = \frac{1}{2} \cdot D \cdot [s^2]_{s_1}^{s_2}; \quad W_{12} = \frac{1}{2} \cdot D \cdot (s_2^2 - s_1^2);$$

$$W_{12} = 4 \frac{N}{cm} (15^2 - 3^2)\,cm^2 = \underline{864\ Ncm}$$

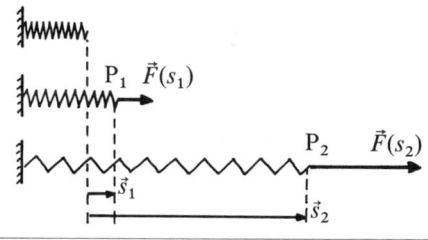

---

4. Aufgabe:
Die Kraft $\vec{F}(s)$ schließt mit dem Weg $\vec{s}_{12}$ den konstanten Winkel $\alpha = 30°$ ein. Für die Wegabhängigkeit der Kraft gilt $F(s) = k/s^2$ mit $k = 10\ N \cdot m^2$. Welche Arbeit wird bei der Bewegung von $s_1 = 1{,}5$ m nach $s_2 = 3{,}0$ m verrichtet?

Hinweis: Einfache Integrationsregeln finden Sie in der mathematischen Formelsammlung oder in **Anhang 1** dieses Buches.

c) Auswahl der Kraft

Bewegt sich ein Körper unter der Wirkung einer äußeren Kraft mit konstanter Geschwindigkeit, so ist dies nur möglich, wenn an dem Körper gleichzeitig eine betragsgleiche Gegenkraft angreift.

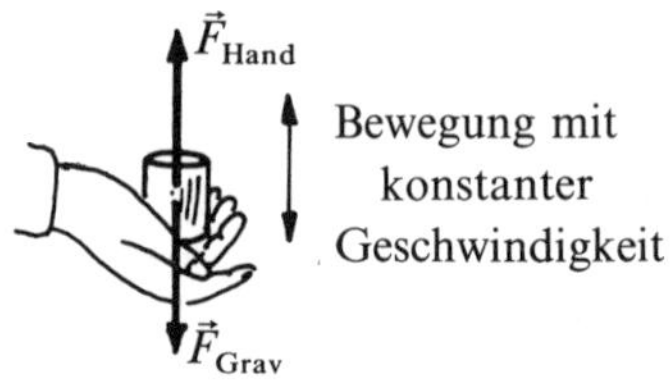

Beispiel:
Heben oder Senken eines Körpers im Schwerefeld der Erde (vgl. Skizze)

Für die Arbeitsberechnung kann man beide Kräfte heranziehen. Die Arbeiten sind zwar betragsgleich, haben aber entgegengesetztes Vorzeichen. Im Schwerefeld der Erde erhält man im Falle von $\vec{F}_{Hand}$ die äußere Arbeit, bei der Wahl von $\vec{F}_{Grav}$ die Arbeit der Feldkraft (Gravitationskraft) oder besser des Feldes. Wir wollen sie kurz **Feldarbeit** nennen.

Die Berechnung der Feldarbeit hat den Vorteil, daß man bei ihr nicht darauf achten muß, ob sich bei dem Vorgang die kinetische Energie oder irgendeine andere Energie ändert.

Hebt man einen Körper mit der Gewichtskraft 3 N um einen Meter, so ist bei der Berechnung der äußeren Arbeit auch zu berücksichtigen, ob bei dem Vorgang außer der potentiellen Energie noch irgendeine andere Energie geändert wurde. Ist z.B. der Gewinn an kinetischer Energie bei obigem Vorgang 2 J, so ist die äußere Arbeit insgesamt $3J + 2J = 5J$.

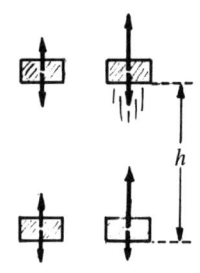

Dagegen ergibt sich die Feldarbeit unabhängig von sonstigen Energieänderungen stets nur aus der Feldkraft und dem zurückgelegten Weg. Wegen $\sphericalangle(\vec{F}; \vec{s}) = 180°$ erhält man bei obigem Beispiel für die Feldarbeit stets -3 J, unabhängig von irgendwelchen anderen Energieänderungen.

5.2 Berechnung der Arbeit bei der Bewegung einer Ladung im elektrischen Feld

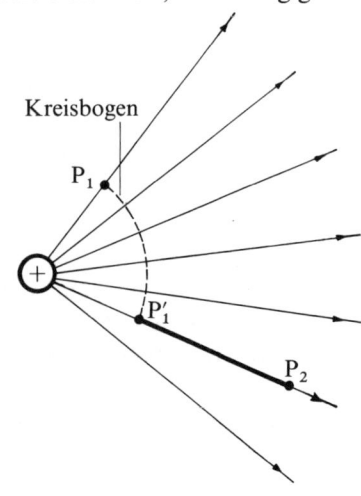

Vorbemerkung:
Wir beschränken uns auf die Berechnung der Feldarbeit in homogenen und radialsymmetrischen Feldern. In diesen Fällen genügt es, die Arbeitsberechnung – unabhängig von der Lage von Anfangs- und Endpunkt – längs **einer** Feldlinie durchzuführen.

Arbeit im elektrischen Feld

Die Arbeit bei der Bewegung einer Ladung von P_1 nach P_2 ist im elektrostatischen Feld vom gewählten Weg unabhängig.
Auf dem in der Skizze dargestellten Weg ist $W_{P_1 P_1'} = 0$, da die Kraft stets senkrecht zur Bewegungsrichtung ist. Die Arbeitsberechnung von P_1 nach P_2 reduziert sich also auf die Berechnung der Arbeit von P_1' nach P_2.
Liegen die Punkte P_1 und P_2 auf **einer** Feldlinie, so gilt allgemein:

$$W_{12} = \int_{P_1}^{P_2} \vec{F} \cdot d\vec{s} \quad \text{oder} \quad W_{12} = \int_{P_1}^{P_2} |\vec{F}| \cdot \cos\alpha \, |d\vec{s}|$$

α: Winkel zwischen $\vec{F}$ und $d\vec{s}$

Anstelle der Variablen »s« werden wir häufig auch »r« verwenden.

Bei vorgegebenem Integranden hängt das Vorzeichen des Integralwertes davon ab, ob die obere Integrationsgrenze größer ist als die untere oder umgekehrt. Für die Arbeitsberechnung gilt daher die folgende Fallunterscheidung:

$$W_{12} = \int_{P_1}^{P_2} \vec{F} \cdot d\vec{s} = \begin{cases} \int_{r_1}^{r_2} |\vec{F}| \cdot \cos\alpha \cdot dr & \text{wenn } r_1 < r_2 \\ -\int_{r_1}^{r_2} |\vec{F}| \cdot \cos\alpha \cdot dr & \text{wenn } r_1 > r_2 \end{cases}$$

Beachten Sie dabei, daß $\vec{F} = Q_p \cdot \vec{E}$ ist.

Die potentielle Energie einer Ladung im Feld

Die Feldarbeit ist mit einem Gewinn oder Verlust an potentieller Energie für die Ladung verbunden (analog zur Änderung der potentiellen Energie bei Feldarbeit im Schwerefeld der Erde).

Beispiel:
In den beiden dargestellten Fällen ist die Arbeit der Feldkraft positiv ($W_{\text{Feld}} > 0$), die potentielle Energie E_p nimmt jedoch ab.
Es gilt also

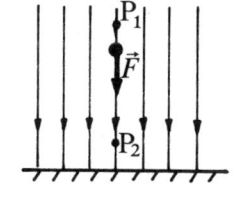

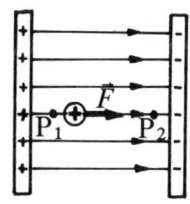

$$\boxed{W_{\text{Feld}} = -\Delta E_p}$$

---

5. Aufgabe:
a) Zeigen Sie durch Vergleich mit dem mechanischen Beispiel, daß die Beziehung $W_{\text{Feld}} = -\Delta E_p$ auch für die Bewegung der positiven Probeladung von P_2 nach P_1 gilt.
b) Zeigen Sie, daß obige Beziehung auch für die Bewegung einer negativen Probeladung von P_1 nach P_2 und umgekehrt gilt.

40 Elektrostatik

Da der Nullpunkt der potentiellen Energie willkürlich an einem beliebigen Ort im Feld festgelegt werden kann, läßt sich – nach Festsetzen des Nullpunktes – durch Arbeitsberechnung für jeden weiteren Punkt die potentielle Energie einer Ladung berechnen.

Beispiele:
Vorgehensweise:
- Bestimmung des Vorzeichens von $\cos\alpha$ aus der Richtung von $\vec{F}$ und $d\vec{s}$
- Berechnung des Integrals $\int_{P_1}^{P_2} \vec{F} \cdot d\vec{s}$ unter Berücksichtigung der Integrationsgrenzen

1. Bewegung einer Ladung Q_p im homogenen Feld

Berechnen Sie die Feldarbeit bei der Bewegung einer negativen Probeladung $Q_p = -1{,}0 \cdot 10^{-9}$ As im homogenen Feld einer negativ geladenen Platte ($E = 5{,}0 \cdot 10^3$ N/As).

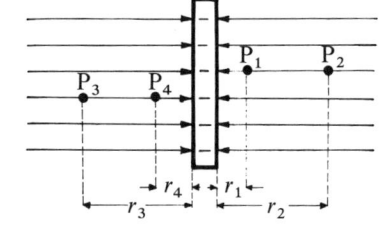

a) Die Probeladung bewege sich von P_1 ($r_1 = 1$ cm) nach P_2 ($r_2 = 6$ cm).

b) Die Probeladung bewege sich von P_3 ($r_3 = 6$ cm) nach P_4 ($r_4 = 2$ cm).

c) Wird bei diesen Vorgängen die potentielle Energie erhöht oder erniedrigt?

Lösung:

a) $W_{12} = \int_{P_1}^{P_2} \vec{F} \cdot d\vec{r}$; da beim homogenen Feld $\vec{E}$ nicht von $\vec{r}$ abhängt, gilt
$W_{12} = \vec{F} \cdot \Delta\vec{r}_{12}$; da $\vec{F}$ und $\Delta\vec{r}_{12}$ gleich gerichtet sind, ist $\cos\alpha = +1$
$W_{12} = |\vec{F}| \cdot |\Delta\vec{r}_{12}|$; $W_{12} = |Q_p \cdot \vec{E}| \cdot |\Delta\vec{r}_{12}|$;
$W_{12} = |-1{,}0 \cdot 10^{-9} \cdot 5{,}0 \cdot 10^3| \cdot |0{,}06 - 0{,}01|$ J
$W_{12} = 2{,}5 \cdot 10^{-7}$ J

b) $W_{34} = \vec{F} \cdot \Delta\vec{r}_{34}$; da $\vec{F}$ und $\Delta\vec{r}_{34}$ einander entgegengerichtet sind, ist $\cos\alpha = -1$
$W_{34} = -|Q_p \cdot \vec{E}| \cdot |\Delta\vec{r}_{34}|$;
$W_{34} = -|-1{,}0 \cdot 10^{-9} \cdot 5{,}0 \cdot 10^3| \cdot |0{,}02 - 0{,}06|$ J
$W_{34} = -2{,}0 \cdot 10^{-7}$ J

c) Teilaufgabe a): $W_{12} > 0 \rightarrow \Delta E_p < 0$; die potentielle Energie nimmt ab.
Teilaufgabe b): $W_{34} < 0 \rightarrow \Delta E_p > 0$; die potentielle Energie nimmt zu.

2. Bewegung einer Ladung Q_p im radialsymmetrischen Feld

Der Feldverlauf einer positiven Feldladung Q_F wird durch die Gleichung $E = C/r^2$ mit $C = 3 \cdot 10^2$ Nm²/As beschrieben. In diesem Feld befinde sich eine negative Probeladung $Q_p = -1{,}0 \cdot 10^{-10}$ As.

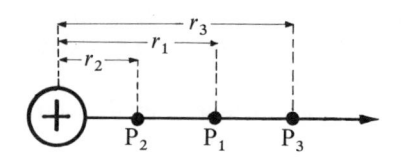

a) Berechnen Sie die Feldarbeit bei der Bewegung der Ladung von P_1 ($r_1 = 10$ cm) nach P_2 ($r_2 = 5{,}0$ cm).

b) Berechnen Sie die Feldarbeit bei der Bewegung der Ladung von P_1 nach P_3 ($r_3 = 15$ cm).

Lösung:

a) $W_{12} = \int_{P_1}^{P_2} \vec{F} \cdot d\vec{r}$; da $\vec{F}$ und $d\vec{r}$ gleich gerichtet sind, ist $\cos\alpha = 1$; außerdem ist $r_1 > r_2$, daher gilt:

$$W_{12} = -\int_{r_1}^{r_2} |\vec{F}| \cdot (+1) \, dr; \quad W_{12} = -\int_{r_1}^{r_2} |Q_p \cdot \vec{E}| \cdot (+1) \, dr$$

$$W_{12} = -|Q_p \cdot C| \cdot \int_{r_1}^{r_2} \frac{1}{r^2} \, dr = -|Q_p \cdot C| \cdot \left[-\frac{1}{r}\right]_{r_1}^{r_2};$$

$$W_{12} = -|Q_p \cdot C| \cdot \left(-\frac{1}{r_2} + \frac{1}{r_1}\right); \quad \underline{W_{12} = 3{,}0 \cdot 10^{-7} \, J}$$

b) $\vec{F}$ und $d\vec{r}$ sind entgegengerichtet, d.h. $\cos\alpha = -1$; $r_1 < r_3$

$$W_{13} = \int_{r_1}^{r_3} |\vec{F}| \cdot (-1) \, dr; \quad W_{13} = -|Q_p \cdot C| \int_{r_1}^{r_3} \frac{1}{r^2} \, dr; \quad \underline{W_{13} = -1{,}0 \cdot 10^{-7} \, J}$$

---

6. Aufgabe:

Im homogenen Feld der Stärke $E = 2{,}0 \cdot 10^2$ N/As sind die Punkte P_2, P_3, P_4, P_5 und P_6 jeweils $r = 5{,}0$ cm von P_1 entfernt. Berechnen Sie jeweils die Feldarbeit bei der Verschiebung der Probeladung $Q_p = 5{,}0 \cdot 10^{-10}$ As von P_1 zu je einem der angegebenen Punkte auf der Kreislinie.

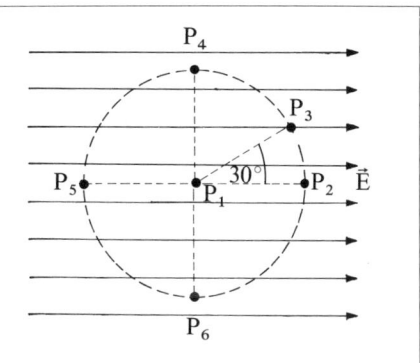

---

7. Aufgabe:

Ein negativ geladener Probekörper ($Q_p = -1{,}0 \cdot 10^{-9}$ As) wird im homogenen Feld ($E = 2{,}0 \cdot 10^2$ N/As) von der positiven Platte von P_1 ($r_1 = 4{,}0$ cm) nach P_2 ($r_2 = 7{,}0$ cm) gebracht.

a) Berechnen Sie den Betrag der Feldkraft.

b) Welche Feldarbeit wird bei der Bewegung von P_1 nach P_2 verrichtet?

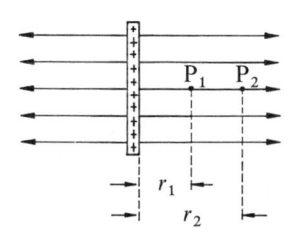

8. Aufgabe:
Ein positiv geladener Probekörper (Ladung Q_p) befindet sich im Feld einer negativ geladenen Platte. Auf die Probeladung wirkt die konstante Kraft $F = 15 \cdot 10^{-12}$ N.

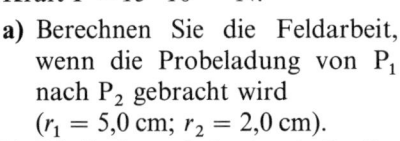

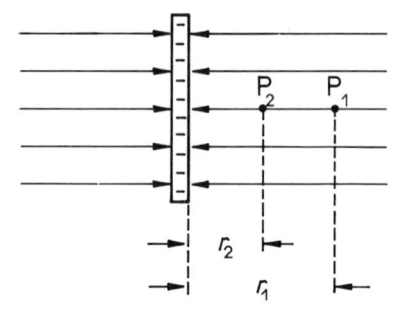

a) Berechnen Sie die Feldarbeit, wenn die Probeladung von P_1 nach P_2 gebracht wird ($r_1 = 5{,}0$ cm; $r_2 = 2{,}0$ cm).

b) Die Ladung Q_p besitze in P_1 die potentielle Energie null. Welche potentielle Energie besitzt sie in P_2?

c) Berechnen Sie die Feldarbeit, wenn die Ladung des Probekörpers $-Q_p$ ist.

9. Aufgabe:
Auf die positive Probeladung Q_p wirkt im Feld der positiven Ladung Q_f die ortabhängige Kraft $F(r) = 9 \cdot 10^{-2}$ Nm² $\cdot 1/r^2$.

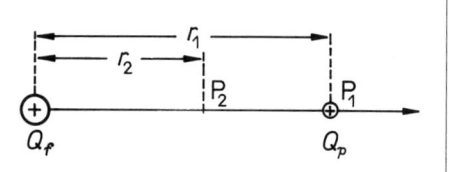

a) Berechnen Sie Betrag und Vorzeichen der Feldarbeit, wenn die Ladung Q_p von P_1 ($r_1 = 20$ cm) nach P_2 ($r_2 = 10$ cm) gebracht wird.

b) Gewinnt oder verliert die Ladung potentielle Energie?

10. Aufgabe:
Im Feld einer positiven Ladung wirkt auf eine negative Probeladung längs einer Feldlinie die ortsabhängige Kraft $F(r) = -1{,}5 \cdot 10^{-2}$ Nm² $\dfrac{1}{r^2}$.

Berechnen Sie die Feldarbeit nach Betrag und Vorzeichen, wenn die Probeladung

a) den Weg I von P_1 nach P_2 ($r_1 = r_2 = 2$ cm)

b) den Weg II von P_3 ($r_3 = 1{,}5$ cm) nach P_4 ($r_4 = 5$ cm)

c) den Weg III von P_5 ($r_5 = 5$ cm) nach P_6 ($r_6 = 2{,}5$ cm)

durchläuft. Mit r wird der Abstand eines Punktes vom Mittelpunkt des felderzeugenden Körpers bezeichnet.

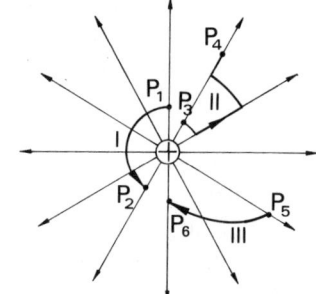

11. Aufgabe:
Für das zylindersymmetrische Feld um einen positiv geladenen Draht gelte
$$E = 5{,}0 \cdot 10^2 \frac{\text{Nm}}{\text{As}} \cdot \frac{1}{r}.$$
Berechnen Sie die Feldarbeit bei der Bewegung einer Probeladung $Q_p = -4{,}0 \cdot 10^{-10}\,\text{As}$ von P_1 ($r_1 = 2{,}0\,\text{cm}$) nach P_2 ($r_2 = 7{,}0\,\text{cm}$).

Hinweis: $\int_{x_1}^{x_2} \frac{1}{x} \cdot dx = \ln(x_2) - \ln(x_1); \quad x_1, x_2 > 0$

12. Aufgabe:

a) Geben Sie eine Begründung dafür, daß für die Bewegung einer Ladung zwischen den Punkten P_1 und P_2 gilt:
$W_{12} = -W_{21}$

b) Erläutern Sie, warum auf einem geschlossenen Weg die Arbeit im elektrischen Feld null ist.

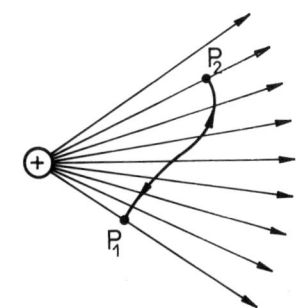

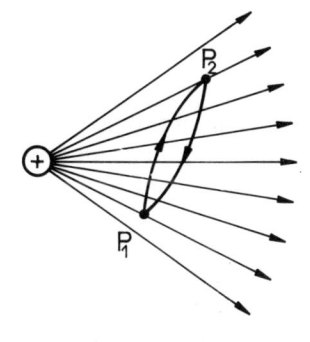

6. Das elektrische Potential

6.1 Potentialdifferenz und Potential

Die Feldarbeit $W_{12} = Q_p \cdot \int_{P_1}^{P_2} \vec{E}(s) \cdot \mathrm{d}\vec{s}$ und damit auch die Änderung der potentiellen Energie ist außer von der Lage der beiden Feldpunkte und der Feldstärke auch noch von der transportierten Ladung abhängig.

Die Größe $\dfrac{W_{12}}{Q_p} = \int_{P_1}^{P_2} \vec{E}(s) \cdot \mathrm{d}\vec{s}$ hängt dagegen nicht mehr von der Ladung ab.

Man bezeichnet $\int_{P_1}^{P_2} \vec{E}(s) \cdot \mathrm{d}\vec{s}$ als **Potentialdifferenz** von P_1 nach P_2 und schreibt

$$\varphi_{12} = \int_{P_1}^{P_2} \vec{E}(s) \cdot \mathrm{d}\vec{s}$$

φ_{12} ist die Differenz der Potentiale φ_1 und φ_2 in den Punkten P_1 und P_2.

$$\varphi_{12} = \varphi_1 - \varphi_2$$

Da man aber über die zu verrichtende Feldarbeit nur Potentialdifferenzen bestimmen kann, nicht Potentiale, muß man zur Festlegung des Potentials einen willkürlich gewählten Punkt P_0 des Feldes mit einem frei wählbaren Potentialwert auszeichnen. Man gibt ihm gewöhnlich das Potential Null.
Damit sind aber für alle übrigen Punkte des Feldes die Potentiale über die Potentialdifferenz berechenbar:

z.B. $\qquad \varphi_1 = \varphi_0 + \varphi_{10}$

Da der Potentialwert jedes Punktes von der Feldarbeit ab Bezugspunkt und damit von der Art des Feldes, aber nicht von der überführten Ladung abhängt, ist das **Potential eine feldbeschreibende Größe.** Die Beschreibung des Feldes durch Potentiale ist in vielen Fällen einfacher als die Beschreibung durch Feldstärken. Für die Angabe eines Potentials genügen nämlich Betrag und Einheit, für einen Vektor benötigt man dazu noch die Richtung.

Die Einheit des Potentials ist wie die der Potentialdifferenz: $[\varphi] = \dfrac{J}{C} = \dfrac{J}{As}$.

1. Aufgabe:

In einem radialsymmetrischen Feld einer positiv geladenen Kugel vom Radius $R = 1{,}0$ cm ist für $r \geq R$ die Feldstärke $E = 9{,}0 \cdot 10^2 \dfrac{\text{Nm}^2}{\text{As}} \cdot \dfrac{1}{r^2}$; r wird ab Kugelmittelpunkt gerechnet.

a) Welche Feldarbeit wird verrichtet (Betrag und Vorzeichen!), wenn eine negative Probeladung $Q_p = -1{,}0 \cdot 10^{-10}$ C von P_1 nach P_2 gebracht wird?

$r_1 = 9{,}0$ cm
$r_2 = 12{,}0$ cm

b) Welche Potentialdifferenz durchläuft die Probeladung?

c) Welches Potential hat der Punkt P_2, wenn P_1 das Potential $\varphi_1 = 7{,}5 \cdot 10^3 \dfrac{\text{J}}{\text{As}}$ hat?

d) Welches Potential haben die Punkte P_1 bzw. P_2, wenn man dem »unendlich fernen Punkt« ($r \to \infty$) das Potential $0 \dfrac{\text{J}}{\text{As}}$ zuschreibt?
Berechnen Sie die Potentialdifferenz φ_{21} und vergleichen Sie mit c).

e) Berechnen Sie für den Fall d) das Potential eines beliebigen Feldpunktes ($r \geq R$) in Abhängigkeit von r.

f) Überlegen Sie sich den Potentialverlauf für $r < R$.

g) Muß zur Bewegung der Ladung von P_1 nach P_2 äußere Arbeit verrichtet werden?

Punkte gleichen Potentials (gleicher potentieller Energie für eine Probeladung) liegen im Feld auf sogenannten **Äquipotentialflächen**. Die Verschiebung einer Ladung auf einer Äquipotentialfläche ist wegen $\Delta E_p = 0$ ohne Arbeit möglich. Bei $W = 0$ muß die Kraft stets senkrecht zum Weg gerichtet sein, d. h., die Feldlinien stehen senkrecht zu den Äquipotentialflächen.

2. Aufgabe:

Zeichnen Sie für Aufgabe 1e) die Äquipotentiallinien als Schnitt von Äquipotentialflächen und Zeichenebene (diese soll den Kugelmittelpunkt enthalten!) für die Potentiale:

$9{,}0 \cdot 10^3 \dfrac{\text{J}}{\text{C}}$; $1{,}5 \cdot 10^4 \dfrac{\text{J}}{\text{C}}$; $4{,}0 \cdot 10^4 \dfrac{\text{J}}{\text{C}}$; $9{,}0 \cdot 10^4 \dfrac{\text{J}}{\text{C}}$;

Hinweis: Zeichnen Sie zuerst ein $r - \varphi(r)$-Diagramm.
Rechtswertachse: 1 cm $\triangleq 1 \cdot 10^{-2}$ m;
Hochwertachse: 1 cm $\triangleq 1 \cdot 10^4 \dfrac{\text{J}}{\text{C}}$;

3. Aufgabe:

Gegeben ist ein idealer Plattenkondensator (konstante Feldstärke $|E| = 3{,}0 \cdot 10^4 \frac{N}{C}$, Plattenabstand $d = 5{,}0$ cm), die linke Platte soll das Potential Null haben, die rechte Platte ist positiv geladen.

a) Warum sind die Platten des geladenen Kondensators Äquipotentialflächen? (Vgl. Feldlinienbild!)
b) Welches Potential hat die rechte Platte?
c) Zeichnen Sie die Äquipotentialflächen für die Potentiale $4{,}5 \cdot 10^2 \frac{J}{C}$ und $1{,}2 \cdot 10^3 \frac{J}{C}$.

6.2 Überlagerung von Potentialen

Erzeugen mehrere geladene Körper ein gemeinsames elektrisches Feld, so gewinnt man in jedem Punkt des Feldes das Gesamtpotential durch Addition der Potentiale der Einzelfelder.

Begründung:
Zur Berechnung der Feldarbeit im resultierenden Feld gibt es zwei Möglichkeiten:

a) Komponente der resultierenden Feldkraft in Wegrichtung ($F_{res\|}$) mal Weg,
b) Komponenten der Einzelfeldkräfte in Wegrichtung ($F_{1\|}$ und $F_{2\|}$) mal Weg und anschließende Addition der Arbeitsbeträge.

Daraus folgt:
Man erhält die gesamte Feldarbeit bei Bewegung einer Probeladung vom Bezugspunkt zu einem Punkt des Überlagerungsfeldes als Summe der entsprechenden Arbeiten bei den einzelnen Feldern.

Hinweis:
Die Komponente der resultierenden Kraft $\vec{F}_{res}$ in Wegrichtung ist gleich der Summe der Komponenten der Einzelkräfte in Wegrichtung.

$$\vec{F}_{res\|} = \vec{F}_{1\|} + \vec{F}_{2\|}$$

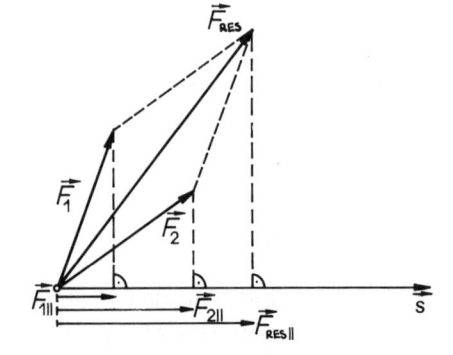

Die beiden Kugeln in der folgenden Skizze tragen gleich große Ladungen entgegengesetzten Vorzeichens. Für jede Kugel sind einige Äquipotentiallinien eingezeichnet. Die Zahlen bedeuten relative Potentialwerte. Aus dieser Darstellung lassen sich Äquipotentiallinien des resultierenden Feldes gewinnen, wie oben besprochen wurde.

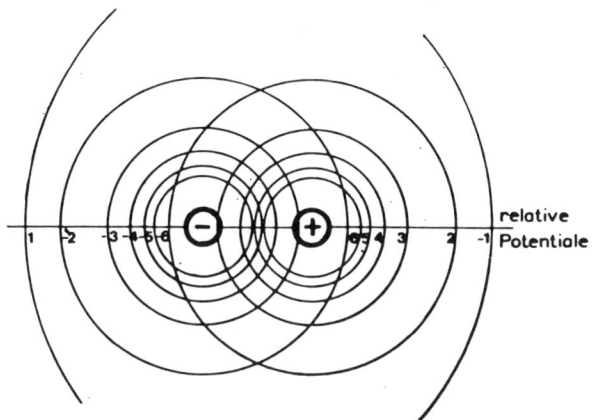

4. Aufgabe:
Ermitteln Sie zeichnerisch die Äquipotentiallinie für den relativen Potentialwert -1 des resultierenden Feldes.
Zeichnen Sie hierzu das obige Bild im Maßstab 2:1 ab.

Nebenstehende Skizze zeigt den Verlauf von Feld- und Äquipotentiallinien für das Überlagerungsfeld. Sie kann durch wiederholte Anwendung des obigen Verfahrens gewonnen werden.
Man sieht, daß sich Feld- und Äquipotentiallinien stets senkrecht schneiden.

Für Ladungen gleichen Vorzeichens ergibt sich folgender Feld- und Potentialverlauf:

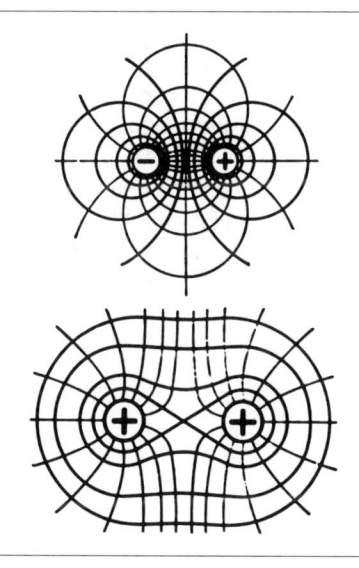

5. Aufgabe:
Die positive Ladung Q einer kleinen Kugel erzeugt ein Feld der Feldstärke
$E = 5{,}0 \cdot \dfrac{1}{r^2} \dfrac{\text{Nm}^2}{\text{As}}$.

a) Welche Feldarbeit ist notwendig, um eine positive Probeladung $Q_p = 2{,}0 \cdot 10^{-10}$ As der Kugel von 10,0 cm auf 5,0 cm zu nähern?

b) Berechnen Sie das Potential eines Feldpunktes in Abhängigkeit vom Abstand r zum Kugelmittelpunkt, falls im »Unendlichen« das Potential den Wert null hat!

c) Vier solche positive Ladungen Q befinden sich an den Ecken eines Quadrats mit 10 cm Kantenlänge (siehe Skizze!).
Berechnen Sie das Potential im Mittelpunkt P_0 des Quadrats und auf der Mitte P_2 einer Quadratseite.

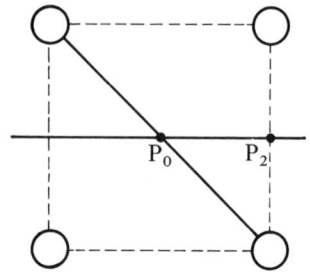

---

6. Aufgabe:
Wir betrachten drei geladene Ebenen, wie sie in nebenstehender Skizze dargestellt sind. Das Potential der Ebene A ist auf Null festgesetzt.

a) Wie groß ist das Potential der Ebene B?

b) Wie groß ist das Potential der Ebene C?

c) Welche äußere Arbeit ist zu verrichten bzw. wird frei, falls sich eine positive Probeladung $Q_p = 3{,}0 \cdot 10^{-9}$ As von der Ebene A durch ein Loch in B nach C bewegt ($\Delta E_{kin} = 0$)?

7. Spannung und Potentialdifferenz

Für die folgenden Überlegungen betrachten wir ein elektrisches Feld mit einer besonders einfachen Struktur. Die Kraft $\vec{F}$ auf eine Probeladung soll in jedem Punkt des Feldes die gleiche sein. Ein solches Feld heißt **homogenes elektrisches Feld**. Das Feld eines Plattenkondensators, bei dem der Plattenabstand klein ist gegen die Plattengröße, ist mit hinreichender Genauigkeit homogen, wie später gezeigt wird.

7.1 Energiebetrachtungen im homogenen elektrischen Feld

In einem homogenen elektrischen Feld der Feldstärke $\vec{E}$ wird eine positive Probeladung Q_p von P_1 nach P_2 bewegt. Die Feldkraft ist $\vec{F} = Q_p \cdot \vec{E}$. Auf dem Weg $\Delta \vec{s}$ wird also die Feldarbeit

$$W_{12} = F \cdot \Delta s \cdot \cos \alpha$$

verrichtet, da Kraft- und Wegrichtung den Winkel α einschließen. Wegen $\Delta l = \Delta s \cdot \cos \alpha$ ist also:

$$W_{12} = F \cdot \Delta l = Q_p \cdot E \cdot \Delta l$$

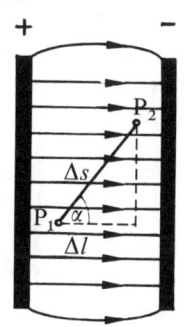

Wie bereits gezeigt wurde, ist die zu verrichtende Arbeit W_{12} davon unabhängig, auf welchem Weg die Probeladung von P_1 nach P_2 gebracht wird. W_{12} hängt noch von der Probeladung Q_p ab, die Potentialdifferenz φ_{12} dagegen nicht, da

$$\varphi_{12} = \frac{W_{12}}{Q_p} = E \cdot \Delta l.$$

7.2 Vergleich der Potentialdifferenz zwischen den Kondensatorplatten mit der Spannung
(Definition der Mittelstufe)

Man kann die Spannung U an den Platten des Kondensators mit einem Voltmeter messen. Nach der Definition ergibt sich jetzt die Potentialdifferenz φ_{12} zwischen der positiven und der negativen Platte (Plattenabstand d) zu:

$$\boxed{\varphi_{12} = E \cdot d}$$

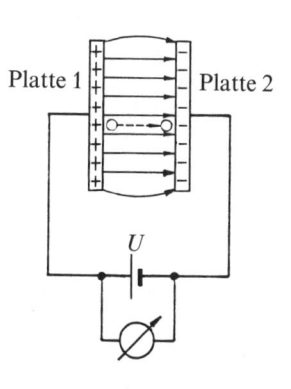

Bewegt sich eine positive Probeladung Q_p von der positiven zur negativen Platte, so wird dabei eine Energie gewonnen, die betragsgleich zum Verlust an potentieller Energie der Ladung ist. Diese Energie kann nur aus dem Energieinhalt des Kondensators stammen. Die Probeladung Q_p wird von der Stromquelle durch einen

Stromstoß $I \cdot \Delta t$ (wegen $v = $ const. ist I konstant!) in der Kondensatorzuleitung ersetzt. Die von der Stromquelle gelieferte Energie ist:

$W' = U \cdot I \cdot \Delta t = U \cdot Q_p$.   (Mittelstufe!)

Zum Nachweis des Stromstoßes kann folgender Versuch ausgeführt werden: Man lädt einen elektrostatischen Löffel an einer Kondensatorplatte auf und bewegt ihn mit konstanter Geschwindigkeit auf die andere Platte zu. Während der Bewegung läßt sich mit dem Galvanometer ein konstanter Strom nachweisen, der aufhört, wenn man die Bewegung unterbricht (siehe Skizze).

Nach der Bewegung der Probeladung von der positiven zur negativen Platte hat der Kondensator den gleichen Zustand, also auch die gleiche Energie wie vorher. Die gewonnene Energie W_{12} ist gleich der von der Stromquelle aufgebrachten Energie W'.

Es gilt also: $W_{12} = W'$
$Q_p \cdot \varphi_{12} = U \cdot Q_p$

daraus folgt: $\boxed{\varphi_{12} = U}$

Entsprechend: $[\varphi] = [U] = \dfrac{Nm}{C} = V$.

$U \approx 300$ V; $d \approx 10$ cm
Strombereich ca. $30 \cdot 10^{-11}$ A
(Meßverstärker)

Die Potentialdifferenz zwischen den Kondensatorplatten ist also identisch mit der Spannung zwischen den Platten. Man sagt statt »Potentialdifferenz zwischen zwei Punkten« auch kurz »Spannung zwischen diesen Punkten«. Während es in der Mittelstufe nur sinnvoll war, von einer Spannung zwischen den Kondensatorplatten zu sprechen, ermöglicht es die Identität von φ_{12} und U, jetzt auch eine Spannung zwischen zwei beliebigen Feldpunkten anzugeben. Im Gegensatz zur Mittelstufe ist die Spannung jetzt eine abgeleitete Größe.

---

1. Aufgabe:
Bewegt man die Kugel ($Q_p \approx 6 \cdot 10^{-9}$ As) mit konstanter Geschwindigkeit von der positiven zur negativen Platte, so beobachtet man während der Bewegung einen konstanten Dauerstom in den Zuleitungen zum Kondensator. Schätzen Sie die Stromstärke ab, wenn die Kugel in 5 s von der linken zur rechten Platte bewegt wird.

Mit obiger Beziehung zwischen Potentialdifferenz und Spannung erhält man nun für die Feldarbeit

$$\boxed{W_{12} = Q_p \cdot U_{12}}$$

Diese Beziehung gilt auch in inhomogenen Feldern.

Hinweis:
Die Spannungseinheit Volt wurde in der Mittelstufe so gewählt, daß 1 VAs = 1 Ws = 1 J ist.

8. Potentialmessungen

8.1 Das Elektrometer als Spannungsmesser

In den einführenden Versuchen wurde das Elektrometer als Ladungsindikator verwendet. Befinden sich der isolierte Teil des Elektrometers und das Gehäuse auf verschiedenen Potentialen (zwischen isoliertem Teil und Gehäuse herrscht eine Spannung), so besteht zwischen beiden Elektroden ein elektrisches Feld und somit eine Kraftwirkung auf den Zeiger des Elektroskops (Kraft zwischen Ladungen des Zeigers und Influenzladung des Gehäuses). Je größer die Spannung, desto größer der Zeigerausschlag. Das Elektrometer kann damit als statischer (nicht stromführender) Spannungsmesser verwendet werden.

8.2 Potentialmessung mit der Flammensonde

Ein Leiter, dessen Abmessungen klein sind, befindet sich im elektrischen Feld so, daß er keinen Überschuß von Influenzladungen eines Vorzeichens trägt. Er stört damit den Feldverlauf in P nicht.
Verbindet man den Leiter mit einem Elektrometer (Gehäuse geerdet!), so mißt man eine Spannung U gegen Erde. Ordnet man der Erde das Potential Null zu, so ist U gleich dem Potential der Platte und des isolierten Teils des Elektrometers. Dieses Potential ist im allgemeinen von dem des ungestörten Feldes verschieden.
Erdet man z. B. den Leiter kurz, so stellt sich auf ihm das Potential Null ein (Erdpotential = Nullpotential).
Die Feldverteilung für diesen Fall ist idealisiert in obiger Skizze dargestellt. Auf beiden eingezeichneten Integrationswegen (I und II) muß die Potentialdifferenz den gleichen Wert U ergeben. Dies bedingt, daß wegen des kürzeren Integrationsweges II die Feldstärke hier größer sein muß als bei I (stärkeres Feld bedeutet größere Feldliniendichte).
Die Sonde besitzt in diesem Fall einen Überschuß an negativen Influenzladungen. Bringt man einen zweiten Leiter in Kontakt mit der linken Seite der Sonde, so wird er zu einem Teil von ihr und trägt ebenfalls einen Überschuß an negativen Influenzladungen. Entfernt man diesen zweiten Leiter aus dem Feld, so nimmt er einen Teil der negativen Überschußladungen mit (Nachweis: Entladung des Lei-

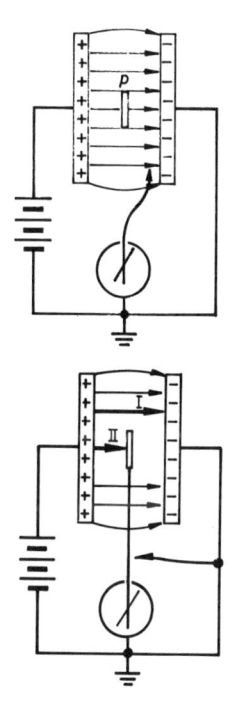

ters über ein ballistisches Galvanometer). Wiederholt man diesen Vorgang mehrere Male, so wird die wegtransportierte Ladung zunehmend geringer, bis schließlich kein Überschuß an Influenzladungen eines Vorzeichens mehr auf der Sonde vorhanden ist. Das elektrische Feld ist nun wieder ungestört wie zu Beginn.

Durch das fortgesetzte Abführen der überschüssigen Influenzladungen baut sich eine Potentialdifferenz φ_{OS} zwischen Sonde und geerdeter Kondensatorplatte auf. Da der Feldverlauf durch die Sonde jetzt nicht mehr gestört wird, ist die gemessene Potentialdifferenz zwischen P und der geerdeten Kondensatorplatte gleich der berechenbaren Potentialdifferenz im ungestörten Feld.

Der Abbau der überschüssigen Influenzladungen eines Vorzeichens kann auch durch die Ionen in einer kleinen Gasflamme erfolgen (Flammensonde).

Literaturhinweis:
Weitere Methoden zur Potentialmessung findet man in: Grimsehl: Lehrbuch der Physik, Bd. 2, S. 45ff.

8.3 Potentialverlauf im Feld eines Plattenkondensators

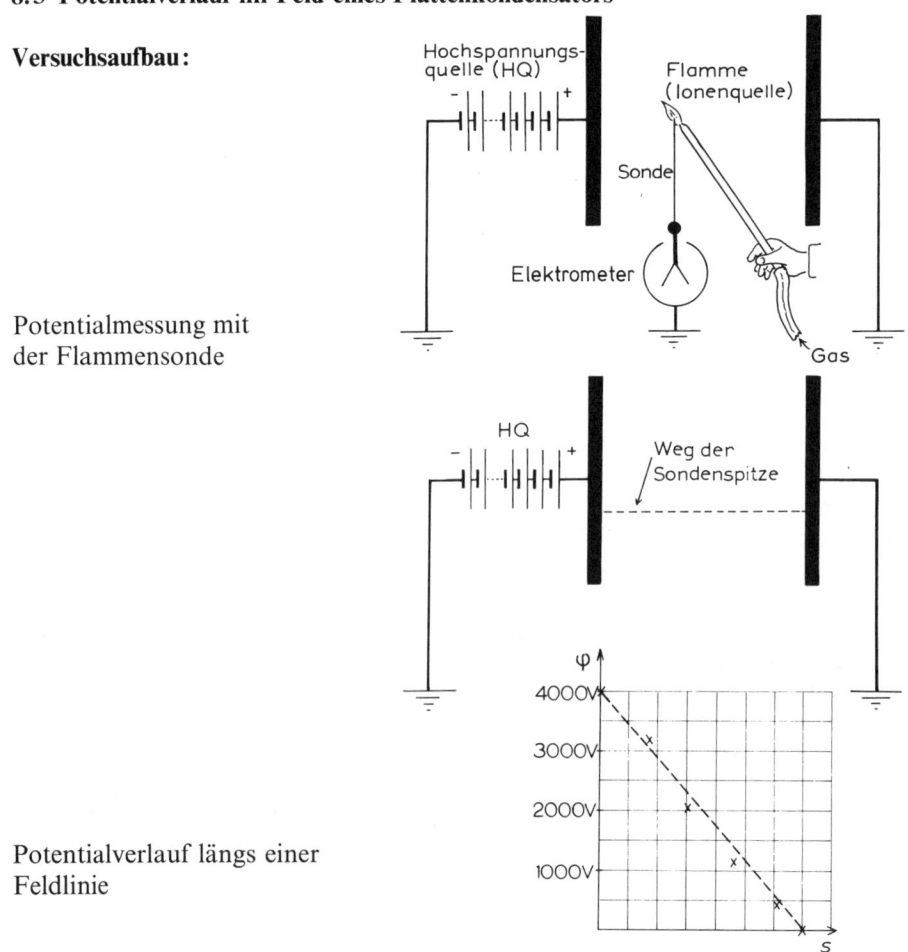

Versuchsaufbau:

Potentialmessung mit der Flammensonde

Potentialverlauf längs einer Feldlinie

Ergebnis:

Eine lineare Änderung des Potentials zwischen den Kondensatorplatten bedeutet, daß die Potentialdifferenz und damit die Feldarbeit proportional zum zurückgelegten Weg längs einer Feldlinie ist. Dies ist aber nur möglich, wenn die Kraft auf die Ladung konstant ist.

Wegen F = const. ist auch $E = \dfrac{F}{Q_p}$ = const., d.h., das Feld des Plattenkondensators ist homogen (E = const.). Wegen $\varphi_{12} = E \cdot d$ gilt nun auch $U = E \cdot d$ und somit:

$$E = \frac{U}{d} \qquad [E] = \frac{V}{m}$$

Hinweis:
Die Proportionalität zwischen U und E und damit zwischen U und F (bei Q_p = const.) wurde experimentell schon nachgewiesen (d = const.). Siehe hierzu Seite 33.

Beim **Plattenkondensator** kann also die Feldstärke aus Spannung und Plattenabstand bestimmt werden. Dies ist einfacher als die Bestimmung von E über die Kraftwirkung auf eine Probeladung.

---

1. Aufgabe:
An einem Plattenkondensator liegt die Spannung 2,7 kV.
a) Welche Feldarbeit wird verrichtet, wenn die Ladung $6{,}6 \cdot 10^{-8}$ C von der einen zur anderen Platte geführt wird?
b) Wie groß ist die elektrische Feldstärke, wenn der Plattenabstand 4,5 mm beträgt?

---

2. Aufgabe:
An einen Plattenkondensator wird die Spannung 2,9 kV gelegt. Eine Platte sei geerdet, der Plattenabstand beträgt 4,5 cm.
a) Die Ladung $3{,}1 \cdot 10^{-9}$ C wird im homogenen Feld des Plattenkondensators 1,2 cm transportiert, einmal längs einer elektrischen Feldlinie, das andere Mal unter 45° gegen diese Richtung. Berechnen Sie für jeden Fall die Feldarbeit.
b) Wie groß ist in beiden Fällen von **a)** die Spannung zwischen Anfangs- und Endpunkt der Bewegung?

---

3. Aufgabe:
Das homogene Feld eines aufgeladenen Plattenkondensators, dessen Platten einen Abstand von 2,2 cm haben, hat die Feldstärke $4{,}1 \cdot 10^4 \, \dfrac{V}{m}$. Eine Platte ist geerdet.
a) Welches Potential hat die nicht geerdete Platte?

b) Stellen Sie rechnerisch und graphisch das Potential in Abhängigkeit vom Abstand der geerdeten Platte dar!
Maßstab: 1 cm ≙ 2 cm; 100 V ≙ 1 cm.

c) Welche Spannung herrscht zwischen der nicht geerdeten Platte und einem Punkt, der 1,8 cm von dieser entfernt ist?

4. Aufgabe:
In das homogene Feld eines Plattenkondensators ($d = 10$ cm) wird eine Kugel der Masse 1,1 mg und der Ladung $|Q| = 2,4 \cdot 10^{-9}$ As gebracht. Die Feldstärke $\vec{E}$ ist parallel zur Gravitationskraft $\vec{G}$ gerichtet. Wie groß muß die Spannung zwischen den Platten gewählt werden, damit die Kugel im Kondensatorfeld schwebt?

5. Aufgabe:
Ein Plattenkondensator besteht aus zwei Aluminiumplatten der Fläche 1,0 m² und der Dicke 1,0 mm. Der Plattenabstand sei $d = 2,0$ mm. An die Platten wird eine so hohe Spannung gelegt, daß die Durchbruchfeldstärke $E = 3,0 \cdot 10^3$ V/mm gerade noch nicht erreicht ist. Dichte des Plattenmaterials $\varrho = 2,7$ g/cm³.

a) Berechnen Sie die obere Grenze für die Kondensatorspannung.
b) Berechnen Sie die Ladung auf der negativen Platte.
c) Berechnen Sie die Zahl N_e der »Überschuß-Elektronen« auf der negativen Platte (Elektronenladung: $-1,6 \cdot 10^{-19}$ As).
d) Vergleichen Sie die Zahl N_e mit der Zahl N'_e der freien Elektronen der Platte im neutralen Zustand. Gehen Sie davon aus, daß in einem Gramm des Plattenmaterials etwa $2,0 \cdot 10^{22}$ Atome enthalten sind, von denen jedes im Mittel ein Elektron für Leitungszwecke abgibt.

8.4 Potentialverlauf im radialsymmetrischen Feld einer geladenen Kugel

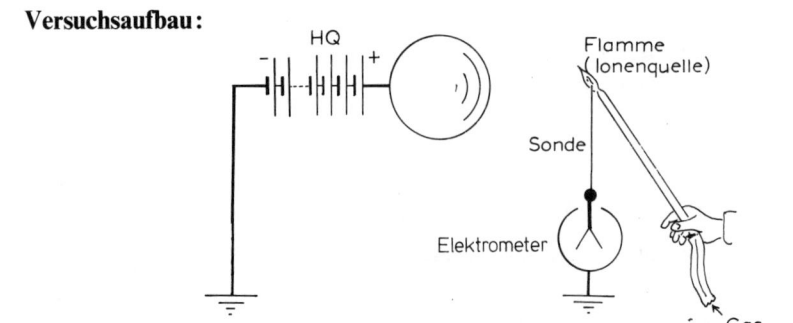

Versuchsaufbau:

Potentialmessung mit der Flammensonde

Potentialmessungen

Potentialverlauf längs einer Feldlinie

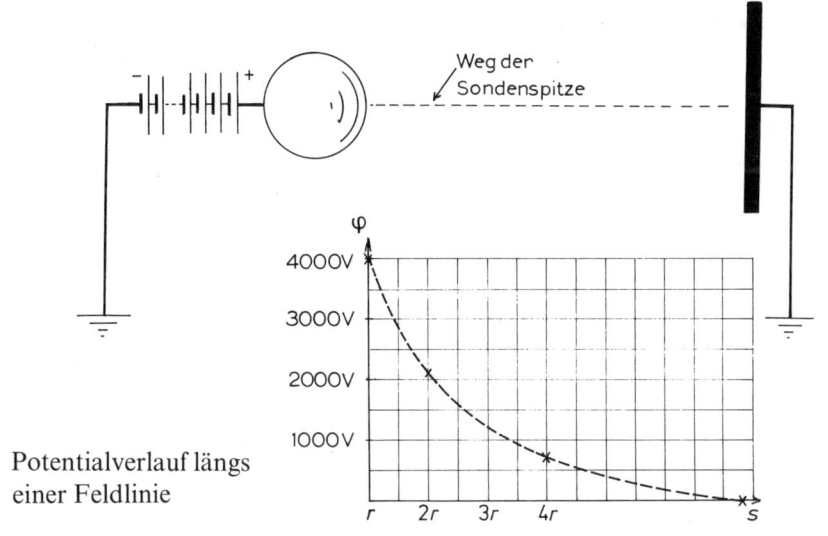

Experimenteller Hinweis:
In der Nähe der Kugeloberfläche herrscht ein starkes elektrisches Feld. Ohne eine Trennwand (aus isolierendem Material) zwischen Kugel und Flamme (nahe bei der Flamme) findet ein starker Strom von Flammenionen zur Kugel statt. In ihm tritt wegen der guten Leitfähigkeit nur ein sehr kleiner Potentialabfall auf, d. h., der Potentialverlauf erfolgt etwa so, als wäre die leitende Kugel vergrößert. Die Potentialkurve verläuft dann über der hier dargestellten.
Eine weitgehende Unterbindung dieses Ionisationsstromes kann erreicht werden, wenn man knapp links von der Flamme eine Wand aus dünner Isolationsfolie oder eine dünne Glasplatte anbringt.

Ergebnis: Mit der Annäherung an die Oberfläche der geladenen Kugel wird die Potentialkurve immer steiler.

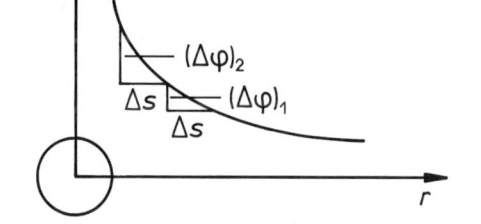

$(\Delta\varphi)_2 > (\Delta\varphi)_1 \qquad$ bei $\Delta s = $ const.

Daraus folgt, daß die Kraft auf eine Probeladung in Kugelnähe größer ist als in einiger Entfernung von der Kugel.

Vermutung:
$$\boxed{\varphi \sim \frac{1}{r}}$$

Der gemessene Potentialverlauf bestätigt diese Vermutung.

Literaturhinweis:
Über das elektrische Feld der Erde, das mit Flammensonden untersucht werden kann, siehe:
Bergmann-Schaefer: Lehrbuch der Experimentalphysik, Bd. 2, S. 86 ff.
Feynman: Lectures on Physics, Bd. 2, Teil 1, Kapitel 9.

9. Die elektrische Verschiebungsdichte

9.1 Grundversuch zur Influenz

Bringt man in ein elektrisches Feld ein Paar von Leiterplatten (s. Skizze), so werden unter der Einwirkung des elektrischen Feldes in dem Metall so lange frei bewegliche elektrische Ladungen verschoben, bis der Raum im Metallinneren feldfrei ist.

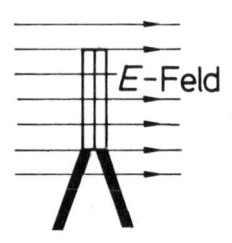

Doppelplatte, unmittelbar nach dem Einbringen in das E-Feld

Die beiden Platten tragen dann auf ihrer Oberfläche Influenzladungen Q_i:

Diese Ladungen können gemessen werden, wenn die Platten im Feld getrennt und außerhalb des Feldes über ein ballistisches Galvanometer zur Erde entladen werden. Die Influenzladungen beider Platten haben gleichen Betrag, aber entgegengesetzes Vorzeichen.

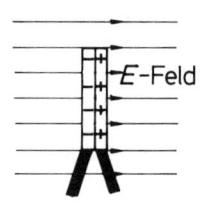

Doppelplatte, nach der Influenzierung (idealisiert!)

9.2 Zusammenhang zwischen der Influenzladung Q_i einer Platte und der Plattenfläche A_i:

1. Versuch:
Zwei zunächst ungeladene Influenzplatten werden so aufeinandergelegt, daß sie sich mit der Fläche A_i überdecken. Sie werden im Feld eines Plattenkondensators getrennt und die Ladung Q_i einer Platte gemessen. Dies wird für verschiedene A_i durchgeführt, die Platten stehen dabei senkrecht zur Feldrichtung.

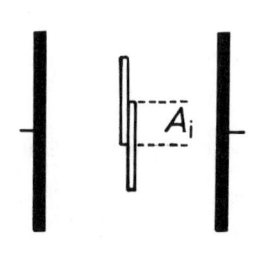

Meßtabelle:

A_i	A_0	$\dfrac{A_0}{2}$	$\dfrac{A_0}{4}$
Q_i in As	$14 \cdot 10^{-10}$	$8 \cdot 10^{-10}$	$4 \cdot 10^{-10}$

Ergebnis: $Q_i \sim A_i$ bei konstantem elektrischem Feld

Definition: $\boxed{D = \dfrac{Q_i}{A_i}}$, Flächenladungsdichte

$$[D] = \frac{C}{m^2}.$$

9.3 Grundgleichung des elektrischen Feldes

2. Versuch:

Legt man eine Probeplatte auf eine der Kondensatorplatten, so nimmt sie die Flächenladungsdichte $\dfrac{Q}{A}$ der Kondensatorplatte an.
Die Messung der aufgenommenen Ladung und ein Vergleich mit dem Ergebnis des 1. Versuches zeigen:

$$\frac{Q}{A} = \frac{Q_i}{A_i} = D$$

Aus dieser Beziehung ergibt sich mit $\varepsilon \approx \varepsilon_0$:

$$D = \frac{Q}{A} = \frac{C \cdot U}{A} = C \cdot \frac{U}{A} = \frac{\varepsilon_0 \cdot A}{d} \cdot \frac{U}{A} = \varepsilon_0 \cdot \frac{U}{d} = \varepsilon_0 \cdot E;$$

Also $\boxed{D = \varepsilon_0 \cdot E}$

Man bezeichnet diese Gleichung als Grundgleichung des elektrischen Feldes.

9.4 Vektorcharakter der Verschiebungsdichte

3. Versuch:

Die Influenzladung Q_i einer Platte wird in Abhängigkeit vom Winkel α untersucht (s. Skizze), die Überdeckungsfläche der beiden Platten sei gleichbleibend A_0.

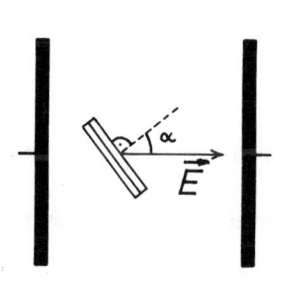

Tabelle:

α	Q_i in As	$\dfrac{Q_i}{Q_{i,\,max}}$	$\cos\alpha$
0°	$14\cdot 10^{-10}$	1,00	1,00
30°	$12\cdot 10^{-10}$	0,86	0,87
45°	$10\cdot 10^{-10}$	0,71	0,71
60°	$7\cdot 10^{-10}$	0,50	0,50
90°	$0,5\cdot 10^{-10}$	0,04	0

Ergebnis: $\dfrac{Q_i}{Q_{i,\,max}} = \cos\alpha;\quad Q_i = Q_{i,\,max}\cdot\cos\alpha;$

d. h. $\dfrac{Q_i}{A_0} = \dfrac{Q_{i,\,max}}{A_0}\cdot\cos\alpha.$

Führt man aus Zweckmäßigkeitsgründen eine neue Feldgröße, die Verschiebungsdichte $\vec{D}$, mit folgenden Eigenschaften ein:

1. $\vec{D}$ in Richtung von $\vec{E}$
2. $|\vec{D}| = \dfrac{Q_{i,\,max}}{A_0}$,

so ergibt sich die influenzierte Ladung beim Doppelplattenversuch als Betrag der Komponente von $\vec{D}$ senkrecht zur Plattenfläche ($D_\perp$) mal der Plattenfläche (A_0):

Aus $Q_i = Q_{i,\,max}\cdot\cos\alpha$ folgt $\dfrac{Q_i}{A_0} = \dfrac{Q_{i,\,max}}{A_0}\cdot\cos\alpha;\quad \dfrac{Q_{i,\,max}}{A_0}\cdot\cos\alpha = |\vec{D}_\perp|$

$$Q_i = D_\perp \cdot A_0$$

Die Messung von $\vec{D}$ mit Doppelplatten ist wesentlich leichter und genauer durchzuführen als die Potentialmessung mit der Flammensonde bzw. die Kraftmessung im elektrischen Feld. Unter Verwendung der Gleichung

$$\vec{D} = \varepsilon_0 \cdot \vec{E}$$

ergibt sich damit eine Möglichkeit zur Bestimmung der elektrischen Feldstärke.

9.5 Praktische Bestimmung der elektrischen Feldstärke $\vec{E}$ mit Doppelplatten

Feldrichtung und Feldstärke seien zunächst unbekannt.
Man wählt die Richtung der Doppelplatten im Feld so, daß $Q_i = Q_{i,\,max}$, dann ist $|\vec{D}| = \dfrac{Q_{i,\,max}}{A_0}$.
Die Feldlinien stehen dann senkrecht zur Doppelplattenfläche.

Die elektrische Verschiebungsdichte

Die Feldlinienrichtung läßt sich aus dem Vorzeichen der influenzierten Ladung feststellen.

1. Aufgabe:
a) Die maximale Influenzierung soll bei der skizzierten Stellung auftreten: Wie ist das Feld gerichtet?
b) Wie müssen die Platten in ein homogenes Feld gebracht werden, daß $Q_i = 0$?
c) Wie müssen die Platten zur Ausmessung inhomogener Felder beschaffen sein?

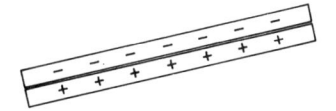

2. Aufgabe:
Gegeben ist eine kreisförmige Metallplatte P_1, deren Stärke gegenüber dem Radius zu vernachlässigen ist. P_1 hat den Radius r und trägt die positive Ladung Q.
a) Zeichnen Sie die elektrischen Feldlinien in der Umgebung der Platte P_1 ein. Welcher Feldtyp liegt vor?
b) Berechnen Sie die Flächenladungsdichte der Platte P_1.
c) Berechnen Sie den Betrag der Feldstärke in der Plattenumgebung.
d) In das Feld der Platte P_1 wird nun eine zweite, gleichartige Metallplatte P_2 gebracht, die isoliert und ungeladen ist (Radius r). P_2 steht P_1 in geringer Entfernung parallel gegenüber.
  α) Zeichnen Sie qualitativ die sich ergebende Ladungsverteilung auf P_2 ein. Bestimmen Sie den Betrag der Kraft auf P_2.
  β) Die Platte P_2 wird nun geerdet. Zeichnen Sie auch für diesen Fall die Ladungsverteilung auf P_2 qualitativ ein und bestimmen Sie auch für diesen Fall den Betrag der Kraft auf P_2.
  γ) Wie groß ist nach der Erdung von P_2 der Betrag der Feldstärke zwischen den beiden Platten?

10. Das radialsymmetrische Feld – das Coulombsche Gesetz

10.1 Feldstärke im Feld einer Punktladung

Die Punktladung stellt ebenso wie der Massenpunkt eine Idealisierung dar. Tatsächlich haben alle geladenen Körper eine endliche Ausdehnung. Wenn das Feld in der Umgebung des geladenen Körpers nur noch von seiner Ladung, aber nicht mehr oder nur noch vernachlässigbar wenig von seiner Gestalt abhängt, kann man den geladenen Körper durch einen geladenen »Punkt« ersetzen, damit reduzieren sich die Angaben über den geladenen Körper auf die Angaben der Ortskoordinaten des Punktes und der Ladung.

Vorversuch:
Man hängt eine positiv geladene Metallkugel (Kugel wird mit dem Pluspol einer Hochspannungsquelle kurz verbunden) in einen isoliert aufgestellten Metallbecher.
Entlädt man den Becher über ein ballistisches Galvanometer (siehe Skizze), so ergeben sich Betrag und Vorzeichen der Ladung genauso wie bei direkter Entladung der Kugel.
Berührt man nun mit der geladenen Kugel das Innere des Bechers, so zeigt das weiterhin angeschlossene ballistische Galvanometer keinen Ausschlag.

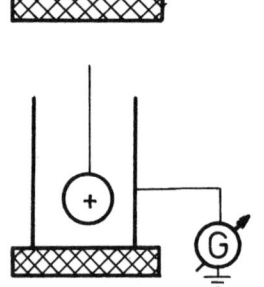

Ergebnis: Die auf der Innen- bzw. Außenseite des Behälters sitzende Ladung ist dem Betrag nach gleich der Kugelladung. Dies ist so lange der Fall, wie »alle« von der Kugel ausgehenden Feldlinien auf dem Becherinneren enden.

Gedankenversuch:
Man umgibt eine »punktförmige« positive Ladung Q_1 mit einer leitenden Kugelschale vom Radius r, deren Wandstärke vernachlässigt werden soll. Aus Symmetriegründen verteilt sich die Influenzladung auf der Innen- und Außenseite der Kugelfläche gleichmäßig, d.h.

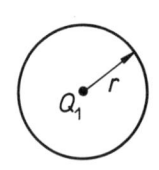

$$D = \frac{Q_1}{4 \cdot \pi \cdot r^2}$$

Da $D = \varepsilon_0 \cdot E$,
also $E = \dfrac{D}{\varepsilon_0}$ ist, gilt:
$$\boxed{E = \frac{1}{4\pi \cdot \varepsilon_0} \cdot \frac{Q_1}{r^2}}$$

Da die influenzierte Ladung unabhängig vom Radius r der Kugelschale stets gleich Q_1 ist (experimenteller Befund!) und das Feld durch die Kugelschale vernachlässigbarer Dicke nicht gestört wird, liefert obige Beziehung den Betrag der Feldstärke in jedem beliebigen Abstand von der punktförmigen Ladung Q_1.

10.2 Kraft auf eine Punktladung im radialsymmetrischen Feld

Für die Berechnung der Kraft auf Q_2 ist nur das Feld von Q_1 zu berücksichtigen, da das Feld von Q_2 keine Kraft auf Q_2 ausübt.

$F = Q_2 \cdot E$

$$\boxed{F = \frac{Q_2 \cdot Q_1}{4\pi \cdot \varepsilon_0} \cdot \frac{1}{r^2}}$$ **Coulomb-Gesetz für punktförmige Ladungen**

In vektorieller Form lautet das Coulomb-Gesetz:

$$\boxed{\vec{F} = \frac{Q_2 \cdot Q_1}{4\pi \cdot \varepsilon_0} \cdot \frac{1}{r^3} \cdot \vec{r}}$$

Eine experimentelle Bestätigung dieses Gesetzes ist mit der Drehwaage möglich:

Versuch:

a) Abhängigkeit der Kraft F vom Kugelabstand r bei konstanter Ladung der Kugeln

- Kugel K_1 mit gleichartiger Kugel K_2 in Berührung bringen ($r = 2 \cdot r_0$; r_0 ist Kugelradius); Nullmarke des Lichtzeigers festlegen;
- K_1 nun um die Strecke Δr von K_2 entfernen ($r = 2 \cdot r_0 + \Delta r$);
- Beide Kugeln laden (Ladung beliebig); der Ausschlag des Lichtzeigers muß dabei über längere Zeit konstant bleiben, sonst Ladungsverlust (für Gegenmaßnahmen vergleiche Kapitel **4.2**);
- Kompensieren des Lichtzeigerausschlages durch Verdrillen des Torsionskopfes um den Winkel α;
- Abstandsänderung zwischen den Kugeln; erneutes Kompensieren; usw.

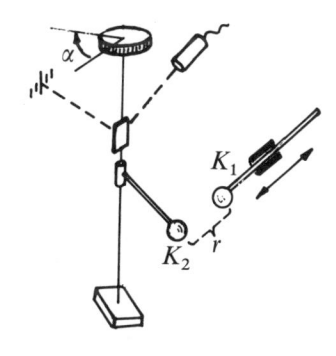

Ergebnis: $\alpha \sim \frac{1}{r^2}$; da $F \sim \alpha$, gilt $F \sim \frac{1}{r^2}$ bei festen Kugelladungen.

b) Abhängigkeit der Kraft F von den Kugelladungen Q_1 und Q_2 bei festem Abstand

Bei fortgesetzter Ladungshalbierung (vgl. Kapitel **4.2**) wird unter Beibehaltung des Kugelabstandes jeweils der Torsionswinkel α wie bei **a)** festgestellt.

Ergebnis: $F \sim Q_1 \cdot Q_2$ bei festem r

Zusammenfassung der Ergebnisse von **a)** und **b)**:

$$F \sim \frac{Q_1 \cdot Q_2}{r^2}$$

10.3 Feld einer Vollkugel mit Radius R und Ladung Q_1

Das Feld der geladenen Kugel (Voll- oder Hohlkugel) ist für $r \geq R$ nicht vom Feld einer Kugelschale zu unterscheiden, in deren Mittelpunkt sich die Punktladung Q_1 befindet.

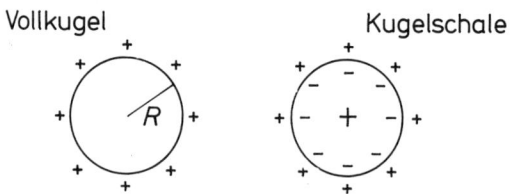

Für $r \geq R$ gilt:

$$E = \frac{1}{4\pi \cdot \varepsilon_0} \cdot \frac{Q_1}{r^2}; \qquad r \geq R$$

Im Innern der geladenen Vollkugel ist die Feldstärke im stationären Endzustand null.

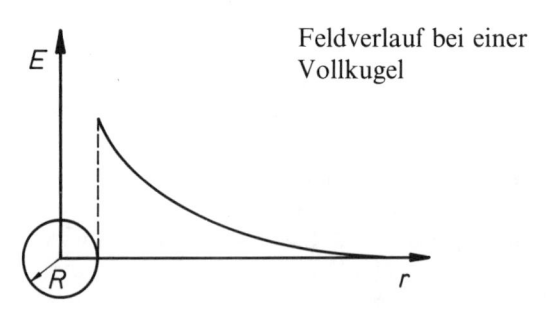

Feldverlauf bei einer Vollkugel

10.4 Potential und Spannung im radialsymmetrischen Feld einer Punktladung

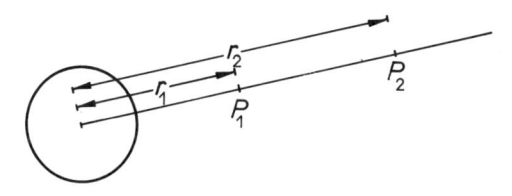

Es ist $U = U_{12} = \varphi_{12} = \int_{P_1}^{P_2} \vec{E} d\vec{r} = \int_{r_1}^{r_2} \frac{Q_1}{4\pi \cdot \varepsilon_0 \cdot r^2} dr,$

also

$$U = \varphi_{12} = \frac{Q_1}{4\pi \cdot \varepsilon_0} \cdot \left(-\frac{1}{r_2} + \frac{1}{r_1}\right)$$

Läßt man r_2 gegen Unendlich gehen, so ergibt sich:

$$\varphi_{1\infty} = \frac{Q_1}{4\pi \cdot \varepsilon_0 \cdot r_1}$$

Setzt man das Potential im Unendlichen zu null fest, so ist $\varphi_{1\infty}$ dem Betrag nach gleich dem Potential in P_1, da

$$\varphi_1 = \varphi_\infty + \varphi_{1\infty} \quad \text{und somit}$$

$$\varphi_1 = \frac{Q_1}{4\cdot \pi \cdot \varepsilon_0 \cdot r_1}$$

Literaturhinweis:
Elektrischer Dipol: Dransfeld-Kienle, Physik II, S. 39 ff.

---

1. Aufgabe:
Eine Metallkugel vom Radius $R = 9$ cm trägt eine positive Ladung $Q = +10^{-8}$ C und befindet sich im Vakuum weit entfernt von allen anderen störenden Körpern.
a) Geben Sie den Betrag $|\vec{E}|$ der elektrischen Feldstärke von der Kugeloberfläche ($r = R$) bis zur Entfernung $r = 5R$ vom Kugelmittelpunkt (Kugelmittelpunkt im Koordinatenursprung) an.
Graphische Darstellung!
b) Wie groß ist der Betrag der elektrischen Feldstärke $|\vec{E}_0|$ (in V/m) an der Kugeloberfläche ($r = R$)?
c) Man berechne den Wert der elektrischen Feldstärke an einer Stelle, die $r_1 = 24$ cm vom Kugelmittelpunkt entfernt ist.
d) Welche Kraft wirkt auf ein Elektron, das 24 cm vom Kugelmittelpunkt entfernt ist? $Q_e = -1{,}6 \cdot 10^{-19}$ C.

e) Wie groß ist die Feldarbeit, wenn das Elektron von der Stelle $r_1 = 24$ cm bis ins Unendliche gebracht wird?
f) Wie groß ist das Potential φ_0 der Kugel, wenn $\varphi_\infty = 0$?
g) Wie groß ist das Potential φ_1 an der Stelle $r = 24$ cm, wenn $\varphi_\infty = 0$?
h) Man gebe eine Skizze für den Verlauf des Potentials φ in Abhängigkeit von r.

$$\frac{1}{4 \cdot \pi \cdot \varepsilon_0} = 9 \cdot 10^9 \frac{\text{Nm}^2}{\text{C}^2} = 9 \cdot 10^9 \frac{\text{Vm}}{\text{C}}.$$

2. Aufgabe:

Im Feld einer Punktladung Q_1 wird eine Probeladung Q_p bewegt.
a) Berechnen Sie die Feldarbeit (Betrag und Vorzeichen), die verrichtet werden muß, wenn Q_p von P_1 (Ort $\vec{r}_1$) nach P_2 (Ort $\vec{r}_2$) gebracht wird.
b) Beantworten Sie die Frage a) für den Fall, daß Q_p von P_1 nach P_3 (Ort $\vec{r}_3$) gebracht wird.
c) Welches Potential hat P_3, wenn das Potential in P_2 null Volt beträgt?

3. Aufgabe:

In einem Wasserstoffatom befinde sich das Elektron ($Q_e = -1{,}6 \cdot 10^{-19}$ C) auf der innersten Bahn mit dem Radius $r = 0{,}529 \cdot 10^{-8}$ cm. Die Ladung des Kerns beträgt $Q_p = +1{,}6 \cdot 10^{-19}$ C.
a) Man berechne die elektrostatische Anziehungskraft zwischen Kern und Elektron.
b) Bei Vernachlässigung anderer Kräfte muß bei der Bewegung auf einer Kreisbahn die elektrostatische Anziehungskraft die Zentralkraft darstellen. Die Masse des Elektrons ist $m_e = 9{,}1 \cdot 10^{-31}$ kg.
Berechnen Sie unter diesen Annahmen die Geschwindigkeit des Elektrons auf der Kreisbahn sowie die Umlaufdauer T.

4. Aufgabe:

Wie in nebenstehender Skizze gezeichnet, stehen sich zwei Ladungen $Q_1 = Q$ und $Q_2 = 2Q$ in der gegenseitigen Entfernung $5a$ gegenüber.
a) Berechnen Sie die resultierende Feldstärke $|\vec{E}_A|$ im Punkt A.
b) Bestimmen Sie zeichnerisch die Richtung von $\vec{E}_A$.
c) Welche Spannung U_{AB} mißt man zwischen den Punkten A und B?

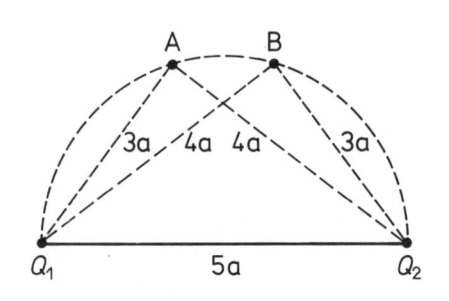

5. Aufgabe:
Gegeben ist die nebenstehende Ladungsverteilung. Welche Arbeit hat man zu verrichten, wenn man eine positive Probeladung
$Q_p = 2{,}0 \cdot 10^{-10}$ As
vom Unendlichen zum Punkt A bringen will?
$Q_1 = 8{,}0 \cdot 10^{-9}$ As, $Q_2 = 4{,}0 \cdot 10^{-9}$ As,
$l = 2{,}0$ cm

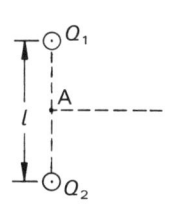

10.5 Kapazität eines Kugelkondensators

Versuch:
Eine Metallkugel wird so an einem isolierenden Faden aufgehängt, daß sie möglichst weit von der geerdeten Umgebung entfernt ist.
Über die Verbindung V wird die Kugel von einer Hochspannungsquelle HQ auf die Spannung U gegenüber der Erde gebracht.
Nach dem Abtrennen der Verbindung V entlädt man die Kugel über ein ballistisches Galvanometer (oder einen Meßverstärker).

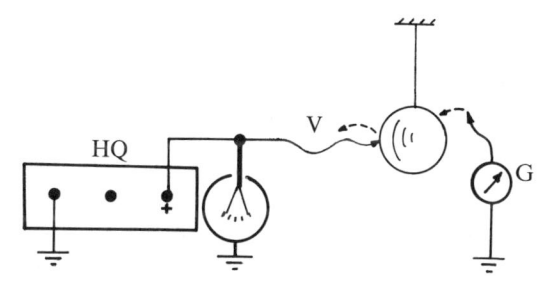

Hinweis:
Der Abtrennvorgang ist so durchzuführen, daß man nicht unmittelbar vor der Trennung mit geerdeten Teilen in die Nähe der Kugel kommt (sonst Influenzwirkung). Am besten verbindet man das Elektroskop mit der Kugel über einen steifen Draht, der die Kugel nur berührt. Beim Trennen zieht man das Elektroskop samt Draht von der Kugel weg.

Ergebnis:
Bei konstanter Spannung U erhält man für Kugeln mit verschiedenem Radius r:

$$Q \sim r; \quad \text{oder} \quad C \sim r;$$

6. Aufgabe: Der Kugelkondensator
Im Innern einer metallischen Hohlkugel befindet sich zentrisch eine geladene Metallkugel, die eine positive Ladung Q trägt (s. Skizze).

Die Anordnung stellt einen Kugelkondensator dar, für dessen Kapazität wie bei allen Kondensatoren gilt:

$$C = \frac{Q}{U}$$

a) Weisen Sie für den Kugelkondensator rechnerisch nach, daß $Q \sim U$, und bestimmen Sie den Proportionalitätsfaktor C.

b) Wie groß ist C, wenn $r_2 \to \infty$ geht?

Die Kapazität einer Kugel vom Radius r_1, bei der der zweite Beleg sehr weit entfernt ist, beträgt

$$C = 4\pi\varepsilon_0 r_1.$$

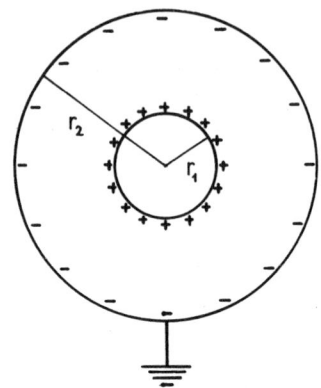

7. Aufgabe:
Zwei Metallkugeln mit den Radien r_1 und r_2 ($r_1 \gg r_2$) berühren sich von außen. Nach dem Aufladen tragen sie zusammen die Ladung Q. Man darf diese Anordnung vereinfacht als Parallelschaltung zweier Kugelkondensatoren betrachten.

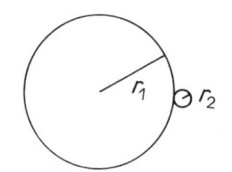

a) Berechnen Sie die Ladungen Q_1 und Q_2, die auf den einzelnen Kugeln sitzen.

b) Berechnen Sie die Flächenladungsdichte $|\vec{D}|$ auf den einzelnen Kugeln.

c) Berechnen Sie das Verhältnis $\dfrac{|\vec{E}_1|}{|\vec{E}_2|}$ der Feldstärken an den Kugeloberflächen.

d) Berechnen Sie für $r_1 = 5{,}0 \cdot 10^{-2}$ m, $r_2 = 1{,}0 \cdot 10^{-4}$ m die Ladung Q, die auf die Kugeln höchstens gegeben werden kann, wenn die Durchbruchsfeldstärke in trockener Luft $E_d = 3{,}0 \cdot 10^3 \dfrac{\text{V}}{\text{mm}}$ ist.

Berechnen Sie dafür die maximale Potentialdifferenz der Kugeln gegen den zweiten Beleg, der sehr weit entfernt ist.

Diese Überlegungen machen verständlich, warum ein Konduktor mit Spitze nicht beliebig weit aufgeladen werden kann.

8. Aufgabe:
Gegeben ist ein Kugelkondensator. Der Radius der inneren Kugel ist $R_1 = 30$ cm, der Innenradius der äußeren Kugel ist $R_2 = 45$ cm. Der Kondensator trägt die Ladung $+Q = 9 \cdot 10^{-6}$ C auf der Innen-, $-Q$ auf der Außenkugel. Im Raum zwischen den Kugeln befindet sich Vakuum.

a) Berechnen Sie für den Raum zwischen den Kugeln die dielektrische Verschiebung D an den Stellen $r = R_1$ und $r = R_2$ in C/m².
b) Wie groß sind die Werte der elektrischen Feldstärke E in V/m für $r = R_1$ und $r = R_2$?
c) Berechnen Sie die Spannung U zwischen den Kugeln in V.
d) Wie groß ist die Kapazität des Kugelkondensators (in F)?
e) Welche Spannung U darf man höchstens zwischen die beiden Kugeln legen, damit die elektrische Feldstärke $E(r = R_1)$ an der Oberfläche der Innenkugeln den Wert $E_{1\,max} = 25$ kV/cm nicht überschreitet? Wie groß ist in diesem Fall die Ladung Q auf dem Kondensator?

9. Aufgabe: Ladungsverteilung auf Leitern
Auf einer Metallkugel K_1 ($r_1 = 1{,}0$ cm) sitzt die positive Ladung $Q_1 = \frac{1}{9} \cdot 10^{-10}$ As.
Weit von K_1 entfernt steht eine zweite Metallkugel K_2 ($r_2 = 2{,}0$ cm). Beide Kugeln sind isoliert aufgestellt.

a) Welche positive Ladung Q_2 muß K_2 mindestens haben, damit eine Glimmlampe, die beide Kugeln verbindet, aufleuchtet. Die Zündspannung der Glimmlampe ist $U_z = 90$ V.
b) Die beiden Kugeln K_1 mit $Q_1 = \frac{1}{9} \cdot 10^{-10}$ As und K_2 mit $Q_2 = \frac{2}{9} \cdot 10^{-9}$ As werden durch einen Draht verbunden. Welche Ladung ΔQ fließt durch den Draht?

10. Aufgabe: Feld zwischen Punktladung und Platte
Zwei Kugeln mit dem Mittelpunktsabstand $d = 30$ cm tragen entgegengesetzt gleiche Ladungen $Q = \pm 1{,}0 \cdot 10^{-7}$ As.

a) Berechnen Sie die Kraft, mit der sich die beiden Kugeln anziehen.
b) Skizzieren Sie den Feldlinienverlauf.
c) Wie ändert sich der Feldlinienverlauf, wenn man senkrecht zur Verbindungsachse und symmetrisch zu den Kugelmittelpunkten eine weit ausgedehnte, dünne ebene Metallplatte stellt?
Welche Ladung wird in der Metallplatte verschoben?
d) Nun wird die Metallplatte mit der rechten Kugel leitend verbunden. Ändert sich das Feldlinienbild auf der linken Seite der Platte? Begründung!
e) Was folgt aus diesen Überlegungen für die Kraft zwischen linker Kugel und Metallplatte?

Literaturhinweis:
Zur Anwendung hoher Feldstärken beim Feldionen-Mikroskop siehe:
Dransfeld-Kienle: Physik II, S. 62 ff.

11. Aufgabe:
An zwei gleichartigen, mit Helium gefüllten Ballons hängt ein Körper der Masse $m = 5{,}0$ g. Die beiden Ballons schweben im Gleichgewicht (siehe Skizze). Wie groß ist die Ladung Q, die sich auf jedem Ballon befindet?

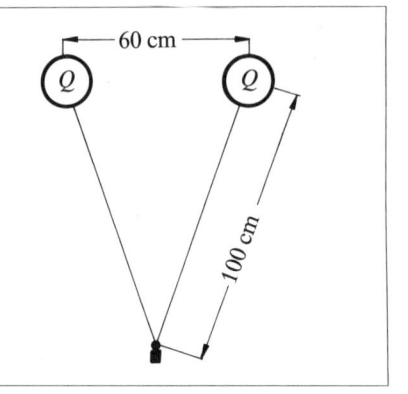

12. Aufgabe: Zylindersymmetrisches Feld
Ein $l = 3{,}0$ m langer gerader Leiter mit kreisförmigem Querschnitt (Radius $r_0 = 2{,}5$ mm) wird mit einer Ladung von $Q = +6{,}0 \cdot 10^{-9}$ As aufgeladen.

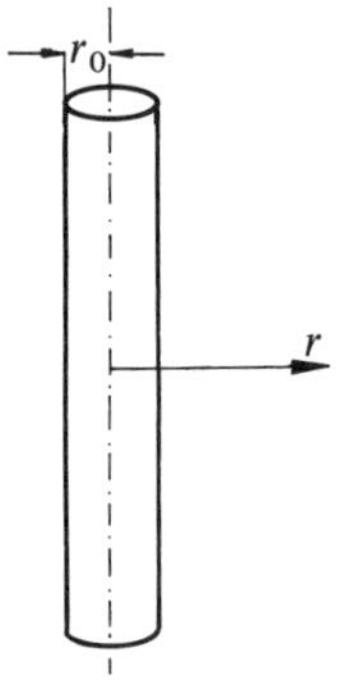

a) Geben Sie die Feldstärke in Abhängigkeit von r in der Nähe des Leiters an. Randeffekte an den Enden des Leiters sind dabei zu vernachlässigen.
b) Zeichnen Sie in einem r-E-Diagramm den Feldstärkeverlauf.
c) Berechnen Sie das Potential in Abhängigkeit von r. $\varphi(r_0) = 0$. Konsultieren Sie für die Integration die mathem. Formelsammlung!
d) Zeichnen Sie in einem r-φ-Diagramm den Potentialverlauf.
e) Im Abstand von 5,0 cm wird ein zweiter, gleichartiger Leiter angebracht, der entgegengesetzt aufgeladen ist. Welche Kraft wirkt zwischen beiden Leitern?
f) Berechnen Sie die Feldstärke in der Mitte zwischen beiden Leitern.
g) Berechnen Sie das Potential für die Punkte P_1 bis P_5, falls P_5 das Potential Null hat. Zeichnen Sie den Potentialverlauf im r-φ-Diagramm.
h) Welche Energie wird frei, wenn sich die Ladung $Q_p = -1{,}5 \cdot 10^{-15}$ As von P_1 nach P_5 bewegt? 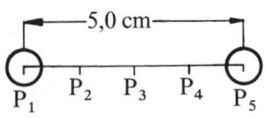

13. Aufgabe:
Zwei kugelförmige Quecksilbertröpfchen mit gleichem Radius r tragen je die Ladung Q. Um welchen Faktor ändert sich die Feldstärke an der Oberfläche, wenn sich die beiden Tröpfchen zu einem kugelförmigen Tropfen vereinigen?

11. Materie im elektrischen Feld

11.1 Bestimmung der relativen Dielektrizitätskonstanten ε_r

Ähnlich wie in Kapitel **3** soll zunächst die Kapazität eines Plattenkondensators bestimmt werden. Anstelle des Meßverstärkers wollen wir nun jedoch ein Galvanometer zur Ladungsmessung benutzen. Damit dieses deutliche Ausschläge zeigt, muß der Plattenkondensator mit einer höheren Spannung als bei Kapitel **3.3** geladen werden.

Versuchsprinzip:

Kondensator laden   Stromquelle und   Ladung messen
                    Elektrometer abtrennen

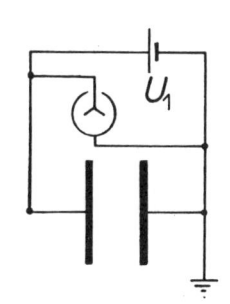

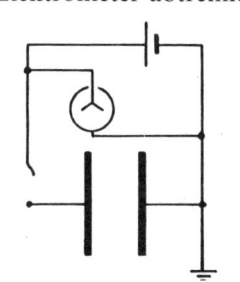

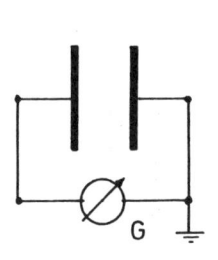

Zahlenbeispiel:

$U_1 = 900$ V $\hspace{4cm} Q_1 = 4{,}5 \cdot 10^{-8}$ C

$C_1 = \dfrac{Q_1}{U_1}; \quad C_1 = \dfrac{4{,}5 \cdot 10^{-8}}{900} \dfrac{\text{C}}{\text{V}} \quad \boxed{C_1 = 5{,}0 \cdot 10^{-11} \text{ F}}$

In folgenden Bildern wird der Versuchsablauf zur Bestimmung von C_1 mit einem für Stromstöße geeichten Spiegelgalvanometer dargestellt:

a) b)

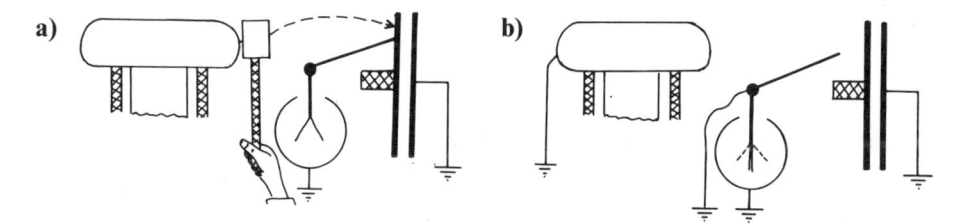

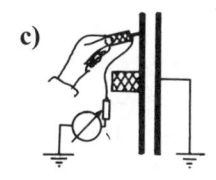

Der Plattenkondensator kann dabei auf Spannungen bis zu 2000 V aufgeladen werden. Die Entladung erfolgt zweckmäßig über einen Widerstand von etwa 1 MΩ. Die Entladung findet dabei noch so rasch statt, daß die Entladezeit wesentlich kleiner als die Schwingungsdauer des Galvanometers ist.

c)

1. Aufgabe:
Warum müssen im Teil **b)** der Bandgenerator entladen und das Elektrometer abgetrennt und entladen werden?

Im weiteren soll untersucht werden, wie sich die Kapazität des Plattenkondensators ändert, wenn man zwischen die Platten isolierendes Material bringt.

Versuchsprinzip:
Bestimmung der Kapazität des obigen Plattenkondensators mit einem Isolator (Pertinax) als Dielektrikum.

Kondensator laden   Isolator einbringen   Stromquelle und Elektrometer abtrennen

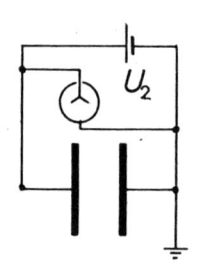

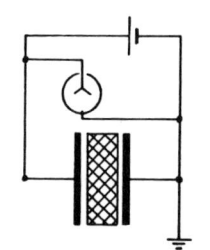

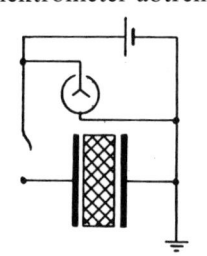

Zahlenbeispiel:

Ladung messen

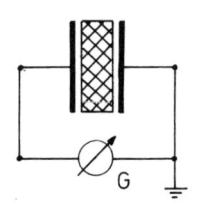

$$C_2 = \frac{Q_2}{U_2}; \quad C_2 = \frac{11{,}5 \cdot 10^{-8}}{900} \frac{C}{V}$$

$$\boxed{C_2 = 12{,}8 \cdot 10^{-11} \text{ F}}$$

$Q_2 = 11{,}5 \cdot 10^{-8}$ C.

Ergebnis: Durch Einführen eines Isolators zwischen die Belege eines Kondensators wird dessen Kapazität vergrößert.

Mit dem Ansatz $C_2 = \varepsilon_r \cdot C_1$ und der Formel $C_1 = \varepsilon_0 \cdot \frac{A}{d}$ ergibt sich für C_2:

$$C_2 = \varepsilon_r \cdot \varepsilon_0 \cdot \frac{A}{d} \quad \text{oder} \quad C_2 = \varepsilon \cdot \frac{A}{d}.$$

$\varepsilon_r (\varepsilon_r > 1)$ ist eine reine Zahl und heißt relative Dielektrizitätskonstante.
$\varepsilon = \varepsilon_r \cdot \varepsilon_0$ heißt Dielektrizitätskonstante.

2. Aufgabe:
Berechnen Sie ε_r des bei obigem Versuch verwendeten Dielektrikums.

Verzeichnis einiger relativer Dielektrizitätskonstanten

Luft	1,00059	Glas	5–7
Wasser	80,3	Glimmer	4–8
Eis	3,0	keramische Materialien	80 und mehr

3. Aufgabe:
Der folgende Versuch unterscheidet sich von dem eben beschriebenen dadurch, daß beim Einbringen des Dielektrikums nicht die **Spannung**, sondern die **Ladung** des Kondensators konstant bleibt.

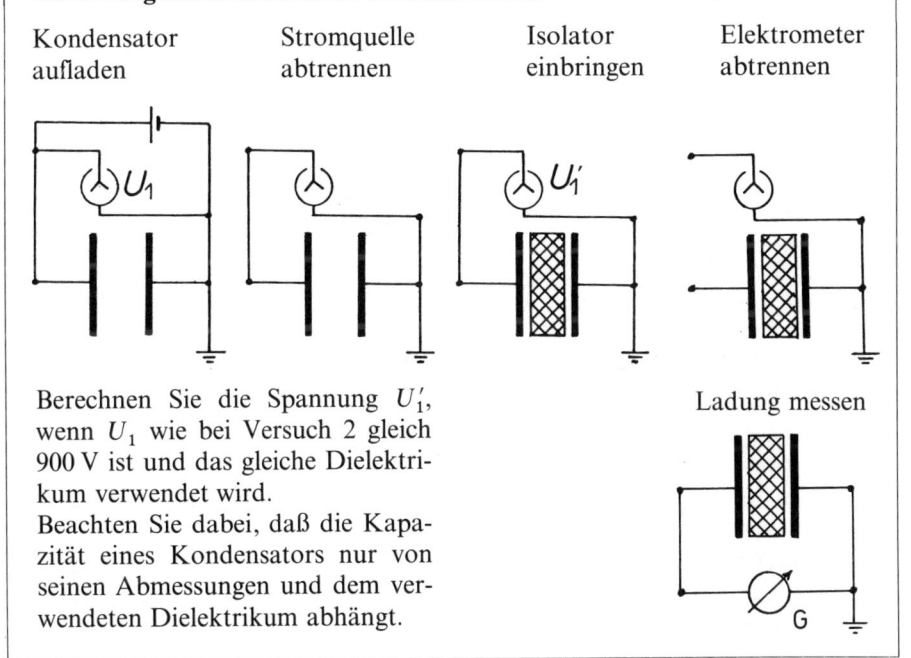

Kondensator aufladen   Stromquelle abtrennen   Isolator einbringen   Elektrometer abtrennen

Berechnen Sie die Spannung U_1', wenn U_1 wie bei Versuch 2 gleich 900 V ist und das gleiche Dielektrikum verwendet wird.
Beachten Sie dabei, daß die Kapazität eines Kondensators nur von seinen Abmessungen und dem verwendeten Dielektrikum abhängt.

Ladung messen

4. Aufgabe:
Wie muß ein Kondensator aufgebaut sein, damit er eine möglichst hohe Kapazität besitzt?

5. Aufgabe:
Ein luftgefüllter Plattenkondensator ($A = 500$ cm^2; $d = 1,0$ mm) ist an eine Spannungsquelle ($U = 100$ V) angeschlossen.
a) Berechnen Sie die Feldstärke im Kondensator.
b) Welche Feldarbeit wird verrichtet, wenn man die positive Probeladung $Q = 2,0 \cdot 10^{-12}$ As von der negativen zur positiven Platte transportiert?

Der Kondensator wird nun von der Spannungsquelle getrennt und mit einem flüssigen Dielektrikum ($\varepsilon_r = 4$) gefüllt.
c) Wie groß ist jetzt die Spannung zwischen den Platten des Kondensators?
d) Berechnen Sie die neue Feldstärke E.
e) Welche Feldarbeit wäre jetzt beim Transport der Probeladung von Teilaufgabe b) zu verrichten?

6. Aufgabe:
Bei Wickelkondensatoren bringt man zwischen Aluminiumfolien dünne paraffinierte Papierstreifen als Dielektrikum. Dieses »Sandwich« wird zu einem Ballen aufgerollt und in ein Gehäuse gepackt. Man erzielt auf diese Weise Kapazitätswerte von 1 µF aufwärts.

a) Die Aluminiumfolien eines Wickelkondensators seien 8,0 cm breit und 80 m lang. Das dazwischenliegende Dielektrikum ist 0,08 mm dick und hat die relative Dielektrizitätszahl von 2,5. Wie groß ist die Kapazität dieses Kondensators?

Hinweis:
Zur näherungsweisen Berechnung der Kapazität denken Sie sich die beiden Metallstreifen als ebene Fläche und bedenken Sie, daß auch die Rückseiten der Streifen beim Aufrollen aufeinanderliegen.

b) Welche Ladung kann bei $U = 100$ V damit gespeichert werden?
c) Welcher mittlere Strom fließt bei der Entladung, wenn diese 2,0 s dauert?

7. Aufgabe:
Zur Erzielung hoher Kapazitätswerte werden Elektrolytkondensatoren eingesetzt. Sie bestehen i. a. aus Aluminiumplatten, zwischen denen sich ein Elektrolyt (z. B. Borsäure) befindet. Beim Anlegen einer Gleichspannung bildet sich am Pluspol eine dünne Aluminiumoxidschicht ($d \approx 10^{-4}$ mm; $\varepsilon_r = 5$), die einen weiteren Stromdurchgang verhindert.

a) Berechnen Sie die Kapazität eines Elektrolytkondensators, dessen Plattenfläche $A = 40$ cm^2 ist.
b) Welche Spannung darf an diesen Kondensator höchstens gelegt werden, wenn die Aluminiumoxidschicht ab einer Feldstärke von 20 kV/mm nicht mehr isolierend wirkt?

8. Aufgabe:
Eine Wolke befindet sich $h = 400$ m über der Erde. Wolke und Erdboden sollen als Platten eines Kondensators der Fläche 10 km² mit Luft als Dielektrikum ($\varepsilon_r = 1$) aufgefaßt werden. Zwischen Wolke und Boden herrsche die Spannung $U = 2{,}0 \cdot 10^7$ V. 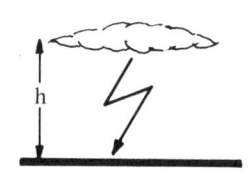
a) Berechnen Sie die Ladung der Wolke.
b) Welche elektrische Feldstärke herrscht zwischen Wolke und Erdboden?
c) Welche mittlere Stromstärke hat ein Blitz, wenn die völlige Entladung der Wolke 10^{-3} s dauert?
d) Wie ändert sich die Spannung, wenn ε_r infolge wachsender Luftfeuchtigkeit zunimmt (die Ladung der Wolke möge dabei konstant bleiben)?

11.2 Feldstärke $\vec{E}_{diel}$ und Verschiebungsdichte $\vec{D}_{diel}$ im Dielektrikum

Zur Bestimmung dieser Feldgrößen wird auf die folgende einfache Modellvorstellung zurückgegriffen:

Durch das äußere Feld werden die nach außen hin neutralen Moleküle zu Dipolen (vgl. Skizze), die auf den beiden gegenüberstehenden Oberflächen der Platten **Influenzladungen** hervorrufen.
Auf diesen Influenzladungen endet ein Teil der Feldlinien des Kondensatorfeldes (schematische Darstellung unten). Sie schirmen einen Teil des ursprünglichen Kondensatorfeldes für das Innere des Dielektrikums ab. Wir können also das Dielektrikum in seiner Wirkung vollständig ersetzen durch die auf seinen Oberflächen auftretenden Influenzladungen, die zusammen mit den Ladungen der Platten das Gesamtfeld erzeugen.

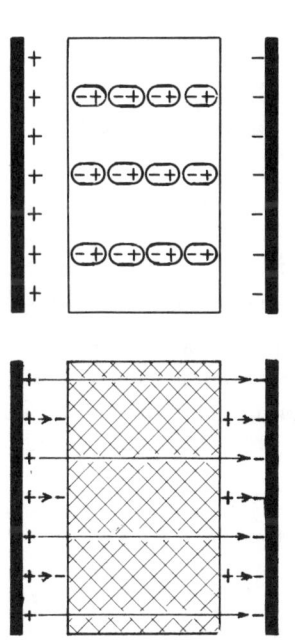

Ergebnis:
Bei gleicher Plattenladung wie beim Feld ($\vec{E}_{vak}$) im materiefreien Raum ist $|\vec{E}_{diel}| < |\vec{E}_{vak}|$.

Das folgende Gedankenexperiment führt zu einer Aussage über die Verschiebungsdichte $\vec{D}_{diel}$ im Dielektrikum:
Wie das schematische Bild zeigt, ist die Influenzladung auf den Doppelplatten ($Q_{i,diel}$) genauso groß wie die Ladung auf den Kondensatorplatten ($Q_{i,vak}$).

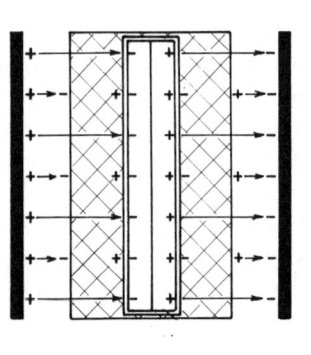

In das Dielektrikum eingebettete Metallplatten

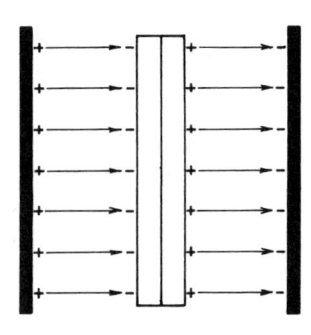

Für die Flächenladungsdichte und somit für die elektrische Verschiebungsdichte im Dielektrikum bzw. Vakuum gilt daher:

$$\frac{Q_{i,diel}}{A_i} = \frac{Q_{i,vak}}{A_i}.$$

Damit ist:

$$\boxed{D_{diel} = D_{vak}}$$

Ergebnis:
Die Verschiebungsdichte ändert sich bei Einführung eines Dielektrikums nicht.

Nach unserer Modellvorstellung ist das Feld im Dielektrikum eines Plattenkondensators homogen und damit die Feldstärke E_{diel} im Dielektrikum überall gleich. Bei konstanter Kondensatorladung ist das Verhältnis von Kondensatorspannung U' mit Dielektrikum und Kondensatorspannung U ohne Dielektrikum:

$$\frac{U'}{U} = \frac{Q/C'}{Q/C} = \frac{C}{C'} = \frac{1}{\varepsilon_r};$$

Da $U' = E_{diel} \cdot d$ und $U = E_{vak} \cdot d$, ist

$$\frac{U'}{U} = \frac{E_{diel}}{E_{vak}} = \frac{1}{\varepsilon_r}; \quad \text{oder} \quad \boxed{E_{vak} = \varepsilon_r \cdot E_{diel}}$$

daraus: $\varepsilon_0 \cdot E_{vak} = \varepsilon_r \cdot \varepsilon_0 \cdot E_{diel}$.

Wegen $D_{vak} = D_{diel}$ ergibt sich: $\boxed{D_{diel} = \varepsilon_r \cdot \varepsilon_0 \cdot E_{diel}}$

Materie im elektrischen Feld

Hinweis:
Die dargestellten Überlegungen gelten nur für diejenigen Komponenten der Felder, die senkrecht zur Begrenzungsfläche Leiter–Dielektrikum stehen.

9. Aufgabe:
In einem Kondensator ($d = 5{,}0$ cm, $A = 10$ dm^2) befindet sich ein Dielektrikum ($\varepsilon_r = 3{,}0$), siehe Skizze.

a) Berechnen Sie die Kapazität der Anordnung.

b) Berechnen Sie die Feldstärke innerhalb und außerhalb des Dielektrikums sowie die Verschiebungsdichten für den Fall, daß die Kondensatorspannung zwischen den Platten $U = 500$ V ist.

c) Der Kondensator wird von der Stromquelle getrennt und anschließend das Dielektrikum entfernt. Berechnen Sie die neue Kondensatorspannung.

d) Nun wird in den Kondensator eine Metallplatte der Dicke $\frac{d}{2}$ eingesetzt. Wie groß ist nun die Spannung zwischen den Platten? Berechnen Sie die Feldstärke in der Luft und im Metall zwischen den Kondensatorplatten.

10. Aufgabe:
Gegeben ist der idealisierte Feldstärkeverlauf längs einer Geraden (siehe Skizze).

a) Welche Spannung herrscht zwischen den Punkten P_1 und P_2?

b) Wie könnte man diesen Feldstärkeverlauf in der Praxis realisieren? Beschreiben Sie eine geeignete Anordnung qualitativ.

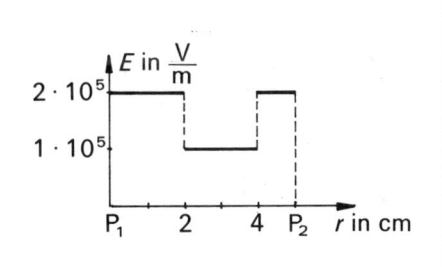

Literaturhinweis:
1. Ein Verzeichnis von relativen Dielektrizitätskonstanten und eine Beschreibung verschiedener Kondensator-Bauarten siehe in:
   Grimsehl: Lehrbuch der Physik, Bd. 2, S. 59 ff.
2. Eine weiterführende Darstellung des obigen Themas siehe:
   Bergmann-Schaefer: Lehrbuch der Experimentalphysik, Bd. 2, S. 50 ff.

12. Energie im elektrischen Feld

12.1 Vorversuch:

Ein geladener Plattenkondensator wird über eine Glimmlampe entladen.
Bei der Entladung leuchtet die Glimmlampe auf. Die auftretende Gasentladung ist mit einer Erwärmung verbunden. Dies zeigt, daß in einem geladenen Kondensator Energie gespeichert ist.

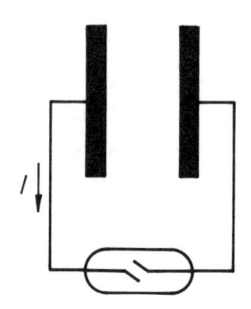

12.2 Berechnung des Energieinhaltes eines geladenen Kondensators

Ein Kondensator wird auf die Spannung U_0 aufgeladen und von der Stromquelle getrennt. Die Entladung soll schrittweise vorgenommen werden, indem so lange gleiche Ladungsportionen ΔQ von der positiven Platte zur geerdeten Platte transportiert werden, bis der Kondensator entladen ist.
Wegen $Q = C \cdot U$ gilt: $U \sim Q$. Dieser Zusammenhang läßt sich graphisch folgendermaßen darstellen:

Beim Transport der Ladung ΔQ wird der Energieinhalt des Kondensators um einen bestimmten Betrag verringert und dabei an der Ladung ΔQ die Arbeit ΔW_v verrichtet. Es gilt:

$$\Delta W_v \approx \Delta Q \cdot U_v$$

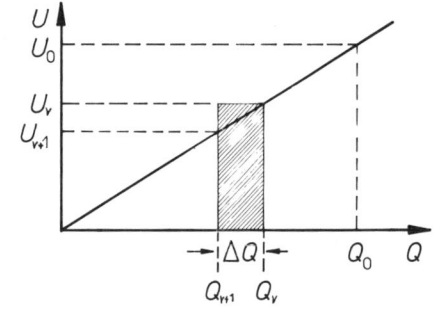

Bei obiger Formel kann kein Gleichheitszeichen stehen, da sich die Kondensatorspannung während des Transportes der Ladung ΔQ von U_v auf U_{v+1} ändert ($U_{v+1} < U_v$).
Die schraffierte Fläche (siehe Skizze) ist ein angenähertes Maß für die Teilarbeit ΔW_v.
Die Gesamtarbeit W_{ges} und damit den gesamten Energieinhalt des Kondensators erhält man durch Summation aller Teilarbeiten (Stufenfläche):

$$W_{ges} = \sum_{v=1}^{n} \Delta W_v \qquad n = \frac{Q_0}{\Delta Q}$$

Je kleiner ΔQ gewählt wird, desto mehr nähert sich die Stufenfläche der Dreiecksfläche. Die Dreiecksfläche stellt also ein Maß für die Energie des geladenen Kondensators dar.

Aus der Zeichnung ergibt sich:

$$W_{ges} = \frac{1}{2} \cdot Q_0 \cdot U_0 = \frac{1}{2} \cdot \frac{Q_0^2}{C} = \frac{1}{2} \cdot U_0^2 \cdot C$$

Drückt man die Gesamtenergie durch die Feldgrößen E und D des Kondensatorfeldes aus, so erhält man wegen

$$C = \varepsilon_0 \cdot \varepsilon_r \cdot \frac{A}{d} \quad \text{und} \quad U_0 = E \cdot d :$$

$$W_{ges} = \frac{1}{2} \cdot C \cdot U_0^2 = \frac{1}{2} \varepsilon_0 \varepsilon_r \cdot \frac{A}{d} E^2 \cdot d^2;$$

und da $V = A \cdot d$ (Volumen des Kondensatorfeldes), gilt:

$$W_{ges} = \frac{1}{2} \cdot E \cdot D \cdot V$$

Die für den Spezialfall des Feldes eines Plattenkondensators gewonnene Beziehung kann verallgemeinert werden:

Herrscht in einem Volumen V ein homogenes Feld der Feldstärke E, so ist in diesem Raum die Energie

$$W = \frac{1}{2} \cdot E \cdot D \cdot V \quad \text{(elektrische Feldenergie)}$$

gespeichert. Baut man dieses Feld ab, so wird dieser Energiebetrag frei.

Versuch:
Im Feld eines geladenen Kondensators befinden sich zwei nicht verbundene Metallplatten.

Verbindet man die beiden Metallplatten über ein Galvanometer, wird das Feld zwischen den Platten abgebaut. Die beim Verschwinden des Feldes frei werdende Energie bewirkt Stromarbeit (Ausschlag des Galvanometers – Erwärmung).

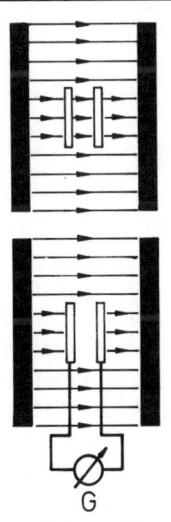

Obige Betrachtung zeigt, daß das elektrische Feld – auch losgelöst von Materie – Träger von Energie ist.

Die Energie eines inhomogenen Feldes kann wie folgt bestimmt werden:
Man teilt den betrachteten Raum in so kleine Bereiche auf, daß in jedem dieser Bereiche das Feld nahezu homogen ist. Die Gesamtenergie ergibt sich dann durch Summation über die Energien der einzelnen Bereiche.

12.3 Energiedichte ϱ

Aus dem Energieinhalt W eines elektrischen Feldes mit dem Volumen V ergibt sich die Energiedichte ϱ zu:

$$\varrho = \frac{W}{V} = \frac{1}{2} \cdot E \cdot D$$

1. Aufgabe:
Der mittlere Bedarf eines Dreipersonenhaushalts an elektrischer Energie sei 25 kWh pro Tag. Wie groß müßte die Fläche eines auf 220 V aufgeladenen Plattenkondensators sein ($d = 1{,}0$ mm, $\varepsilon_r = 7$), damit er den täglichen Energiebedarf decken könnte?

2. Aufgabe:
Zur Erzeugung starker Magnetfelder soll in einer Parallelschaltung von Kondensatoren bei der Spannung 3,0 kV eine Energie von 100 kJ gespeichert werden.
a) Welche Kapazität muß die Kondensatorenbatterie haben?
b) Welche mittlere Stromstärke herrscht bei der Entladung, wenn sich diese in 0,10 ms vollzieht?

3. Aufgabe:
Ein Plattenkondensator mit $A = 4$ dm^2 und $d = 4 \cdot 10^{-3}$ m wird nach dem Aufladen von der Spannungsquelle getrennt ($U = 3{,}0 \cdot 10^3$ V).
a) Berechnen Sie Energieinhalt und Energiedichte des Kondensatorfeldes ($\varepsilon_0 \approx \varepsilon$).
b) In den Kondensator wird parallel zu den Platten eine 1,0 mm dicke Metallplatte ($A = 4$ dm^2) so eingeführt, daß sie ganz im Kondensatorfeld ist. Berechnen Sie die Abnahme ΔW der Feldenergie sowie die neue Feldstärke E' und die Energiedichte in den Bereichen I, II und III.
c) Wozu dient der »verlorene« Energiebetrag des Feldes?

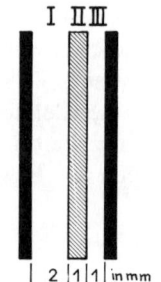

4. Aufgabe:
Anstelle der Metallplatte (vgl. 3. Aufgabe) wird eine gleich große Platte aus einem Isoliermaterial ($\varepsilon_r = 2$) in den geladenen Kondensator gebracht. Berechnen Sie für diesen Fall die Abnahme des Energieinhaltes ΔW sowie die Feldstärke und Energiedichte in den Bereichen I, II und III.

5. Aufgabe: Kraft auf die geladenen Kondensatorplatten
Vermindert man den Plattenabstand des von der Batterie getrennten Plattenkondensators um Δs, so nimmt der Energieinhalt des Feldes proportional zu Δs ab (Begründung!).
Daraus folgt, daß die Kraft, mit der sich die beiden geladenen Platten anziehen, bei Annäherung der Platten konstant bleibt (Begründung!).
Berechnen Sie die Kraft auf eine Platte (Ergebnis: $F = \frac{1}{2} EQ$).
Inwiefern ist dies kein Widerspruch zur Beziehung: Kraft = Feldstärke × Ladung?

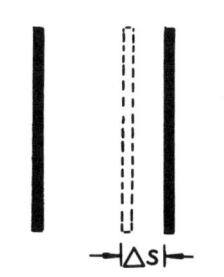

6. Aufgabe:
Der Plattenabstand des nebenstehend gezeichneten Kondensators mit Luft als Dielektrikum kann von $d = 1$ cm auf $2d = 2$ cm vergrößert werden.
Plattenfläche: $A = 0{,}226$ m^2
Batteriespannung: $U_B = 20$ kV
Das Auseinanderziehen der Platten soll unter zwei verschiedenen Bedingungen erfolgen:

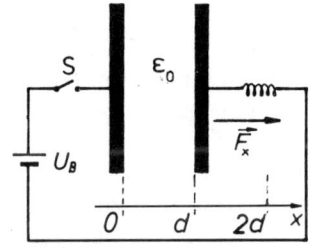

Fall I: konstante Spannung $U = U_B$ am Kondensator, d.h., Schalter S ist geschlossen

Fall II: konstante Ladung auf dem Kondensator, d.h., Schalter S ist anfangs (bei $x = d$) geschlossen; vor dem Auseinanderziehen wird S geöffnet.

a) Wie groß ist die gesamte elektrische Feldenergie W_e in beiden Fällen (I und II) jeweils für $x = d$ und $x = 2d$?

b) Man berechne die Kraft F_x (siehe Skizze) für Fall I und II, jeweils wieder für $x = d$ und $x = 2d$.

c) Wie groß ist die aufzuwendende mechanische Arbeit W_m beim Auseinanderziehen der Platten von $x = d$ auf $x = 2d$ in beiden Fällen?

d) Stellen Sie eine Energiebilanz für beide Fälle auf:
Feldenergie: W_e – mechanische Arbeit: W_m – Energie, die der Batterie entnommen bzw. zugeführt wird: W_B.

7. Aufgabe: (Nur für Experten)
Die skizzierte Anordnung kann als elektrostatisches Voltmeter verwendet werden. Die obere Platte ist an einer Feder beweglich aufgehängt, die untere ist fest. Die Auslenkung wird in der angegebenen Richtung positiv gezählt. Für $x = 0$ (Ruhelage, Spannung Null) ist die Kapazität des Kondensators $C_0 = 100$ pF. Der Plattenabstand in der Ruhelage ist $d = 2$ cm. Die angelegte Spannung beträgt 10 kV.
Federkonstante: $D = 1$ N/cm.
a) Wie groß ist die auf die Platten wirkende Kraft F_e als Funktion von U und x?
b) Man stelle die elektrostatische Kraft F_e und die Federkraft F_f mit den gegebenen Zahlenwerten abhängig von x graphisch dar ($0 < x < d$).
c) Man entnehme der graphischen Darstellung, bei welchen x-Werten Gleichgewicht zwischen den beiden Kräften herrscht.
Besteht ein physikalischer Unterschied zwischen den beiden Lösungen?
d) Welchen Wert muß die Federkonstante D mindestens haben, damit Messungen bis zu $U_{max} = 10$ kV möglich sind (graphische Lösung)?

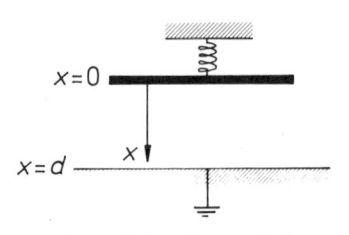

8. Aufgabe:
Ein Plattenkondensator mit $A_1 = 1200$ cm^2 und $d = 4{,}0$ cm wird aufgeladen und von der Spannungsquelle getrennt. Ein Elektrometer zeigt die Spannung 2000 V.
a) Zwei dünne, ungeladene, sich berührende Metallplättchen ($A_2 = 50$ cm^2) werden senkrecht zu den Feldlinien in das Feld gebracht und getrennt. Berechnen Sie die auf einer Platte influenzierte Ladung Q_i.
b) Die getrennten Plättchen (siehe **a)**) werden mit den ihnen zugewandten Kondensatorplatten in Berührung gebracht. Berechnen Sie jetzt die Feldstärke E' im Plattenkondensator.
c) Ist bei dem Vorgang von **b)** von außen an das betrachtete System Energie zuzuführen, oder gibt das Feld Energie ab?

9. Aufgabe:
Gegeben ist ein Plattenkondensator, dessen quadratische Platten die Fläche A und den Abstand d haben. Im Kondensatorfeld befindet sich ein quaderförmiges Dielektrikum ($\varepsilon_r = 4$) mit der Fläche A und der Dicke d_1.
Das Dielektrikum hat von beiden Platten gleichen Abstand.
Der Kondensator werde auf die Spannung U aufgeladen und anschließend von der Spannungsquelle getrennt.
$d = 4{,}0 \cdot 10^{-2}$ m; $d_1 = 2{,}0 \cdot 10^{-2}$ m; $A = 0{,}226$ m^2; $U = 4{,}0 \cdot 10^3$ V.

a) Berechnen Sie die Kapazität der gesamten Anordnung.
b) Berechnen Sie den Energieinhalt W der gesamten Anordnung.
c) Zeichnen Sie den Potentialverlauf $\varphi(x)$ zwischen den Platten des Kondensators. Die linke Platte habe das Potential Null; x sei der Abstand eines Punktes von der linken Platte.
Hochwertachse: 1000 V $\hat{=}$ 2 cm;   Rechtswertachse: 1 cm $\hat{=}$ 2 cm.

10. Aufgabe:
Eine kleine Metallkugel (Masse m, Ladung Q_k) hängt an einem Isolierfaden der Länge l im homogenen Feld eines Plattenkondensators (Plattenabstand d, Spannung zu Versuchsbeginn U, Plattenfläche A). Dabei wird die Kugel um die Strecke x ausgelenkt.

a) Berechnen Sie die Auslenkung x in Abhängigkeit von den gegebenen Größen (Kleinwinkelnäherung ist erlaubt).
b) Der Plattenabstand d des Kondensators wird bei angeschlossener Stromquelle verdoppelt. Wie ändert sich die Auslenkung, falls Q_k gleich bleibt? Begründung!
c) Welche mechanische Arbeit ist für das Auseinanderziehen der Platten bei Teilaufgabe b) zu verrichten?
d) Berechnen Sie die Änderung des Energieinhaltes des Kondensatorfeldes.
e) Beantworten Sie die Fragen b)-d) für den Fall, daß der Kondensator vor dem Auseinanderziehen der Platten von der Stromquelle getrennt wird.

11. Aufgabe:
Mitten im Feld eines »großen« Plattenkondensators befinden sich zwei »kleine«, sehr dünne Metallplatten gleicher Form. Die ungeladenen Platten werden miteinander über einen Widerstand R verbunden. Der Influenzstrom erzeugt in R Wärme. Danach wird die leitende Verbindung wieder gelöst und die nun geladenen Platten längs Äquipotentialflächen aus dem Kondensator genommen. Im nahezu feldfreien Raum außerhalb werden die Platten wieder durch R verbunden. Beim Ladungsausgleich wird Energie frei. Einzeln werden die Platten wieder in die Ausgangslage gebracht. Dazu ist keine Energie nötig. Beliebige Wiederholung des Vorganges würde beliebig viel Energie liefern. Wo steckt der Widerspruch? Kurze, aber genaue Darstellung in Stichpunkten!

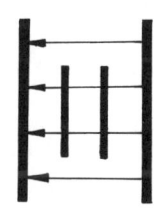

12. Aufgabe:
Ein Kondensator (Plattenfläche $A = b \cdot b = 100\,\text{cm}^2$; $d = 1{,}0\,\text{mm}$) liegt während der folgenden Experimente **immer** an der Spannungsquelle ($U = 3{,}0\,\text{kV}$).

a) Berechnen Sie den Energieinhalt W_0 des luftgefüllten Kondensators.
b) In den Kondensator werde bis zur Höhe h ein flüssiges Dielektrikum (relat. Dielektrizitätskonstante: ε_r; Dichte: ϱ) gefüllt. Berechnen Sie den Energieinhalt W_e des Kondensators.
c) Berechnen Sie allgemein die Ladung Q, die im Fall der Aufgabe b) auf einer Platte sitzt.

Taucht man einen luftgefüllten Plattenkondensator in eine dielektrische Flüssigkeit, so steigt diese im Kondensator an, obwohl bei diesem Vorgang die potentielle Energie im Gravitationsfeld und auch die elektrische Energie des Kondensatorfeldes zunehmen. Die Steighöhe h kann durch folgende Überlegungen gewonnen werden:

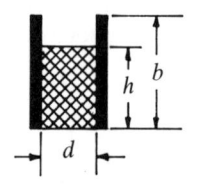

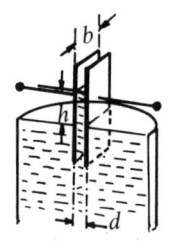

d) Berechnen Sie allgemein mit Hilfe von b) die Zunahme ΔW_e der elektrischen Energie im Kondensator, wenn die Flüssigkeit um $\Delta h = h_2 - h_1$ ansteigt.
e) Berechnen Sie allgemein die Zunahme ΔW_g der potentiellen Energie im Gravitationsfeld, wenn die Flüssigkeit um Δh ansteigt ($\Delta h \ll h$).
f) Die beiden in d) und e) berechneten Energien werden durch Energiezufuhr aus der Spannungsquelle gedeckt. Berechnen Sie mit Hilfe von c) die Zunahme der Ladung ΔQ auf den Platten, wenn die Flüssigkeit um Δh steigt. Berechnen Sie nun mit Hilfe dieses Ergebnisses die Energieabnahme ΔW_{Bat} der Batterie bei Steigen um Δh.
g) Geben Sie aufgrund energetischer Überlegungen die Steighöhe h an.

13. Die Faradayschen Gesetze der Elektrolyse

Löst man Säuren, Laugen oder Salze in Wasser, so ist die Lösung im allgemeinen elektrisch leitend.

Nach einer Modellvorstellung, die in der Chemie weiter ausgebaut wird, findet beim Lösen in Wasser eine Aufspaltung der nach außen hin neutralen Moleküle in positive und negative Ionen statt (Dissoziation). Beim Anlegen einer Spannung wandern die negativen Ionen zum Pluspol (Anode), die positiven zum Minuspol (Kathode). Der Ladungstransport (Stromleitung) ist bei der Elektrolyse also mit Materietransport verbunden. Die Ionen geben an der entsprechenden Elektrode Ladung ab. Dabei findet auch eine Materieabscheidung statt (vereinfachtes Modell der Elektrolyse).

Quantitativ wird die Elektrolyse durch zwei Gesetze beschrieben:

13.1 Das 1. Faradaysche Gesetz

> Die Masse der abgeschiedenen Materie ist zur transportierten Ladung proportional.
> $$m \sim Q \quad oder \quad m = \ddot{A} \cdot Q$$

$\ddot{A}$ heißt elektrochemisches Äquivalent, es ist von der Art des Abscheidungsprodukts abhängig.

Gebräuchliche Einheit: $[\ddot{A}] = \dfrac{\text{mg}}{\text{C}}$.

13.2 Das 2. Faradaysche Gesetz

Zum Verständnis des 2. Faradayschen Gesetzes sind die folgenden Begriffe nötig:

a) Das Kilomol

Das Kilomol (kmol) kennzeichnet die Teilchenzahl N_A eines Systems bestimmter Zusammensetzung.

Diese ist gleich der Zahl der Atome, wie sie in 12 kg des Kohlenstoffisotops ^{12}C enthalten ist.

$N_A = 6{,}0225 \cdot 10^{26}$

b) Die Masse eines Kilomols eines Stoffs

1 kmol eines Stoffs hat die Masse $m = M$ kg, dabei ist M die relative Molekülmasse, aus der Chemie als »Molekulargewicht« bekannt. M ist eine reine Zahl.

Beispiele: 1 kmol H_2 hat die Masse $m = 2{,}016$ kg
1 kmol O_2 hat die Masse $m = 32{,}0$ kg
1 kmol Ag hat die Masse $m = 107{,}9$ kg
1 kmol Cu hat die Masse $m = 63{,}5$ kg

1. Aufgabe
Wie viele Atome sind in 3,00 kg Kupfer enthalten?
Wie viele Kilomol sind das?

2. Aufgabe:
Welche Gesamtmasse haben $3{,}27 \cdot 10^{23}$ **Atome** Wasserstoff?

2. Faradaysches Gesetz:

> Bei Abscheidung von 1 kmol eines z-wertigen Stoffes wird an einer Elektrode die Ladung $Q = z \cdot 9{,}6494 \cdot 10^7$ C
> abgegeben oder aufgenommen.

In der Literatur findet man die Größe $F = 9{,}6494 \cdot 10^7$ C/kmol (Faradaysche Konstante), die angibt, wie viele Coulomb man für die Abscheidung eines Kilomols eines einwertigen Stoffes benötigt.

3. Aufgabe:
a) Berechne das elektrochemische Äquivalent zweiwertigen Kupfers.
b) Wie lange muß ein konstanter Strom der Stärke $I = 0{,}85$ A fließen, damit aus einer wäßrigen $CuSO_4$-Lösung 1,5 g Kupfer abgeschieden werden?

4. Aufgabe:
Damit 11 mg eines dreiwertigen Stoffes abgeschieden werden, ist die Ladungsmenge 118 C nötig.
Berechne die relative Molekülmasse. Um welches Element handelt es sich?

Folgerung:

Nimmt man an, daß die transportierte Ladung auf die Ionen einer Sorte gleichmäßig verteilt ist, ergibt sich für die Ladung eines einwertigen Ions:

$$e = \frac{9{,}6494 \cdot 10^7}{6{,}0225 \cdot 10^{26}} \text{ C} = 1{,}6022 \cdot 10^{-19} \text{ C}.$$

Für die Ladung eines z-wertigen Ions ergibt sich dann entsprechend: $Q = z \cdot e$.
Die Gültigkeit des 2. Faradayschen Gesetzes und die Annahme einer Gleichverteilung der Ladung führen zu folgender Hypothese:
Die elektrische Ladung tritt nur in ganzzahligen Vielfachen von e (Elementarladung) auf.
Millikan konnte mit dem sogenannten Öltröpfchen-Versuch diese Hypothese bestätigen.

14. Der Millikansche Öltröpfchenversuch – Elementarladung
Praktikumsversuch

14.1 Versuchsziel

Mit dem von Millikan (1868–1953) im Jahre 1916 entwickelten Versuch kann der quantenhafte Charakter der elektrischen Ladung nachgewiesen und die Elementarladung e gemessen werden.

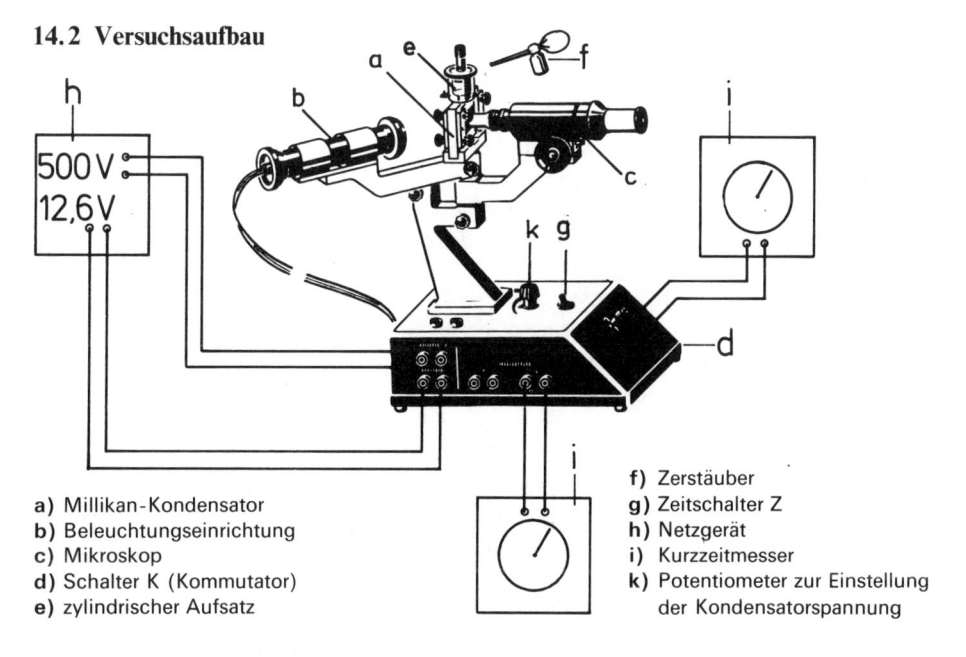

14.2 Versuchsaufbau

a) Millikan-Kondensator
b) Beleuchtungseinrichtung
c) Mikroskop
d) Schalter K (Kommutator)
e) zylindrischer Aufsatz
f) Zerstäuber
g) Zeitschalter Z
h) Netzgerät
i) Kurzzeitmesser
k) Potentiometer zur Einstellung der Kondensatorspannung

Mit der skizzierten Apparatur wird die Ladung kleiner Öltröpfchen, die sich im elektrischen Feld eines Plattenkondensators (Millikan-Kondensator) befinden, gemessen.

Mit dem Zerstäuber (f) werden kleine Öltröpfchen erzeugt und tangential in den zylindrischen Aufsatz (e) eingeblasen. Durch das Zerstäuben sind die Öltröpfchen teilweise geladen.

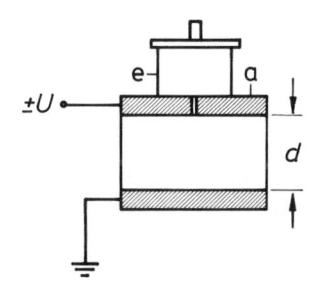

Durch eine Bohrung fallen die Öltröpfchen in den Millikan-Kondensator (a) und erfahren, falls sie elektrisch geladen sind, im Feld des Kondensators Kraftwirkungen.

■ **Beachte FWU-Film:** Messung der Elementarladung 3601117 und 360108.

Die Beobachtung der Öltröpfchen geschieht mit dem Mikroskop. Die Tröpfchen sind jedoch so klein (submikroskopisch), daß sie nicht direkt beobachtet werden können. Sie werden im Mikroskop erst dann als helle Beugungsscheibchen gegenüber dem dunklen Hintergrund sichtbar, wenn sie mit einer Lichtquelle (6,3 V ∼) angestrahlt werden und Streulicht vom Teilchen in das Mikroskop gelangt (Dunkelfeldbeleuchtung).

Beachte: Die Lampenwendel muß scharf auf den Schlitz in der schwarzen Blende abgebildet werden. Dies wird durch Verschieben des Kondensors an der Lampe erreicht.

Um die vom Öltröpfchen zurückgelegten Wegstrecken messen zu können, ist in das Okular des Mikroskops ein Maßstab eingebaut.

Man verschiebt das Mikroskop so, daß man ein scharfes (vergrößertes) Bild des Beugungsscheibchens eines Öltropfens sieht. Ist dies der Fall, so weiß man, daß ein reelles Bild des Beugungsscheibchens am Ort des Okularmaßstabes vorliegt. Dieses reelle Bild und der Maßstab werden durch das Okular (Lupe) betrachtet.

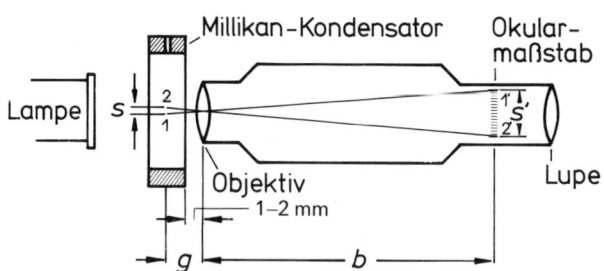

Ändert das reelle Bild des Beugungsscheibchens seine Lage von Marke 1′ zur Marke 2′ (Länge der Strecke 1′–2′ sei s'; s' darf als bekannt angenommen werden), so wandert das Öltröpfchen von der Marke 1 zur Marke 2 (Strecke s). Zur Versuchsauswertung muß s bekannt sein.

---

1. Aufgabe:
Berechnen Sie mit Hilfe der Abbildungsgesetze für Linsen die Strecke s, wenn die Brennweite f des Objektivs, die Bildweite b und die Strecke s' bekannt sind.

Wenn sich das reelle Zwischenbild von Marke 1' zur Marke 2' bewegt, so hat das Öltröpfchen bei der gegebenen Apparatur die Strecke

$s = (0{,}845 \pm 0{,}05) \cdot 10^{-3}$ m zurückgelegt.

Legt man keine Spannung an die Platten des Kondensators (Schalter K in Mittelstellung), so fallen die Öltröpfchen nach unten (Bewegung des Beugungsscheibchens nach oben). Bringt man Schalter K aus der Mittelstellung, so kann man die Öltröpfchen je nach Vorzeichen ihrer Ladung im Kondensator aufsteigen (Bewegung des Bildes nach unten!) oder sinken lassen. Stellt man den Schalter Z auf »Ein«, so kann man mit den Kurzzeitmessern die Steigzeit und die Fallzeit des Tröpfchens zwischen den Marken 1' und 2' messen.

14.3 Ladungsbestimmung mit der Schwebemethode

Durch ein elektrisches Feld geeigneter Richtung und Größe kann man im Kondensator auf ein geladenes Teilchen eine elektrische Kraft $\vec{F}_e$ ausüben, die der Gewichtskraft $\vec{F}_g$ das Gleichgewicht hält. Ein solches Teilchen schwebt dann im Kondensator.

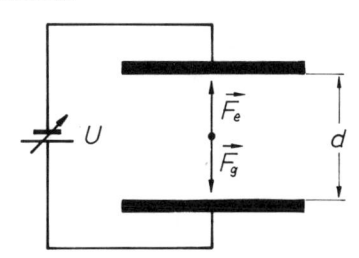

Schwebebedingung:

$|\vec{F}_e| = |\vec{F}_g|$ oder $Q \cdot E = m \cdot g$. Daraus folgt: $Q = \dfrac{m \cdot g}{E}$ oder $Q = \dfrac{m \cdot g \cdot d}{U}$;

Für ein kugelförmiges Öltröpfchen der Dichte ϱ gilt:

$m = \dfrac{4}{3} \cdot \pi \cdot r^3 \cdot \varrho$

Somit ergibt sich für die Ladung des Tröpfchens: $Q = \dfrac{4 \cdot \pi \cdot r^3 \cdot \varrho \cdot g \cdot d}{3 \cdot U}$.

Nachteil dieser Methode:

Die Brownsche Bewegung erschwert die Feststellung des Schwebezustandes. Der Radius des Öltröpfchens kann nur abgeschätzt werden.

---

2. Aufgabe:

Ein positiv geladenes Öltröpfchen ($Q = 4{,}8 \cdot 10^{-19}$ C, $r = 5{,}0 \cdot 10^{-7}$ m) schwebt im Feld eines Kondensators, dessen horizontalliegende Platten den Abstand $d = 5{,}0 \cdot 10^{-3}$ m haben. Die Dichte des Öles ist $\varrho = 900$ kg/m³.

a) Berechnen Sie die Kondensatorspannung.
b) Wie und wohin bewegt sich das Öltröpfchen, wenn es bei sonst gleichen äußeren Bedingungen die Ladung $Q = 3{,}2 \cdot 10^{-19}$ As trägt?

■ Beachte FWU-Film: Messung der Elementarladung 3601117.

14.4 Ladungsbestimmung bei der Bewegung im Kondensatorfeld – Gleichfeldmethode

Bewegt sich das Öltröpfchen im zähen, homogenen Medium Luft, so tritt eine geschwindigkeitsabhängige Reibungskraft F_r auf. Für sie gilt das Stokessche Gesetz:

$$F_r = 6 \cdot \pi \cdot \eta \cdot r \cdot v*$$

Die Größe η heißt Zähigkeit des Mediums. $[\eta] = \dfrac{\text{kg}}{\text{m} \cdot \text{s}}$

Bei der Gleichfeldmethode wird das elektrische Feld im Kondensator so gewählt, daß das Teilchen zunächst fällt. Aufgrund der geschwindigkeitsabhängigen Reibungskraft stellt sich nahezu unmittelbar ein Kräftegleichgewicht (vgl. Skizze) und somit eine konstante Sinkgeschwindigkeit v_1 ein. Nach dem Erreichen der Meßmarke 1' (dann befindet sich das Teilchen im Kondensator an der Stelle 1) wird das elektrische Feld bei gleichbleibendem Spannungsbetrag umgepolt. Es stellt sich wieder ein Kräftegleichgewicht ein, so daß das Teilchen nun mit konstanter Geschwindigkeit v_2 steigt.

Sinken im Feld   **Steigen im Feld**

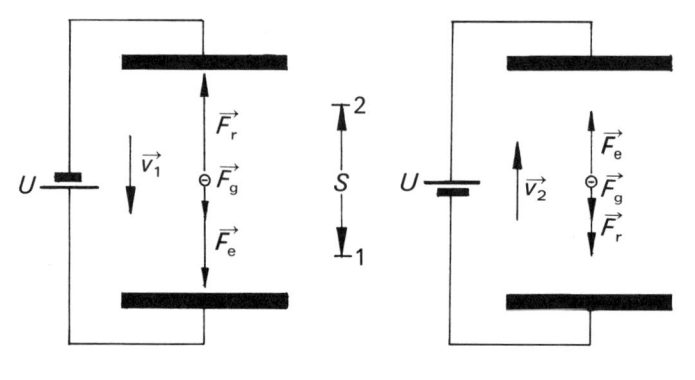

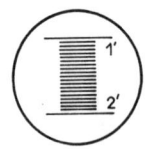

Meßstrecke bei mikroskopischer Beobachtung

$$F_r = F_g + F_e$$
I $6 \cdot \pi \cdot \eta \cdot r \cdot v_1 = m \cdot g + Q \cdot E$

$$F_e = F_g + F_r$$
II $Q \cdot E = m \cdot g + 6 \cdot \pi \cdot \eta \cdot r \cdot v_2$

Kennt man die Sinkgeschwindigkeit v_1 und die Steiggeschwindigkeit v_2, lassen sich durch Verknüpfung der beiden Gleichgewichtsbedingungen I und II der Radius r und die Ladung Q des Tröpfchens berechnen.

* Dieses Gesetz gilt für kugelförmige Körper, wie sie Öltröpfchen darstellen, nur mit Einschränkungen. Auf eine Korrektur des Stokesschen Gesetzes wird im Anhang eingegangen.

I + II : I' $6 \cdot \pi \cdot \eta \cdot r (v_1 + v_2) = 2 \cdot Q \cdot E$
I − II : II' $6 \cdot \pi \cdot \eta \, r \cdot (v_1 - v_2) = 2 \cdot m \cdot g$

mit $\quad m = \dfrac{4}{3} \cdot r^3 \cdot \pi \cdot \varrho \quad$ ergibt sich

aus $\quad 3 \cdot \pi \cdot \eta \cdot r (v_1 - v_2) = \dfrac{4}{3} r^3 \cdot \pi \cdot \varrho \cdot g$

$$\dfrac{9}{4} \cdot \eta \cdot (v_1 - v_2) = r^2 \cdot \varrho \cdot g$$

$$\boxed{r = \dfrac{3}{2} \sqrt{\dfrac{\eta}{\varrho \cdot g} (v_1 - v_2)}}$$

in I' $\quad 6 \cdot \pi \cdot \eta \cdot \dfrac{3}{2} \sqrt{\dfrac{\eta}{\varrho \cdot g} (v_1 - v_2)} \cdot (v_1 + v_2) = 2 \cdot Q \cdot E$

$\quad \dfrac{9}{2} \cdot \pi \cdot \eta \cdot \sqrt{\dfrac{\eta}{\varrho \cdot g}} \sqrt{v_1 - v_2} \, (v_1 + v_2) = Q \cdot E$

mit $\quad E = \dfrac{U}{d} \quad$ ergibt sich

$$\boxed{Q = \dfrac{9 \cdot d \cdot \pi}{2 \cdot U} \sqrt{\dfrac{\eta^3}{\varrho \cdot g}} \cdot \sqrt{v_1 - v_2} \, (v_1 + v_2)}$$

Die Sinkgeschwindigkeit v_1 und die Steiggeschwindigkeit v_2 erhält man durch Messung der Zeiten t_1 und t_2 für das Durchlaufen der Meßstrecke s.

$$v_1 = \dfrac{s}{t_1} \quad \text{und} \quad v_2 = \dfrac{s}{t_2}$$

Messungen bei verschiedenen Tröpfchen ergeben die im Schaubild dargestellte Ladungsverteilung (die Ladungen sind bereits nach **Anhang 4** korrigiert).

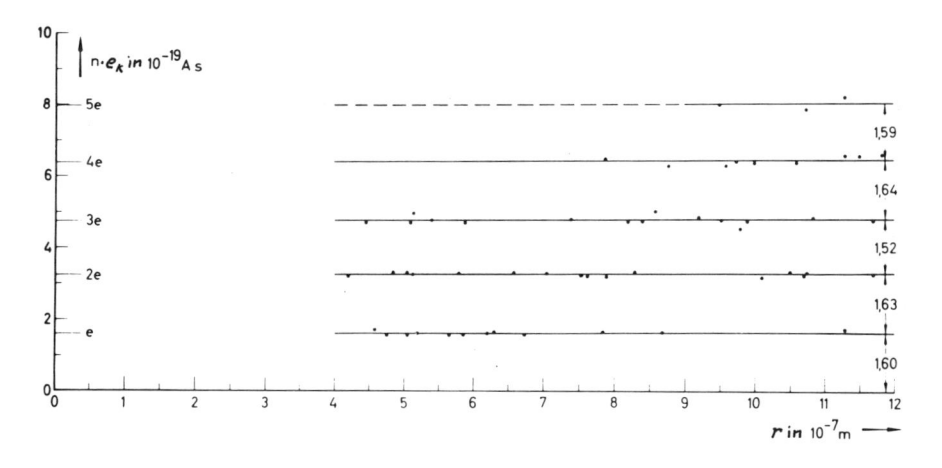

Die Darstellung zeigt, daß keine kontinuierliche Ladungsverteilung auftritt. Alle Ladungen sind als ganzzahlige Vielfache der Ladung $1{,}6 \cdot 10^{-19}$ As (Ladungsquantum) darstellbar. Experimentell wurde bis jetzt noch nie eine kleinere Ladung beobachtet. Man nennt sie daher Elementarladung e.

$$\boxed{e = 1{,}602 \cdot 10^{-19}\,\text{As}}$$

3. Aufgabe:
Warum ist bei den bisherigen elektrostatischen Versuchen die Ladungsquantelung nicht beobachtet worden?
Berechnen Sie hierzu, wie viele Elementarladungen auf einer Kugel mit $r = 5{,}0$ cm sitzen, wenn die Spannung gegenüber Erde $U = 6{,}0$ kV beträgt.

4. Aufgabe:
Um die Ladung eines Öltröpfchens zu bestimmen, läßt man dieses zunächst ohne elektrisches Feld fallen (Sinkgeschwindigkeit v_0). Anschließend läßt man das Tröpfchen im elektrischen Feld steigen (Steiggeschwindigkeit v_2).

a) Geben Sie für beide Bewegungen die Vektordarstellung der Kräfte an.

b) Berechnen Sie allgemein aus der Sinkgeschwindigkeit v_0 den Radius der Tröpfchen. Ergebnis: $r = \sqrt{\dfrac{9 \cdot \eta \cdot v_0}{2 \cdot \varrho \cdot g}}$.

c) Berechnen Sie die Ladung des Tröpfchens in Abhängigkeit von v_0 und v_2.

15. Bewegung von Elektronen im homogenen elektrischen Feld

15.1 Elektrisches Längsfeld

Das Elektron bewegt sich parallel zu den Feldlinien.

1. Fall: Bewegung entgegengesetzt zur Feldlinienrichtung. Das Elektron mit der Anfangsgeschwindigkeit v_0 wird im Feld konstant beschleunigt. *Analogon* in der Mechanik: senkrechter Wurf nach unten.

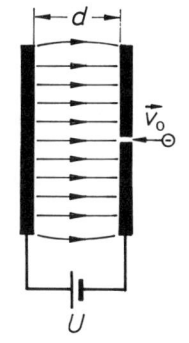

Zeit-Weg-Gesetz: $s(t) = v_0 \cdot t + \dfrac{a}{2} \cdot t^2$

Zeit-Geschwindigkeits-Gesetz: $v(t) = v_0 + a \cdot t$

und somit: $\qquad v(t) = \sqrt{v_0^2 + 2 \cdot a \cdot s(t)}$ \hfill (1)

mit $a = \dfrac{F}{m} = \dfrac{e \cdot E}{m} = \dfrac{e \cdot U}{d \cdot m}$

Quadriert man (1) und multipliziert die ganze Gleichung mit $\dfrac{m}{2}$, so ergibt sich für $s(t) = d$:

$$\frac{m}{2} \cdot v^2 = \frac{m}{2} \cdot v_0^2 + e \cdot U \qquad \text{oder} \qquad \Delta E_{\text{kin}} = e \cdot U.$$

Die Beziehung $\Delta E_{\text{kin}} = e \cdot U$ erhält man rascher durch eine energetische Betrachtung:

Die Feldarbeit für das Elektron ist $W_{\text{Feld}} = e \cdot U > 0$.
Daraus folgt für die Änderung der potentiellen Energie: $\Delta E_p = -W_{\text{Feld}} < 0$. Das Äquivalent für die verlorene potentielle ist die gewonnene kinetische Energie des Elektrons: $\Delta E_{\text{kin}} = e \cdot U$.

> Beim Durchlaufen der Spannung U gewinnt das Elektron die kinetische Energie $e \cdot U$.

Definition: 1 eV (Elektronenvolt) ist diejenige Energie, die ein Elektron beim Durchlaufen der Spannung 1 V gewinnt.

2. Fall: Bewegung in Feldrichtung.
Das Elektron mit der Anfangsgeschwindigkeit v_0 wird im Feld konstant verzögert.
Analogon in der Mechanik: senkrechter Wurf nach oben.

Zeit-Weg-Gesetz: $s(t) = v_0 \cdot t - \dfrac{a}{2} \cdot t^2$

Zeit-Geschwindigkeits-Gesetz: $v(t) = v_0 - a \cdot t$

$$v(t) = \sqrt{v_0^2 - 2 \cdot a \cdot s}$$

mit $a = \dfrac{e \cdot U}{d \cdot m}$

1. Aufgabe:
Berechnen Sie die Energie 1 eV in Joule.

2. Aufgabe:
Ein Elektron mit $v_0 = 1{,}0 \cdot 10^7$ m/s soll durch ein homogenes elektrisches Längsfeld abgebremst werden.

a) Wie müssen Feldrichtung und Bewegungsrichtung zueinander orientiert sein?

b) Wie stark ist das Feld, wenn das Elektron nach einer Flugstrecke von 10 cm im Feld seine Bewegungsrichtung umkehrt?

3. Aufgabe:
Geladene Teilchen sollen in einem homogenen elektrischen Feld aus der Ruhe auf die Geschwindigkeit v ($< \frac{1}{10}$ c) beschleunigt werden. In welchem Verhältnis stehen die Beschleunigungsspannungen für ein Proton und ein Elektron, wenn beide Teilchen die gleiche Geschwindigkeit erreichen sollen?

4. Aufgabe:
Durch die drei dünnen Platten P, Q und R werden zwei Plattenkondensatoren gebildet. Die Quelle A, die sich unmittelbar vor der Platte P befindet, sendet Protonen mit vernachlässigbarer Anfangsenergie aus.

a) Berechnen Sie die Geschwindigkeit v_B eines Protons beim Passieren der Bohrung B ($U = 5{,}0$ kV, $d_1 = 4{,}0$ cm).

b) Wie lange braucht ein Proton für das Durchqueren des Kondensators PQ?

c) Welche Geschwindigkeit v_C besitzt das Proton an der Bohrung C? Welchen Einfluß hat d_2 auf v_C?

d) Wie groß ist v_C, wenn die Spannung beim Durchgang des Protons durch B umgepolt wird?

e) Wie lange braucht das Proton im Falle von Teilaufgabe d) für das Durchqueren der Strecke $d_2 = 6{,}0$ cm?

15.2 Elektrisches Querfeld

Das Elektron wird senkrecht zu den Feldlinien in das homogene Feld eingeschossen.

Analogon in der Mechanik: waagrechter Wurf

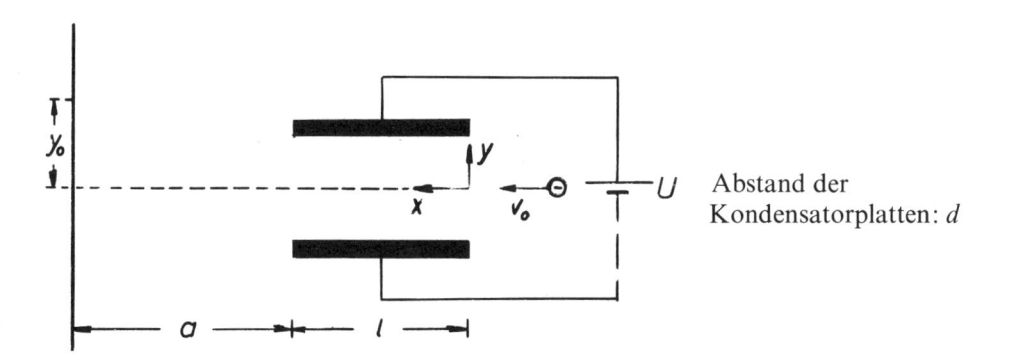

Abstand der Kondensatorplatten: d

Bei der skizzierten Anordnung ist die Beschleunigung a_x in x-Richtung: $a_x = 0$.

Für die Beschleunigung a_y in y-Richtung gilt: $a_y = \dfrac{e \cdot U}{m \cdot d}$.

Zeit-Weg-Gesetz:

$$x = v_0 \cdot t \quad (1) \qquad y = \frac{a_y}{2} \cdot t^2 \quad (2)$$

Zeit-Geschwindigkeits-Gesetz:

$$v_x = v_0 \qquad v_y = a \cdot t.$$

Die Bahngleichung für das Elektron im Kondensatorfeld ergibt sich, wenn man y in Abhängigkeit von x darstellt.

Aus (1) erhält man: $t = \dfrac{x}{v_0}$

Setzt man dies in (2) ein, so folgt:

$$y = \frac{a_y}{2} \left(\frac{x}{v_0} \right)^2$$

Die Bahngleichung lautet: $\boxed{\; y = \dfrac{e \cdot U}{2md} \cdot \dfrac{1}{v_0^2} \cdot x^2 \;}$

Das Elektron durchläuft also im Kondensatorfeld eine **Parabelbahn**. Die Bahnkurve läßt sich experimentell mit der »Elektronenstrahlablenkröhre« darstellen.

Versuchsaufbau:

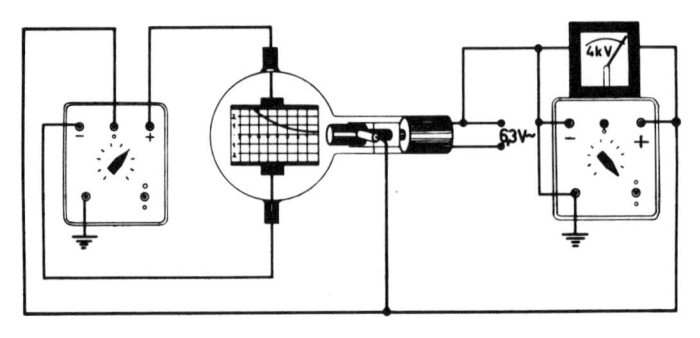

Der Elektronenstrahl streift an einer Glimmerscheibe entlang, die mit einem fluoreszierenden Material überzogen ist.

15.3 Technische Anwendung: Das Oszilloskop

Zeigerinstrumente können wegen der Trägheit des mechanischen Systems den Spannungsschwankungen nur bei sehr langsamer Änderung folgen. Das Oszilloskop ist ein Gerät zur Anzeige rasch veränderlicher Spannungen. Man nutzt dabei die nahezu trägheitslose Ablenkung der Elektronen im elektrischen Feld aus.

Der in der Elektronenkanone (1) erzeugte Elektronenstrahl durchläuft einen Plattenkondensator (2), an dem die zu messende Spannung U_y anliegt. Dabei wird der Strahl aus der ursprünglichen Richtung in vertikaler Richtung abgelenkt. Er trifft nach dem Durchlaufen der Röhre auf den Fluoreszenzschirm (4) und erzeugt dort einen Leuchtfleck. Die Auslenkung des Leuchtpunktes ist proportional zur Meßspannung ($y \sim U_y$).

Oszillografenröhre

Um den zeitlichen Verlauf der Meßspannung verfolgen zu können, wird der Strahl im Kondensator (3) durch eine proportional zur Zeit ansteigende Spannung (Kippspannung) zusätzlich horizontal abgelenkt. Nebenstehendes Bild zeigt eine Meßspannung U_y (sinusförmig) und die Kippspannung U_x.

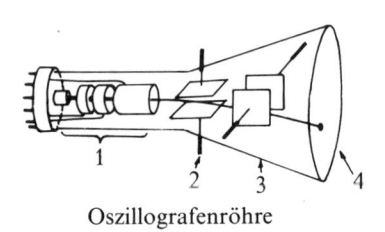

Zeitablenkung

Bewegung von Elektronen im homogenen elektrischen Feld

1. Aufgabe:
a) Wie verläuft die Bahn des Elektrons nach dem Verlassen des Kondensators?
b) Berechnen Sie für $l = 4$ cm, $a = 8$ cm, $U = 40$ V, $d = 2$ cm, $v_0 = 8{,}0 \cdot 10^6$ m/s die Ablenkung y_0 (siehe Skizze) auf dem Beobachtungsschirm.
c) Wie groß müßte die Spannung U gewählt werden, damit das Elektron den Kondensator gerade nicht mehr verläßt?

2. Aufgabe:
Ein anfangs ruhendes Elektron ($m = 9{,}11 \cdot 10^{-31}$ kg) durchläuft im Feld eines Kondensators die Strecke $s = 1{,}0$ mm und erreicht so die Geschwindigkeit $v = 1{,}0 \cdot 10^7$ m/s.
a) Wie groß war die Feldstärke im Kondensator?
b) Wie groß ist die Fläche einer Kondensatorplatte, wenn sie die Ladung $Q = 25 \cdot 10^{-9}$ As trägt?

3. Aufgabe: Staubfilter
Ein Luftstrom, in dem sich Staubteilchen mit $r = 1{,}0 \cdot 10^{-7}$ m und der Ladung $-10e$ befinden, wird mit der Geschwindigkeit $v_0 = 1{,}0$ m/s in einen Kondensator ($d = 10$ cm, $U = 53$ kV) geblasen. Die Erdanziehungskraft soll bei der Rechnung außer acht gelassen werden.
a) Welche Kräfte greifen an dem Staubteilchen 2 an?
Zeichnen Sie die Kraftvektoren in eine gleiche Skizze ein!
b) Berechnen Sie die Sinkgeschwindigkeit der Staubteilchen im Kondensator ($\eta_{luft} = 1{,}8 \cdot 10^{-5}$ kg/m·s).
c) Welche Bahn beschreibt (qualitativ) das Staubteilchen 1?
Zeichnen Sie diese Bahn!
d) Wie lang muß der Kondensator sein, damit kein Staubteilchen mehr den Kondensator verläßt?

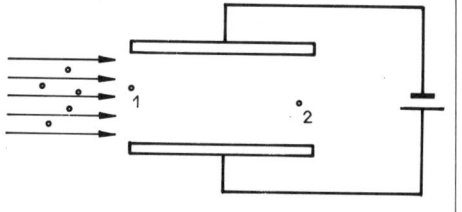

4. Aufgabe:
In einer Vakuumröhre (Abb. s. S. 94) werden Glühelektronen aus der Anfangsgeschwindigkeit 0 heraus durch die Spannung $U_B = 1500$ V beschleunigt und treten dann wie in der Skizze auf S. 93 in ein Kondensatorfeld ein.
Plattenlänge $l = 80$ mm, Plattenabstand $d = 30$ mm.
Berechnen Sie die Kondensatorspannung U_K, die benötigt wird, den Elektronenstrahl bis zum Plattenende
a) um 15° gegen die ursprüngliche Flugrichtung,
b) um 10 mm abzulenken.

5. Aufgabe:
Hilfsmittel zum Skizzieren von Elektronenbahnen im Kondensator: In der Skizze auf S. 93 verlassen die Elektronen den Kondensator so, als hätten sie sich geradlinig von der »Mitte des Kondensators« mit den Koordinaten $x = \frac{l}{2}$, $y = 0$ wegbewegt. Zeigen Sie dies.

6. Aufgabe:
In der Skizze auf S. 93 treten die Elektronen zur Zeit $t = 0$ in den Kondensator ein. Am Kondensator liege die Spannung

I) $U(t) = U_0$; II) $U(t) = U_0 \cdot \frac{v_0 \cdot t}{l}$; III) $U(t) = U_0 \cdot \left(1 - 2 \cdot \frac{v_0 \cdot t}{l}\right)$

a) Beschreiben Sie für jeden der drei Fälle die auf das Elektron wirkende Kraft in Abhängigkeit von der Koordinate x qualitativ und geben Sie den Term $F(x)$ an.

b) Diskutieren Sie für jeden der drei Fälle das Verhalten der Geschwindigkeitskoordinate v_y längs der Bahn des Elektrons im Kondensator und bestimmen Sie $v_y(x)$.

c) Bestimmen Sie jeweils die Bahngleichung des Elektrons.

7. Aufgabe:
Von Elektronen sei bekannt, daß sie mit der Geschwindigkeit

$v_0 = 1{,}9 \cdot 10^7 \frac{m}{s}$ in das homogene Querfeld eines Kondensators ($U = 480$ V; $d = 8{,}0$ cm) geschossen werden. Der Elektronenstrahl geht dabei durch den Punkt P(10 cm/1,5 cm). Berechnen Sie aus den gegebenen Daten und der aus dem Millikan-Versuch bekannten Elementarladung die Masse des Elektrons.

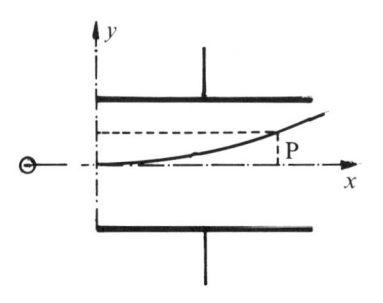

8. Aufgabe:
a) Ein Elektron hat in der Mitte des nebenstehend abgebildeten Kondensators, an dem die Spannung $U = 1{,}4$ kV liegt, die Geschwindigkeit $v_0 = 1{,}0 \cdot 10^7 \frac{m}{s}$. Es bewegt sich senkrecht auf die negativ geladene Platte zu. Nach welcher Weglänge kehrt das Elektron um?

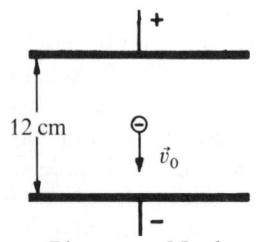

b) Berechnen Sie die Geschwindigkeit, mit der das Elektron schließlich die positive Platte erreicht.

9. Aufgabe: (nach LK-Reifeprüfung 1984)
Aus einer Glühkathode austretende Elektronen ($v = 0$) werden durch die Spannung U_b beschleunigt und treten als feiner Strahl in der Mittelebene in den Kondensator K_1 (siehe Skizze). Bewegen sich die Elektronen nach dem Durchlaufen von K_1 auf der x-Achse, so gelangen sie durch die Blende B in den Kondensator K_2 und erreichen schließlich den Leuchtschirm.

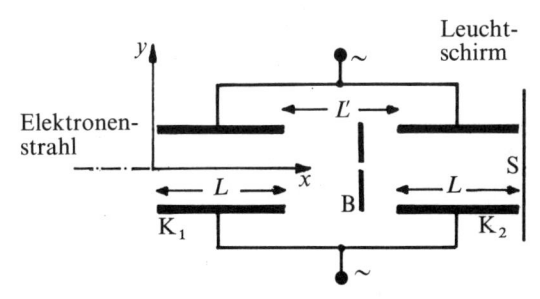

Beide Kondensatoren besitzen die Länge L, ihr gegenseitiger Abstand ist L'. K_1 und K_2 liegen an der gleichen hochfrequenten Wechselspannung $U(t) = U_0 \sin \omega t$.
Die Beschleunigungsspannung U_b sei so gewählt, daß die Elektronen K_1 in der Zeit T (Periodendauer der Wechselspannung) durchfliegen.

a) Zeichnen Sie für die Bewegung durch den Kondensator K_1 **qualitativ** die Kraftkurven in Abhängigkeit von der x-Koordinate des Ortes für folgende Fälle in **ein** Diagramm:
   α) Die Elektronen treten zum Zeitpunkt $t = 0$ in den Kondensator ein,
   β) die Elektronen treten zum Zeitpunkt $t = T/4$ in den Kondensator ein.
b) Nur Elektronen, welche die Mitte von K_1 bei einem Extremwert der Spannung $U(t)$ passieren, können K_1 in waagerechter Richtung auf der x-Achse verlassen. Bestätigen Sie dies für die beiden Fälle der Teilaufgabe **a)**.
c) Welchen Einfluß besitzt K_1 in obiger Anordnung bei angelegter Wechselspannung auf einen kontinuierlichen Elektronenstrahl?
d) Diejenigen Elektronen, die K_1 längs der x-Achse verlassen haben, treten durch die Blende B in den Kondensator K_2 ein. Auf dem Leuchtschirm beobachtet man im allgemeinen zwei Leuchtflecke, die symmetrisch zum Punkt S liegen (siehe Skizze). Begründen Sie diese Erscheinung.
e) Welche Bedingung muß für den Abstand L' zwischen K_1 und K_2 gelten, damit nur ein einziger Leuchtfleck in S erscheint? Genaue Begründung!

10. Aufgabe:
Im Vakuum stehen sich im Abstand $d = 6{,}0$ cm zwei vertikale Kondensatorplatten gegenüber, deren gegenseitige Spannung 2,0 kV ist. Von der positiven Platte löst sich ein kleines Metallstückchen der Masse 4,0 mg, das die Ladung $q = 10^{-9}$ As mitnimmt.

a) Welche elektrische Kraft wirkt auf das Metallstückchen im Kondensatorfeld?
b) Welche Gewichtskraft wirkt auf das Metallstückchen?
c) Zeichnen Sie in einem geeigneten x-y-System den Weg des Körpers und geben Sie den Auftreffpunkt auf die negative Platte an!
d) Welche kinetische Energie besitzt das Metallteilchen beim Auftreffen auf die Kondensatorplatte? Wieviel dieser Energie stammt aus dem elektrischen Feld, wieviel aus dem Gravitationsfeld?

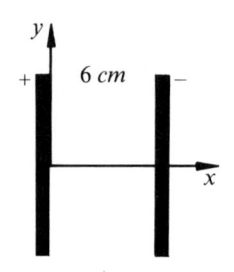

B Das magnetische Feld

16. Wiederholung der wichtigsten Begriffe des Magnetismus aus der Mittelstufe

16.1 Eigenschaften von Magneten

Magnete üben auf bestimmte Materialien Kräfte aus, man nennt solche Materialien ferromagnetische Stoffe.

1. Versuch:

Die Stellen stärkster Anziehung nennt man **Pole**. Jeder Magnet hat mindestens 2 Pole.

2. Versuch:

Hängt man einen Stabmagneten leicht drehbar auf, so richtet er sich in etwa in geographischer Nord-Süd-Richtung aus.
Der nach Norden weisende Pol wird als **Nordpol** bezeichnet, der andere als **Südpol**.
Übliche Farbkennzeichnung von Magneten:

Nordpol: Rot
Südpol: Grün   oder

Nordpol: Blau
Südpol: Rot.

3. Versuch:
Gleichnamige Magnetpole stoßen einander ab, ungleichnamige ziehen sich an.

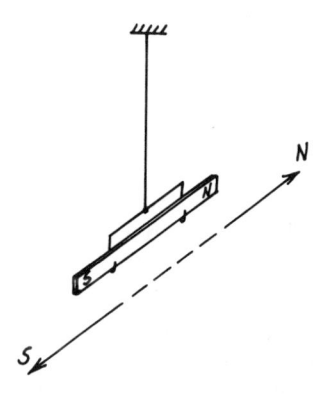

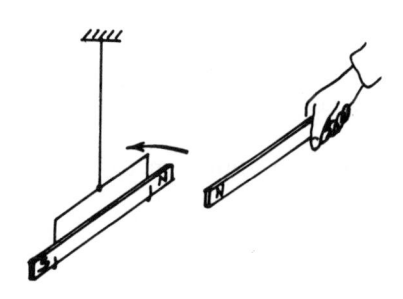

Die Kraftwirkung nimmt mit zunehmender Entfernung ab.

16.2 Magnetische Influenz

4. Versuch:

In der näheren Umgebung von Magneten werden zunächst unmagnetische Ferromagnetika selbst zu Magneten:

Man bezeichnet diese Erscheinung als **magnetische Influenz**.

Dem Nordpol des Stabmagneten steht dabei ein Südpol des influenzierten Magneten gegenüber.

16.3 Magnetfeld

Der Raum, in dem auf Ferromagnetika Kräfte wirken, heißt **Magnetfeld**.

5. Versuch:

Bringt man einen Magneten, dessen Pole weit auseinanderliegen (Stricknadel mit Schwimmkork), wie in der Skizze dargestellt, in die Nähe eines Stabmagneten, so erfährt im wesentlichen nur der obere Pol (hier z.B. der Nordpol) eine Kraftwirkung.

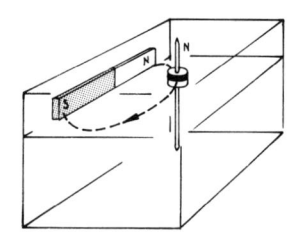

Der Nordpol der Stricknadel bewegt sich nicht direkt, sondern auf der gezeichneten Bahn zum Südpol des Stabmagneten hin.

Diese Bahnkurve kommt durch die Kraftwirkung des Magneten zustande. Da die Geschwindigkeit des Poles sehr gering ist, wirkt die magnetische Kraft in jedem Punkt dieser Bahn nahezu tangential zur Bahnkurve. Die Bahnkurve beschreibt annähernd eine **Feldlinie**. Die Feldlinienrichtung wird durch die Bewegungsrichtung eines Nordpols festgelegt. Ein Südpol würde sich in entgegengesetzter Richtung bewegen.

Der Verlauf einer Feldlinie kann auch mit kleinen Magnetnadeln untersucht werden. Sie stellen sich nahezu tangential zu den Feldlinien ein.

Eisenfeilspäne verhalten sich wie kleine Magnetnadeln. Mit ihnen kann sehr einfach der Feldlinienverlauf in der näheren Umgebung eines Magneten dargestellt werden:

Feld eines Stabmagneten:

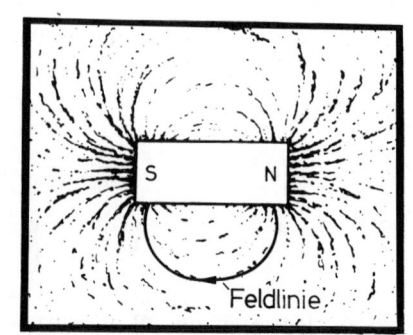

Feld eines Hufeisenmagneten:

Es ergibt sich, daß zwischen den Schenkeln des Hufeisenmagneten die Feldlinien nahezu parallel verlaufen, d. h., das Magnetfeld ist in diesem Bereich nahezu homogen.

16.4 Magnetfeld der Erde

Auch die Erde hat ein Magnetfeld, dessen Struktur in stark vereinfachter Form im Bild wiedergegeben ist. Wie aus dem Bild zu ersehen ist, verlaufen die Feldlinien i. a. zur Erdoberfläche geneigt.

Literaturhinweis:
Bei der Entdeckung des Magnetismus war das Magnetfeld der Erde von großer Bedeutung, siehe hierzu: Grimsehl: Lehrbuch der Physik, Bd. 2, S. 88ff.

Eine in zwei zueinander senkrechten Achsen frei bewegliche Magnetnadel stellt sich in Feldlinienrichtung ein.

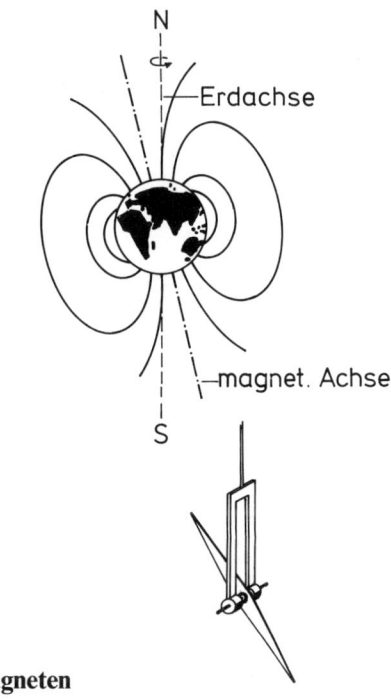

16.5 Modellvorstellung vom Aufbau eines Magneten

Beim Zerteilen eines Magneten entstehen immer wieder vollständige Magnete.
Dieser Versuch führt zu einem einfachen Modell eines Ferromagnetikums. Man stellt sich ein Ferromagnetikum aus kleinen Elementarmagneten aufgebaut vor. In einem Magneten sind diese Elementarmagnete ausgerichtet, in einem nicht magnetisierten Ferromagnetikum sind sie völlig ungeordnet.

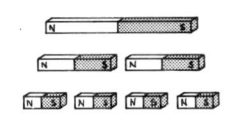

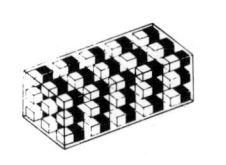

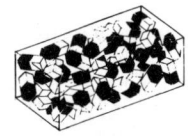

Mit diesem Modell ist u.a. zu verstehen, wie eine ferromagnetische Probe durch Bestreichen mit einem Magneten selbst magnetisch wird.

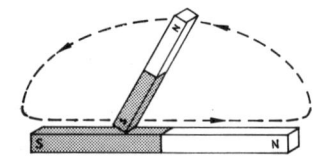

16.6 Magnetfeld eines stromdurchflossenen Leiters

6. Versuch

Ein stromdurchflossener Leiter ist von einem Magnetfeld umgeben.

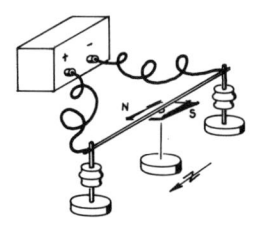

Grundversuch zum Magnetfeld des geraden, stromdurchflossenen Leiters

Die Struktur dieses Feldes kann mit Magnetnadeln oder Eisenfeilspänen untersucht werden:

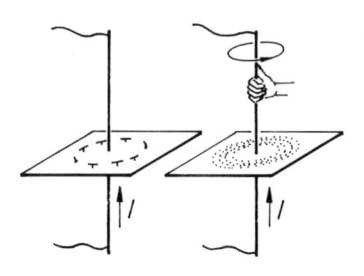

Magnetfeld des stromdurchflossenen Leiters

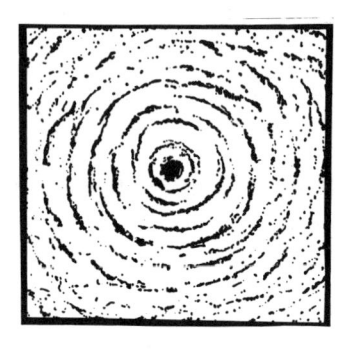

Der Zusammenhang zwischen Strom- und Magnetfeldrichtung wird durch die **Rechte-Faust-Regel** gegeben:

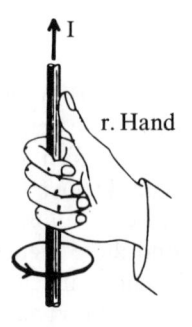

Rechte-Faust-Regel

Das Feld komplizierterer Leiteranordnungen entsteht durch Überlagerung der Felder der einzelnen Leiter, z.B:

Feld einer Leiterschleife: **Feld einer Spule:**

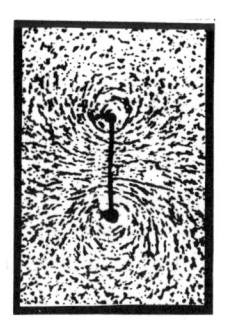

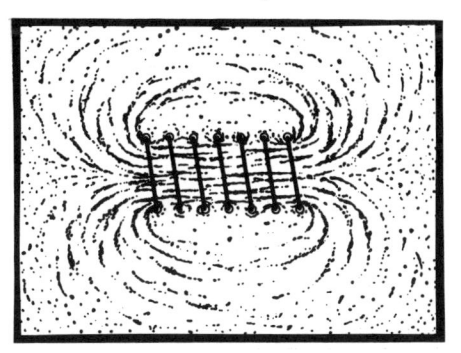

Im Spuleninneren erhält man ein nahezu homogenes Magnetfeld.

Obige Bilder zeigen, daß die Magnetfeldlinien in sich geschlossen sind. Auch bei Permanentmagneten enden die Feldlinien nicht an den Polen, sondern verlaufen in dessen Inneren weiter.
Das Magnetfeld hat also keine Quellen und Senken wie das elektrostatische Feld. Es gibt keine »magnetischen Ladungen«.
Bisher wurde das magnetische Feld in der Umgebung eines Magneten bzw. eines stromdurchflossenen Leiters nur qualitativ beschrieben. Die folgenden Versuche dienen dazu, Feldgrößen zu entwickeln, die eine quantitative Beschreibung des magnetischen Feldes ermöglichen.
Aus der Mittelstufe ist bekannt, daß ein stromdurchflossener Leiter im Magnetfeld eine Kraftwirkung erfährt, die u.a. von der »Stärke« des Magnetfeldes abhängt. Diese Erscheinung wird nun nochmals untersucht.

1. Aufgabe:
Bestimmen Sie in nebenstehender Skizze den Nordpol und den Südpol des Elektromagneten.

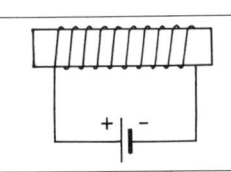

2. Aufgabe:
Bestätigen Sie die bekannten Regeln:

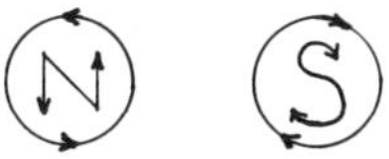

(Wenn man in Richtung der Achse auf eine Spule blickt, so blickt man auf einen Nordpol, wenn der Strom gegen den Uhrzeigersinn, auf einen Südpol, wenn er im Uhrzeigersinn um die Spule läuft. Wie könnte man sich dies mit einer zweiten Rechte-Faust-Regel merken?)

17. Kraft auf einen stromdurchflossenen Leiter im Magnetfeld

17.1 Vorversuch:

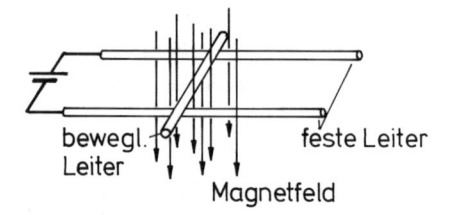

bewegl. Leiter — feste Leiter — Magnetfeld

Das bewegliche, stromdurchflossene Leiterstück befindet sich in einem homogenen Magnetfeld, dessen Feldlinien in bezug auf diesen Leiter verschieden orientiert werden können. Bei dem Versuch wird das homogene Magnetfeld zwischen den Schenkeln eines Hufeisenmagneten benützt.

1. Fall   Leiter steht senkrecht zu den Feldlinien

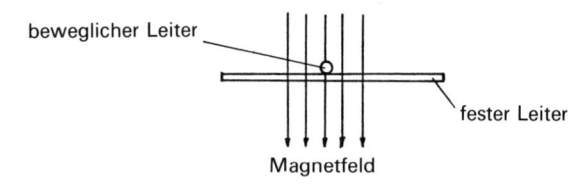

beweglicher Leiter — fester Leiter — Magnetfeld

Ergebnis: Der Leiter wird bei Stromdurchgang beschleunigt. Daraus folgt, daß auf ihn eine Kraft wirkt.

Mit einer aufwendigeren Versuchsanordnung kann man zeigen, daß diese Kraft sowohl senkrecht zum Leiter als auch senkrecht zu den Magnetfeldlinien gerichtet ist.

Die **Drei-Finger-Regel** der rechten Hand zeigt den Zusammenhang zwischen Leiterrichtung, Magnetfeldrichtung und Kraftrichtung.

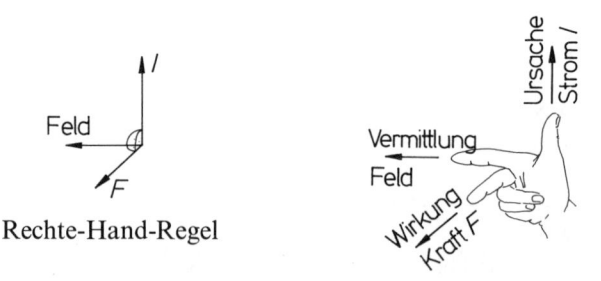

Rechte-Hand-Regel

Ursache Strom I — Vermittlung Feld — Wirkung Kraft F

2. Fall   **Die Feldlinien sind parallel zum Leiter**

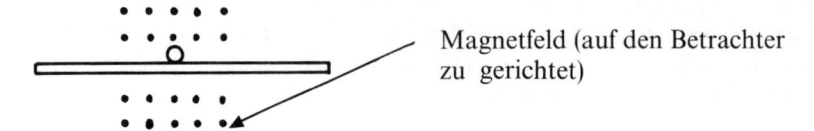

Magnetfeld (auf den Betrachter zu gerichtet)

Ergebnis: Der bewegliche Leiter bleibt bei Stromdurchgang in Ruhe. Daraus folgt, daß entweder keine vom Magnetfeld hervorgerufene Kraft auf ihn wirkt oder die Kraft senkrecht zur Unterlage wirkt. Mit einer aufwendigeren Versuchsanordnung kann nachgewiesen werden, daß die 2. Möglichkeit nicht zutrifft.

Sind die Feldlinien parallel zum stromdurchflossenen Leiter, so erfährt er im Magnetfeld keine Kraftwirkung.

3. Fall Leiter und Magnetfeldlinien bilden einen Winkel, der von 0° bzw. 90° verschieden ist

Ergebnis: Der Leiter wird weniger stark beschleunigt als im 1. Fall (Begründung folgt später).

17.2 Hauptversuch

Kraft F_m auf einen Leiter der Länge l, der senkrecht zu den Feldlinien steht

Im homogenen Magnetfeld einer Zylinderspule (Spulenstrom I_f) befindet sich ein geradliniges Leiterstück der Länge l. Wird der Leiter vom Strom I_l durchflossen, so erfährt er bei geeigneter Stromrichtung eine Kraft F_m senkrecht nach unten; die Waage erfährt eine Auslenkung.

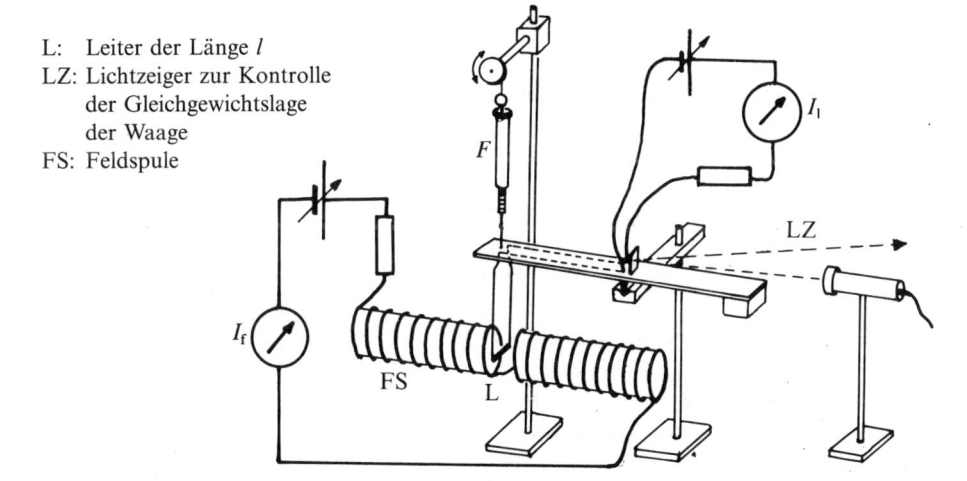

L: Leiter der Länge l
LZ: Lichtzeiger zur Kontrolle der Gleichgewichtslage der Waage
FS: Feldspule

Die Kraft F_m wird durch eine betragsgleiche Gegenkraft kompensiert. Diese Kraft kann an der Federwaage abgelesen werden.

1. Aufgabe:
In obiger Skizze fehlen die Richtung des Magnetfeldes der Spule und die Richtung des Stromes I_l. Geben Sie diese Richtungen an, unter der Annahme, daß der Leiter eine Kraft F_m lotrecht nach unten erfährt.

2. Aufgabe:
Auch die Zuleitungen des Leiters der Länge l, soweit sie sich im Magnetfeld befinden, erfahren Kraftwirkungen. Überlegen Sie sich, warum diese Kraftwirkungen keinen Einfluß auf den Ausschlag der Waage haben.

Die weiteren Messungen werden bei **konstantem** magnetischem Spulenfeld durchgeführt.

Festlegung:

Das Magnetfeld der Zylinderspule ist konstant, wenn der Feldstrom I_f konstant ist.

Zusammenhang zwischen F_m und I_1 bei konstantem l

I_1 in A	2,0	4,0	6,0	8,0	10,0
F_m in 10^{-4} N	3,4	7,8	10,3	14,2	18,6

$l = 80$ mm

Ergebnis: $F_m \sim I_1$ bei konstantem Magnetfeld und konstantem l.

Zusammenhang zwischen F_m und l bei konstantem I_1

l in mm	80	40	20
F_m in 10^{-4} N	18,6	9,3	4,4

Ergebnis: $F_m \sim l$ bei konstantem Magnetfeld und $I_1 = $ const.

$I_1 = 10$ A

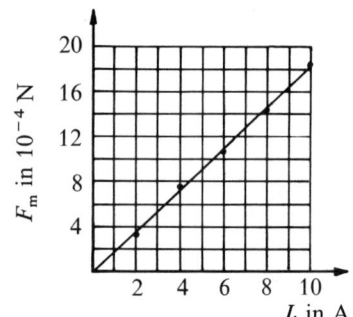

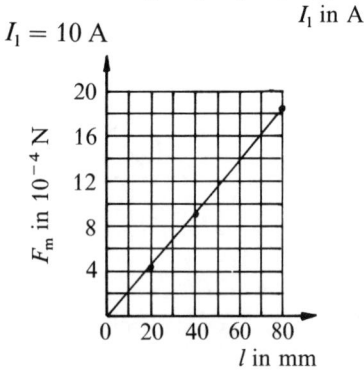

17.3 Zusammenfassung der Ergebnisse – Die magnetische Flußdichte B

$F_m \sim I_1 \cdot l$ oder $\dfrac{F_m}{I_1 \cdot l} = C$ (1) bzw. $\dfrac{l \cdot I_1}{F_m} = C'$ (2)

bei konstantem Magnetfeld

Die Kraft F_m auf den stromdurchflossenen Leiter ist für sich als Feldgröße ungeeignet, da sie bei konstantem Magnetfeld je nach Länge l des Leiters und Stromstärke I_1 unterschiedliche Werte annimmt. Dagegen bleibt der Quotient

$$\frac{F_m}{I_1 \cdot l}$$

bei konstantem Feld unabhängig von der Wahl der Größen I_1 und l konstant. Es liegt nahe, diesen Quotienten als feldbeschreibende Größe zu definieren:

Definition: $\boxed{B := \frac{F_m}{I_1 \cdot l}}$ Leiter senkrecht zu den Feldlinien

$$[B] = \frac{\mathrm{N}}{\mathrm{A} \cdot \mathrm{m}} = \frac{\mathrm{Vs}}{\mathrm{m}^2}.$$

Die Größe B bezeichnet man als **magnetische Flußdichte**.

> **3. Aufgabe:**
> Berechnen Sie B bei der verwendeten Spule.
> Benutzen Sie dazu obige Messungen.

Bei wachsendem Spulenstrom I_f wird das Feld der Spule stärker (qualitativer Nachweis z. B. durch Kompaßnadel). Durch obige Definition ist gewährleistet, daß auch B größer wird (wachsendes F_m). Dies wäre beim Quotienten C' (2) nicht der Fall gewesen.

> **4. Aufgabe:**
> In ein Magnetfeld mit $B = 2{,}0 \cdot 10^{-1} \frac{\mathrm{Vs}}{\mathrm{m}^2}$
> tauchen die skizzierten Leiterrahmen ($l_1 = 0{,}10\,\mathrm{m}$, $l_2 = 0{,}20\,\mathrm{m}$) ein. Berechnen Sie für beide Fälle die Kräfte, mit denen die Leiter in das Feld gezogen werden, wenn sie jeweils von einem Strom $I = 5{,}0\,\mathrm{A}$ durchflossen werden.

> **5. Aufgabe:**
> Auf einer horizontalen Metallschiene liegt ein beweglicher Leiter der Masse $m = 100\,\mathrm{g}$ und der Länge $l = 5{,}0\,\mathrm{cm}$. Welche Beschleunigung erfährt er, wenn durch ihn der Strom $I = 20\,\mathrm{A}$ fließt? ($B = 1{,}5\,\mathrm{Vs/m^2}$)

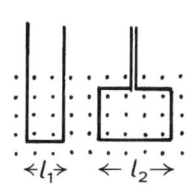

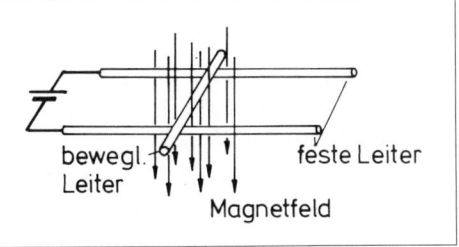

6. Aufgabe:

In einem Magnetfeld der Flußdichte $B = 0{,}80 \frac{Vs}{m^2}$ taucht ein rechteckiger Leiterrahmen mit $l = 6{,}0$ cm ein, der vom Strom $I = 7{,}0$ A durchflossen wird.

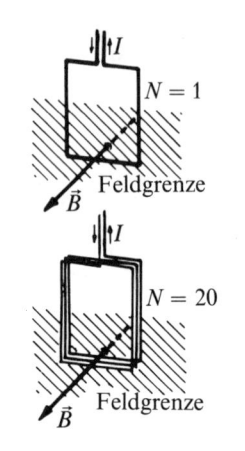

a) Berechnen Sie die Kraft auf den Leiterrahmen.

b) Anstelle des Leiterrahmens taucht eine rechteckige Spule mit $N = 20$ Windungen in das Magnetfeld. Wie groß ist jetzt die Kraft auf die Spule?

c) Wie hat man die Lage der Spule in bezug auf das Magnetfeld zu verändern, damit auf sie keine Kraft wirkt?

7. Aufgabe:

Erläutern Sie, inwiefern der auf Seite 105 dargestellte Versuch auch zur Ausmessung inhomogener Felder geeignet ist, wenn man nur Leiter genügend kleiner Länge benutzt. Welchen Nachteil bringen jedoch diese kurzen Leiter mit sich?

8. Aufgabe: (nach LK-Reifeprüfung 1982; Baden-Württemberg)

Durch einen Versuch soll die magnetische Flußdichte B zwischen den Polen eines Dauermagneten bestimmt werden. Man hängt dabei eine rechteckige Prüfspule an einem isolierenden Drahtrahmen sehr kleiner Masse auf. Prüfspule und Drahtrahmen sind starr miteinander verbunden.

Die Gesamtmasse $m = 0{,}02$ kg des aus Spule und Rahmen bestehenden Pendels kann man sich im Schwerpunkt M vereinigt denken.

Die Prüfspule hat die Windungszahl $N = 40$ und die Breite $b = 0{,}03$ m ($\approx$ Breite des Magnetfeldes). Man läßt nun den Gleichstrom $I = 0{,}5$ A durch die Prüfspule fließen. Diese wird dadurch um den Winkel $\alpha_1 = 10°$ nach links ausgelenkt.

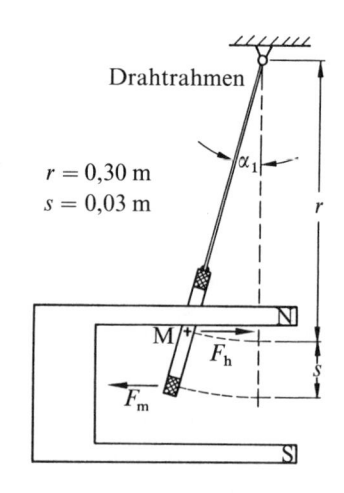

a) Ermitteln Sie anhand einer Skizze die waagrechte Komponente F_h der rücktreibenden Kraft, die im Schwerpunkt M des ausgelenkten Pendels anzusetzen ist.

b) In welcher Richtung muß der Prüfstrom I durch die Spule fließen?
c) Berechnen Sie den Betrag F_m der magnetischen Feldkraft, die auf die untere Seite der Prüfspule wirkt.
d) Berechnen Sie die magnetische Flußdichte B zwischen den Polen des Dauermagneten.

18. Kraft auf bewegte Ladungsträger im Magnetfeld – Lorentzkraft $\vec{F}_l$

18.1 Einführung

Ein nicht stromdurchflossener Leiter erfährt im Magnetfeld keine Kraft. Der stromdurchflossene Leiter unterscheidet sich von ihm dadurch, daß sich die vorher bereits vorhandenen »ruhenden« Ladungsträger jetzt bewegen.
Es liegt daher nahe zu vermuten, daß die Kraftwirkung auf den stromdurchflossenen Leiter letztlich eine Kraftwirkung auf die bewegten Ladungsträger im Magnetfeld ist.

1. Aufgabe:
Was müßte demnach in der gezeichneten Leiteranordnung passieren, wenn sie von Stellung a in Stellung b gebracht wird? Begründung!

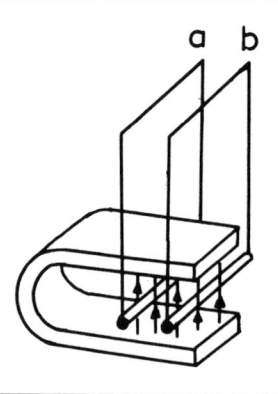

Der folgende Versuch bestätigt Ihre Vermutung (falls sie richtig war):

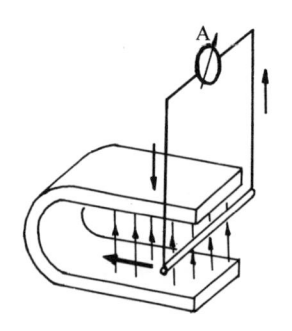

Bewegen sich positive Ladungsträger senkrecht zu den Magnetfeldlinien, so erfahren sie eine Kraft $\vec{F}_l$, deren Richtung sich ebenfalls mit der Drei-Finger-Regel der rechten Hand bestimmen läßt. Der Stromrichtung entspricht nun die Bewegungsrichtung der positiven Ladungsträger.
Entsprechend gilt für negative Ladungsträger die Drei-Finger-Regel der linken Hand.

18.2 Berechnung der Kraft $\vec{F_l}$ (Lorentzkraft) auf eine bewegte Ladung im Magnetfeld

Der Leiter stehe senkrecht zu den Feldlinien.
Für die weiteren Überlegungen ersetzen wir den realen Leiter durch einen **Modelleiter**, in dem sich die negativen Ladungsträger mit konstanter Geschwindigkeit v bewegen.

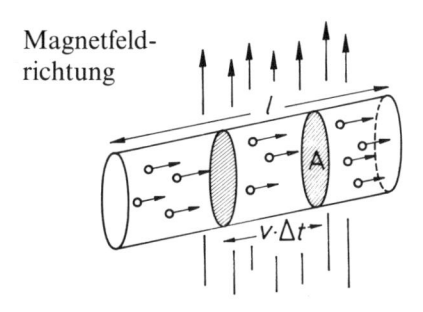

q: Ladung eines Ladungsträgers
n: Zahl der Ladungsträger pro Volumeneinheit
v: Geschwindigkeit der Ladungsträger, Geschwindigkeit senkrecht zu den Magnetfeldlinien
N: Zahl der Ladungsträger im gesamten Leiter
A: Querschnitt des Leiters
ΔQ: Ladung, die in der Zeit Δt durch den Querschnitt A fließt.

Es gilt: $\Delta Q = I \cdot \Delta t$; (1) und $\Delta Q = v \cdot \Delta t \cdot A \cdot n \cdot q$; (2)

(2) in (1) ergibt: $I = v \cdot A \cdot n \cdot q$; (3)

Da $F_m = B \cdot I \cdot l$; (4) ist, folgt durch Einsetzen von (3) in (4):

$$F_m = B \cdot v \cdot A \cdot n \cdot q \cdot l$$

oder: $F_m = B \cdot v \cdot N \cdot q$.

Für die Kraft auf eine einzelne Ladung gilt dann:

$$\boxed{F_l = \frac{F_m}{N} = q \cdot v \cdot B}$$

In obige Herleitung für die Lorentzkraft F_l geht das am realen Leiter gewonnene Versuchsergebnis: $F_m = B \cdot I \cdot l$ ein. Da über die Bewegung der Ladungsträger im realen Leiter nichts bekannt ist, muß das gewonnene Ergebnis, in dem zusätzliche Modellannahmen stecken, durch weitere Versuche bestätigt werden (vergleiche hierzu das Kapitel: Bewegung geladener Teilchen im Magnetfeld).

Eine knappere Herleitung der Formel für die Lorentzkraft ist durch die folgende Überlegung möglich:

Bei der Stromstärke I wird in der Zeit t die Gesamtladung $Q = I \cdot t$ von sehr vielen Ladungsträgern durch den Leiter der Länge l transportiert. Der Transport durch diese Ladungsträger ist gleichwertig mit dem Transport mittels **eines** Ladungsträgers der Gesamtladung Q, wenn dieser Ladungsträger in der Zeit t gerade die gesamte Leiterlänge l durchläuft. Er muß dabei die Geschwindigkeit $v = \dfrac{l}{t}$ besitzen.

Aus $F = B \cdot I \cdot l$ folgt mit $I = \dfrac{Q}{t}$ die Beziehung $F = B \cdot Q \cdot \dfrac{l}{t}$ oder $F = B \cdot Q \cdot v$. Dies heißt aber, daß ein einzelner Ladungsträger mit der Ladung Q und der Geschwindigkeit v in einem Feld der Flußdichte B ($\vec{B} \perp \vec{v}$ vorausgesetzt!) die **Lorentzkraft**

$$\boxed{F_l = Q \cdot v \cdot B}$$ erfährt.

18.3 Vektorcharakter von $\vec{B}$

Versuche, bei denen der Geschwindigkeitsvektor der Ladungsträger einen Winkel φ mit den Magnetfeldlinien bildet, ergeben:

$F_l = q \cdot v \cdot B \sin \varphi$

Führt man einen Vektor $\vec{B}$ in Feldlinienrichtung ein, so haben seine Komponenten senkrecht bzw. parallel zum Geschwindigkeitsvektor die folgenden Werte:

$B_\perp = B \sin \varphi$
$B_\| = B \cos \varphi$

Die für den Fall $\vec{v} \perp \vec{B}$ gültige Beziehung wird allgemein gültig, wenn man B durch $B_\perp$ ersetzt:

$$\boxed{\text{Lorentzkraft:} \quad F_l = q \cdot v \cdot B_\perp}$$

Unter Verwendung von Vektoren kann man für die Lorentzkraft $\vec{F}_l$ auch schreiben:

$$\boxed{\text{Lorentzkraft:} \quad \vec{F}_l = q(\vec{v} \times \vec{B})}$$

Hinweis: $\vec{v} \times \vec{B}$ stellt einen Vektor dar, der senkrecht auf der durch $\vec{v}$ und $\vec{B}$ aufgespannten Ebene steht. Dreht man den Vektor $\vec{v}$ auf kürzestem Wege in den Vektor $\vec{B}$, so stimmt die Richtung von $\vec{v} \times \vec{B}$ mit der Bewegungsrichtung einer im gleichen Sinn gedrehten Rechtsschraube überein.

Für den Betrag von $\vec{F}_l$ gilt:

$|\vec{F}_l| = |q| \, |\vec{v}| \, |\vec{B}| \sin \varphi$

φ ist der kleinste Winkel zwischen $\vec{v}$ und $\vec{B}$.

2. Aufgabe:

homogenes Feld — Anordnung A   Anordnung B

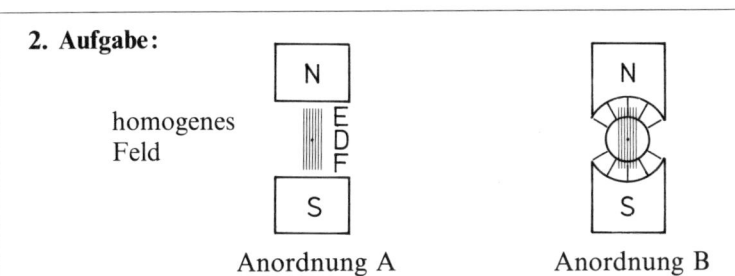

$\overline{EF}$ ist die Seite einer rechteckigen Spule, welche um die Achse D (zeigt in die Papierebene) in einem Magnetfeld drehbar ist. Der Strom I fließe bei E auf den Betrachter zu, bei F vom Betrachter weg.

a) Geben Sie in getrennten Skizzen für die beiden Anordnungen die Kräfte an, die an den Spulen ein Drehmoment erzeugen:

  α) für Spulenstellungen wie in obigen Skizzen.
  β) für Spulen, die um $\varphi = 30°$ gedreht sind.

b) Stellen Sie qualitativ das Drehmoment M_1 für beide Anordnungen in Abhängigkeit vom Drehwinkel φ dar. Gehen Sie von zwei verschiedenen Meßströmen I_1 und I_2 ($I_1 < I_2$) bei beiden Anordnungen aus.

c) Zeichnen Sie in die Skizzen von **b)** das rücktreibende Moment M_F der Rückstellfeder ein (Annahme $M_F \sim \varphi$).

d) Was läßt sich über die Skaleneinteilungen der beiden Drehspulinstrumente sagen? Begründung!

3. Aufgabe:

$m_{H^+} = 1{,}67 \cdot 10^{-27}$ kg; $m_{D^+} = 3{,}34 \cdot 10^{-27}$ kg.

Ein H^+-Ion durchläuft im Hochvakuum die Beschleunigungsspannung von 5000 V und tritt dann senkrecht zu den Feldlinien in das Feld eines Plattenkondensators von 6,0 cm Plattenlänge und 10 mm Plattenabstand ein. An den Platten liegt eine Spannung von 400 V.

a) Mit welcher Geschwindigkeit v tritt das Ion in das Kondensatorfeld ein?

b) Berechnen Sie die Kraft F_k, welche auf das Ion im Kondensatorfeld ausgeübt wird! Erläutern Sie, ob bei dieser Überlegung die Schwerkraft berücksichtigt werden muß. Begründung!

c) Welche Spannung ist nötig, damit ein D^+-Ion dieselbe Bahn durchläuft wie das H^+-Ion (unter sonst gleichen Bedingungen)?

d) Wie müßte ein homogenes Magnetfeld dem elektrischen Feld überlagert werden, damit das H^+-Ion nicht abgelenkt wird (anschauliche Skizze!)? Berechnen Sie die notwendige Flußdichte B.

e) Begründen Sie, inwiefern die in **d)** beschriebene Anordnung als **Geschwindigkeitsfilter** wirkt.

19. Die elektromagnetische Induktion – 1. Teil

19.1 Berechnung der induzierten Spannung bei der Bewegung eines Leiters im homogenen Magnetfeld

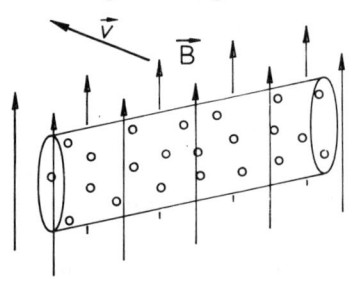

$\vec{v} \perp \vec{B}$

Leiterrichtung senkrecht zu $\vec{v}$ und $\vec{B}$

Wie bereits früher festgestellt wurde, erfahren die zusammen mit dem Leiter bewegten Ladungsträger eine Kraftwirkung $\vec{F_l}$ (Lorentzkraft):

$F_l = q \cdot v \cdot B_\perp$

Dies führt zu einer Trennung von Ladungsträgern entgegengesetzten Vorzeichens, die mit dem Aufbau eines elektrischen Feldes im Inneren des Leiters und damit einer Spannung U zwischen den Enden des Leiters verbunden ist.

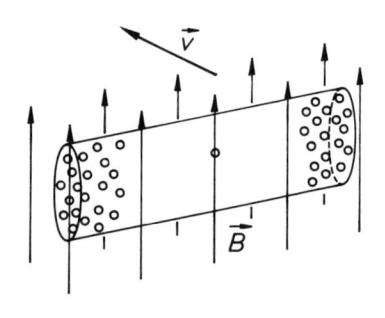

---

1. Aufgabe:
Zeichnen Sie obige Skizze ab!
a) Unterscheiden Sie die beiden Ladungsträgerarten durch rote bzw. blaue Farbe.
b) Zeichnen Sie unter der Annahme, daß $F_l > F_e$ (F_e ist die elektrische Kraft auf die Probeladung) ist, die Richtung der elektrischen und der magnetischen Kraft auf den positiven Ladungsträger in der Mitte des Leiters ein.
c) Wann ist der Trennungsvorgang in diesem bewegten Leiter bei ungeänderten äußeren Bedingungen beendet?

Nach beendigter Ladungstrennung gilt im Gleichgewichtsfall:

$F_e = F_l$
$q \cdot E = q \cdot v \cdot B$
$E = v \cdot B$
$\dfrac{U}{l} = v \cdot B$

$\boxed{U = l \cdot v \cdot B}$ Leiterrichtung senkrecht zu $\vec{v}$ und $\vec{B}$!

Die entstehende Spannung U wird als »**Induktionsspannung U_{ind}**« bezeichnet. Diese Induktionsspannung war auch die Ursache für den Strom im Versuch von Seite 110.

---
2. Aufgabe:
Begründen Sie, warum bei obiger Herleitung die Beziehung $E = \dfrac{U}{l}$ verwendet werden darf.

---

3. Aufgabe:
Leiten Sie die Formel für die Induktionsspannung für den Fall her, daß der Leiter zwar senkrecht zu den Magnetfeldlinien steht, mit der Bewegungsrichtung aber den Winkel $\alpha \neq 90°$ einschließt.

Mit dem folgenden Versuch kann die auf Seite 114 hergeleitete Formel teilweise bestätigt werden. Damit die Induktionsspannung leichter zu messen ist, verwendet man anstelle **eines** Leiters eine Spule.

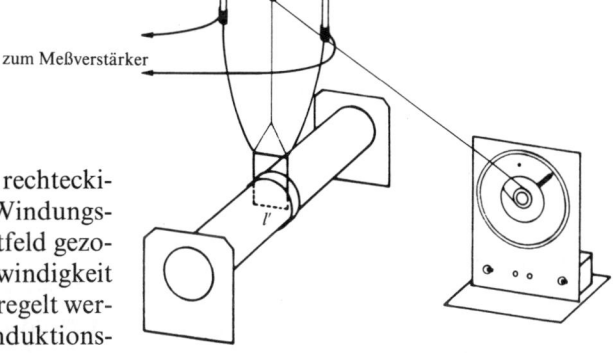

zum Meßverstärker

Mit einem Motor können rechteckige Spulen verschiedener Windungszahlen N aus dem Magnetfeld gezogen werden. Die Geschwindigkeit kann durch den Motor geregelt werden. Die auftretende Induktionsspannung U_i wird mit Hilfe eines spannungsempfindlichen Meßverstärkers registriert. Alle Spulen haben die gleiche Breite l'. Damit ist die Länge des bewegten Leiters $l = N \cdot l'$.

Aus dem nebenstehenden Diagramm ersieht man, daß bei konstanter Leiterlänge $l = N \cdot l'$ die Induktionsspannung U_{ind} proportional zur Leitergeschwindigkeit v ist. Aus dem Vergleich der beiden Ursprungsgeraden ergibt sich die Proportionalität von U_{ind} zu l, da $l \sim N$ ist.

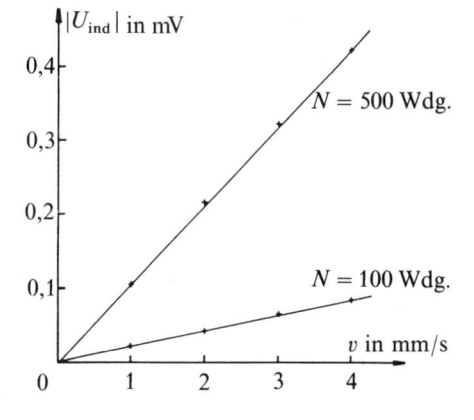

4. Aufgabe:

Ein rechteckiger Leiterrahmen (Ohmscher Widerstand sehr klein) befindet sich ganz in einem begrenzten homogenen Magnetfeld. Er wird von den Feldlinien senkrecht durchsetzt und mit der Geschwindigkeit v im Magnetfeld bewegt ($\vec{v} \perp \vec{B}$).

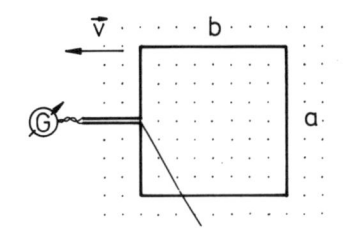

Abstand vernachlässigbar klein

a) Welche Spannung wird in der Leiterschleife induziert, solange sich der Rahmen ganz im Feld befindet?

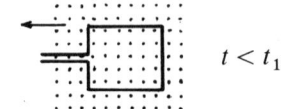

b) Berechnen Sie die induzierte Spannung in Abhängigkeit von der Zeit von dem Zeitpunkt t_1 ab, bei dem der Rahmen nicht mehr ganz im Feld ist.

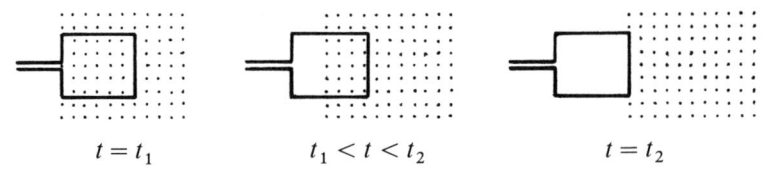

$t = t_1$ \qquad $t_1 < t < t_2$ \qquad $t = t_2$

c) Berechnen Sie den Spannungsstoß $U \cdot \Delta t$ für die Zeitdauer $\Delta t = t_2 - t_1$ des Herausziehens.

d) Überlegen Sie sich, warum für diesen Versuch der Spannungsstoß als Produkt $U \cdot \Delta t$ geschrieben werden darf.

5. Aufgabe:

Bei obigem Versuch betrug die Spannung beim Herausziehen der Spule ($N = 500$; $l' = 4{,}0$ cm) 0,42 mV, wenn die Geschwindigkeit 4,0 mm/s war. Berechnen Sie aus diesen Daten die Flußdichte in der Spule.

19.2 Magnetfeldmessung mit Hilfe einer Induktionsspule

Das Ergebnis der Rechnung von Aufgabe **4.c)** $U \cdot \Delta t = A \cdot B$ liefert eine **Möglichkeit zur Messung von B**. Der Spannungsstoß $U \cdot \Delta t$ muß dabei mit einem geeichten ballistischen Galvanometer gemessen werden. Für B ergibt sich dann:

$$B = \frac{U \cdot \Delta t}{A}.$$

Hat man eine Spule, die aus N hintereinandergeschalteten Leiterschleifen besteht, so addieren sich die Induktionsspannungen der einzelnen Schleifen. Es gilt dann:

$$U \cdot \Delta t = N \cdot A \cdot B \quad \text{und}$$

$$B = \frac{U \cdot \Delta t}{N \cdot A}$$

In der Praxis zieht man die Spule im allgemeinen nicht mit konstanter Geschwindigkeit aus dem Feld. Damit wird v von der Zeit abhängig, $v = v(t)$, und damit

$$U = U(t) = N \cdot a \cdot B \cdot v(t).$$

a: vergleiche mit Skizze auf Seite 116.
Der induzierte Spannungsstoß ist dann (vgl. »Galvanometer«, vgl. »Stromstoß«)

$$\int_{t_1}^{t_2} U(t)\,dt = \int_{t_1}^{t_2} N \cdot a \cdot B \cdot v(t)\,dt$$

(t_1: Beginn des Herausziehens, t_2: Ende des Herausziehens),

also

$$\int_{t_1}^{t_2} U(t)\,dt = N \cdot a \cdot B \underbrace{\int_{t_1}^{t_2} v(t)\,dt}_{= b(!)}$$

und damit

$$\int_{t_1}^{t_2} U(t)\,dt = N \cdot B \cdot a \cdot b, \quad \text{d. h.} \quad \int_{t_1}^{t_2} U(t)\,dt = N \cdot A \cdot B$$

Der Spannungsstoß ist also unabhängig von der Art des Herausziehens.
Für B ergibt sich:

$$\boxed{B = \frac{\int_{t_1}^{t_2} U(t) \cdot dt}{N \cdot A}}$$

Es stehen damit bis jetzt zwei Möglichkeiten zur Ausmessung von Magnetfeldern zur Verfügung:

a) Messung über die Kraftwirkung auf stromdurchflossene Leiter
b) Messung über induzierte Spannungsstöße

Die Formel $B = \dfrac{\int_{t_1}^{t_2} U(t) \cdot dt}{N \cdot A}$ wurde aus der Formel $F_m = B \cdot I \cdot l$ unter Verwendung einer Modellannahme hergeleitet. Ergeben beide Magnetfeldmessungen im Rahmen der Meßgenauigkeit den gleichen Wert, so ist dies eine Bestätigung für die Brauchbarkeit der verwendeten Vorstellung.

Hinweis:
Die Messung von Spannungsstößen mit dem Galvanometer wird in **Anhang 5** besprochen.

6. Aufgabe:

In einem Raumgebiet von 10 cm Breite (siehe Skizze!) herrsche ein homogenes Magnetfeld der Flußdichte $B = 0{,}4 \frac{\text{Vs}}{\text{m}^2}$.

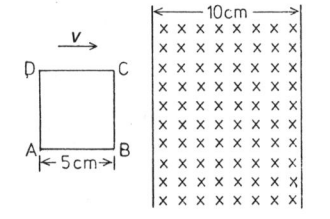

Eine quadratische Leiterschleife der Seitenlänge $l = 5$ cm werde mit konstanter Geschwindigkeit $v = 2\,\text{cm}\cdot\text{s}^{-1}$ bewegt, daß sie für kurze Zeit vom Magnetfeld senkrecht durchsetzt wird. Zur Zeit $t = 0$ s tauche die vordere Seite der Leiterschleife gerade in den Magnetfeldbereich ein.

a) Geben Sie diejenigen Quadratseiten an, in denen während der Zeitintervalle $0\,\text{s} \leqq t \leqq 2{,}5\,\text{s}$, $2{,}5\,\text{s} < t < 5{,}0\,\text{s}$ und $5{,}0\,\text{s} \leqq t \leqq 7{,}5\,\text{s}$ elektrische Spannungen induziert werden, und berechnen Sie diese Spannungen!

b) Der elektrische Widerstand der ganzen Leiterschleife sei $R = 4\cdot 10^{-4}\,\Omega$. Welche Stromstärke I und welche Leistung P werden während des Induktionsvorgangs in der Leiterschleife erzeugt?

c) Die elektrische Leistung ist – entsprechend dem Energiesatz – gleich der mechanischen Leistung $P = F\cdot v$, die man bei der Bewegung der Leiterschleife aufzuwenden hat. Berechnen Sie hieraus die Kraft F, mit der die Leiterschleife in das Magnetfeld hineingeschoben werden muß!

7. Aufgabe:

Eine quadratische Leiterschleife L_1 (Quadratseite $a = 10$ cm) wird mit konstanter Geschwindigkeit $v = 2{,}0\,\frac{\text{m}}{\text{s}}$ waagerecht bewegt. Dabei bewegt sie sich durch ein homogenes zur Bewegungsrichtung senkrechtstehendes Magnetfeld von quadratischem Querschnitt (Quadratseite $b = 5{,}0$ cm) und der Flußdichte $B = 1{,}0\cdot 10^{-2}\,\text{Vs/m}^2$.

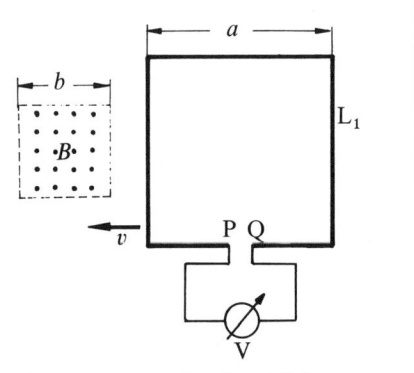

Skizzieren Sie in einem t-U-Diagramm den Spannungsverlauf am Voltmeter. Die im Diagramm angegebenen Zeiten und Spannungen sind zu berechnen.

20. Der Halleffekt

20.1 Einführung

Wird ein stromdurchflossener Leiter senkrecht zur Stromrichtung von einem Magnetfeld durchsetzt, so tritt zwischen zwei gegenüberliegenden Anschlußstellen 1 und 2 eine Spannung auf. Man bezeichnet diese Erscheinung als Halleffekt, die auftretende Spannung heißt Hallspannung.

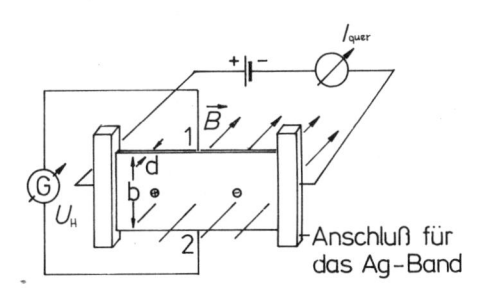

Hinweis:
Damit die Hallspannung richtig gemessen wird, müssen die Punkte 1 und 2 bei abgeschaltetem Magnetfeld auf gleichem Potential sein. Da die Anschlüsse an das Band immer eine geringe Versetzung in der Längsrichtung des Leiterbandes aufweisen, tritt zwischen ihnen auch ohne Magnetfeld eine vom Querstrom abhängige Potentialdifferenz auf. Mit der angegebenen Hilfsschaltung kann diese Spannung unabhängig vom gerade fließenden Querstrom kompensiert werden.

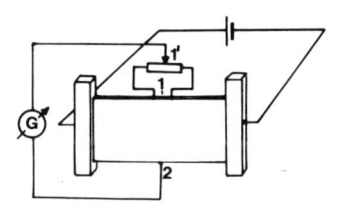

Man kann sich das Auftreten des Halleffektes folgendermaßen erklären:
Die bewegten Ladungsträger erfahren im Magnetfeld, welches das Leiterband senkrecht durchsetzt, eine Kraft (Lorentzkraft). Durch die Verschiebung der Ladungsträger unter der Einwirkung der Lorentzkraft bildet sich für jede Ladungsträgersorte zwischen 1 und 2 ein Konzentrationsgefälle aus, welches eine Spannung (Hallspannung) zur Folge hat.

> **1. Aufgabe:**
> Zeichnen Sie obige Skizze ab und tragen Sie für die vorgegebene Stromrichtung die Geschwindigkeits- und Kraftvektoren für die skizzierten Probeladungen ein.

2. Aufgabe:

Kennzeichnen Sie in Ihrer Skizze die Polarität der Hallspannung,
a) wenn sich nur positive Ladungsträger im Leiterband bewegen,
b) wenn sich nur negative Ladungsträger im Leiterband bewegen.
c) Was läßt sich über die bewegten Ladungsträger aussagen, wenn das Potential im Punkt 2 größer als im Punkt 1 ist?

20.2 Experimentelle Untersuchung des Halleffekts

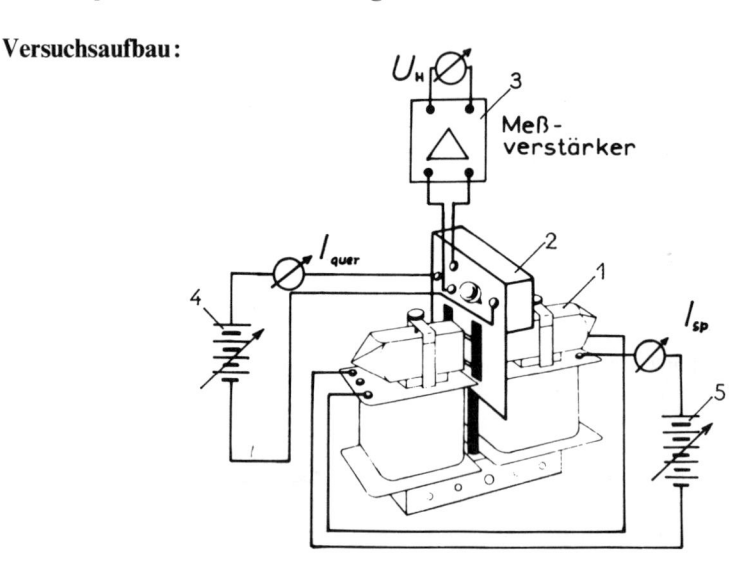

Versuchsaufbau:

1 Elektromagnet zur Erzeugung des Magnetfeldes mit der Flußdichte B
2 Gerät zum Nachweis des Halleffektes mit Leiterband aus Silber
3 Mikrovolt-Verstärker zur Messung der Hallspannung
4 Netzgerät für Querstrom I_{quer}
5 Netzgerät für Elektromagnet

a) Zusammenhang zwischen U_H und I_{quer}

I_{quer} in A	6,0	8,0	10,0	12,0	14,0	16,0
U_H in µV	4,8	6,3	7,9	9,2	11,3	12,4
$\dfrac{U_H}{I_{quer}}$ in $\dfrac{\mu V}{A}$	0,80	0,78	0,79	0,77	0,81	0,78

$$U_H \sim I_{quer} \qquad \text{bei } |\vec{B}| = \text{const.}$$

b) Abhängigkeit der Hallspannung U_H von $|\vec{B}|$

Vorbemerkung:

Wegen des Eisenkerns der Spulen ist die Kraftflußdichte im Luftspalt – im Gegensatz zur eisenfreien Spule – nicht proportional zum Spulenstrom I_{sp}. Da dieser aber leichter zu messen ist als die jeweils herrschende Kraftflußdichte $|\vec{B}|$, wird zunächst der Zusammenhang zwischen $|\vec{B}|$ und I_{sp} untersucht:

Bestimmung von $|\vec{B}|$ in Abhängigkeit von I_{sp} mit einem Induktionsversuch

Eine Induktionsspule (Fläche A_i, Windungszahl N_i) wird so in den Luftspalt zwischen den Polschuhen gebracht, daß sie senkrecht von Magnetfeldlinien durchsetzt wird. Zieht man die Induktionsspule rasch in den feldfreien Raum, so kann man mit einem angeschlossenen geeichten Galvanometer den Spannungsstoß $\int_{t_1}^{t_2} U \, dt = c_{ut} \cdot \alpha$ messen.

Aus $\int_{t_1}^{t_2} U \, dt = N_i \cdot B \cdot \Delta A_i = N_i \cdot B \cdot A_i$ $\qquad \Delta A_i = A_i \,!$

folgt: $\quad B = \dfrac{\int_{t_1}^{t_2} U \, dt}{N_i \cdot A_i} = \dfrac{c_{ut} \cdot \alpha}{N_i A_i}$

Hinweis:
Die Bestimmung von c_{ut} wird in **Anhang 5** erklärt.
Bei der verwendeten Induktionsspule mit $N_i = 10$ und $A_i = 1{,}0 \text{ cm}^2$ ergab sich
$c_{ut} = 0{,}85 \cdot 10^{-4} \, \dfrac{\text{Vs}}{\text{Skt}}$.

I_{sp} in A	1,0	2,0	3,0	4,0	5,0	6,0	7,0	8,0	9,0	10,0
α in Skt	3,1	5,1	6,3	6,9	7,1	7,4	7,7	7,9	8,1	8,2
B in 10^{-1} Vs/m²	2,6	4,3	4,4	5,9	6,0	6,3	6,6	6,7	6,9	7,0

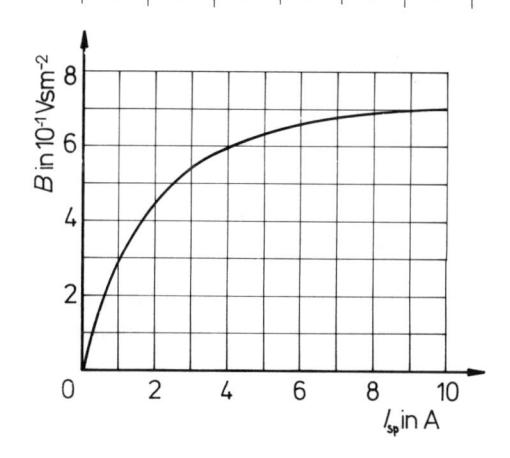

Hauptversuch:

Die beim eingestellten Spulenstrom herrschende Kraftflußdichte wird der Tabelle entnommen und die zugehörige Hallspannung gemessen:

B in 10^{-1} Vs/m^2	2,6	4,3	5,4	5,9	6,0	6,3	6,7	7,0
U_H in µV	3,2	5,5	6,8	7,5	7,8	8,0	8,7	8,9
$\dfrac{U_H}{B}$ in $10^{-5} \dfrac{m^2}{s}$	1,2	1,3	1,3	1,3	1,3	1,3	1,3	1,3

Der konstante Querstrom I_{quer} betrug bei diesem Versuch 5,0 A.

$$U_H \sim B \quad \text{bei} \quad I_{quer} = \text{const.}$$

Da außerdem $U_H \sim I_{quer}$ bei konstantem B,

folgt
$$U_H \sim I_{quer} \cdot B.$$

Hinweise: 1. In einem Magnetfeld bekannter Kraftflußdichte kann durch Messung von U_H der Proportionalitätsfaktor c ($U_H = c \cdot B$) bestimmt werden. Somit hat man eine Möglichkeit, durch Messung von U_H Kraftflußdichten zu bestimmen.

2. Der Versuch zeigt, daß der Punkt 2 des Silberbandes in der Skizze auf Seite 119 ein höheres Potential als Punkt 1 besitzt. Mit Hilfe der Überlegungen von Aufgabe 2 auf Seite 120 kann man folgern, daß die Stromleitung im Silberband überwiegend durch negative Ladungsträger bewirkt wird.

Mit Hilfe weiterer Versuche, die in der Schule nicht durchgeführt werden können, kann man nachweisen, daß die Leitung in Metallen eine reine Elektronenleitung ist.

20.3 Theoretische Behandlung des Halleffekts

Für die weitere Betrachtung wird ein Leitermodell angenommen, bei dem sich unter dem Einfluß der angelegten Spannung negative Ladungsträger mit gleicher Geschwindigkeit v_D (Driftgeschwindigkeit) bewegen.

a) Deduktion von $U_H \sim B$ bei $I_{quer} = $ const.

Das Konzentrationsgefälle der Ladungsträger (s. o.) bewirkt im Leiter ein elektrisches Feld E_H, dessen Feldkraft auf die negativen Ladungsträger entgegengesetzt der Lorentzkraft ist. Hat sich das Konzentrationsgefälle so stark ausgebildet, daß $|\vec{F}_{el}| = |\vec{F}_l|$, also $E_H \cdot q = vqB$, so ist der statische Zustand erreicht. Zwischen 1 und 2 hat sich die Hallspannung U_H ausgebildet.

$$E_H \cdot q = v_D \cdot q \cdot B$$
$$E_H = v_D \cdot B$$
$$\frac{U_H}{b} = v_D \cdot B$$

$$\boxed{U_H = b \cdot v_D \cdot B}$$

Da v_D als konstant angenommen wird, folgt $U_H \sim B$ ($I_{quer} = $ const.).

b) Deduktion von $U_H \sim I_{quer}$ bei $B = $ const.

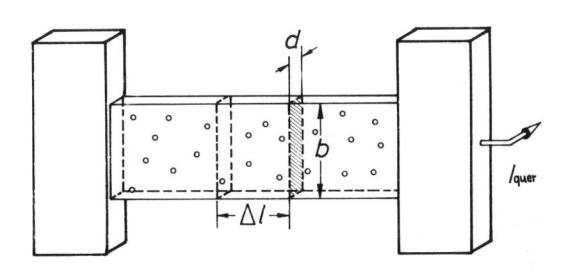

1. $I_{quer} = \dfrac{\Delta Q}{\Delta t}$ $\quad \Delta Q$: Ladung, die in der Zeit Δt durch den (schraffierten) Querschnitt $A = bd$ transportiert wird.

2. $\Delta l = v_D \cdot \Delta t$ $\quad \Delta l$: Weg, der in der Zeit Δt von den Ladungsträgern zurückgelegt wird.

3. $V = A \cdot \Delta l$ $\quad V$: Volumen, in dem sich diejenigen Ladungsträger befinden, die in der Zeit Δt durch den Querschnitt A treten.

4. $n = \dfrac{N}{V}$ $\quad N$: Zahl der Ladungsträger in V.
   $\quad n$: Ladungsträgerdichte.

5. $\quad q$: Ladung eines Ladungsträgers.

Damit ergibt sich:

$$I_{quer} = \frac{\Delta Q}{\Delta t} = \frac{N \cdot q}{\Delta t} = \frac{n \cdot V \cdot q}{\Delta l / v_D} = \frac{n \cdot V \cdot q \cdot v_D}{\Delta l};$$

und $\quad v_D = \dfrac{\Delta l \cdot I_{quer}}{n \cdot V \cdot q} = \dfrac{\Delta l \cdot I_{quer}}{n \cdot b \cdot d \cdot \Delta l \cdot q} = \dfrac{I_{quer}}{n \cdot b \cdot d \cdot q};$

Da $U_H = b \cdot v_D \cdot B$, gilt: $\quad U_H = \dfrac{1}{n \cdot q} \cdot \dfrac{B \cdot I_{quer}}{d};$

daraus folgt: $\quad U_H \sim I_{quer}$ in Übereinstimmung mit dem Experiment.

Man bezeichnet $\frac{1}{n \cdot q}$ als Hallkonstante R_H*. Damit ist

$$U_H = R_H \cdot \frac{B \cdot I_{quer}}{d}.$$

Verzeichnis einiger Hallkonstanten R_H in $\frac{m^3}{As}$

Kupfer:	$-5{,}3 \cdot 10^{-11}$	Indiumantimonid:	-10^{-4}
Silber:	$-9{,}0 \cdot 10^{-11}$	Aluminium:	$+9{,}9 \cdot 10^{-11}$
Wismut:	$-5{,}4 \cdot 10^{-7}$	Indium:	$+1{,}6 \cdot 10^{-10}$

Aus obiger Tabelle ersieht man, daß gewisse Materialien (z. B. Halbleiter) sehr hohe Hallkonstanten besitzen. Damit eröffnet sich die Möglichkeit der Magnetfeldmessung mit sogenannten Hallsonden, da, wie oben gezeigt wurde, die Hallspannung proportional zur magnetischen Flußdichte ist. Man verwendet für diese Sonden Halbleitermaterialien mit großer Hallkonstante. Dadurch ist es selbst bei schwachen Querströmen und kleinen Magnetfeldern möglich, noch leicht nachweisbare Hallspannungen zu bekommen (bis zu einigen hundert Millivolt).

Berechnung der Driftgeschwindigkeit

Da die experimentellen Befunde mit den Überlegungen am Modell gut übereinstimmen, kann man annehmen, daß auch die errechnete Driftgeschwindigkeit mit der im Material auftretenden Driftgeschwindigkeit gut übereinstimmt.

$$v_D = \frac{U_H}{b \cdot B}$$

Für unseren Versuch ergibt sich bei Silber mit

$b = 0{,}02$ m, $B = 0{,}604 \frac{Vs}{m^2}$ und $U_H = 7{,}9 \cdot 10^{-6}$ V: $\qquad v_D = 6{,}5 \cdot 10^{-4} \frac{m}{s}$.

Die Anwendbarkeit der Formeln des Modells auf das Objekt müßte hier mit weiteren Versuchen überprüft werden. Diese Versuche können an der Schule nicht durchgeführt werden (Literaturhinweis: Grimsehl, Lehrbuch der Physik, Bd. IV, S. 583 ff.).
Die Übereinstimmung der Versuchsergebnisse mit der Theorie erweist wiederum die Brauchbarkeit des Modells.

---

* Überwiegen die negativen Ladungsträger, so ist $R_H < 0$ und umgekehrt.

Der Hall-Effekt

Bestimmung der Ladungsträgerdichte unter Verwendung der bisher entwickelten bewährten Theorie

$n = \dfrac{B \cdot I_{quer}}{U_H \cdot d \cdot q}$;   Mit den Werten unseres Versuches:

$I_{quer} = 10{,}0$ A; $B = 0{,}604 \, \dfrac{Vs}{m^2}$; $U_H = 7{,}9 \cdot 10^{-6}$ V;

$d = 0{,}050$ mm; $q = e = 1{,}6 \cdot 10^{-19}$ C;   erhält man $n = 9{,}5 \cdot 10^{28}$ m^{-3}.

3. Aufgabe:
a) Berechnen Sie die Zahl der Silberatome in 1,0 m³ Silber.
b) Wie viele freie Ladungsträger entfallen daher im Mittel auf ein Silberatom?

4. Aufgabe: 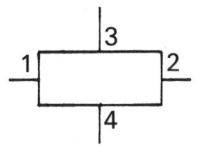
Eine Hallsonde soll zur Messung von Magnetfeldern geeicht werden. Die Hallspannung kann zwischen den Anschlüssen 3 und 4 abgegriffen werden. Zwischen den Punkten 1 und 2 fließt der Querstrom. Beschreiben Sie den Eichvorgang und fertigen Sie eine Skizze der Versuchsanordnung.

5. Aufgabe: 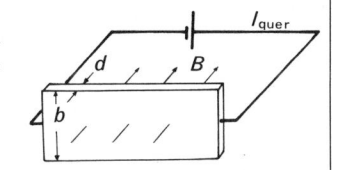
Jemand will den Halleffekt zur Messung von Magnetfeldern nutzen. Dazu hat er zur Verfügung:
– eine Stromquelle, die den Querstrom $I_{quer} = 100$ mA liefert
– ein Voltmeter von 1 mV – 10 mV
– ein quaderförmiges Halbleiterplättchen mit $d = 0{,}50$ mm und $b = 1{,}0$ cm. Die Hallkonstante des Materials ist:

$R_H = \dfrac{1}{n \cdot q} = -5{,}0 \cdot 10^{-7}$ m³/As

a) Wie müssen die Abgriffe für die Hallspannung U_H an das Plättchen gelötet werden? Skizze!
b) Das Magnetfeld durchsetzt das Plättchen in der skizzierten Richtung. Wo ist der Pluspol der Hallspannung zu erwarten, wenn man davon ausgeht, daß ausschließlich negative Ladungsträger zur Leitung beitragen?
c) Leiten Sie den Zusammenhang zwischen der Hallspannung U_H, der Flußdichte B und den gegebenen Größen her.
d) In welchem Bereich liegen die Flußdichten B, die man mit den vorgegebenen Geräten bestimmen kann?

21. Bewegung geladener Teilchen im homogenen Magnetfeld

21.1 Versuch mit dem Fadenstrahlrohr – Bestimmung von $\frac{e}{m}$

Die Formel für die Lorentzkraft F_l wurde aus dem experimentell gefundenen Ergebnis $F_m = B \cdot I \cdot l$ (Kraft auf stromdurchflossenen Leiter) und einer Modellannahme über den Ladungstransport im Leiter gewonnen. Mit Hilfe der Lorentzkraft konnte das Entstehen einer induzierten Spannung bei der Bewegung eines Leiters im Magnetfeld wie auch der Halleffekt qualitativ und quantitativ verstanden werden. Im Folgenden wird untersucht, ob auch die Bewegung **freier** Ladungsträger im Magnetfeld mit der Lorentzkraft erklärt werden kann.

Schießt man geladene Teilchen, z. B. Elektronen, mit konstanter Geschwindigkeit $\vec{v}$ senkrecht zu den Feldlinien in ein homogenes Magnetfeld $\vec{B}$ ein, so folgt aufgrund der Formel für die Lorentzkraft $\vec{F}_l = q \cdot (\vec{v} \times \vec{B})$

a) $\vec{F}_l$ wirkt senkrecht zur Bewegungsrichtung
b) $\vec{F}_l$ wirkt senkrecht zur Magnetfeldrichtung.

Aus a) und b) folgt, daß die Teilchen eine ebene Bewegung ausführen. Aus a) folgt, daß die kinetische Energie und damit der Betrag der Geschwindigkeit der Teilchen konstant bleibt. Bei konstanter Geschwindigkeit und konstantem Magnetfeld bleibt wegen $\vec{F}_l = q \cdot (\vec{v} \times \vec{B})$ auch der Betrag der Lorentzkraft konstant. Es liegt also eine Bewegung mit konstanter Bahngeschwindigkeit und konstanter Kraft senkrecht zur Bewegungsrichtung vor. Unter diesen Bedingungen durchläuft ein geladenes Teilchen eine Kreisbahn mit $\vec{F}_l$ als Zentralkraft.

Zur experimentellen Überprüfung obiger Überlegungen dient der folgende Versuch:

Eine Röhre (Fadenstrahlrohr) ist mit Wasserstoffgas gefüllt (Druck: einige 10^{-2} hPa). Die aus der glühenden Kathode austretenden Elektronen werden im elektrischen Feld zwischen Kathode und Anodensystem beschleunigt (Beschleunigungsspannung U_a). Die Elektronen treten dann durch ein Loch in der Anode in den vom elektrischen Feld freien Raum ein und ionisieren das Wasserstoffgas. Die angeregten H-Atome senden bei der Rückkehr in den Grundzustand Licht aus. Dadurch wird die Bahn der Elektronen sichtbar. Zusätzlich bewirken die um den Elektronenstrahl gebildeten positiven Ionen eine Bündelung des Strahls.

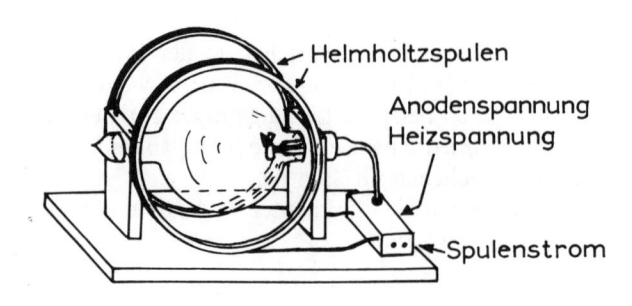

Zur Erzeugung des Magnetfeldes, das in einem großen Raumbereich homogen sein muß, wird ein sogenanntes Helmholtz-Spulenpaar verwendet. Bei einem solchen Spulenpaar ist der Abstand der Spulen gleich dem Radius der Einzelspulen.

1. Aufgabe:
Wie kann man die Homogenität des Magnetfeldes zwischen den Helmholtz-Spulen experimentell nachweisen?

Der Versuch zeigt, daß sich die Elektronen auf einer Kreisbahn (Radius r) bewegen, wenn sie senkrecht zu den Feldlinien des Magnetfeldes eingeschlossen werden.

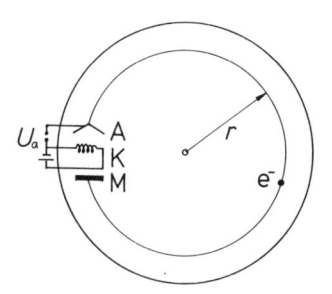

Bei obigem Versuch ergibt sich z.B. für eine Beschleunigungsspannung von $U_a = 200$ V und eine magnetische Flußdichte von $B = 9{,}6 \cdot 10^{-4}$ Vs/m^2 ein Radius für die Kreisbahn der Teilchen von $r = 5{,}0 \cdot 10^{-2}$ m.
Für die Lorentzkraft gilt bei der gegebenen Versuchsanordnung:

$$F_l = |q| \cdot v \cdot B \tag{1}$$

Für die kinetische Energie der Teilchen gilt nach Durchlaufen der Beschleunigungsspannung U_a:

$$E_{kin} = |q| \cdot U_a$$
$$\tfrac{1}{2} m \cdot v^2 = |q| \cdot U_a$$

Damit ergibt sich für v:

$$v = \sqrt{\frac{2|q|U_a}{m}} \tag{2}$$

Setzt man (2) in (1), so folgt:

$$F_l = q \sqrt{\frac{2 \cdot |q| \cdot U_a}{m}} \cdot B \tag{3}$$

Bei dem vorliegenden Versuch stellt F_l die Zentripetalkraft F_z dar. Es gilt:

$$F_z = \frac{m \cdot v^2}{r} \tag{4}$$

Setzt man (3) mit (4) gleich und berücksichtigt (2), so ergibt sich:

$$\frac{|q|}{m} = \frac{2 \cdot U}{r^2 \cdot B^2}$$

Der Quotient $\frac{q}{m}$ wird als spezifische Ladung bezeichnet. Er ist für Ladungsträger eine charakteristische Größe. Für die untersuchten Elektronen ergibt sich:

$$\frac{|q|}{m} = \frac{e}{m} = \frac{2 \cdot 2 \cdot 10^2}{25 \cdot 10^{-4} \cdot (9{,}6)^2 \cdot 10^{-8}} \frac{V \cdot m^4}{m^2 \cdot V^2 \cdot s^2} = 1{,}8 \cdot 10^{11} \cdot \frac{m^2}{V \cdot s^2} = 1{,}8 \cdot 10^{11} \frac{As}{kg}$$

Der so ermittelte Wert für die spezifische Ladung der Elektronen stimmt mit dem Wert der spezifischen Elektronenladung überein, der durch völlig anders geartete Versuche ermittelt wurde. Der Versuch mit dem Fadenstrahlrohr ist somit eine weitere Bestätigung für die Richtigkeit der Formel für die Lorentzkraft.

---

2. Aufgabe:
Bestimmen Sie aus der spezifischen Ladung des Elektrons (bestimmt durch obigen Versuch) und der Ladung des Elektrons (bestimmt durch Millikan-Versuch) die Masse des Elektrons.

Durch Drehung des Fadenstrahlrohres in seiner Halterung kann man den Winkel zwischen Magnetfeldrichtung und Einschußrichtung der Elektronen verändern. Liegt dieser Winkel zwischen 0° und 90°, so bewegen sich die Elektronen auf einer Schraubenlinie. Diese Bahnkurve wird verständlich, wenn man berücksichtigt, daß die Geschwindigkeitskomponente parallel zur Magnetfeldrichtung ($\vec{v}_\parallel$) nach Betrag und Richtung konstant bleibt, während die Geschwindigkeitskomponente senkrecht zur Magnetfeldrichtung ($\vec{v}_\perp$) fortwährend die Richtung ändert. In einem Bezugssystem, das sich mit der Geschwindigkeit v gegenüber dem Laborsystem bewegt, führt ein Elektron eine Kreisbewegung aus. Vom Laborsystem aus betrachtet, bewegt es sich auf einer Schraubenlinie konstanter Ganghöhe h. Für h gilt:

$$h = |\vec{v}_\parallel| T$$

T ist die Umlaufdauer für die Kreisbahn im mitbewegten Bezugssystem.

---

3. Aufgabe:
Ein Elektron wird mit der Geschwindigkeit $v = 2{,}0 \cdot 10^7$ m/s senkrecht zu den Feldlinien eines homogenen Magnetfeldes ($B = 3{,}0 \cdot 10^{-4}$ Vs/m²) eingeschossen.

a) Berechnen Sie die Lorentzkraft, die auf das Teilchen wirkt.
b) Welche Bahn beschreibt das Teilchen? Berechnen Sie die charakteristische Größe dieser Bahn.
c) Berechnen Sie die Ganghöhe der Schraubenlinie, die das Elektron durchläuft, wenn der Vektor der Einschußgeschwindigkeit mit den Feldlinien einen Winkel von 80° bildet (siehe Skizze!).

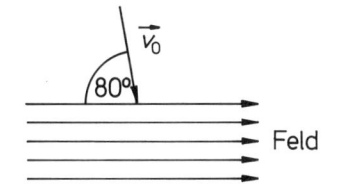

4. Aufgabe: Elektronenkompaß
Ein Elektronenkompaß ermittelt die magnetische Nordrichtung aus der Ablenkung, die ein vertikal nach unten gerichteter Elektronenstrahl im erdmagnetischen Feld erfährt. Die Elektronen des Strahls werden in einer Elektronenkanone mit der Spannung $U = 200$ V beschleunigt und durchfliegen in einer evakuierten Röhre eine $l = 15$ cm lange Strecke. Sie treffen dann auf eine Sektorenblende auf, die die Ablenkung des Strahls registriert. Das Magnetfeld habe am Ort einer Messung die Flußdichte $B = 5{,}15 \cdot 10^{-5} \frac{\text{Vs}}{\text{m}^2}$.
Der Inklinationswinkel beträgt $\beta = 67{,}3°$.

a) In welche Himmelsrichtung (magnetischer $\approx$ geographischer Pol) wird der Elektronenstrahl abgelenkt?
b) Welche Geschwindigkeit besitzen die Elektronen?
c) Berechnen Sie die horizontale Auslenkung y des Elektronenstrahls beim Auftreffen auf die Sektorenblende.

Anleitung: Da die Ablenkung des Strahls nur gering ist, kann man die Näherung machen, daß die magnetische Kraft längs der durchflogenen Bahn bezüglich Betrag und Richtung konstant bleibt.

21.2 Anwendungen

a) Der MHD-Generator

5. Aufgabe:
Modell eines magnetohydrodynamischen (MHD-)Generators.

Zwischen den Platten eines Kondensators (Abstand $d = 0{,}5$ cm) wird ein Strahl aus Elektronen und einfach positiv geladenen Li-Atomen (gegen-

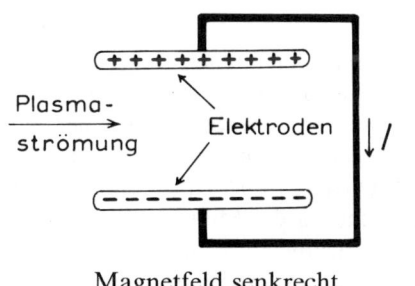

Magnetfeld senkrecht zur Bildebene

seitige Beeinflussung kann vernachlässigt werden) mit der Geschwindigkeit $v_e = v_{Li} = 1{,}0 \cdot 10^4$ m/s eingeschossen. Der Strahl ist nach außen neutral, man bezeichnet ihn als Plasmastrahl. Senkrecht zur Strahlrichtung und parallel zu den Plattenoberflächen ist ein statisches Magnetfeld der Flußdichte $B = 0{,}10 \cdot 10^{-4}$ Vs/m^2 angelegt, das zur Strahlumlenkung bzw. Ladungstrennung dient.
Die beiden Platten sind durch einen Kurzschlußbügel verbunden:

a) Welche Kraft wirkt auf die Elektronen bzw. die Li$^+$-Ionen?
b) Wie groß sind die Krümmungsradien für die beiden Teilchensorten?
c) Wie lang muß der Kondensator etwa sein, damit ihn keine Li-Ionen mehr verlassen können?
d) Welcher Strom fließt dann über den Kurzschlußbügel, wenn $6{,}25 \cdot 10^{14}$ Teilchen jeder Sorte pro Sekunde in den Kondensator einlaufen?

Die beiden Platten sind nun nicht mehr verbunden:

e) Welche zusätzliche Kraft wirkt nun auf die Teilchen?
f) Auf welche Maximalspannung U_{max} können sich die Platten aufladen?

Der oben beschriebene MHD-Generator hat gegenüber den herkömmlichen Generatoren den Vorteil, daß er keine beweglichen Maschinenteile besitzt und in sehr kurzer Zeit auf hohe Leistung gebracht werden kann.

b) Das Zyklotron

Die Ablenkung bewegter geladener Teilchen durch die Lorentzkraft wird auch in einem Teilchenbeschleuniger, dem sogenannten **Zyklotron**, ausgenutzt.
Folgende Abbildung stellt ein Prinzipbild eines Zyklotrons dar:

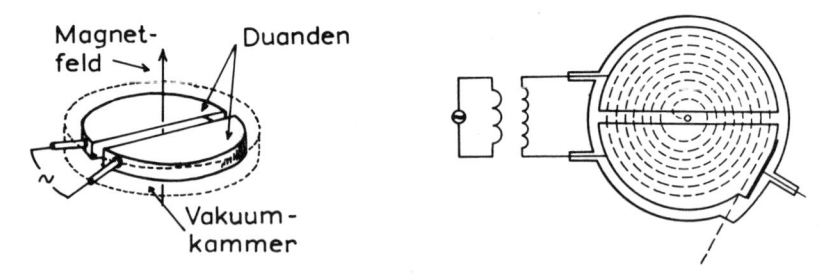

An die beiden hohlen und halbkreisförmigen Elektroden (Duanden) wird eine hochfrequente Wechselspannung mit $U(t) = U_0 \sin \omega t$ angelegt. Die beiden Duanden werden senkrecht von einem homogenen, konstanten Magnetfeld durchsetzt. Im Zentrum des Beschleunigers befindet sich eine Ionenquelle. Zwischen den Duanden findet jeweils die Beschleunigung statt. Im Inneren der Duanden herrscht nur das Magnetfeld, so daß die Teilchen dort auf einer Kreisbahn laufen. Mit zunehmender Energie der Teilchen wächst der Radius der Kreisbahn an. Ist der für die Vorrichtung größtmögliche Radius erreicht, so werden die Teilchen durch eine Elektrode aus dem Beschleuniger gelenkt.

6. Aufgabe:
a) Zeigen Sie durch Rechnung, daß die Umlaufdauer der Teilchen unabhängig vom Radius der Kreisbahn ist.
b) Welche Energie kann ein Proton in einem Zyklotron mit $r_{max} = 0,5$ m, $B = 0,4$ Vs/m^2 erreichen?
c) Wie viele Umläufe sind hierfür nötig, wenn $U_0 = 1,0 \cdot 10^4$ V ist?

c) Der Massenspektrograph

Eine weitere Anwendung der Ablenkung bewegter geladener Teilchen in Magnetfeldern ist der **Massenspektrograph**. Mit diesem Gerät ist es möglich, geladene Teilchen mit verschiedener spezifischer Ladung räumlich zu trennen. Besitzen die Teilchen die gleiche Ladung, so erfolgt eine räumliche Trennung nach den Massen der Teilchen.

Massenspektrometer nach Thomson (Parabelmethode)

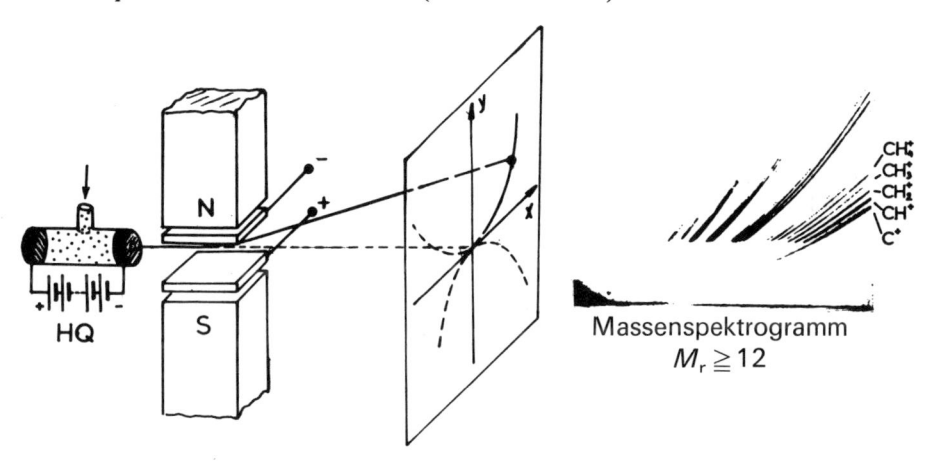

Massenspektrogramm
$M_r \geqq 12$

In einem Gasentladungsrohr werden positive Ionen der zu untersuchenden Substanz erzeugt. Von den auf die Kathode hin beschleunigten positiven Ionen fliegen einige durch ein Loch in dieser Kathode und bilden den sogenannten Kanalstrahl. Von den Kanalstrahlen wird ein feines Parallelbündel ausgeblendet. Dieses tritt in einen Raum, in dem ein elektrisches und magnetisches Feld herrscht. Die Feldlinien beider Felder laufen parallel.

7. Aufgabe: Ablenkung der Ionen durch das elektrische Feld

Berechnen Sie mit Hilfe der in der Skizze angegebenen Daten die Ablenkung y_0 in Abhängigkeit von den gegebenen Größen.

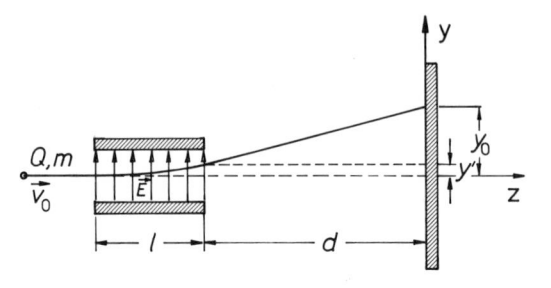

Seitenansicht

8. Aufgabe: Ablenkung durch das magnetische Feld

Berechnen Sie die Ablenkung x_0 in Abhängigkeit von den in der Skizze gegebenen Größen. Setzen Sie dabei voraus, daß $x' \ll r$ ist.

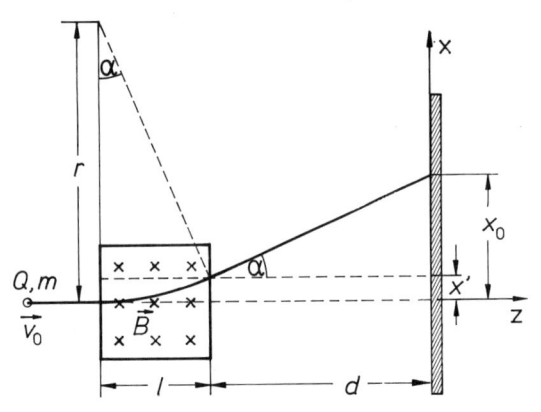

Draufsicht

Ergebnis von Aufgabe 7: $\quad y_0 = \dfrac{Q}{mv_0^2} \cdot C_2 \quad$ mit $C_2 = E \cdot l \cdot \left(\dfrac{l}{2} + d\right)$

Ergebnis von Aufgabe 8: $\quad x_0 = \dfrac{Q}{m \cdot v_0} \cdot C_1 \quad$ mit $C_1 = B \cdot l \cdot \left(\dfrac{l}{2} + d\right)$

Eliminiert man v_0 aus der obigen Gleichung, so ergibt sich:

$$y_0 = \frac{m}{Q} \cdot C \cdot x_0^2 \quad \text{mit } C = \frac{C_2}{C_1^2}.$$

Für eine gegebene Versuchsanordnung ist C eine Konstante, da es nur von den Feldgrößen und den Abmessungen der Felder abhängt. Daraus ergibt sich, daß Teilchen mit gleichem $\dfrac{Q}{m}$ jeweils auf einem Parabelast liegen.

Massenspektrometer nach Aston

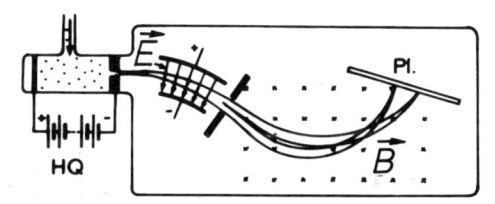

Die Ablenkung der Kanalstrahlen im elektrischen Feld hängt von der Geschwindigkeit der Ionen und ihrer spezifischen Ladung ab. Durch geeignete Dimensionierung des nachfolgenden Magnetfeldes kann erreicht werden, daß Teilchen unterschiedlicher Geschwindigkeit (Unterschied in Betrag und Richtung), aber gleicher spezifischer Ladung in einem Punkt der Fotoplatte zusammentreffen.

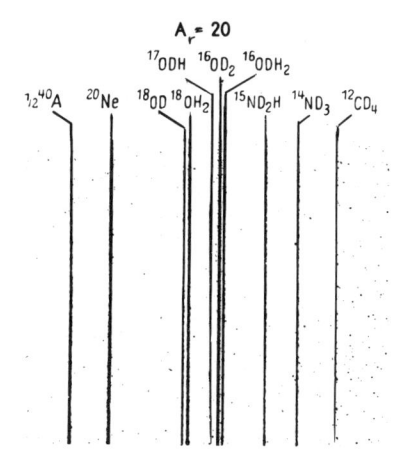

Massenspektrogramm
$$19{,}9878 \leqq \frac{A_r}{M_r} \leqq 20{,}0628$$

22. Abituraufgaben zu Ladungen im elektrischen und magnetischen Feld

Hinweis: Von den folgenden Abituraufgaben können nicht alle Teilaufgaben berechnet werden, da noch Kenntnisse aus der Relativitätstheorie fehlen. Diejenigen Teilaufgaben, die noch nicht bearbeitet werden können, sind am Rand mit einem Strich versehen. Sie wurden trotzdem aufgeführt, um einen Eindruck vom Umfang der Aufgaben zu vermitteln.

Reifeprüfung 1974 am math.-nat. Gymnasium

1. **a)** Helmholtz schloß 1881 aus der Kenntnis der Faradayschen Gesetze auf die Existenz einer kleinsten elektrischen Ladung, der Elementarladung e.
   Stellen Sie die Überlegungen von Helmholtz dar und berechnen Sie damit den Wert von e.
   b) Millikan hat 1911 mit seinem Schwebeversuch eine experimentelle Bestätigung für die Existenz der Elementarladung erbracht.
   Beschreiben Sie diesen Versuch, schildern Sie die bei seiner Durchführung auftretenden Schwierigkeiten und erläutern Sie, inwiefern er die Existenz der Elementarladung bestätigt.

2. Senkrecht zu einem hinreichend ausgedehnten homogenen Magnetfeld der Flußdichte $\vec{B}$ fliegen vom Punkt A aus Elektronen verschiedener Anfangsgeschwindigkeiten, deren Vektoren $\vec{v}_s$ in einer Geraden liegen (s. Abbildung 1).
   a) Skizzieren Sie die Bahnkurven für die Elektronen mit den Anfangsgeschwindigkeiten $\vec{v}_{s_1}$ und $\vec{v}_{s_2}$ und geben Sie den Durchlaufsinn an.
   b) Berechnen Sie die Zeiten, die die Elektronen für einen Bahnumlauf benötigen. Was fällt am Ergebnis auf?

3. Die von A ausgehenden Elektronen (s. Aufgabe 2) haben nun noch zusätzlich die konstante Geschwindigkeitskomponente $\vec{v}_p$ parallel zum Magnetfeld. Ihr Betrag $|\vec{v}_p|$ darf als bekannt vorausgesetzt werden.
   a) Auf welchen Bahnen bewegen sich nun die Elektronen? Begründung! Welche Lage hat die Achse AA' der Anordnung zu diesen Bahnen?
   b) Zeigen Sie: Bei geeignetem Wert von B treffen alle von A ausgehenden Elektronen nach der Flugzeit $T = \dfrac{2\pi m}{eB}$ im Punkt A' des Leuchtschirms S auf.
   c) Erläutern Sie, wie man mit diesem Ergebnis die spezifische Ladung der Elektronen bestimmen kann.

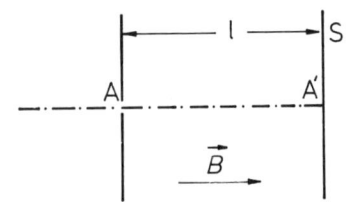

Reifeprüfung 1974 im Leistungskurs Physik

1. Wasserstoffionen, die in einem elektrischen Längsfeld durch die Spannung U_0 von der Geschwindigkeit Null auf die Endgeschwindigkeit $\vec{v}_0$ beschleunigt wurden, werden in ein magnetisches Querfeld der Flußdichte $\vec{B}$ senkrecht zur Feldrichtung eingeschossen (Abb.). 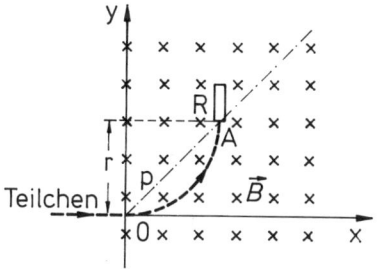
Ein Registrierapparat R kann längs der Registrierachse OA, die gegenüber der y-Achse unter 45° geneigt ist, verschoben werden. Aus der Stellung des Apparates, die durch die Entfernung $\overline{OA} = p$ festgelegt ist, kann der Bahnradius r der Teilchen bestimmt werden, die der Apparat registriert.

   a) Stellen Sie allgemein den Registrierabstand p in Abhängigkeit von B, U_0 und der spezifischen Ladung der Teilchen dar.

   b) Berechnen Sie den Abstand p_1 für Wasserstoffkerne $^1_1$H, welche die Beschleunigungsspannung 1,0 kV durchlaufen haben, wenn die magnetische Flußdichte 0,10 Vs m^{-2} ist.

   c) Bei diesen Versuchen mit Wasserstoffionen registrierte der Apparat auch noch im Abstand $p_2 = 9{,}15$ cm einige Teilchen.
   Berechnen Sie die spezifische Ladung dieser Teilchen und identifizieren Sie die Teilchen. Begründen Sie Ihre Antwort.

2. a) Von welcher Beschleunigungsspannung an müßte man für Protonen den relativistischen Massenzuwachs berücksichtigen, wenn man dies, wie üblich, für $v \geq 0{,}1 \cdot c$ zu tun pflegt?

   b) Ein Proton habe eine Gesamtenergie von 3,0 GeV.
   Berechnen Sie den Anteil seiner kinetischen Energie, seine Geschwindigkeit und das Verhältnis seiner Masse zu seiner Ruhemasse.
   [Teilergebnis: $v = 0{,}95 \cdot c$]

   c) Um Protonen von 3,0 GeV auf einer Kreisbahn von 1,5 km Umfang zu halten, benötigt man ein magnetisches Führungsfeld.
   Wie groß muß dessen Flußdichte B sein?

3. Kerne der Wasserstoffisotope H und D werden in einem elektrischen Längsfeld durch die Spannung U beschleunigt und dann in einen Kondensator eingeschossen. Das Querfeld des Kondensators sei für $0 \leq x \leq L$ homogen; seine Feldstärke sei E. Für $x > L$ sei kein Feld vorhanden. Die Flugbahn der Kerne schließt nach dem Verlassen des Kondensators mit der x-Achse den Winkel φ ein (siehe Abb. 2). 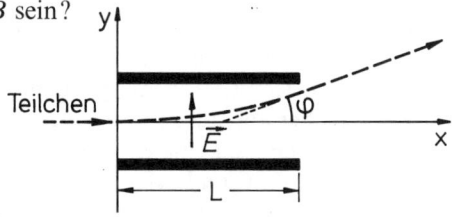
Für die hier betrachteten Geschwindigkeiten gelte $v < 0{,}1 \cdot c$.

   a) Stellen Sie für die Teilchen die Gleichung ihrer Bahnkurve im Kondensator auf und ermitteln Sie $\tan\varphi$ in Abhängigkeit von E, L und U.

   [Teilergebnis: $y = \dfrac{E}{4U} \cdot x^2$]

b) Kann man mit dem beschriebenen Versuchsaufbau die Isotope im Kondensator trennen? Genaue Begründung!

c) Aus dem Ablenkwinkel φ kann man die Beschleunigungsspannung U bestimmen. Berechnen Sie U für die Teilchen, wenn $L = 10$ cm, $E = 5{,}0 \cdot 10^3$ Vm^{-1} ist und der Ablenkwinkel zu $\varphi = 30°$ gemessen wurde.

Alle Rechnungen und Herleitungen sind mit einem erläuternden Begleittext zu versehen!

Reifeprüfung 1972 am math.-nat. Gymnasium (Normalklasse)

1. a) Unter welcher Voraussetzung erfährt ein Strahl positiver Ionen in einem homogenen Magnetfeld eine ablenkende Kraft? Geben Sie einen Ausdruck für den Betrag dieser Kraft an, aus dem der Einfluß der bestimmenden Größen hervorgeht!

    b) Welche besondere Bedingung muß erfüllt sein, damit die Ionen eine Kreisbahn durchlaufen? Leiten Sie unter Voraussetzung der Kreisbahn eine Beziehung her, die zur Berechnung der Masse eines positiven Ions geeignet ist!

    c) Im allgemeinen Fall durchläuft ein positives Ion im homogenen Magnetfeld eine Schraubenlinie auf einem Kreiszylinder. Geben Sie die Achsenrichtung des Zylinders an und drücken Sie seinen Schnittkreisradius durch die bestimmenden Größen aus!

2. S_1, S_2 und S_3 sind Lochblenden, die den Strahl eng gebündelt in der x-Richtung (s. Abb.!) durchlassen; zwischen S_2 und S_3 wirken ein homogenes elektrisches und ein homogenes magnetisches Feld so auf die positiven Ionen ein, daß nur Ionen einheitlicher Geschwindigkeit durch S_3 hindurchtreten.

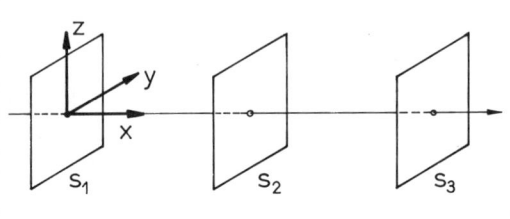

    a) Das elektrische Feld ist in y-Richtung gerichtet. Wie muß das magnetische Feld gerichtet sein? Skizze mit Erläuterung!

    b) Leiten Sie eine Beziehung zur Berechnung der Geschwindigkeit derjenigen Ionen her, die durch S_3 gelangen!

    c) Berechnen Sie diese Geschwindigkeit für die elektrische Feldstärke $1{,}5 \cdot 10^3$ V/m und die magnetische Flußdichte (magnetische Induktion) $3{,}0 \cdot 10^{-2}$ Vs/m^2! (Ergebnis: $5{,}0 \cdot 10^4$ m/s.)

3. Die Ionen der in Aufgabe 2c) berechneten Geschwindigkeit gelangen rechts von S_3 in ein homogenes Magnetfeld, das zum Magnetfeld zwischen S_2 und S_3 parallel gerichtet ist; rechts von S_3 ist kein elektrisches Feld vorhanden.

    a) Begründen Sie, daß alle einfach positiv geladenen Ionen einheitlicher Masse im Magnetfeld rechts von S_3 die gleiche Kreisbahn durchlaufen, und drücken Sie die Masse eines solchen Ions durch den Kreisradius und die Feldgrößen aus!

b) Berechnen Sie die Masse des Ions, wenn rechts von S_3 die magnetische Flußdichte $6{,}0 \cdot 10^{-2}$ Vs/m² und der Radius 18 cm betragen!

c) Schätzen Sie ab, wie groß die Zahl der Nukleonen des Ions ist, und geben Sie die Vernachlässigungen an, die Sie dabei gemacht haben! Um welches Element handelt es sich?

Reifeprüfung 1977 im Leistungskurs Physik – Auszug

1. Zwischen den Kondensatorplatten der Länge $l = 0{,}25$ m liegt eine sinusförmige Wechselspannung mit dem Scheitelwert U_0 und der Frequenz $f = 0{,}80$ MHz. α-Teilchen der Geschwindigkeit $v_x = 2{,}0 \cdot 10^5$ m/s werden bei A (idealisierte Grenze des homogen angenommenen Feldes) in Richtung der x-Achse in das elektrische Wechselfeld eingeschossen (siehe nebenstehende Figur).
   Der Kondensator befinde sich im Vakuum. Die α-Teilchen können bei unterschiedlicher Phase der Wechselspannung in das elektrische Feld eintreten. Die Gravitationswirkung kann vernachlässigt werden; die α-Teilchen sollen nicht auf die Platten treffen können.

   a) Zeichnen Sie je ein qualitatives t-a_y-Diagramm für die Bewegung im Feld

   α) für den Fall, daß die α-Teilchen beim Maximalwert der Spannung (obere Platte positiv),

   β) für den Fall, daß die α-Teilchen beim darauffolgenden Nulldurchgang der Spannung bei A in das elektrische Feld eintreten. Geben Sie eine knappe Begründung für Ihre Darstellung.

   Hinweis: In beiden Fällen erfolgt der Eintritt in das Feld zur Zeit $t = 0$ s.
   Zeichnen Sie die t-a_y-Diagramme nebeneinander.

   b) Entwickeln Sie aus den beiden t-a_y-Diagrammen die zugehörigen t-v_y-Diagramme und stellen Sie diese Diagramme unter den zugehörigen t-a_y-Diagrammen dar. Die Entwicklung ist kurz zu begründen.

   c) Begründen Sie unter Verwendung der Diagramme, daß nur eine Sorte der in Teilaufgabe **a)** betrachteten α-Teilchen den Kondensator in P verläßt.

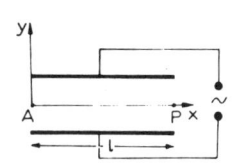

Hinweis:
Zur weiteren Übung können Abituraufgaben für den Leistungskurs zum Thema »Bewegung geladener Teilchen in elektrischen und magnetischen Feldern« aus dem Anhang S. 270ff. gerechnet werden.

23. Die magnetische Feldstärke

23.1 Einführung

Homogene Magnetfelder lassen sich leicht mit stromdurchflossenen Spulen herstellen. Im folgenden wird untersucht, wie die Feldgröße B von den Spulendaten N (Windungszahl), l (Spulenlänge), A (Spulenquerschnitt) und I (Spulenstrom) abhängt.

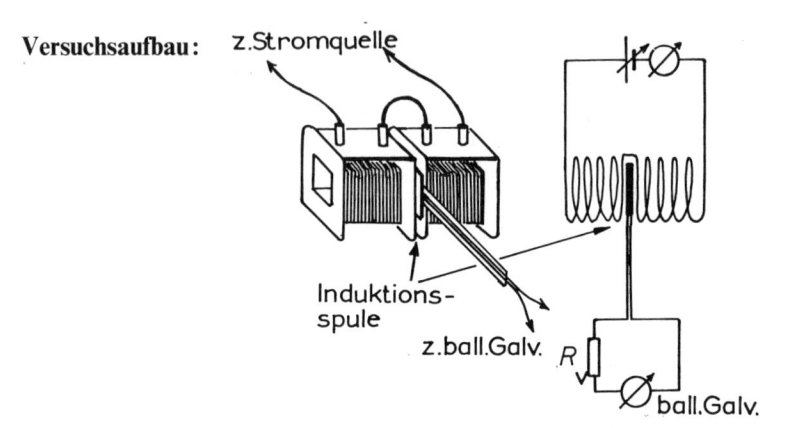

Versuchsaufbau:

Die Induktionsspule, die im homogenen Spulenfeld senkrecht von den Feldlinien durchsetzt ist, wird rasch in den feldfreien Raum gezogen ($\Delta A_i = A_i$). Der induzierte Spannungsstoß wird mit dem ballistischen Galvanometer gemessen. Da in den folgenden Versuchen nur Proportionalitäten untersucht werden sollen, genügt eine Messung des Stoßausschlages α anstelle von B ($B \sim \alpha$).[1]

1. Versuch: Abhängigkeit der Feldgröße B von der Windungszahl N bei $I = $ const.

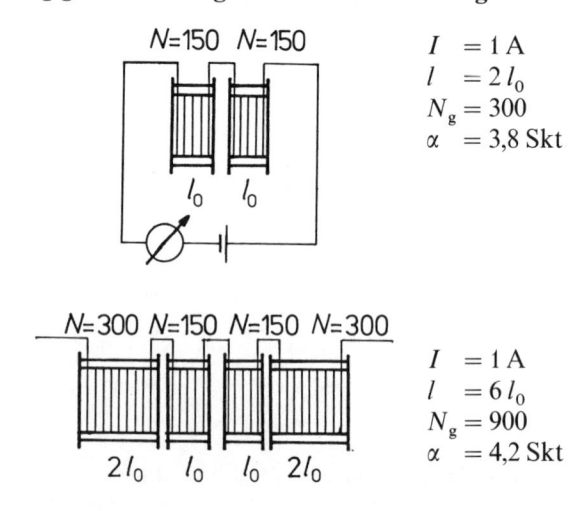

$I = 1\,\text{A}$
$l = 2\,l_0$
$N_g = 300$
$\alpha = 3{,}8\,\text{Skt}$

$I = 1\,\text{A}$
$l = 6\,l_0$
$N_g = 900$
$\alpha = 4{,}2\,\text{Skt}$

---

[1] Anstelle der Induktionsspule mit ballistischem Galvanometer kann auch eine Hallsonde verwendet werden.

Die magnetische Feldstärke 139

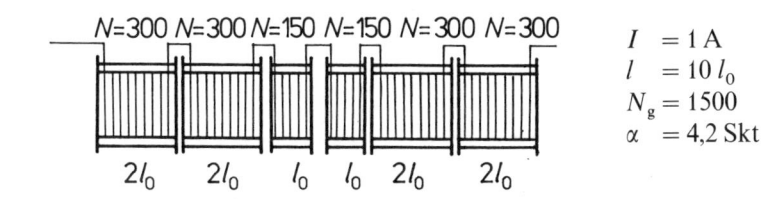

$N=300$ $N=300$ $N=150$ $N=150$ $N=300$ $N=300$

$2l_0$ $2l_0$ l_0 l_0 $2l_0$ $2l_0$

$I = 1\,\text{A}$
$l = 10\,l_0$
$N_g = 1500$
$\alpha = 4{,}2\,\text{Skt}$

Mit wachsender Spulenlänge wird der Einfluß der zugeschalteten Spulen immer geringer und kann schließlich vernachlässigt werden. Dies ist bei der gegebenen Anordnung und der möglichen Meßgenauigkeit bei etwa $l_m \approx 4 \cdot l_0$ der Fall. Für alle Anordnungen mit $l \geq l_m$ ist die Änderung von B vernachlässigbar, d. h., B bleibt im Rahmen der Meßgenauigkeit konstant, obwohl sich N und l ändern.

Bei allen Anordnungen der Spulen bleibt jedoch der Quotient $n = \dfrac{N}{l}$ (Windungsdichte) konstant.

Hinweis: Die Länge l_m ist um so größer, je größer die Meßgenauigkeit ist.

Ergebnis 1: Überschreitet die Spulenlänge den Mindestwert l_m, so ist B unabhängig von N und l ($n = $ const.).

---

2. Versuch: Abhängigkeit der Feldgröße B von der Windungsdichte n bei $I = $ const.

Die in Versuch 2 verwendeten Spulen besitzen alle die oben geforderte Mindestlänge.

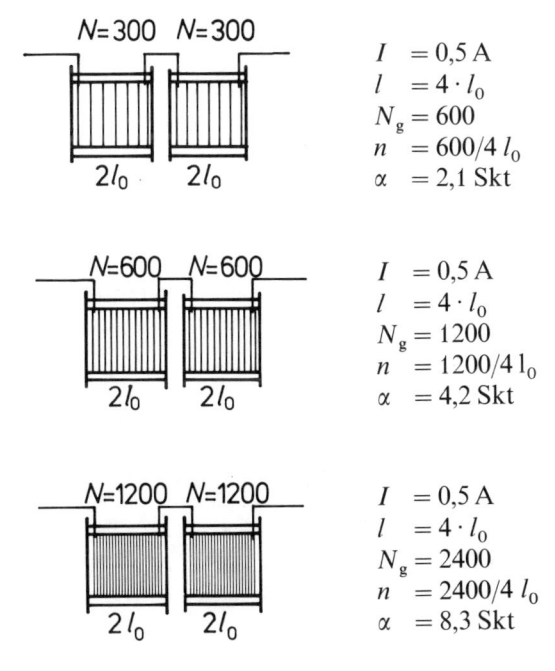

$N=300$ $N=300$

$2l_0$ $2l_0$

$I = 0{,}5\,\text{A}$
$l = 4 \cdot l_0$
$N_g = 600$
$n = 600/4\,l_0$
$\alpha = 2{,}1\,\text{Skt}$

$N=600$ $N=600$

$2l_0$ $2l_0$

$I = 0{,}5\,\text{A}$
$l = 4 \cdot l_0$
$N_g = 1200$
$n = 1200/4\,l_0$
$\alpha = 4{,}2\,\text{Skt}$

$N=1200$ $N=1200$

$2l_0$ $2l_0$

$I = 0{,}5\,\text{A}$
$l = 4 \cdot l_0$
$N_g = 2400$
$n = 2400/4\,l_0$
$\alpha = 8{,}3\,\text{Skt}$

Ergebnis 2: $\alpha \sim \dfrac{N}{l}$ und damit $B \sim \dfrac{N}{l}$ bei $I = \text{const.}$

oder $B \sim n$ bei $I = \text{const.}$

3. Versuch: Abhängigkeit der Feldgröße B von I bei konstantem n

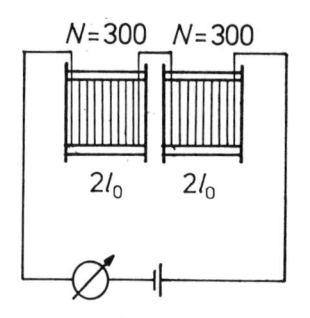

$N = 300 \quad N = 300$

$2l_0 \quad 2l_0$

I in A	α in Skt
1,0	4,2
2,0	8,5
3,0	12,8
4,0	17,2

Ergebnis 3: $\alpha \sim I$ bei konstantem n und damit
$B \sim I$ bei konstantem n

Zusammenfassung von Ergebnis 2 und 3: $B \sim \dfrac{IN}{l}$ oder $B \sim I \cdot n$

Die Größe $\dfrac{I \cdot N}{l}$ wird kurz mit H (magnetische Feldstärke oder magnetische Erregung) bezeichnet.

$H := \dfrac{I \cdot N}{l}$

$[H] = \dfrac{\text{A}}{\text{m}}$

Diese Formel gilt für
»unendlich« lange* Zylinderspulen.
In der Praxis ist diese Formel für Spulen
mit $l \geqq l_m$ anwendbar.

Mit obiger Definition für H ergibt sich nun:

$B \sim H$ **oder** $B = \mu_0 H$

---

* Eine Spule hat die erforderliche Länge l_m, wenn sich bei Anschluß weiterer gleichartiger Spulen ($n = \text{const}$; $A = \text{const.}$) an die Enden keine meßbare Veränderung von B feststellen läßt.

Diese Proportionalität wurde bei Spulen festgestellt, in deren Innerem sich Luft befand. Im Vakuum hätten sich angenähert die gleichen Meßwerte ergeben. Führt man in das Spuleninnere Materie ein, so besteht diese Proportionalität u. U. nicht mehr.
In den Wert von H geht die Stromstärke I ein. Die Einheit der Stromstärke (vgl. Kapitel: Elektrische Stromstärke und Ladung) wurde so gewählt, daß die Proportionalitätskonstante μ_0 zwischen B und H im Vakuum den Wert

$\mu_0 = 4\pi \cdot 10^{-7} \dfrac{\text{Vs}}{\text{Am}}$ hat. $\quad \mu_0$ heißt Induktionskonstante.

Durch die Definition:

$$\boxed{\vec{B} = \mu_0 \cdot \vec{H}}$$ Grundgleichung des magnetischen Feldes

erhält die Feldgröße $\vec{H}$ Vektorcharakter. $\vec{H}$ hat die gleiche Richtung wie $\vec{B}$. Die Einführung der neuen Feldgröße $\vec{H}$ erweist sich bei der Untersuchung von Magnetfeldern in Materie als zweckmäßig (Analogie zu $\vec{D}$ und $\vec{E}$ im elektrischen Feld).

23.2 Das Magnetfeld endlich langer Zylinderspulen

Das Magnetfeld einer Zylinderspule entsteht durch Überlagerung der Magnetfelder seiner stromdurchflossenen Leiterelemente. Eine Berechnung des Magnetfeldes im Inneren der Spule, die wir nicht nachvollziehen können, ergibt für H:

$H = \dfrac{N \cdot I}{l} \cdot \dfrac{1}{\sqrt{1 + \dfrac{4R^2}{l^2}}}$; R ist der Radius der Zylinderspule.

Für $\dfrac{R}{l} \to 0$ geht diese Gleichung in die bekannte Beziehung $H = \dfrac{N \cdot I}{l}$ über.

Für »lange« Spulen ist $\dfrac{R}{l}$ sehr klein, $\dfrac{4 \cdot R^2}{l^2}$ kann daher im Radikanden vernachlässigt werden.

**4. Versuch: Abhängigkeit der Feldgröße B vom Spulenquerschnitt A
   bei $n =$ const. und $I =$ const.**

Spule 1 hat einen doppelt so großen Querschnitt wie Spule 2. Windungszahl und Länge stimmen überein. Eine B-Messung in beiden Spulen ergibt bei gleichem I nur geringfügig verschiedene Werte. Der Unterschied der B-Werte kann auf das unterschiedliche Verhältnis $\dfrac{R}{l}$ der beiden Spulen zurückgeführt werden.

Ergebnis 4: Bei »langen« Spulen ist B bei $I =$ const. und $n =$ const. vom Spulenquerschnitt unabhängig.

Dieses Ergebnis kann man sich leicht plausibel machen: Durch die beiden Spulen mit rechteckigem Querschnitt fließt jeweils der Strom I, im Spuleninneren herrscht das Feld B. Im Außenraum ist das Magnetfeld Null.

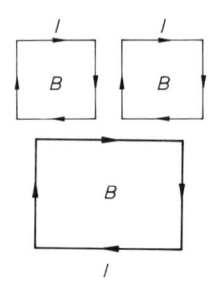

Die Anordnung mit zwei Spulen kann durch eine einzige Spule ersetzt werden, durch die der Strom I fließt. In ihr herrscht ebenfalls das Feld B.

1. Aufgabe:
Wie lang muß eine Zylinderspule ($R = 4$ cm) sein, damit der nach der Formel

$$B = \mu_0 \cdot \frac{I \cdot N}{l}$$

berechnete B-Wert vom gemessenen B-Wert um weniger als 5% abweicht ($n =$ const., $I =$ const.)?

2. Aufgabe:
Bei einer Spule mit $N = 20$, $l = 20$ cm und $R = 3$ cm, die vom Strom $I = 2$ A durchflossen wird, ergibt eine B-Messung den Stoßausschlag α. Wie groß ist bei gleichem Meßkreis der Stoßausschlag α', wenn für eine 2. Spule gilt: $N = 20$, $l = 20$ cm und $R' = 3 \cdot \sqrt{2}$ cm?

3. Aufgabe:
Eine zylindrische Spule mit der Länge $l = 30$ cm, dem Durchmesser $d = 3{,}0$ cm und der Windungszahl $N = 1200$ wird von einem Strom der Stärke $I = 250$ mA durchflossen.
a) Berechnen Sie den Betrag der magnetischen Flußdichte in der Mitte des Spuleninneren.
b) Nun wird nicht die Spulenmitte, sondern ein Spulenende betrachtet. Wie groß ist am Spulenende der Betrag der Flußdichte, wenn man eine weitere Spule gleicher Bauart dort als Verlängerung ansetzt und sie einmal in entgegengesetztem, einmal in gleichem Umlaufsinn von einem Strom derselben Stärke $I = 250$ mA durchfließen läßt wie die erste Spule? Wie groß ist also der Betrag der magnetischen Flußdichte am Ende der ersten Spule, wenn man die zweite Spule wieder entfernt?

Literaturhinweis:
Anwendung von Elektromagneten bei Relais, Telegraph und elektrische Uhren siehe: Grimsehl: Lehrbuch der Physik, Bd. 2, S. 136ff.

4. Aufgabe:
Welcher Strom fließt durch die 600 Windungen einer 40 cm langen langgestreckten Zylinderspule, wenn in ihrer Mitte ein Magnetfeld der Flußdichte $B = 6{,}6 \cdot 10^{-3} \, \frac{Vs}{m^2}$ besteht?

5. Aufgabe:
Wenn man eine langgestreckte Zylinderspule zu einem Ring biegt, ohne die Gesamtlänge oder die Stromstärke zu ändern, dann erhält man eine Torus- oder Ringspule (siehe Abbildung), in deren Innerem ein homogenes ringförmiges Magnetfeld der gleichen Flußdichte herrscht wie in der Mitte der Zylinderspule.
Welcher Strom muß durch die 600 Windungen der dargestellten Ringspule mit dem mittleren Durchmesser 10 cm fließen, damit in ihr ein Magnetfeld der gleichen Flußdichte herrscht wie in der Zylinderspule in der **4. Aufgabe**?

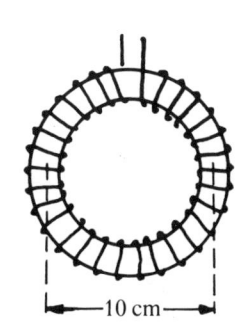

6. Aufgabe:
Eine langgestreckte Zylinderspule mit 360 Windungen auf der Länge 60 cm ist so aufgestellt, daß ihre Achse in der magnetischen Ost-West-Richtung verläuft. In ihrer Mitte ist eine Magnetnadel in horizontaler Ebene drehbar gelagert.
Bei einem Spulenstrom von 24 mA erfährt die Magnetnadel eine Auslenkung um 45°.
a) Berechnen Sie daraus die in horizontaler Richtung wirkende Komponente der Flußdichte des magnetischen Erdfeldes.
b) Die Feldlinien des magnetischen Erdfeldes treten am Beobachtungsort unter einem Winkel von 67° in den Erdboden ein.
Berechnen Sie aus dieser Angabe nun den Betrag der Flußdichte des erdmagnetischen Feldes.

7. Aufgabe:
In der Mitte einer langgestreckten Zylinderspule befindet sich senkrecht zum Magnetfeld ein geradliniger Leiter ($l = 4{,}0$ cm), der vom Strom $I_1 = 10$ A durchflossen wird. Auf den Leiter wirkt eine Kraft von $F = 2{,}0 \cdot 10^{-3}$ N. Der Strom durch die Feldspule beträgt $I_f = 5{,}0$ A. Bringt man nun an die Spulenmitte eine Hallsonde, so liefert diese eine maximale Spannung von $U_h = 1{,}0 \cdot 10^{-3}$ V.

a) Berechnen Sie die Windungsdichte der Feldspule.
b) Wie groß ist die Flußdichte in der Spule, wenn die Sonde eine Spannung von $0{,}25 \cdot 10^{-3}$ V anzeigt?
Welcher Strom fließt in diesem Fall durch die Feldspule?

8. Aufgabe: (LK-Reifeprüfung Baden-Württemberg)
In einer langen Feldspule S_1 mit der Windungszahl $N_1 = 240$ und der Länge $l_1 = 0{,}6$ m wird ein homogenes Magnetfeld erzeugt. Im Inneren der Feldspule S_1 befindet sich die Drehspule S_2.

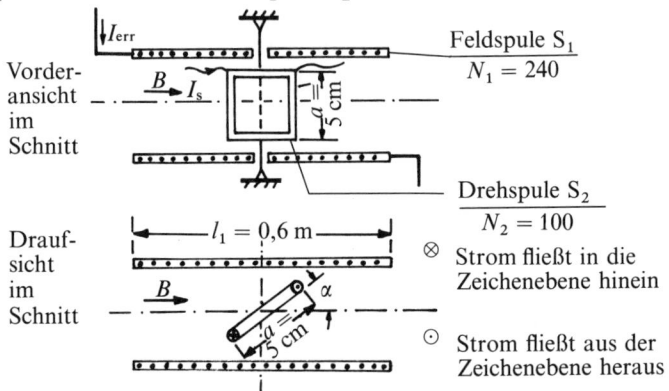

Vorderansicht im Schnitt

Feldspule S_1
$N_1 = 240$

Draufsicht im Schnitt

$l_1 = 0{,}6$ m

Drehspule S_2
$N_2 = 100$

$\otimes$ Strom fließt in die Zeichenebene hinein

$\odot$ Strom fließt aus der Zeichenebene heraus

Die Drehspule besitzt einen quadratischen Querschnitt der Kantenlänge $a = 5$ cm und $N_2 = 100$ Windungen. Sie ist an einer Torsionsdrehwaage befestigt. Der Torsionsdraht erzeugt bei einer Verdrehung um den Winkel $1°$ ein rücktreibendes Drehmoment von $5 \cdot 10^{-6}$ Nm $\left(D = 5 \cdot 10^{-6} \dfrac{\text{Nm}}{1°}\right)$. Die Versuchsanordnung soll nun als Strommesser für den Drehspulenstrom I_s verwendet werden, wobei durch die Feldspule der konstante Strom $I_{err} = 1{,}0$ A fließt. Bei Stromfluß durch die Drehspule wird diese um den Winkel α ausgelenkt.

a) α) Zeichnen Sie in eine Skizze die für die Auslenkung der Drehspule wirksamen magnetischen Kräfte F_M ein. Kurze Begründung!
β) Zeigen Sie, daß zwischen der Drehspulenstromstärke I_s und dem Auslenkungswinkel α der Zusammenhang $I_s = k_1 \cdot \dfrac{\alpha}{\cos \alpha}$ gilt.
γ) Berechnen Sie die Konstante k_1.
δ) Welche Ströme I_s müssen fließen, damit sich die Auslenkungswinkel $0°$; $10°$; $20°$ und $30°$ einstellen?
ε) Zeichnen Sie für diese Werte ein α-I_s-Diagramm ($0{,}5$ A $\triangleq$ 1 cm; $10° \triangleq$ 1 cm).

Für einen weiteren Versuch werden die Feldspule S_1 und die Drehspule S_2 in Reihe geschaltet. Durch beide Spulen fließt jetzt der Strom I_2. Die sonstige Anordnung bleibt unverändert.

b) α) Leiten Sie für diesen Fall eine allgemeine Beziehung für die Stromstärke I_2 in Abhängigkeit vom Auslenkungswinkel α her.

β) Welche Ströme I_2 müssen jetzt fließen, damit sich die Auslenkungswinkel 0°; 10°; 20° und 30° einstellen?

γ) Zeichnen Sie die berechneten Werte in das α-I_s-Diagramm von Teilaufgabe **a)** ein.

δ) Vergleichen Sie qualitativ die Empfindlichkeit $\dfrac{\Delta\alpha}{\Delta I}$ der beiden Anordnungen.

24. Lineare Überlagerung magnetischer Felder*

Im Abschnitt 2.3 wurde gezeigt, wie man durch Vektoraddition der elektrischen Feldstärke von Teilfeldern zur elektrischen Feldstärke des resultierenden Feldes kommt. Damit erhält man auch die Richtung der Feldlinie im betrachteten Punkt. Auch beim Magnetfeld läßt sich der resultierende Feldstärkevektor als Summe der einzelnen Feldstärkevektoren gewinnen.

Beispiel:

Überlagerung des Magnetfeldes zweier paralleler gerader Leiter in einer Ebene senkrecht zu den Leitern.

Für das Magnetfeld **eines** Leiters gilt: $H = \dfrac{I}{2 \cdot \pi \cdot r}$.

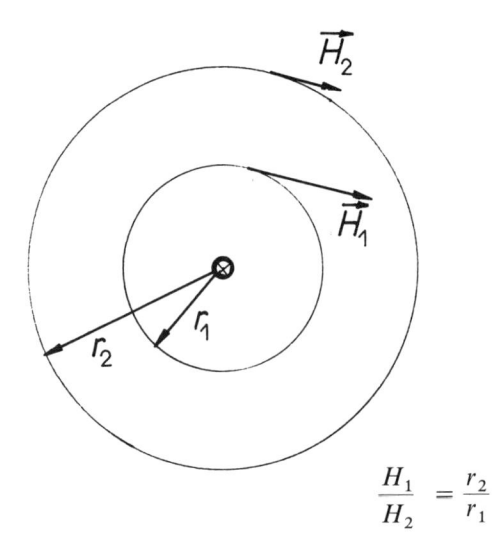

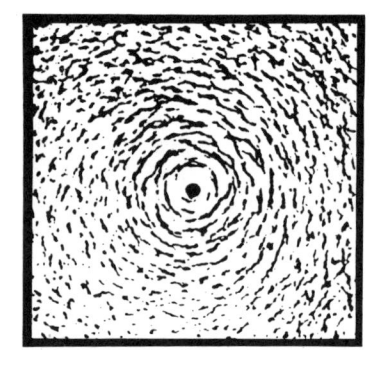

$$\frac{H_1}{H_2} = \frac{r_2}{r_1}$$

Lineare Überlagerung magnetischer Felder

1. Aufgabe:
Gegeben sind zwei gerade parallele Leiter (Abstand $d = 5$ cm), die beide
a) in gleicher Richtung
b) in entgegengesetzter Richtung

vom Strom gleicher Stärke durchflossen werden. Fertigen Sie eine Zeichnung nach dem angegebenen Muster und konstruieren Sie die Richtung des magnetischen Feldstärkevektors in einem Punkt, der von einem Leiter 5 cm und vom anderen Leiter 3 cm entfernt ist.

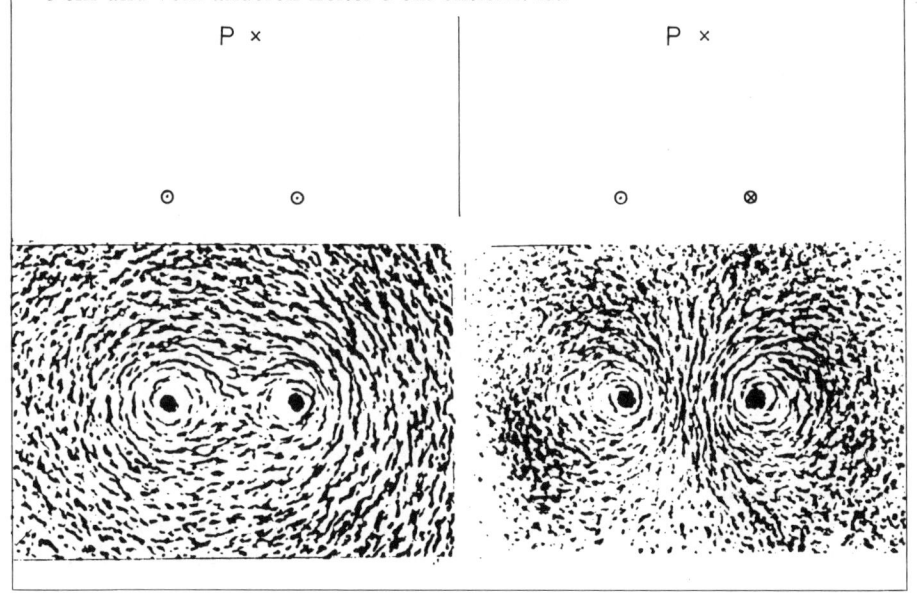

2. Aufgabe:
Ein stromdurchflossener Leiter befindet sich im homogenen Magnetfeld (siehe Skizze).
Was kann man qualitativ über die Feldstärke in den Bereichen A und B im Vergleich zur Feldstärke des homogenen Feldes sagen?
Vergleichen Sie das folgende Feldlinienbild mit Ihrer Lösung.

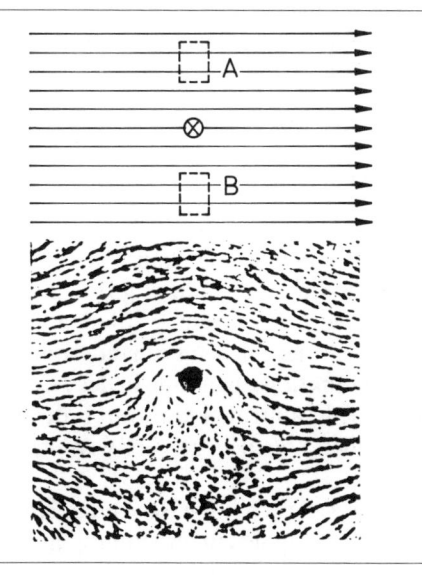

25. Die elektromagnetische Induktion – 2. Teil

Bisher wurde das Auftreten einer Induktionsspannung bei der Bewegung eines Leiters mit Hilfe der Lorentzkraft erklärt. Aus der Mittelstufe ist jedoch bekannt, daß Induktionserscheinungen auch **ohne** Bewegung von Leitern möglich sind. In diesem Abschnitt soll nun eine weitere Erklärung für das Auftreten der Induktionsspannung entwickelt werden.

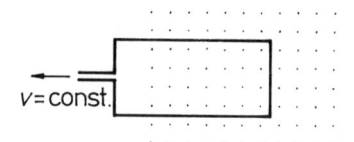

$\vec{B}$ senkrecht zur Fläche der Leiterschleife.

Unter Verwendung der Lorentzkraft ergibt sich für die in der Leiterschleife induzierte Spannung:

$U_{ind} = N_i \cdot a \cdot B \cdot v(t)$.   Da $v = \dfrac{\Delta s}{\Delta t}$ = const., gilt: $U_{ind} = N_i \cdot a \cdot B \cdot \dfrac{\Delta s}{\Delta t}$.

Wird die Spule zu Beginn des Versuches vollständig vom Magnetfeld durchsetzt und befindet sie sich nach der Zeit Δt im feldfreien Raum, so ist:

$U_{ind} \cdot \Delta t = N_i \cdot B \cdot A$

Führt man nun als neue Größe den **magnetischen Fluß** Φ ein,

$$\boxed{\begin{array}{l}\Phi = B \cdot A \\ [\Phi] = \text{Vs}\end{array}}$$

wobei B der Betrag der Komponente von $\vec{B}$ senkrecht zur Spulenfläche ist, so ist bei Versuchsbeginn $\Phi = BA$, am Ende des Versuches $\Phi = 0$. In diesem Fall ist also die Flußänderung in der Spule $\Delta\Phi = \Phi - 0 = B \cdot A$.

$U_{ind} \cdot \Delta t = N_i \cdot \Delta\Phi$

Die Änderung des magnetischen Flusses wird hier durch die Änderung der vom Magnetfeld durchsetzten Fläche hervorgerufen.

Eine Flußänderung kann jedoch auch durch eine Änderung des Betrages von $\vec{B}$ erreicht werden. Ob auch bei einer solchen Flußänderung eine Induktionsspannung in der Leiterschleife auftritt, kann durch den folgenden Versuch geklärt werden.

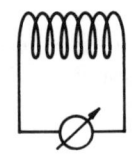

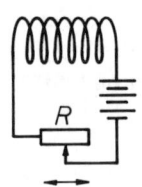

Ergebnis: Auch ohne Bewegung eines Leiters kann durch Flußänderung in einer Spule eine Spannung induziert werden.

25.1 Das Induktionsgesetz

Mit nebenstehender Versuchsanordnung wird der Zusammenhang zwischen dem Spannungsstoß in der Induktionsspule und den anderen bestimmenden Größen untersucht. Dazu wird jeweils mit der gleichen Spule (**Feldspule** mit der Windungszahl N und der Länge l) ein Magnetfeld erzeugt, in das eine flache Spule (**Induktionsspule** mit der Windungszahl N_i und der Fläche A_i) senkrecht zum Feld eingebracht wird. Der induzierte Spannungsstoß $\int_{t_1}^{t_2} U(t)\,dt$ verursacht am Galvanometer den Ausschlag α.

Beachten Sie, daß $\alpha \sim \int_{t_1}^{t_2} U(t)\,dt$ ist.

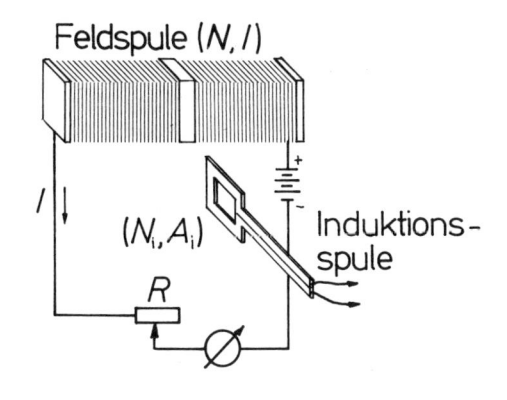

a) Änderung des Magnetfeldes, das die Induktionsspule senkrecht durchsetzt

In der Feldspule wird die Stromstärke jeweils vom Wert 0 auf den Wert I gesteigert. Damit ergibt sich die **Änderung der Feldgröße B** zu

$$\Delta B = B - 0 = B = \mu_0 \cdot \frac{N \cdot I}{l}.$$

Die Windungszahl N_i und die Querschnittsfläche A_i der Induktionsspule sind dabei konstant.

I in A	0,5	1,0	1,5	2,0
ΔB in 10^{-3} Vs/m²	3,14	6,28	9,42	12,56
α in Skt	5,5	11	16,5	22,0
$\dfrac{\alpha}{\Delta B}$ in $10^3 \dfrac{\text{Skt} \cdot \text{m}^2}{\text{V} \cdot \text{s}}$	1,75	1,75	1,75	1,75

Ergebnis 1: $\int_{t_1}^{t_2} U(t)\,dt \sim \Delta B$ bei konstantem N_i und A_i

b) Änderung der Fläche A_i

Die Induktionsspule wird aus dem feldfreien Raum in das Innere der Feldspule gebracht (Spulenachse in Feldrichtung). Dadurch ändert sich die vom Magnetfeld durchsetzte Fläche der Induktionsspule von 0 auf A_i. Die **Änderung der Fläche** ist:

$\Delta A_i = A_i - 0 = A_i$

ΔA_i in cm²	10	20	30
α in Skt	4,5	9	13
$\dfrac{\Delta A_i}{\alpha}$ in $\dfrac{\text{Skt}}{\text{cm}^2}$	2,2	2,2	2,3

> **Ergebnis 2:** $\int_{t_1}^{t_2} U(t)\,dt \sim \Delta A_i$ bei konstantem B und N_i

c) Änderung der Windungszahl N_i der Induktionsspule

Es werden mehrere Induktionsspulen gleicher Fläche, aber verschiedener Windungszahl N_i von einem Magnetfeld B durchsetzt, das sich um $\Delta B = B = \text{const.}$ ändert.

N_i	40	80	100	120
α in Skt	6,0	11,0	14,0	15,5
$\dfrac{\alpha}{N_i}$	0,15	0,14	0,14	0,13

> **Ergebnis 3:** $\int_{t_1}^{t_2} U(t)\,dt \sim N_i$ bei konstantem A_i und ΔB

Zusammenfassung der drei Ergebnisse:

$\alpha \sim N_i \cdot \Delta(B \cdot A_i)$ oder

$\int_{t_1}^{t_2} U(t)\,dt \sim N_i \cdot \Delta(B \cdot A_i)$

$\int_{t_1}^{t_2} U(t)\,dt \sim N_i \Delta\Phi$ oder

$\int_{t_1}^{t_2} U(t)\,dt = C N_i \Delta\Phi$

Der Proportionalitätsfaktor C hat den Wert 1. Dies wurde bereits für den Fall des Herausziehens der Induktionsspule aus dem Magnetfeld gezeigt. Vergleichen Sie hierzu: Elektromagnetische Induktion – Teil 1.
C ist jedoch auch 1, wenn die Flußänderung nur durch eine Änderung von B bewirkt wird.

Damit ergibt sich

$$\int_{t_1}^{t_2} U(t)\,dt = N_i \Delta\Phi$$

integrale Form des Induktionsgesetzes

Hinweis:
Mit dem obigen Gesetz können nicht alle Induktionserscheinungen beschrieben werden. Vergleiche hierzu: Feynman, Band 2, Teil 1, 17.2.

1. Aufgabe:
Zeigen Sie, daß die Zusammenfassung $\alpha \sim N_i \cdot \Delta(B \cdot A_i)$ alle experimentell behandelten Fälle beinhaltet.

2. Aufgabe:
Berechnen Sie den in der Induktionsspule induzierten Spannungsstoß, wenn diese Spule von den Feldlinien senkrecht durchsetzt wird und in der Feldspule die Stromstärke von I_1 auf I_2 geändert wird.
Feldspule: $N = 4000$; $l = 0{,}80$ m; $I_1 = 0{,}70$ A; $I_2 = 1{,}20$ A
Induktionsspule: $N_i = 100$; $A_i = 0{,}25 \cdot 10^{-4}$ m^2.

3. Aufgabe: μ_0-Bestimmung
In eine langgestreckte Zylinderspule (Feldspule) der Länge $l = 0{,}50$ m und der Windungszahl $N = 100$ ist eine flache Induktionsspule ($A_i = 7{,}1 \cdot 10^{-4}$ m^2; $N_i = 100$) so eingebracht, daß die Spulenachsen parallel sind. Die Feldspule wird vom Strom $I = 25$ A durchflossen. Beim Umpolen des Stromes zeigt das an der Induktionsspule angeschlossene Galvanometer den Stoßausschlag $\alpha = 26{,}7$ Skt.
In einem Vorversuch ist festgestellt worden, daß ein Spannungsstoß von
$(\int_{t_1}^{t_2} U(t)\,dt)_0 = 1{,}2 \cdot 10^{-4}$ Vs den Stoßausschlag $\alpha_0 = 3{,}6$ Skt ergibt.

a) Berechnen Sie die Feldänderung ΔH beim Umpolen.
b) Berechnen Sie den angezeigten Spannungsstoß.
c) Bestimmen Sie aus den Meßwerten einen Näherungswert von μ_0.

4. Aufgabe: Bestimmung der Größe des magnetischen Erdfeldes

Eine große Spule mit $A_i = 1{,}00\ m^2$ und $N_i = 75$ wird so aufgestellt, daß sie von den Feldlinien des magnetischen Erdfeldes senkrecht durchsetzt wird. Anschließend wird die Spule rasch um 180° geschwenkt, so daß sie wieder senkrecht vom Erdfeld durchsetzt wird. Das angeschlossene Galvanometer zeigt einen Spannungsstoß $\int_{t_1}^{t_2} U(t)\,dt = 6{,}0 \cdot 10^{-3}\ Vs$. Berechnen Sie die Feldstärke H_e des Erdfeldes.

5. Aufgabe: Bestimmung der Windungsfläche einer Induktionsspule

Von einer Induktionsspule ist die Anzahl der Windungen unbekannt, die Querschnittsfläche ist rechnerisch nicht exakt zu ermitteln. Mit Hilfe einer Spannungsstoßmessung soll die »**Windungsfläche**« $N_i \cdot A_i$ der ganzen Spule bestimmt werden.

a) Schildern Sie, wie Sie $N_i \cdot A_i$ ermitteln können und welche Geräte Sie brauchen.
b) Geben Sie $N_i \cdot A_i$ in Abhängigkeit von den Meßwerten an.
c) Berechnen Sie $N_i \cdot A_i$ für $N = 1000$; $l = 0{,}50\ m$; $I = 0{,}25\ A$
$\int_{t_1}^{t_2} U(t)\,dt = 8{,}9 \cdot 10^{-4}\ Vs$.

6. Aufgabe: Bestimmung der Kraftflußdichte des Feldes eines Hufeisenmagneten

Die Flußdichte im homogenen Magnetfeld eines Hufeisenmagneten wird folgendermaßen bestimmt: Eine kleine Induktionsspule ($A_i = 1{,}00 \cdot 10^{-4}\ m^2$; $N_i = 120$) ist so im Feld angebracht, daß sie von den Feldlinien senkrecht durchsetzt wird. Dann wird die Spule schnell aus dem Feld herausgezogen. Ein angeschlossenes Galvanometer zeigt den Spannungsstoß
$\int_{t_1}^{t_2} U(t)\,dt = 1{,}44 \cdot 10^{-2}\ Vs$ an.
Berechnen Sie die Flußdichte B im Feld.

25.2 Berechnung der induzierten Spannung

$$\int_{t_0}^{t} U(\tau) \cdot d\tau = N_i \Delta\Phi = N_i [\Phi(t) - \Phi(t_0)].$$

Dieses Integral stellt eine Funktion seiner oberen Grenze t dar. Man nennt eine solche Funktion eine Integralfunktion. Es gilt:
Die Ableitung der Integralfunktion ist gleich dem Wert des Integranden an der oberen Grenze.

$$\frac{d}{dt}\int_{t_0}^{t} U(\tau)d\tau = \frac{d}{dt}(N_i[\Phi(t) - \Phi(t_0)])*$$

$$U(t) = N_i \cdot \frac{d\Phi(t)}{dt}$$

Es erweist sich später als zweckmäßig, wenn man die rechte Seite der Gleichung mit einem Minuszeichen versieht. Dies ändert am Betrag der induzierten Spannung nichts. Man erhält dann:

$$\boxed{U(t) = -N_i \cdot \frac{d\Phi(t)}{dt}} \qquad \text{differentielle Form des Induktionsgesetzes}$$

Begründung für das Minuszeichen erfolgt im Kapitel »Selbstinduktion« (S. 180).

Mit dieser Form des Induktionsgesetzes läßt sich die momentane Induktionsspannung zu jedem Zeitpunkt berechnen, wenn der magnetische Fluß als Funktion der Zeit bekannt ist.

7. Aufgabe:
Eine rechteckige Spule mit N Windungen wird mit konstanter Geschwindigkeit v durch ein homogenes Magnetfeld H von quadratischem Querschnitt hindurchbewegt (siehe Skizze).

a) Stellen Sie in einem Zeit-Spannungs-Diagramm **qualitativ** den Verlauf der in der Spule induzierten Spannung dar vom Zeitpunkt $t = 0$, in dem die Spule in das Magnetfeld eintritt, bis zu dem Zeitpunkt t_1, in dem die Spule das Feld gerade verlassen hat. Knappe Begründung des Kurvenverlaufes!

b) Stellen Sie den Kraftfluß durch die Spule von $t = 0$ bis zum vollständigen Eintritt der Spule in das Magnetfeld als Funktion der Zeit allgemein dar. Benutzen Sie dabei die Größen der Skizze!

c) Für $N_i = 6$; $v = 1{,}0$ m/s; $H = 4{,}0 \cdot 10^5$ A/m; $a = 1{,}5$ cm; $b = 2{,}0$ cm ergibt sich $\Phi = (1{,}0 \cdot 10^{-2}$ V$) \cdot t$. Berechnen Sie die Induktionsspannung während des Eintauchens in das Magnetfeld!

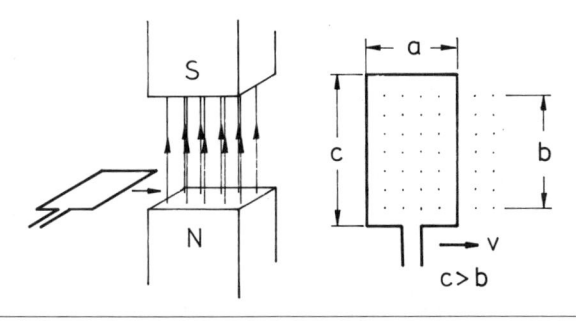

* Vgl. hierzu Schulbücher zur Integralrechnung.

> **8. Aufgabe:**
> Berechnen Sie die induzierte Spannung, wenn
> a) $\Phi(t) = \Phi_0 + k \cdot t$; $N_i = 1000$; $k = 5{,}0 \cdot 10^{-2}$ V
> b) $\Phi(t) = \Phi_0 \sin(\omega \cdot t)$; $f = 50$ Hz; $\Phi_0 = 5{,}0 \cdot 10^{-2}$ Vs; $N_i = 1000$.

Literaturhinweis:
Anwendung der Induktion in der Technik: Lüscher: Experimentalphysik II, S. 143 ff.
Zur elektromagnetischen Induktion siehe auch: Feynman, Lectures on Physics, Bd. 2, Teil 1, 17.1.

25.3 Spannungsstoß – Stromstoß

Bei einem Induktionsversuch zeigt das an die Leiterschleife angeschlossene Galvanometer einen Stoßausschlag. Auch die Entladung eines Kondensators führt zu einem Stoßausschlag. Dennoch besteht zwischen beiden Vorgängen ein wesentlicher Unterschied:
Während bei der Entladung eines Kondensators die von den Belegen abfließende Gesamtladung den Stoßausschlag bewirkt, ist es bei den Induktionsversuchen primär die im Kreis auftretende Induktionsspannung, die den Stromstoß im Kreis bewirkt.

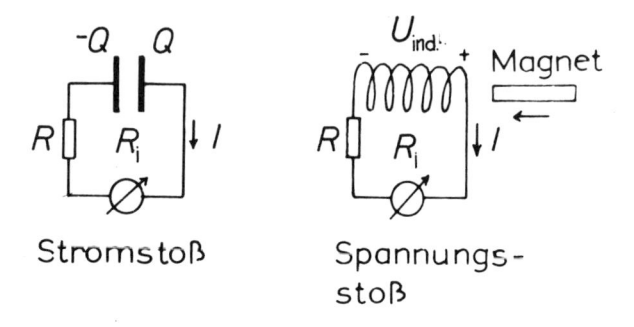

Stromstoß | Spannungsstoß

Stoßausschlag

unabhängig von R				abhängig von R			
$R_{ges} = R + R_i$ in Ohm	150	270	1250	$R_{ges} = R + R_i + R_{sp}$ in Ohm	62	124	186
α in Skt	6,2	6,2	6,2	α in Skt	6	3	2

> **9. Aufgabe:**
> Begründen Sie, warum der Stoßausschlag α bei der Kondensatorentladung unabhängig von R ist. Gilt dies für beliebige Widerstandswerte?

Die elektromagnetische Induktion – 2. Teil   155

Die Meßwerte bei dem Induktionsversuch ergeben:

$R \cdot \int_{t_1}^{t_2} I(t)dt = $ const.   d.h. $\int_{t_1}^{t_2} R \cdot I(t)dt = \int_{t_1}^{t_2} U(t)dt = $ const., unabhängig von R.

$R \cdot I(t) = U(t)$ ist die induzierte Spannung zur Zeit t.

Diese Überlegungen zeigen, daß bei Induktionsversuchen mit gleichem $\Delta\Phi$ nicht der Stromstoß $\int_{t_1}^{t_2} I \cdot dt$, sondern der Spannungsstoß $\int_{t_1}^{t_2} U dt$ konstant bleibt.

Bei Induktionsversuchen entstehen primär Spannungsstöße.

10. Aufgabe:
Eine quaderförmige Feldspule mit quadratischer Querschnittsfläche (Quadratseite a) hat die folgenden Daten:
$l = 1{,}2$ m; $a = 15$ cm; $N = 2000$; $I_f = 4{,}0$ A.
Im Feld dieser Spule werden Versuche mit einem Drahträhmchen (s. Skizze zu **a)**) mit der Quadratseite $b = 10$ cm, $N' = 200$ gemacht.

a) Das Rähmchen soll mit konstanter Winkelgeschwindigkeit um die in der Skizze angegebene Achse rotieren, Umlaufzeit 0,2 s. Leiten Sie die Gleichung der induzierten Spannung ab. Wie groß ist U_{max}?

b) Das Drahträhmchen rotiere wie bei **a)**. Zur Zeit $t = 0$ befinde sich das Rähmchen in der angegebenen Stellung. Gleichzeitig wird das Spulenfeld proportional zur Zeit von 0 zum vollen Wert mit $I_f = 4{,}0$ A ($\Delta t = 8{,}0$ s) aufgebaut. Geben Sie die Gleichung der induzierten Spannung für diesen Aufbauvorgang an.

c) Das Drahträhmchen befindet sich ganz in der Feldspule; die Flächennormale stimmt mit der Feldrichtung überein. Skizzieren Sie qualitativ die Induktionsspannung, wenn der Feldstrom den in der Skizze angegebenen Verlauf hat.

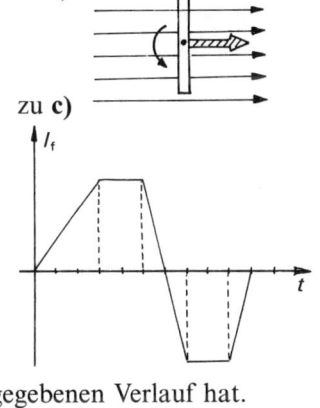

d) α) Berechnen Sie den Spannungsstoß $\int U dt$ beim Abschalten, wenn die Stromstärke vor dem Abschalten $I_f = 4{,}0$ A war.

β) Die Maße der Feldspule bleiben fest.
Das Drahträhmchen soll jetzt jedoch die Feldspule umfassen. Wie beeinflußt jetzt eine Vergrößerung von b den Spannungsstoß $\int U dt$ beim Abschalten?

■ **Beachte FWU-Film:** Faraday entdeckt die Induktion 320657.

26. Das Lenzsche Gesetz

Tritt in einem geschlossenen Leiterkreis eine induzierte Spannung auf, so fließt ein Induktionsstrom
$$I(t) = \frac{U_{ind}}{R_{kreis}}.$$
Die verrichtete Stromarbeit $W = \int_{t_1}^{t_2} I(t)^2 \cdot R \, dt$ ist mit dem Abbau eines Energievorrats verbunden.

1. Versuch:

Ein Wagen, auf dem ein Stabmagnet befestigt ist, bewegt sich (reibungsfrei) auf eine Spule zu (siehe Skizze). Das Amperemeter zeigt einen Ausschlag, der Wagen wird abgebremst.

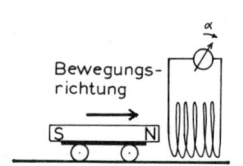

Die durch den Induktionsstrom in der Spule verrichtete Stromarbeit ist nur durch den Abbau eines Energievorrates möglich. Im vorliegenden Fall wird die kinetische Energie des Wagens abgebaut, die Geschwindigkeit des Wagens wird verringert. Dies wird dadurch erreicht, daß der in der Spule fließende Induktionsstrom ein Magnetfeld aufbaut, das dem Magnetfeld des Stabmagneten entgegengerichtet ist. Der Strom fließt also so, daß dem Nordpol des Stabmagneten ein Nordpol der stromdurchflossenen Spule gegenübersteht. So kommt es zu einer abstoßenden Kraft zwischen Spule und Wagen und damit zu einer Abbremsung des Wagens.

1. Aufgabe:
a) Geben Sie die Richtung des Induktionsstromes bei obigem Versuch an.
b) Erklären Sie die Kraftwirkung auf den sich annähernden Wagen mit Hilfe der Kraftwirkung auf stromdurchflossene Leiter. Beachten Sie, daß das Feld des Stabmagneten inhomogen ist:

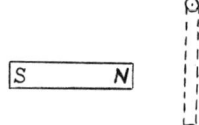

1. Windung der Spule

Verwenden Sie zur Erklärung nebenstehende Skizze!

Bestätigung der Überlegungen von **Aufgabe 1**:
Läßt man im rechten Kreis einen Strom fließen, der die gleiche Richtung wie der Induktionsstrom im linken Kreis hat, so wird der Wagen abgestoßen. Dies ist ein Nachweis dafür, daß sich bei Annäherung des Wagens am linken Ende der Spule ein Nordpol ausbildet. Entfernt man den Wagen, so entsteht am linken Spulenende ein Südpol.

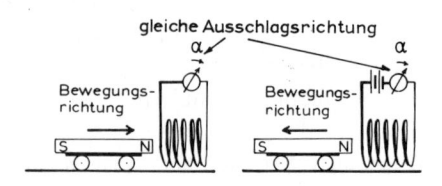

Das Lenzsche Gesetz

Lenzsches Gesetz:
Der Induktionsstrom ist so gerichtet, daß er die Ursache, der er seine Entstehung verdankt, zu hemmen sucht.

2. Aufgabe:

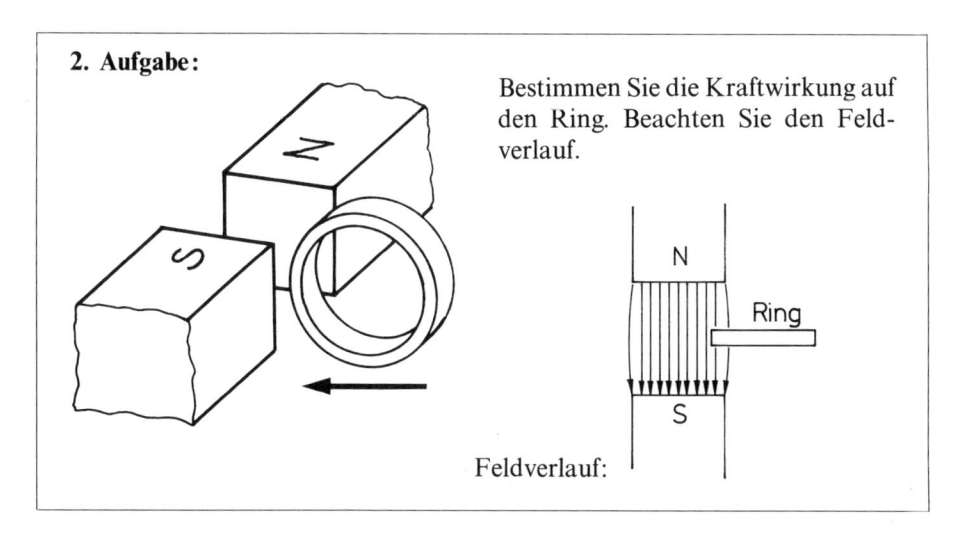

Bestimmen Sie die Kraftwirkung auf den Ring. Beachten Sie den Feldverlauf.

Feldverlauf:

2. Versuch: (Thomsonscher Ringversuch)
In einer Spule von 600 Windungen steckt ein langer Eisenkern, über diesem ein Ring aus Aluminium oder Kupfer. Die Spule muß gut am Tisch festgeklemmt sein. Schließt man die Spule über einen Schalter kurzzeitig an eine Wechselspannung von 220 V, so wird der Ring bis an die Zimmerdecke geschleudert –
Vorsicht ist geboten!

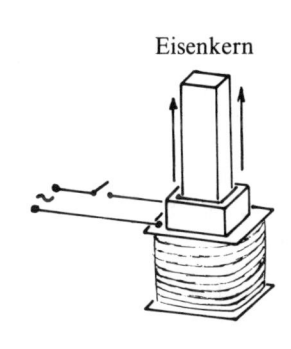

Die Anordnung wirkt wie ein Transformator, wobei die Stromstärke in umgekehrtem Verhältnis der Windungszahlen (600:1) transformiert wird. Das starke Magnetfeld des Stroms im Ring ist so gerichtet, daß der Ring vom Magnetfeld von Spule und Eisenkern immer abgestoßen wird.

Wählt man eine niedrigere einstellbare Wechselspannung, so kann man den Ring schweben lassen, wobei er sich wegen der hohen Stromstärken stark erwärmt.

3. Aufgabe:
a) Bestimmen Sie die Kraftwirkung auf den Ring beim Schließen des Stromkreises.
b) Welche Kraft wirkt auf den Ring, wenn I konstant ist?

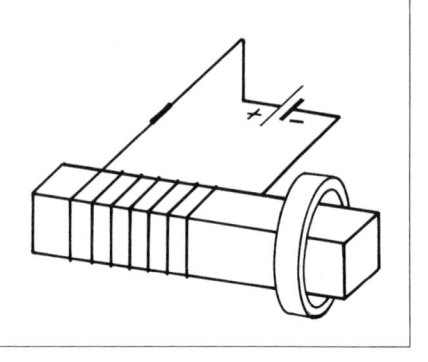

3. Versuch: (Waltenhofensches Pendel)
In der nebenstehenden Anordnung schwingt ein Pendel zwischen den Polschuhen eines starken Elektromagneten durch.
An dem Pendel ist vorne ein Aluminiumring eingeklemmt, dessen Bohrung in der tiefsten Lage genau zwischen den Polschuhen liegt. Ist der Magnet zunächst ausgeschaltet, so schwingt der Ring ungehindert

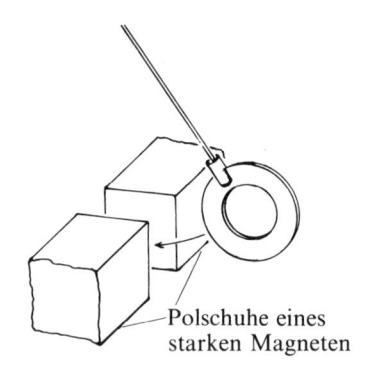

Polschuhe eines starken Magneten

durch. Wird der Magnet eingeschaltet, so wird der Ring im Bereich der Polschuhe deutlich abgebremst, so daß die Schwingung nach wenigen Durchgängen zum Stillstand kommt. Durch die Feldänderung im Ring wird in diesem wie in einer Spule ein Induktionsstrom erzeugt, der so gerichtet ist, daß er die Bewegung des Rings beim Eintreten in das Feld und beim Austreten jeweils bremst (siehe 2. Aufgabe).

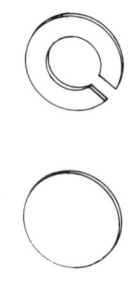

Setzt man in das Pendel einen geschlitzten Ring ein, so wird dieser wesentlich weniger gebremst, weil der Induktionsstrom nicht (so) fließen kann wie beim Ring.
Nimmt man eine Vollscheibe, dann ist die Bremsung noch stärker als beim Ring, es fließen hier kreisförmige Ströme (»Wirbelströme«) in der gesamten Scheibe.
Diese **Wirbelstrombremsung** macht man sich bei Schienenfahrzeugen zunutze, indem man eine mit der Achse verbundene Scheibe zwischen den Polen eines Elektromagneten laufen läßt oder einen Elektromagneten dicht über der Schiene entlangführt. Zum Bremsen wird dann jeweils der Magnet eingeschaltet.

4. Aufgabe:
Zwischen die Polschuhe wird der Ehering des Kursleiters gebracht.

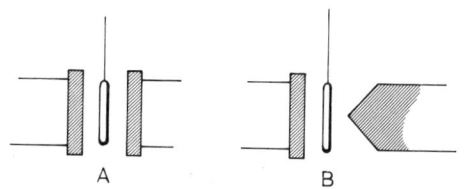

Überlegen Sie für beide Fälle, welche Kräfte beim Ein- bzw. Ausschalten des Magnetfeldes auftreten.

5. Aufgabe:
Erklären Sie die Bewegung des Ringes.

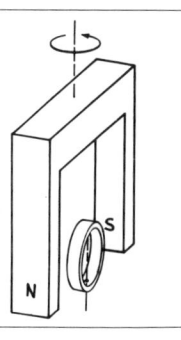

Literaturhinweis:
Weitere Anwendungen zum Lenzschen Gesetz (z. B. Magnetkissen-Fahrbahn) findet man in: Dransfeld-Kienle: Physik II, S. 158ff.

6. Aufgabe:
a) Eine lange Leiterschleife mit der Breite $l = 10$ cm bewegt sich mit der konst. Geschwindigkeit $v = 2,0$ m/s in Richtung auf den Erdmittelpunkt und senkrecht zu den Feldlinien eines Magnetfeldes ($B = 4,0$ Vs/m^2).

 α) Bestimmen Sie den in der Leiterschleife ($R = 5,0\ \Omega$) induzierten Strom und geben Sie dessen Richtung an.

 β) Wie groß sind die auf die Leiterschleife wirkenden Kräfte, wenn deren Masse $m = 8,0$ g beträgt? Geben Sie die Richtung dieser Kräfte an.

b) Überläßt man die Leiterschleife ihrer Gewichtskraft, so fällt sie nach einiger Zeit mit konstanter Geschwindigkeit. Wie groß ist diese Geschwindigkeit? Der Luftwiderstand kann unberücksichtigt bleiben.

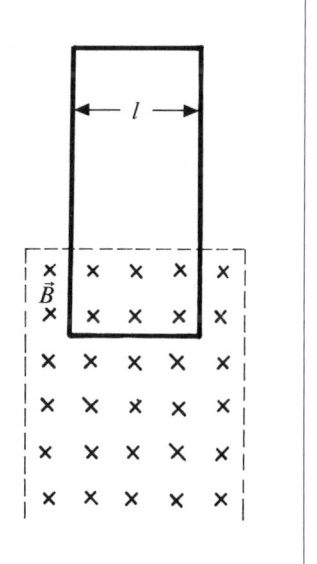

c) Bei der Bewegung in **b)** verliert die Leiterschleife fortlaufend Lageenergie. Es soll durch eine Rechnung mit allgemeinen Größen gezeigt werden, daß der Energieerhaltungssatz erfüllt ist.

7. Aufgabe: Unipolarmotor (nach LK-Reifeprüfung 1981; Baden-Württemberg)

a) Bewegt man einen Metallstab der Länge l in bestimmter Weise in einem konstanten und homogenen Magnetfeld B, dann entsteht zwischen den Stabenden die Induktionsspannung $U_i = B \cdot l \cdot v_s$.
Leiten Sie anhand einer Skizze die obige Beziehung aus der Voraussetzung her, daß ein im Magnetfeld bewegtes Elektron die Lorentzkraft $F_L = B \cdot e \cdot v_s$ erfährt.

b) Zur Ausmessung eines homogenen und konstanten Magnetfeldes kann die nebenstehend skizzierte Versuchsanordnung dienen: Eine kreisförmige Plexiglasscheibe trägt am Rand einen schmalen Kupferring KR mit einer radialen Kupferlamelle L. Die Scheibe dreht sich gleichförmig um eine zur Feldrichtung parallele Metallachse durch M mit der Drehfrequenz n. Die Länge der Kupferlamelle ist näherungsweise gleich dem Radius r des Kupferringes. Mit einem sehr hochohmigen Voltmeter kann man über Schleifkontakte K_1 und K_2 zwischen Drehachse und dem Kupferring eine Induktionsspannung nachweisen.

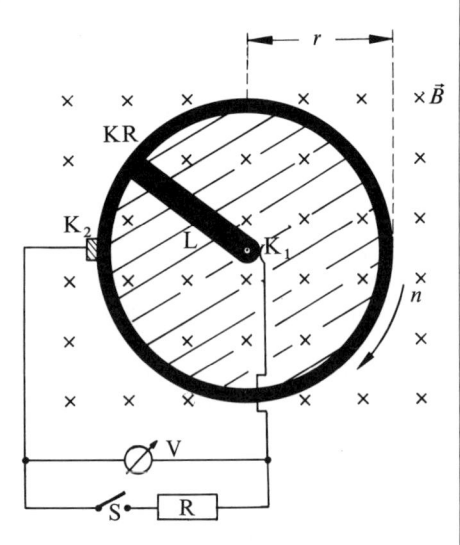

α) Geben Sie die Polarität dieser Induktionsspannung an und leiten Sie mit Hilfe des Induktionsgesetzes einen Ausdruck für die induzierte Spannung U_i in Abhängigkeit von den gegebenen Größen her.

β) Der Radius des Kupferrings beträgt $r = 20$ cm. Bei der Drehfrequenz $n = 20$ Hz mißt man die Induktionsspannung $U_i = 250$ mV. Berechnen Sie aus diesen Daten die magnetische Flußdichte B in Tesla (1 T = 1 Vs/m²).

c) Nun wird durch Schließen des Schalters S der Ohmsche Widerstand $R = 2{,}0\ \Omega$ in den Induktionsstromkreis eingeschaltet. Die stromdurchflossene Kupferlamelle erfährt nun im Magnetfeld eine Kraft, welche die Rotationsbewegung der Scheibe bremst.

α) Zeigen Sie, daß der Angriffspunkt dieser Kraft in der Mitte der Lamelle liegt (in der Entfernung $0{,}5\,r$ von der Drehachse M), und leiten Sie für den Betrag dieser Kraft die Beziehung her:
$$F = n \cdot \pi \cdot r^3 \cdot \frac{B^2}{R}$$
Berechnen Sie diese Kraft in mN.

β) Um die gleichförmige Rotationsbewegung der Scheibe im Magnetfeld aufrechtzuerhalten, muß man demnach auch bei vernachlässigbarer mechanischer Reibung eine mechanische Leistung aufbringen. Berechnen Sie für die Drehzahl $n = 20$ Hz diese mechanische Leistung P.

d) Nun werde die rotierende Plexiglasscheibe mit Kupferring durch eine gleich große massive Kupferscheibe ersetzt. Untersuchen Sie, ob sich dadurch die Ergebnisse beim Versuch gemäß Teilaufgabe a) ändern.

e) Die Vorrichtung mit massiver Kupferscheibe kann nun in Umkehrung des in a) beschriebenen Versuchs als »Unipolarmotor« betrieben werden, wenn man zwischen Achse und Rand von außen eine konstante Gleichspannung anlegt. Der Wirkungsgrad ist gleich dem Verhältnis der an der Achse abnehmbaren mechanischen Nutzleistung zu der zugeführten elektrischen Leistung.

Geben Sie – ohne Rechnung – eine Begründung, weshalb dieser Wirkungsgrad sehr klein ist.

---

8. Aufgabe:

Eine quadratische Leiterschleife (Quadratseite a) wird horizontal durch ein homogenes, dazu senkrecht stehendes Magnetfeld von quadratischer Dimension (Quadratseite b) und anschließend durch ein zweites, gleichartiges Feld mit der halben Kraftflußdichte geführt (siehe Skizze).

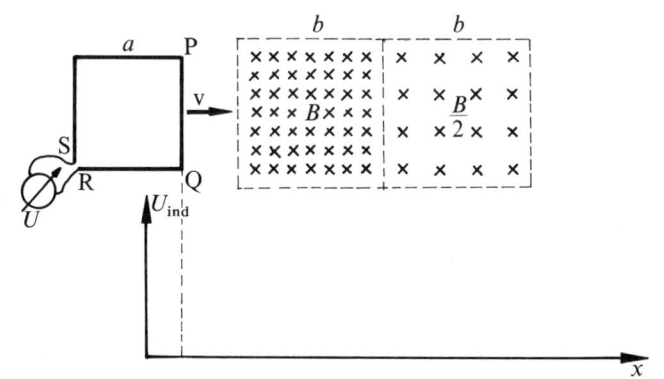

$a = 10$ cm; $b = 30$ cm; $B = 1{,}0 \cdot 10^{-2}\,\dfrac{\text{Vs}}{\text{m}^2}$.

Die Geschwindigkeit ist konstant und beträgt $v = 2{,}0\,\dfrac{\text{m}}{\text{s}}$.

a) Skizzieren Sie den Verlauf der induzierten Spannung als Funktion des Ortes von PQ.
b) Berechnen Sie die dabei auftretenden Spannungen.
c) Die Leiterschleife wird nun bei RS kurzgeschlossen. Bestimmen Sie die Richtung von I_{ind} und berechnen Sie den Betrag dieser Stromstärken, wenn der Leiter den Widerstand $R_i = 0,01\,\Omega$ hat. Bestimmen Sie die Richtung und die Größe der auf die Leiterschleife wirkenden Kräfte. (Vom Gewicht wird abgesehen!)
d) Wie ändern sich die Induktionsspannung, der Strom und die Kraft beim Eintritt in das Feld gegenüber c), wenn statt einer Leiterschleife N übereinanderliegende Leiterschleifen mit dem ursprünglichen Drahtquerschnitt verwendet werden und diese
   α) hintereinander
   β) parallel geschaltet werden.
e) Berechnen Sie die mechanische Arbeit, die notwendig ist, um die Leiterschleife von c) durch das Feld zu ziehen.
f) Berechnen Sie die elektrische Arbeit, die frei wird, wenn die Leiterschleife durch das ganze Feld gezogen wird, und bestätigen Sie damit das Energieerhaltungsgesetz.

27. Wechselstrom

27.1 Erzeugung sinusförmiger Wechselspannung

Eine rechteckige Spule mit N_i Windungen und der Fläche A_0 (siehe Skizze) wird im homogenen Magnetfeld der Kraftflußdichte B mit der Winkelgeschwindigkeit $\omega = \dfrac{2 \cdot \pi}{T}$ gedreht.

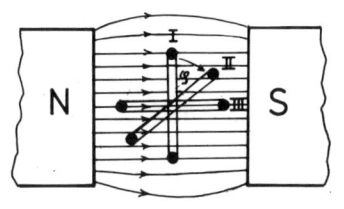

Drehbare Spule in verschiedenen Stellungen

$0 \leq \varphi \leq 2\pi$

Die in der Spule induzierte Spannung kann aus der magnetischen Flußänderung berechnet werden. Bei $t = 0$ sei die Spule in Stellung I. Dann gilt:

allgemein:
$$\Phi = B \cdot A_0$$
$$\Phi = B \cdot A_0 \cdot \cos\varphi = B \cdot A_0 \cdot \cos(\omega t)$$
oder
$$\Phi = \Phi_0 \cos(\omega t) \quad \text{mit} \quad \Phi_0 = B A_0$$

Mit der differentiellen Form des Induktionsgesetzes kann die induzierte Spannung U_i berechnet werden.

$$U_i = -N_i \frac{d\Phi}{dt}$$

$$U_i = N_i \cdot \Phi_0 \cdot \omega \cdot \sin(\omega t)$$

oder
$$\boxed{U_i = U_0 \sin(\omega t) \quad \text{mit} \quad U_0 = N_i \cdot B \cdot A_0 \cdot \omega}$$

---

1. Aufgabe:

a) Die Zeitdauer für eine volle Umdrehung der Spule ist T. Zu welchen Zeitpunkten ist die induzierte Spannung 0? Diese Zeitpunkte sollen durch T ausgedrückt werden.
b) Für welche Zeitpunkte (durch T ausdrücken!) ist der Betrag der induzierten Spannung U_i maximal?
c) Berechnen Sie den Maximalwert (Amplitude) U_0 der induzierten Spannung.
d) Wie groß ist φ, wenn die Momentanspannung gleich dem halben Maximalwert ist?

e) Welche Spannung wird zum Zeitpunkt $t = \frac{4}{5}T$ induziert?
f) Wie ändert sich der Scheitelwert der induzierten Spannung, wenn die Frequenz verdreifacht wird?
g) Welcher Schleifring stellt in der ersten Skizze den Pluspol dar?

2. Aufgabe:
Beantworten Sie die Fragen 1a)–1g) für den Fall, daß die Spule zur Zeit $t = 0$ gegenüber der Stellung I den Winkel von 30° bildet (gleicher Drehsinn).

3. Aufgabe: Berechnung der induzierten Spannung über die Lorentzkraft

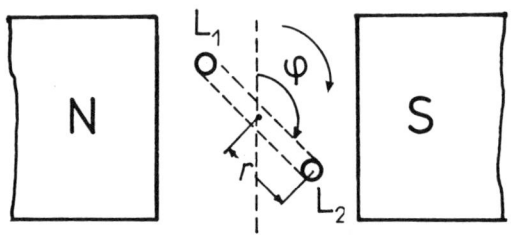

a) Zeichnen Sie für die Leiterstücke L_1 und L_2 der rechteckigen Spule den Vektor der Momentangeschwindigkeit $\vec{v}$ ein. Die Leiterstücke stehen senkrecht zur Zeichenebene.
b) Berechnen Sie den Betrag der Lorentzkraft auf einen positiven Ladungsträger in L_1 in Abhängigkeit vom Winkel φ.
c) Berechnen Sie die in L_1 induzierte Spannung U_{i_1}. Die Länge des Leiterstücks L_1 ist l.
d) Wie groß ist die gesamte induzierte Spannung U_{ig} in der Leiterschleife? Betrachten Sie dazu den Beitrag der einzelnen geraden Leiterstücke.
e) Zeigen Sie, daß die so berechnete Gesamtspannung den gleichen Wert wie in Aufgabe **1b** hat.
f) Geben Sie die Stromrichtung in L_1 und L_2 an!

Durch geeignete Gestaltung der Abgriffe an den Spulenenden (Kollektor) kann man einen sogenannten pulsierenden Gleichstrom erzeugen:

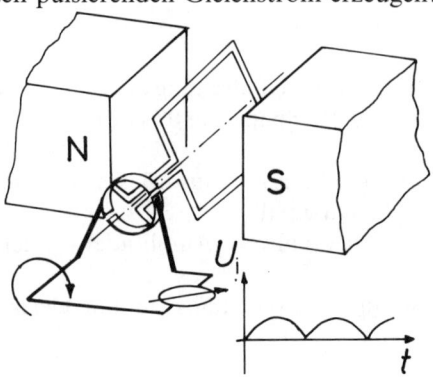

27.2 Effektivwerte von Wechselstrom und Wechselspannung

Das grundsätzliche Problem bei der Berechnung der Stromarbeit von Wechselströmen liegt darin, daß Strom und Spannung zeitabhängig sind.
Im folgenden werden für Spannung und Stromstärke zeitunabhängige »Effektivwerte« definiert, mit denen die Arbeitsberechnung für Wechselströme in derselben Weise möglich ist wie für Gleichströme.

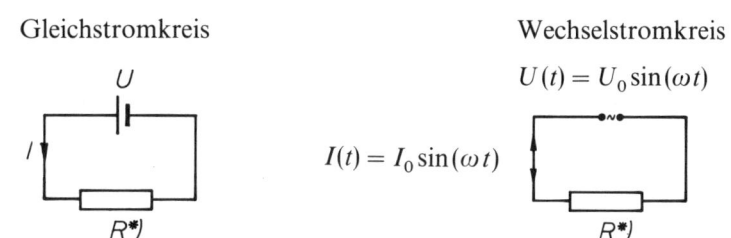

Gleichstromkreis   Wechselstromkreis

U $U(t) = U_0 \sin(\omega t)$

$I(t) = I_0 \sin(\omega t)$

$R^{*)}$ $R^{*)}$

Berechnung der Stromarbeit in der Zeit T:

$W = U \cdot I \cdot T$ $W = \int_0^T U(t) \cdot I(t) \, dt$

$W = I^2 \cdot R \cdot T$ $W = R \cdot \int_0^T (I(t))^2 \, dt$

$W = R \cdot \int_0^T I_0^2 \cdot (\sin \omega t)^2 \, dt$

$W = R \cdot \int_0^T I_0^2 \cdot \frac{1}{2}(1 - \cos 2\omega t) \, dt$

$W = I^2 \cdot R \cdot T$ $W = \frac{I_0^2 \cdot R}{2} \cdot T.$

Wird in beiden Kreisen die gleiche Stromarbeit verrichtet, so gilt:

$$I = \frac{I_0}{\sqrt{2}}.$$

Man bezeichnet $\frac{I_0}{\sqrt{2}}$ als Effektivwert I_{eff} eines Wechselstroms mit dem Scheitelwert I_0.

$$\boxed{I_{\text{eff}} = \frac{I_0}{\sqrt{2}}}$$

---

* R ist der Widerstandswert eines Leiters, an dem die Stromarbeit in innere Energie umgewandelt wird und für den $U(t)/I(t) = R = $ const. gilt. Ein solcher Widerstand heißt »ohmscher Widerstand«. Unsere bisher verwendeten Widerstände erfüllen diese Bedingung.

Ein Wechselstrom mit dem Effektivwert I_{eff} verrichtet in der Zeit T die gleiche Stromarbeit wie ein Gleichstrom der Stärke $I = I_{eff}$.
Ersetzt man in obiger Herleitung $U(t) \cdot I(t)$ durch $\dfrac{U^2(t)}{R}$, so erhält man:

$$U_{eff} = \dfrac{U_0}{\sqrt{2}}$$

27.3 Geräte zur Messung von Wechselströmen bzw. Wechselspannungen

Zur Messung von Wechselströmen bzw. Wechselspannungen eignen sich alle Geräte, bei denen die Richtung des Zeigerausschlages unabhängig von der Stromrichtung ist.

4. Aufgabe:
Nennen Sie solche Geräte und beschreiben Sie knapp deren Funktionsweise.

Auch Drehspulinstrumente sind zur Messung von Wechselströmen bzw. Wechselspannungen geeignet, wenn durch Gleichrichter dafür gesorgt wird, daß der Strom nur in einer Richtung durch das Instrument fließt.
Mögliche Schaltungen:

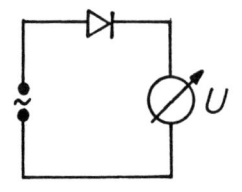

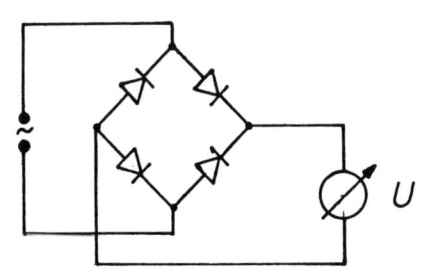

A: Einweggleichrichtung   B: Doppelweggleichrichtung

5. Aufgabe:
Skizzieren Sie für beide Schaltungen den zeitlichen Verlauf der Spannung am Meßgerät.

Das Drehspulmeßinstrument reagiert auf den pulsierenden Gleichstrom hinreichend hoher Frequenz so, als würde ein konstanter mittlerer Strom I_m fließen.

$$I_m = \dfrac{1}{T} \int_0^T I(t)\,dt$$

Analoge Aussagen gelten für die Spannung.

6. Aufgabe:
Berechnen Sie U_m für die Fälle A und B in Abhängigkeit von U_0.

Aus den Ergebnissen von Aufgabe **6** sieht man, daß das Drehspulinstrument mit Gleichrichter keine Effektivwerte anzeigt. Es kann jedoch leicht auf Effektivwerte umgeeicht werden.

7. Aufgabe:
Berechnen Sie die Effektivwerte der folgenden Spannungen:

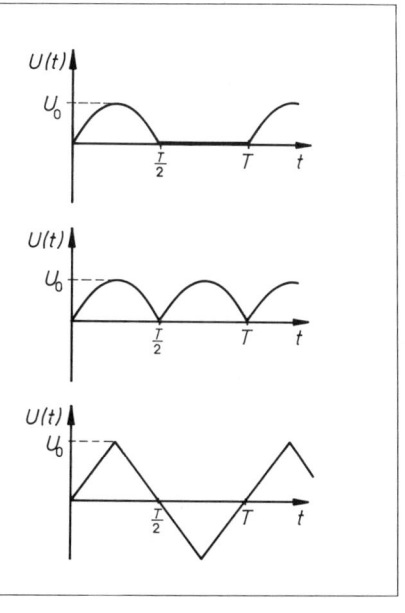

Versuch:
Vor ein für Gleichspannungen geeichtes Drehspulmeßinstrument wird ein Doppelweggleichrichter geschaltet und der Ausschlag mit einem für Effektivwerte geeichten Gerät verglichen. Das Verhältnis der angezeigten Spannungen ist 1,11 : 1.

8. Aufgabe:
Erklären Sie dieses Verhältnis mit Hilfe der Ergebnisse der vorhergehenden Aufgaben.

9. Aufgabe:
Gegeben ist der nebenstehend skizzierte Verlauf einer Wechselspannung. Diese Wechselspannung wird an einen ohmschen Widerstand gelegt.

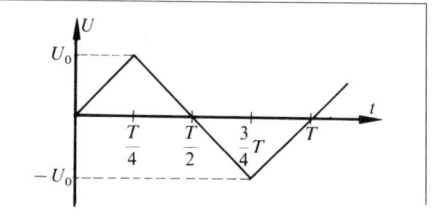

a) Skizzieren Sie den zeitlichen Verlauf des zugehörigen Wechselstroms im angegebenen Stromkreis für $0 \leq t \leq T$ qualitativ. 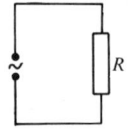
b) Wie ist der Effektivwert des Wechselstromes allgemein definiert?
c) Berechnen Sie den Effektivwert des Wechselstromes von Teilaufgabe a) in Abhängigkeit vom Scheitelwert I_0.
d) Wie groß ist U_{eff} für $U_0 = 60$ V, $R = 20\,\Omega$, $T = \frac{1}{50}$ s?
e) Wie groß müßte eine an R angelegte Gleichspannung $U_=$ sein, damit in längerer Zeit die gleiche Energie abgegeben wird wie bei der angelegten Wechselspannung?

10. Aufgabe:

a) Berechnen Sie den Effektivwert nebenstehender Wechselspannung in Abhängigkeit von U_0. Welchen Ausschlag U_m würde ein für Gleichspannungen gebautes Voltmeter zeigen?
b) Berechnen Sie den Effektivwert der nebenstehend skizzierten Wechselspannung.
c) Welchen zeitlichen Verlauf muß der Strom in einer Feldspule ($l = 80$ cm, $N = 500$) haben, damit in einer Induktionsspule ($N_i = 200$, $A_i = 30$ cm^2) die in Teilaufgabe b) skizzierte Spannung auftritt? Zeichnen Sie hierzu den zeitlichen Verlauf von U ab und skizzieren Sie unter dem t-U-Diagramm das t-I-Diagramm.

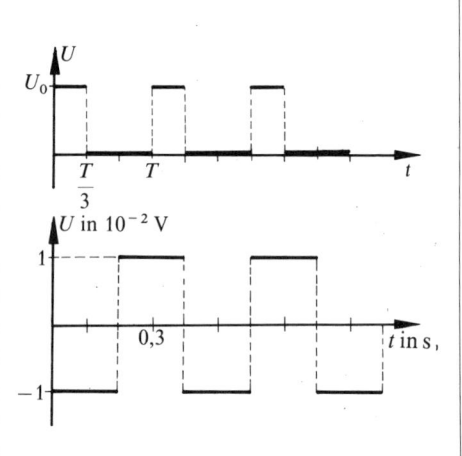

28. Ferromagnetismus*

28.1 Aufnahme der Hysteresiskurve

Bringt man verschiedene Materialien in Magnetfelder, so lassen sie sich nach ihrer Beeinflussung durch das Magnetfeld grob in zwei Gruppen einteilen:

a) Körper aus Eisen, Nickel und Kobalt sowie spezielle Legierungen, die keinen dieser drei Stoffe enthalten müssen, erfahren in Magnetfeldern starke Kraftwirkungen (Ferromagnetika).

b) Alle übrigen Stoffe erfahren nur in sehr starken inhomogenen Magnetfeldern schwache Kraftwirkungen.

Aus der Mittelstufe ist bekannt, daß zunächst unmagnetische Ferromagnetika im Feld selbst zu Magneten werden (magnetische Influenz).

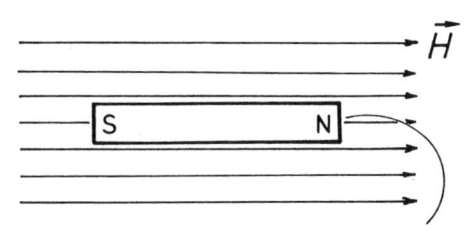

Über das Magnetfeld im Inneren dieser Proben soll nun der folgende Versuch Auskunft geben:
Eine Induktionsspule (N_i, A_i) befindet sich im homogenen Magnetfeld der Feldstärke $\vec{H}$ (s. Skizze), das durch eine Feldspule erzeugt wird. Wird das Magnetfeld abgeschaltet, so erhält man einen Spannungsstoß $\int_{t_1}^{t_2} U(t)\,dt = N_i \Delta\Phi_1$, der mit einem ballistischen Galvanometer gemessen werden kann.

Die gleiche Induktionsspule wird vollständig mit einem ferromagnetischen Material ausgefüllt, die magnetische Feldstärke in der Feldspule sei die gleiche wie vorher. Beim Abschalten des Feldes erhält man einen größeren Spannungsstoß $\int_{t_1}^{t_2} U(t)\,dt = N_i \Delta\Phi_2$ als vorher.

influenzierte ferromagnetische Probe

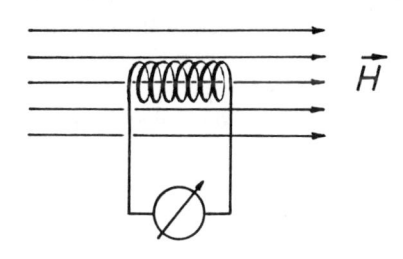

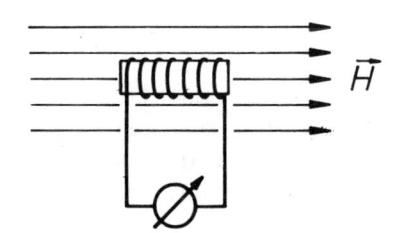

Definition:

$$\frac{\Delta \Phi_2}{\Delta \Phi_1} = \frac{B_2}{B_1} = \mu_r,$$

μ_r ist eine reine Zahl und heißt
relative Permeabilität

Bei gleichem äußerem Feld H ist also die Kraftflußdichte B im ferromagnetischen Material wesentlich größer als im Vakuum (bzw. in Luft).
Mit der folgenden Anordnung wird der Zusammenhang zwischen den Feldgrößen B und H bestimmt:

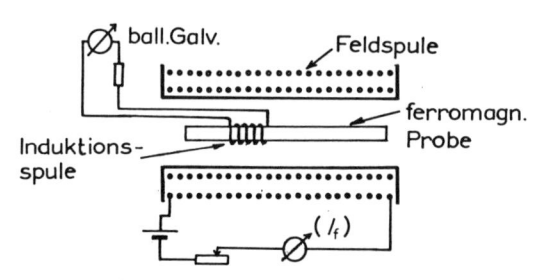

Dazu werden zu verschiedenen Werten H des erregenden Feldes die Kraftflußdichten B in der Probe gemessen. Man zieht dazu die Induktionsspule rasch von der Probe ab und bringt sie in den feldfreien Raum außerhalb der Spule.
Da $H \sim I_f$, kann I_f als Maß für H dienen. Da $B \sim \int_{t_1}^{t_2} U(t) \mathrm{d}t$, ist der induzierte Spannungsstoß bzw. der dazu proportionale Stoßausschlag α ein Maß für B.
Die Probe ist dabei zu Beginn des Versuchs unmagnetisch. Der Feldstrom für die Einzelmessungen soll zunächst vom Wert Null bis auf einen Extremwert I_{max} anwachsen, dann bis auf $-I_{max}$ abnehmen und schließlich wieder bis auf $+I_{max}$ ansteigen.
Dabei ergibt sich das folgende Ergebnis:

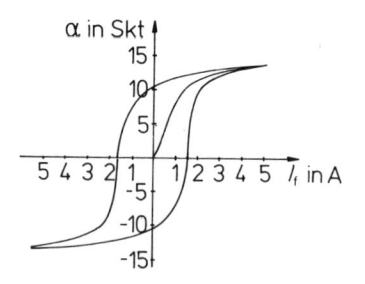

Aufgabe: Entmagnetisieren
Ein magnetisiertes Weicheisenstück wird in eine Spule aus Kupferdraht gelegt. Legt man an die Spule eine genügend hohe Wechselspannung, die man schließlich langsam auf 0 Volt herunterregelt, so ist das Weicheisenstück bei Versuchsende entmagnetisiert. Erklären Sie dies unter Verwendung einer Skizze!

Ferromagnetismus

Diskussion des Zusammenhangs zwischen B und H

1. Es besteht kein linearer Zusammenhang, d. h., in der Beziehung $B = \mu_r \cdot \mu_0 \cdot H$ ist μ_r keine Konstante.
2. Steigert man H vom Wert Null an, so durchläuft man die sogenannte »Neukurve«.

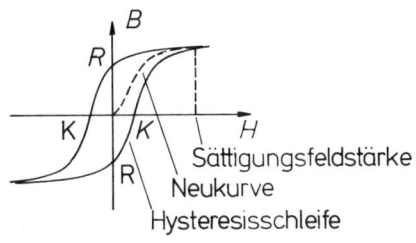

R: Remanenz
K: Koerzitivfeldstärke

Im Sättigungsbereich trägt zum Anwachsen von B das Eisen nichts mehr bei. Das Ansteigen der Kurve ist nur noch durch das Ansteigen von H selbst bedingt.
Je nach Verwendungszweck besitzen technische Ferromagnetika unterschiedliche Formen der Hysteresisschleifen.
Soll Eisen leicht ummagnetisierbar sein, z. B. das Eisen der Kerne von Transformatoren, so müssen sowohl Remanenz wie auch Koerzitivfeldstärke klein gehalten werden. Die Hysteresisschleife ist dann sehr schmal. Ohne äußeres Feld ist die Flußdichte im Eisen fast Null. Eine Ummagnetisierung ist schon durch geringe äußere Felder möglich.
Für Dauermagnete muß das Material eine möglichst hohe Remanenz und eine große Koerzitivfeldstärke besitzen. Die Hysteresisschleife eines solchen Materials ist sehr breit. Durch die hohe Koerzitivfeldstärke wird die Entmagnetisierung durch äußere Felder weitgehend unterbunden.

28.2 Einfache Modellvorstellung für den Ferromagnetismus

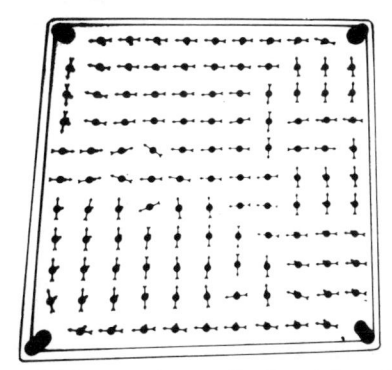

Die einzelnen Atome stellen selbst kleine Magnete dar, die sich zu Bereichen einheitlicher Ausrichtung zusammenschließen (Weißsche Bezirke). In einem unmagnetischen Ferromagnetikum heben sich die Wirkungen der einzelnen Bereiche nach außen hin auf. Nebenstehendes Bild zeigt einen Modellversuch, bei dem die Atome durch kleine Magnetnadeln dargestellt sind.
Unter der Wirkung eines äußeren Magnetfeldes wachsen die Bereiche, deren Magnetisierungsrichtung einen spitzen Winkel zur Feldrichtung bildet, auf Kosten der anderen an (Umklappung, Wandverschiebung der Bereiche).

Beachte FWU-Film: Ferromagnetische Körper 360598.

Richtung des äußeren Feldes

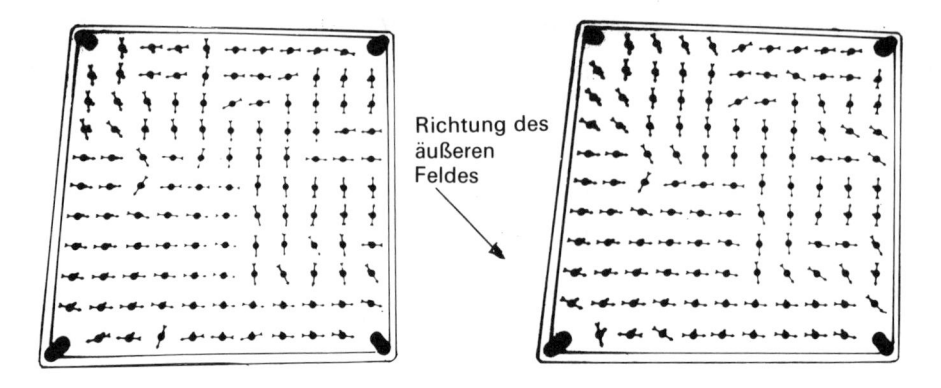

Erst wenn alle Bereiche einheitlich ausgerichtet sind, findet bei weiterem Anwachsen des äußeren Feldes eine Drehung der Orientierung statt.

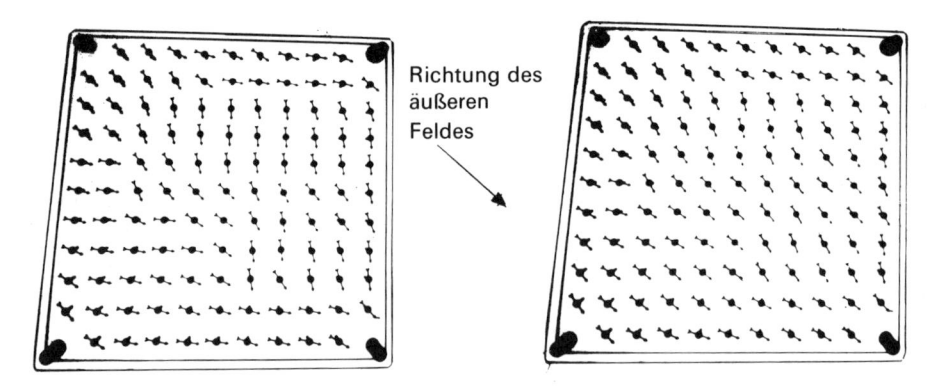

Richtung des äußeren Feldes

Das spontane Umklappen einzelner Bereiche führt in einer Spule, die um die magnetische Probe gelegt ist, zu kleinen Spannungsstößen, die – nach Verstärkung – mit einem Lautsprecher hörbar gemacht werden können (Barkhausen-Effekt).

Ergänzende Bemerkung:
Durch das Ausfüllen des Inneren einer Feldspule mit einem Ferromagnetikum läßt sich die Flußdichte also erheblich steigern. Dieses starke Magnetfeld ist jedoch für Experimente nicht zugänglich. Es zeigt sich aber, daß in unmittelbarer Nähe des Ferromagnetikums bei geeigneter Anordnung auch in Luft nahezu die gleichen Flußdichten erreicht werden können. Dazu darf das Ferromagnetikum jedoch nur durch einen kleinen Luftspalt unterbrochen werden (vgl. Herstellung starker Magnetfelder beim Halleffekt, bei Lautsprechern usw.).

Literaturhinweise:
1. Eine Beschreibung weiterer magnetischer Erscheinungen (Dia- und Paramagnetismus) findet man in Grimsehl Band 2, Seite 306ff.
2. Über die Verwendung von ferromagnetischem Material in der Digitalelektronik findet man eine übersichtliche Darstellung in: PHILIPS, Digitale Elektronik in Meßtechnik und Datenverarbeitung, Band II, Seite 276ff.

29. Die Selbstinduktion

29.1 Einführung

1. Versuch:

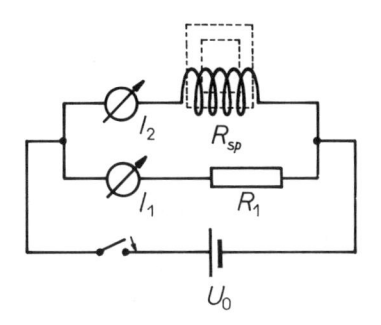

- Meßgeräte: Nullpunkt Mitte; Bereich 30 mA
- Spule hoher Induktivität
- einstellbarer Widerstand ($R_1 \approx 320\,\Omega$)

R_{sp}: Ohmscher Widerstand des Spulendrahtes

Einschaltvorgang:

Beim Schließen des Schalters beobachtet man, daß der Strom I_2 durch die Spule wesentlich langsamer anwächst als der Strom I_1 durch den Widerstand R_1. Außerdem stellt man fest, daß sich das Anwachsen des Stromes I_2 immer mehr verlangsamt, bis die Stromstärke schließlich einen konstanten Wert annimmt.

Erklärung:

Durch den anwachsenden Strom I_2 wächst auch das Magnetfeld im Inneren der Spule und damit auch der magnetische Fluß, der die Spule durchsetzt. Der sich ändernde magnetische Fluß bewirkt eine induzierte Spannung in der Spule, die nach dem Lenzschen Gesetz der anliegenden Spannung entgegenwirkt. Da die Induktionsspannung in der Spule durch die Änderung des eigenen Spulenstromes erzeugt wird, bezeichnet man diese Erscheinung als **Selbstinduktion**.
Die momentane Stromstärke $I_2(t)$ ist:

$$I_2(t) = \frac{U_0 - |U_i(t)|}{R_{sp}} \qquad (1)$$

Hierbei wird vorausgesetzt, daß die Strommeßgeräte einen vernachlässigbaren Innenwiderstand besitzen.

Da $\frac{\Delta I_2}{\Delta t}$ mit zunehmender Stromstärke I_2 immer geringer wird, verringert sich auch $\frac{\Delta \Phi}{\Delta t}$. Dies führt zu einer Abnahme der induzierten Spannung. Der Endwert von I_2 ist dann erreicht, wenn $\frac{\Delta I}{\Delta t}$ und damit $\frac{\Delta \Phi}{\Delta t}$ gleich Null ist.

Es gilt dann: $I_2 = \dfrac{U_0}{R_{sp}}$

I_1 hat den zeitlich konstanten Wert $I_1 = \dfrac{U_0}{R_1}$.

Ausschaltvorgang:

Beim Öffnen des Schalters beobachtet man, daß die Ströme I_1 und I_2 zu jedem Zeitpunkt entgegengesetzt gleich groß sind. Ihre Abnahme auf den Wert Null erfolgt zunächst rasch, dann zunehmend langsamer.

Erklärung:

Durch den abnehmenden Strom I_2 nehmen Magnetfeld und magnetischer Fluß in der Spule ab. Dadurch wird wieder eine Spannung in der Spule induziert, die aber jetzt die gleiche Richtung wie die ursprünglich anliegende Spannung hat:

$$I_1(t) = I_2(t) = \dfrac{U_i(t)}{R_{sp} + R_1}.$$

Obwohl die verwendeten Meßgeräte sehr kurze Einstellzeiten haben, läßt sich der zeitliche Verlauf der Ströme mit dieser Anordnung nicht genau genug feststellen. Eine eingehendere Untersuchung ist bei Verwendung eines Kathodenstrahloszilloskops möglich.

Mit einem Oszilloskop kann man nur Spannungen messen. Um den Verlauf von Strömen aufzeichnen zu können, muß man die Ströme in dazu proportionale Spannungen umsetzen.

2. Versuch:

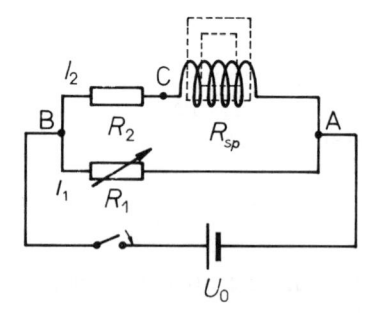

Über den zeitlichen Verlauf von $I_2(t)$ erhält man Aufschluß durch die Darstellung der Spannung $U_{BC} = R_2 \cdot I_2$ an R_2. Ebenso bekommt man den zeitlichen Verlauf von I_1 aus $U_{BA} = R_1 \cdot I_1$.

Die folgenden Oszillogramme zeigen den zeitlichen Verlauf der Spannung U_{BA} und des Stromes I_2 für $R_1 = 3\,\text{k}\Omega$ bzw. $R_1 = 160\,\text{k}\Omega$.

Die Selbstinduktion   175

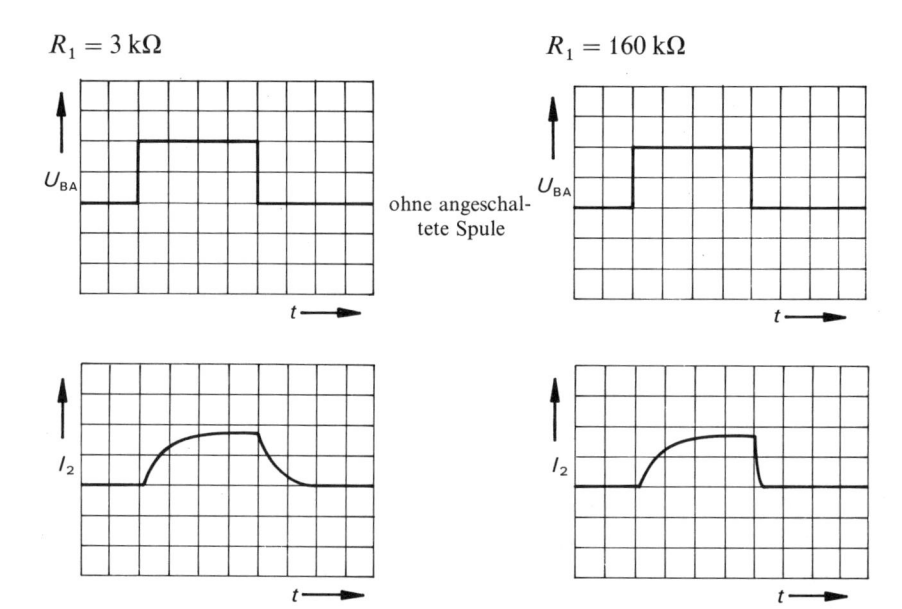

$R_1 = 3\,\text{k}\Omega$ $\qquad\qquad\qquad\qquad$ $R_1 = 160\,\text{k}\Omega$

ohne angeschaltete Spule

Für den Verlauf von I_2 sind beim Einschaltvorgang nur die Widerstände R_2 und R_sp maßgebend, da R_1 parallel zu diesen Widerständen geschaltet ist und somit keinen Einfluß auf den Strom I_2 hat.

Für den Verlauf des Stromes I_2 beim Ausschalten sind die Widerstände R_2, R_sp und R_1 zu berücksichtigen, da I_2 durch sie fließt.

> **1. Aufgabe:**
> Bestätigen Sie diese Feststellungen mit Hilfe der beiden Oszillogramme für I_2.

Wie bereits festgestellt wurde, ist der Strom I_2 durch die Spule nicht nur von der Batteriespannung $U_0 = U_\text{BA}$, sondern auch von der in der Spule induzierten Spannung U_i abhängig.

Aus dem Verlauf von I_2 kann man qualitativ auf den zeitlichen Verlauf von U_i schließen. Im Moment des Einschaltens ist $I_2 = 0$. Dies bedeutet, daß die induzierte Spannung U_i so groß wie U_BA ist und ihr entgegenwirkt.

Bei einer Spule ohne Eisenkern gilt:

$$\frac{\text{d}I}{\text{d}t} \sim \frac{\text{d}\Phi}{\text{d}t} \sim U_\text{i}(t)$$

Die Steigung der Strom-Zeit-Kurve stellt also ein Maß für die induzierte Spannung dar. Wird bei einer Spule mit Eisenkern das Eisen nicht zu stark magnetisiert, so gilt auch hier annähernd

$$\frac{\text{d}I}{\text{d}t} \sim U_\text{i}(t).$$

Im Augenblick des Einschaltens ist $\dfrac{dI_2}{dt}$ maximal und positiv, d.h., hier ist auch der Betrag der induzierten Spannung maximal und gleich U_{BA}. Im weiteren Verlauf nimmt die Steigung der Strom-Zeit-Kurve und damit auch der Betrag der induzierten Spannung ab.

Beim Ausschalten ist für $R_1 = 3\,\text{k}\Omega$ aufgrund der Steigung der Strom-Zeit-Kurve ein ähnlicher Wert für den Betrag der induzierten Spannung zu erwarten wie beim Einschalten. Die Spannung muß jedoch diesmal der ursprünglich anliegenden Spannung U_{BA} gleichgerichtet sein, da der magnetische Fluß in der Spule nun abnimmt ($\dfrac{dI_2}{dt} < 0$). Im weiteren Verlauf wird der Betrag von $\dfrac{dI_2}{dt}$ und somit auch der Betrag der induzierten Spannung kleiner.

Für $R_1 = 160\,\text{k}\Omega$ fällt der Strom wesentlich rascher ab, d.h., $\dfrac{dI_2}{dt}$ ist größer als bei $R_1 = 3\,\text{k}\Omega$. Dies hat zur Folge, daß beim Ausschalten eine wesentlich höhere Induktionsspannung als beim Einschalten auftritt.

Der aus der Stromkurve gewonnene Verlauf der Induktionsspannung soll nun mit einem Oszilloskop überprüft werden. Von kleinen noch zu erläuternden Abweichungen abgesehen, ist die Induktionsspannung gleich der Spannung U_{CA} an der Spule.

Beim **Einschalten** gilt:

$$I_2(t) = \frac{U_0 + U_i}{R_2 + R_{sp}}; \quad \text{oder} \quad U_i = I_2(t) \cdot (R_2 + R_{sp}) - U_0$$

Einer Messung zugänglich ist nur die Spannung U_{AC}, für die gilt:

$$U_{AC} = R_2 I_2(t) - U_0 = U_i - R_{sp} \cdot I_2(t)$$

Aus obigen Beziehungen ist zu ersehen, daß für vernachlässigbaren Spulenwiderstand $U_{AC} \approx U_i(t)$ ist.

Beim **Ausschalten** gilt:

$$I_2(t) = \frac{U_i}{R_2 + R_{sp} + R_1}$$

Einer Messung ist wieder nur die Spannung U_{AC} zugänglich, für die gilt:

$$U_{AC} = I_2(t) \cdot (R_1 + R_2) = U_i - I_2(t) \cdot R_{sp}$$

Bei vernachlässigbarem Spulenwiderstand ergibt sich wiederum $U_{AC} \approx U_i$.

Die Selbstinduktion

$R_1 = 3\ \text{k}\Omega$ $R_1 = 160\ \text{k}\Omega$

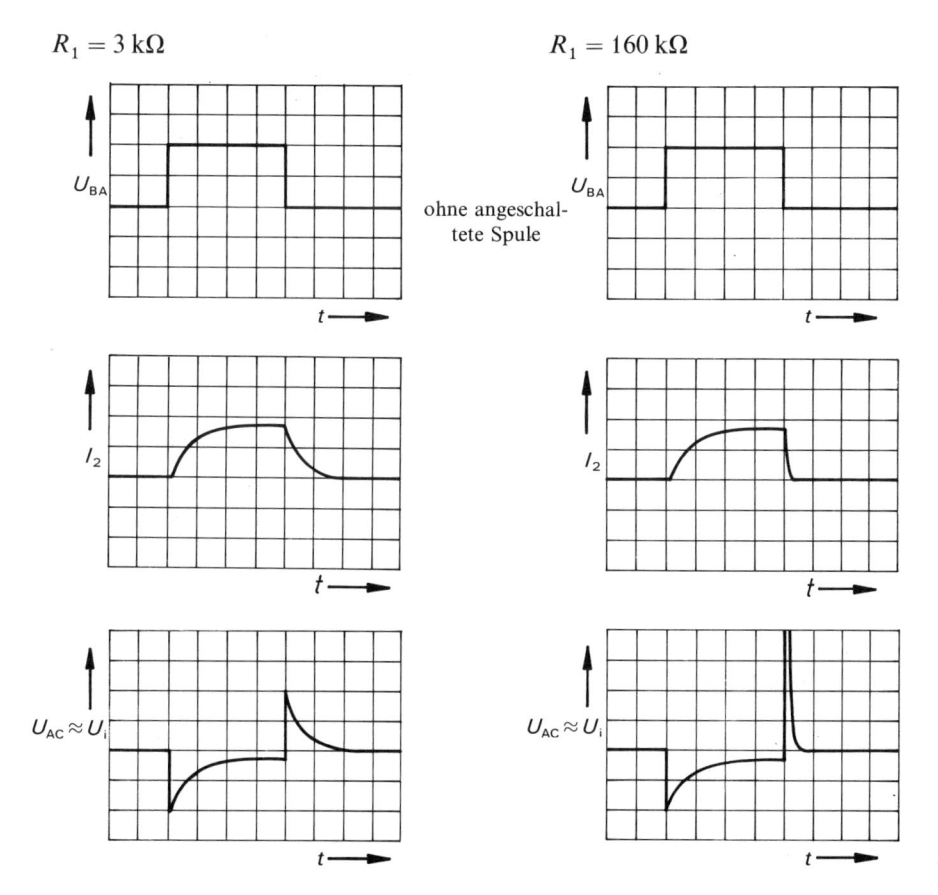

ohne angeschaltete Spule

Kann R_{sp} nicht vernachlässigt werden, so weicht U_{AC} von U_i ab. Wie aus den obigen Herleitungen ersichtlich, kommt diese Abweichung durch die am Spulenwiderstand R_{sp} abfallende Spannung zustande. In dem nebenstehenden Ersatzschaltbild ist die reale Spule durch eine ideale Spule und einen in Serie geschalteten ohmschen Widerstand R_{sp} ersetzt.

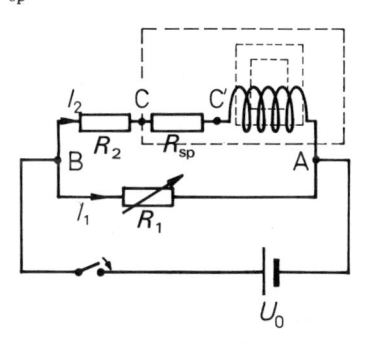

Da man nur U_{AC} messen kann, ergibt sich U_i als Summe von U_{AC} und $I_2 \cdot R_{sp}$. Beim Einschalten ist U_{AC} negativ, beim Ausschalten positiv.

2. Aufgabe:
a) Begründen Sie, warum beim Einschalten die Spannung U_{AC} nicht auf den Wert 0 zurückgeht.
b) Zeichnen Sie den Verlauf der Spannung U_{AC} beim Versuch mit $R_1 = 3$ kΩ ab und tragen Sie in dieses Bild qualitativ den Verlauf von U_i beim Ein- und Ausschalten ein.

3. Versuch:

Beim Einschalten leuchtet die Glimmlampe nicht, beim Ausschalten dagegen schon. $U_0 = 20$ V; Zündspannung der Glimmlampe $U_z \approx 100$ V.

3. Aufgabe:
Deuten Sie dieses Versuchsergebnis.

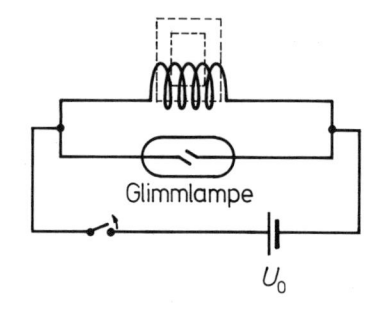

29.2 Die Induktivität L

Für eine eisenfreie langgestreckte Zylinderspule läßt sich die induzierte Spannung wie folgt berechnen:

$$U_i = -N\frac{d\Phi}{dt} = -N\frac{d(B \cdot A)}{dt} = -N\frac{d}{dt}\left(\mu_0 \cdot \frac{NI}{l} \cdot A\right)$$

$$U_i = -\frac{N^2 \cdot \mu_0 \cdot A}{l} \cdot \frac{dI}{dt} = -L\frac{dI}{dt}.$$

Die Größe $L = \dfrac{N^2 \cdot \mu_0 \cdot A}{l}$ heißt Induktivität der langgestreckten Zylinderspule.

$[L] = \dfrac{Vs}{A} = H$ (lies: Henry)

Es gilt also:
$$U_i = -L\frac{dI}{dt}$$

Bei eisenfreien Spulen hängt L nur von der Spulenform und der Windungszahl ab.

4. Aufgabe:
Gegeben ist eine Spule mit 6000 Windungen, 15 cm Länge und 20 cm² Querschnitt. Berechnen Sie die Induktivität L.

5. Aufgabe:
In einem Stromkreis befindet sich eine Spule der Induktivität 0,60 H. Berechnen Sie den Betrag der in ihr induzierten Spannung zum Zeitpunkt $t = 1\,\text{s}$, wenn im Stromkreis ein veränderlicher Strom der Stromstärke

a) $I(t) = 2{,}0\,\dfrac{\text{A}}{\text{s}} \cdot t$,

b) $I(t) = 2{,}0\,\dfrac{\text{A}}{\text{s}^3} \cdot t^3$,

c) $I(t) = 2{,}0\,\text{A} \cdot \sin\left(2\pi \cdot \dfrac{t}{1\,\text{s}}\right)$

fließt.

6. Aufgabe:
Zeigen Sie für eine langgestreckte luftgefüllte Zylinderspule, daß
$$N \cdot \Phi = L \cdot I.$$

Verallgemeinerung:

Die Gleichung $U_i = -L\dfrac{dI}{dt}$ dient zur Definition der Induktivität einer beliebigen, auch nicht eisenfreien Spule. In diesem Fall ist L jedoch von der Magnetisierung des Eisens und damit von der Stromstärke in der Feldspule abhängig.

$$L = \left| -\dfrac{U_i}{dI/dt} \right|$$

Grundsätzlich läßt sich L nach obiger Beziehung bestimmen, wenn man den zeitlichen Verlauf von I und U_i kennt.

Zur Berechnung der Induktivität L beim Strom I_0 entnimmt man aus der Zeit-Strom-Kurve den Wert $\dfrac{dI}{dt}$ (Tangentensteigung) zum Zeitpunkt t_0 und aus der Zeit-Spannungs-Kurve den Wert von U_i.

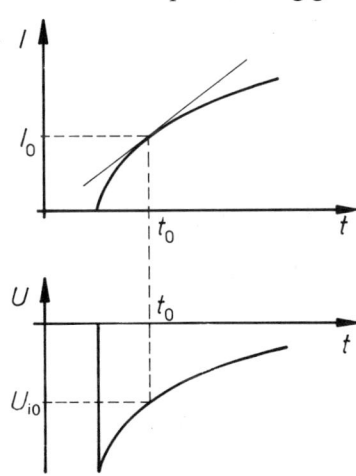

7. Aufgabe:
Bei einer Spule wird der Strom von 0 auf 1 A gesteigert. Dabei tritt ein Spannungsstoß von 2 Vs auf. Berechnen Sie die mittlere Induktivität L der Spule.

8. Aufgabe:
Gegeben ist eine Spule mit der Induktivität 630 H. Sie wird von einem Strom der Stärke $I_1 = 50$ mA durchflossen, der in der Zeit $\Delta t = 2{,}0$ s auf die Stärke $I_2 = 100$ mA ansteigt.
Berechnen Sie den Betrag der in dieser Zeit in der Spule auftretenden mittleren Induktionsspannung.

Begründung für das Minuszeichen bei $U_i = - N_i \, d\Phi/dt$

Definiert man die Spannung U_0 und den dadurch fließenden Strom I positiv, so ergibt sich beim Einschalten $\dfrac{dI}{dt} > 0$. Wegen $U_i = -L \dfrac{dI}{dt}$ ist $U_i < 0$, d.h., die induzierte Spannung ist der Spannung U_0 entgegengerichtet.

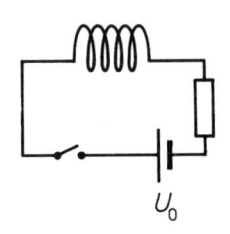

Durch die Einführung des Minuszeichens beim Induktionsgesetz ergibt sich die induzierte Spannung also vorzeichenrichtig. Würde man U_0 negativ und damit I negativ definieren, so ergäbe sich für U_i ein positiver Wert, d.h., U_i wäre U_0 entgegengerichtet.

9. Aufgabe:
Überlegen Sie sich die Verhältnisse für das Ausschalten.

10. Aufgabe:
Gegeben ist der nebenstehend skizzierte zeitliche Anstieg der Stromstärke in einer Spule beim Anlegen einer äußeren Spannung U_0.
Übertragen Sie das Diagramm in Ihr Heft und tragen Sie zusätzlich den zeitlichen Stromanstieg ein, der entsteht, wenn man an dieselbe Spule die Spannung $U_0' = \frac{1}{2} \cdot U_0$ bzw. die Spannung $U_0'' = 2 \cdot U_0$ legt. Überlegen Sie hierzu, wie der Stromanstieg bei $t = 0$ mit U_0 zusammenhängt.

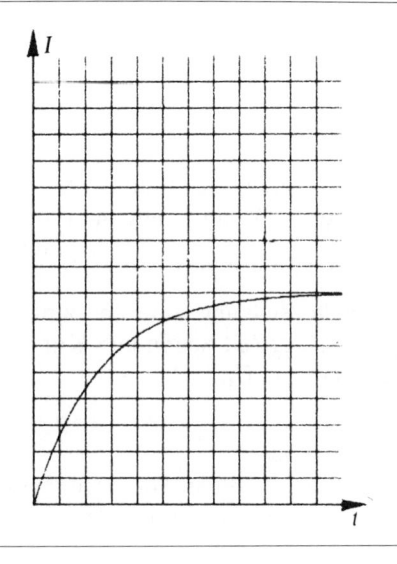

11. Aufgabe:
Die beiden nebenstehenden Bilder zeigen den Stromanstieg für dieselbe Spule beim Anlegen der gleichen äußeren Spannung U_0, nur einmal **mit** und einmal **ohne** Eisenkern.
Ordnen Sie die Bilder diesen beiden Fällen zu und begründen Sie Ihre Auswahl.

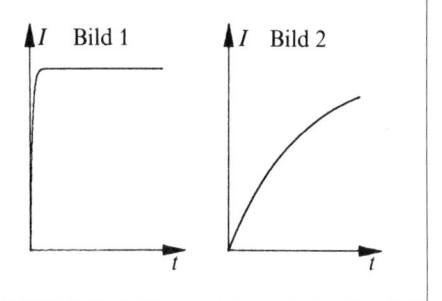

12. Aufgabe:
Die nebenstehende Abbildung zeigt die t-I-Kurven für den Einschaltvorgang bei den Spulen ①, ② und ③. Die angelegte Spannung U_0 ist jeweils gleich.
Vergleichen Sie für die Spulen ① und ② sowie ① und ③ jeweils Induktivität und ohmschen Widerstand.

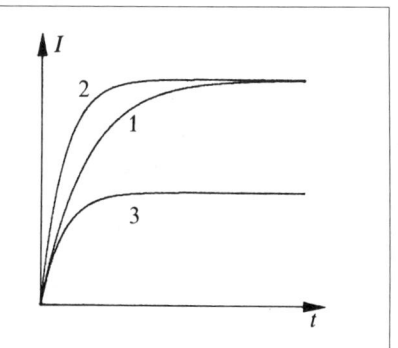

13. Aufgabe: (nach GK-Reifeprüfung 1975, Baden-Württemberg)
An eine Spule wird die Gleichspannung $U_B = 10$ V angelegt. Durch Messung ergibt sich das nebenstehende t-I-Diagramm. Die Stromstärken, die man für die folgenden Berechnungen benötigt, sind aus dem Diagramm abzulesen.

a) Begründen Sie, warum die Stromstärke nicht sofort ihren maximalen Wert von $5{,}0 \cdot 10^{-3}$ A erreicht. Berechnen Sie den ohmschen Widerstand R_0 der Spule.

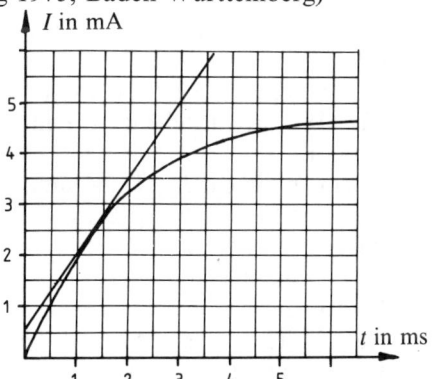

b) Welche Beziehung besteht zwischen der angelegten Spannung U_B, der momentanen Induktionsspannung U_{ind}, der Momentanstromstärke I und dem ohmschen Widerstand R_0?
Berechnen Sie U_{ind} für $t = 0$, $t = 1{,}0 \cdot 10^{-3}$ s und $t = 5{,}0 \cdot 10^{-3}$ s.

c) Berechnen Sie die Induktivität L der Spule unter Verwendung der im Diagramm für $t = 1{,}25 \cdot 10^{-3}$ s eingezeichneten Tangente.

14. Aufgabe:
An eine Spule mit der Induktivität $L = 30$ H und dem ohmschen Widerstand $R = 150\,\Omega$ wird die Gleichspannung $U_B = 12$ V gelegt.
a) Berechnen Sie die Stromstärke im stationären Fall (d.h. $t \to \infty$).
b) Berechnen Sie die Ableitung der Stromstärke zum Zeitpunkt des Einschaltens ($t = 0$).
c) Zeichnen Sie unter Berücksichtigung der bisherigen Ergebnisse ein t-I-Diagramm, das den Anstieg der Stromstärke in der ersten halben Sekunde nach dem Einschalten zeigt.
Zeitachse: 1 cm $\hat{=}$ 0,05 s;   Stromachse: 1 cm $\hat{=}$ 10 mA;
d) Geben Sie für einen beliebigen Zeitpunkt t des Stromanstiegs den Zusammenhang zwischen U_B, U_{ind}, R und I an.

15. Aufgabe: (nach GK-Reifeprüfung 1981, Baden-Württemberg)
In der nebenstehenden Schaltung wird alle 15 s, beginnend bei $t = 0$ s, der Schalter für jeweils 10 s geschlossen.
a) Welche Beziehung besteht allgemein zwischen U_B, der in der Spule induzierten Spannung $U_{ind}(t)$ und der vom Meßgerät angezeigten Stromstärke $I(t)$ bei geschlossenem Schalter?
b) Bestimmen Sie $I(t)$ für $t = 0$ s; 0,5 s; 1,0 s; 2,0 s; 4,0 s und 8,0 s und verwenden Sie dazu $U_{ind}(t)$ aus dem nebenstehenden Diagramm.
c) Zeichnen Sie ein $I(t)$-Diagramm zunächst für $0\,\text{s} \leq t \leq 10\,\text{s}$.
(Querformat:
1 s $\hat{=}$ 1 cm; 10 mA $\hat{=}$ 1 cm)
d) Berechnen Sie nun $I(t)$ mit Hilfe des t-U_{ind}-Diagramms für $t = 10$ s (beim Ausschalten); 11 s; 12 s und 13 s und vervollständigen Sie das $I(t)$-Diagramm aus Teilaufgabe c).
Geben Sie eine Begründung dafür, daß beim Schließen bzw. Öffnen des Schalters der Betrag von U_{ind} verschieden groß ist.
e) Bestimmen Sie $\dot{I}(0)$ aus Ihrem Diagramm und geben Sie damit die Induktivität L der verwendeten Spule an.
Wie viele Windungen müßte eine eisenfreie Spule von 1,00 m Länge und 40 cm² Querschnittsfläche hierzu haben?

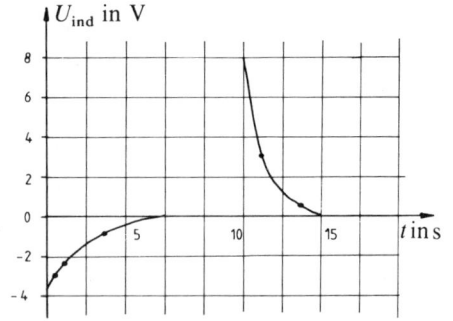

Die Selbstinduktion

16. Aufgabe:
In nebenstehender Schaltung ist zu einer Spule hoher Windungszahl mit dem ohmschen Widerstand $R = 20\,\Omega$ mit offenem oder geschlossenem Eisenkern eine Glimmlampe parallel geschaltet, deren Zündspannung bei $U_z = 80\,V$ liegt.

a) Zeichnen Sie qualitativ den zeitlichen Verlauf des am Amperemeter angezeigten Stroms beim Schließen des Schalters S, wenn
   α) der Eisenkern offen,
   β) der Eisenkern geschlossen ist.
   Begründen Sie den Verlauf des t-I-Graphen.

b) Beim Öffnen des Schalters S blitzt die Glimmlampe kurz auf.
   α) Begründen Sie, wie es zum Überschreiten der Zündspannung kommt.
   β) Bei normalem Betrieb leuchtet die mit dem Minuspol der Stromquelle verbundene Elektrode der Glimmlampe auf. Welche Elektrode ist es bei diesem Versuch, die obere oder die untere?

17. Aufgabe:
Die folgende Skizze zeigt Ihnen die Prinzipschaltung (und Wirkung) der »Induktions-Elektrozaun-Schaltung«. Der eingezeichnete Schalter wird durch eine hier nicht aufgeführte elektronische Schaltung etwa alle zwei Sekunden einmal geschlossen und geöffnet.

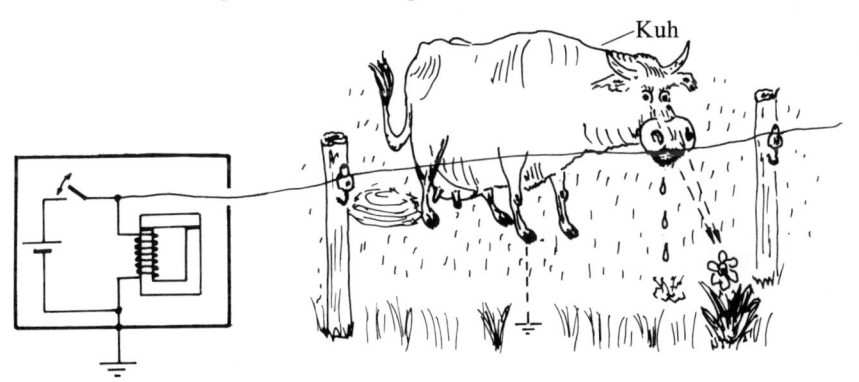

Erklären Sie genau, was in der Schaltung vor sich geht, und erläutern Sie, warum der angeschlossene, isoliert aufgespannte Drahtzaun bei Vieh und Mensch gefürchtet ist (betrachten Sie dazu den rechten Vorderfuß der Kuh).

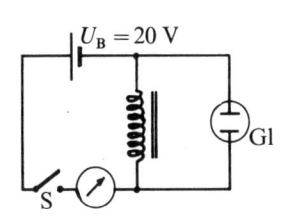

18. Aufgabe:
Die nebenstehende Skizze zeigt das Prinzip der Zündanlage eines Ottomotors. Das Öffnen und Schließen des Schalters (Unterbrecher!) wird durch die Umdrehung der Kurbelwelle des Motors geeignet gesteuert. Die Spule, die von der Batterie mit Strom versorgt wird, wenn der Unterbrecherkontakt geschlossen ist, ist auf einen Eisenkern gewickelt, auf dem auch eine zweite Spule mit erheblich mehr Windungen aufgebracht ist. Diese ist (über den Zündverteiler, der hier weggelassen wurde) mit den Elektroden der Zündkerze verbunden. Der parallel zum Unterbrecher liegende Kondensator hat die Aufgabe, den Öffnungsfunken am Unterbrecher zu unterbinden. 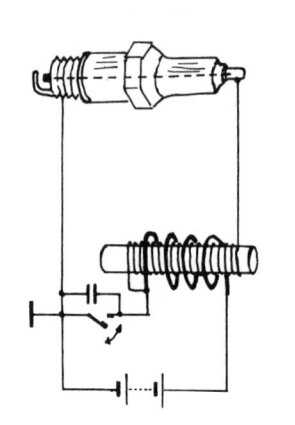
Erklären Sie nun genau,
a) warum am Unterbrecher ein Öffnungsfunke auftreten könnte und weshalb er unerwünscht ist,
b) weshalb man zwei verschiedene Spulen verwendet, und warum die Spule mit der großen Windungszahl an die Zündkerze angeschlossen ist.

Mathematische Beschreibung sowie Computersimulation des zeitlichen Verlaufs von Induktionsspannung und Spulenstrom in Abhängigkeit von den Spulendaten und der Spannung U_0 siehe **Anhang 8**.

29.3 Serienschaltung und Parallelschaltung von Spulen*

Serienschaltung   **Ersatzschaltung**

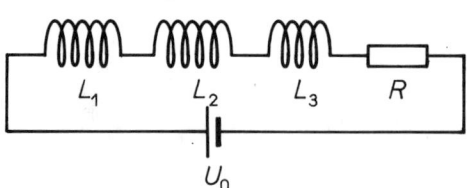

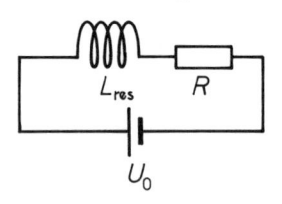

Für den Strom im Kreis ist die angelegte Spannung U_0 und die Summe aller induzierten Spannungen bestimmend.

$U_0 + U_{i1} + U_{i2} + U_{i3} = R \cdot I$ $\qquad$ $U_0 + U_{i\,ges} = R \cdot I$

$U_0 + (-L_1 \, dI/dt) + (-L_2 \, dI/dt) + (-L_3 \, dI/dt) = RI$ $\qquad$ $U_0 + (-L_{res} \, dI/dt) = RI$

$U_0 + [-(L_1 + L_2 + L_3) \, dI/dt] = RI$ $\qquad$ $U_0 + (-L_{res} \, dI/dt) = RI$

durch Vergleich:

Die Selbstinduktion 185

$L_{res} = L_1 + L_2 + L_3$ oder allgemein: L_{res}: resultierende Induktivität

$$L_{res} = \sum_{i=1}^{n} L_i$$
bei Serienschaltung

Parallelschaltung   **Ersatzschaltung**

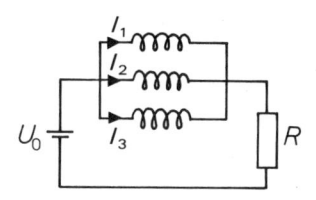

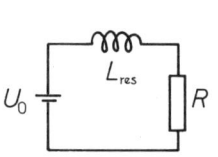

(1) $I = I_1 + I_2 + I_3$

(2) $\dfrac{dI}{dt} = \dfrac{dI_1}{dt} + \dfrac{dI_2}{dt} + \dfrac{dI_3}{dt}$

$U_0 + U_i = I \cdot R$ $U_0 + U_i = I \cdot R$

(3) $U_i = -L_1 \dfrac{dI_1}{dt} = -L_2 \dfrac{dI_2}{dt} = -L_3 \dfrac{dI_3}{dt}$ (3') $U_i = -L_{res} \dfrac{dI}{dt}$

aus (3)

(4) $\dfrac{dI_1}{dt} = -\dfrac{U_i}{L_1};\quad \dfrac{dI_2}{dt} = -\dfrac{U_i}{L_2};\quad \dfrac{dI_3}{dt} = -\dfrac{U_i}{L_3};$ (4') $\dfrac{dI}{dt} = -\dfrac{U_i}{L_{res}}$

(4) und (4') in (2):

$$-\dfrac{U_i}{L_{res}} = -\dfrac{U_i}{L_1} - \dfrac{U_i}{L_2} - \dfrac{U_i}{L_3}$$

daraus folgt: $\dfrac{1}{L_{res}} = \dfrac{1}{L_1} + \dfrac{1}{L_2} + \dfrac{1}{L_3}$

oder allgemein:

$$\boxed{\dfrac{1}{L_{res}} = \sum_{i=1}^{n} \dfrac{1}{L_i}}$$

19. Aufgabe:
Gegeben ist die nebenstehende Schaltung von Spulen mit $L_1 = 3{,}0\,\text{mH}$; $L_2 = 5{,}0\,\text{mH}$ und $L_3 = 4{,}0\,\text{mH}$. Berechnen Sie die Gesamtinduktivität der Schaltung.

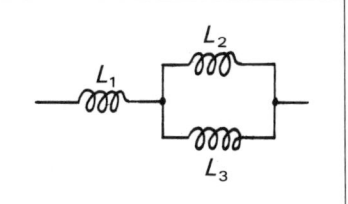

20. Aufgabe:
a) Eine Spule ist 50 cm lang und hat einen Durchmesser von 7,0 cm. Wie viele Windungen muß die Spule haben, damit sie eine Induktivität von 3,0 mH hat?
b) Es stehen noch zwei weitere Spulen mit 2,0 mH und 4,0 mH zur Verfügung. Wie müssen die drei Spulen geschaltet werden, damit man die
α) kleinstmögliche resultierende Induktivität L_{min}
β) größtmögliche resultierende Induktivität L_{max} erhält.
Berechnen Sie L_{min} und L_{max}.

30. Ein- und Ausschaltvorgänge an Kondensator und Spule

In Abschnitt **29** wurde eine Rechteckspannung über einen Widerstand an eine Spule (*RL*-Kreis) angelegt und dabei der Verlauf der Induktionsspannung und des Stromes in der Spule ausführlich untersucht. Mit dem Induktionsgesetz konnte der Verlauf der Induktionsspannung aus dem Stromverlauf begründet werden. Die charakteristischen Kurven, wie wir sie experimentell beim Spulenstrom und der Induktionsspannung kennengelernt haben, lassen sich nun auch für die Spannung bzw. den Strom bei einem Kondensator zeigen, wenn man ihn über einen Widerstand (*RC*-Kreis) an eine Rechteckspannung legt.

Versuch:

Die Versuchsanordnung ist die gleiche wie für den *RL*-Kreis (vgl. S. 174), lediglich die Spule wird hier durch einen Kondensator ersetzt. Spannungs- und Stromverlauf werden, wie besprochen, mit einem Oszilloskop dargestellt.

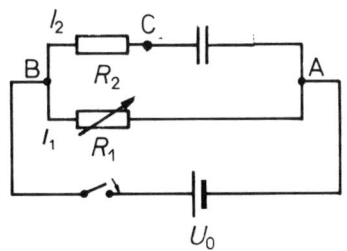

Man erhält für die Kondensatorspannung U_{CA} bzw. den Lade- und Entladestrom in Abhängigkeit von R_1 die folgenden Kurven:

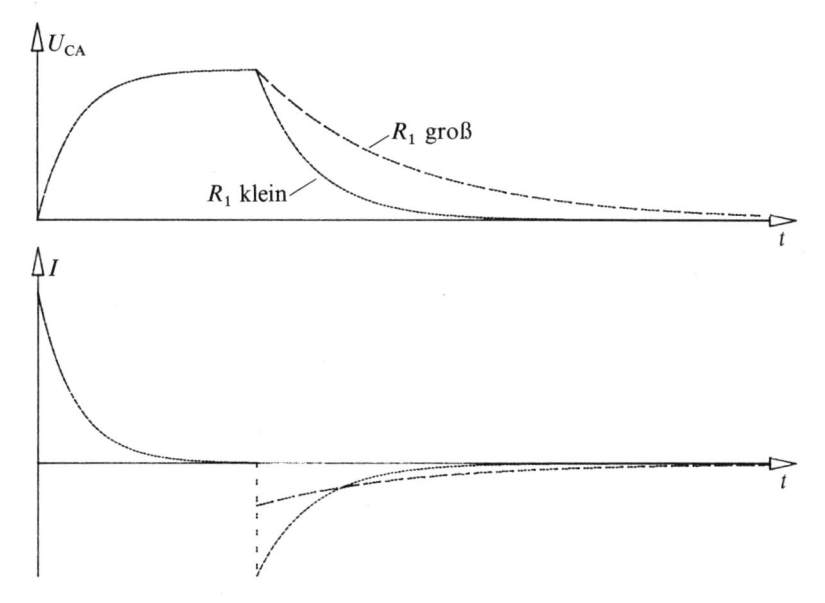

Die analogen Kurvenverläufe bei Spule und Kondensator lassen folgende Vermutung zu:

1. Der Stromverlauf in der Spule und der Spannungsverlauf am Kondensator beruhen auf einer gleichen allgemeinen Ursache.

2. Der Zusammenhang beider Kurven wird bei Spule bzw. Kondensator durch Gleichungen derselben Bauart beschrieben.

Für die erste Vermutung kann man auf die gemeinsame Fähigkeit von Kondensator und Spule verweisen, Energie speichern zu können.
Die Energiespeicherung im elektrischen Kondensatorfeld wurde auf Seite 76 behandelt. Es ergab sich

$$W_{el} = \tfrac{1}{2} \cdot C \cdot U_c^2 ;$$

Die Speicherung von Energie im magnetischen Spulenfeld ersieht man schon daran, daß während des Magnetfeldabbaues im Versuch von S. 174 auch nach der Abschaltung der äußeren Spannung U_0 noch Strom fließt, also elektrische Energie geliefert wird.
Für die Energie im Kondensator ist neben der Kapazität C die Spannung U_c, für die Energie in der Spule neben der Induktivität L die Stromstärke I maßgebend. Tatsächlich ergibt sich für die Energie im magnetischen Spulenfeld

$$W_{mag} = \tfrac{1}{2} \cdot L \cdot I^2 ;$$

wie im nächsten Abschnitt nachgewiesen wird.
Der **sprungfreie** Anstieg und Abfall der Stromkurve (bei der Spule) und der Spannungskurve (beim Kondensator) wird verständlich, wenn man bedenkt, daß hier jeweils ein Energiespeicher gefüllt bzw. entleert werden muß. Wegen der Widerstände ist die Energiezufuhr oder -abnahme pro Zeiteinheit aber begrenzt. Der Aufbau und Abbau der Felder erfolgt also langsam, **ohne Sprung**.
Der unterschiedlich rasche Abfall der Stromstärke in der Spule bei unterschiedlichen Werten von R_1 ist eine Folge des sprungfreien Verlaufes dieser Kurve. Unmittelbar nach dem Abschalten der äußeren Spannung hat deshalb der Strom noch die Stärke I_0 (statischer Endwert). Die Wärmeleistung im Widerstand R_1 ist damit

$$P_{el} = I_0^2 \cdot R_1 ;$$

Sie ist um so höher, je größer R_1 ist.
Je höher aber diese Leistung ist, desto rascher nimmt die Energie des magnetischen Spulenfeldes und damit die Stromstärke in der Spule ab.
Die zweite Vermutung läßt sich leicht nachweisen. Es ergibt sich für

Spule	Kondensator
	$Q = C \cdot U_c$
	$\dfrac{dQ}{dt} = C \cdot \dfrac{dU_c}{dt}$
$\boxed{U_i = -L \cdot \dfrac{dI}{dt}}$	$\boxed{I = C \cdot \dfrac{dU_c}{dt}}$
$L = \left|\dfrac{U_i}{\dot I}\right|$	$C = \left|\dfrac{I}{\dot U_c}\right|$

Ein- und Ausschaltvorgänge an Kondensator und Spule

Mitteilung zu Aufgabe 3:
Das Produkt $\tau = R \cdot C$ wird als **Zeitkonstante** des Ladevorgangs bezeichnet. In dieser Zeit sinkt der Ladestrom auf ungefähr ein Drittel seines Anfangswertes. Die Kondensatorspannung steigt in dieser Zeit etwa auf $\frac{2}{3}$ des Endwertes. Die Zeitkonstante liefert einen brauchbaren Näherungswert für die Dauer des Ladevorgangs.

1. Aufgabe:
Erklären Sie das Zustandekommen der unterschiedlich raschen Abnahme der Stromstärke bei der Kondensatorentladung für unterschiedliche Werte des Widerstands R_1.

2. Aufgabe:
Begründen Sie, warum die Flächen unter den Zeit-Strom-Kurven im RC-Kreis für den Einschalt- bzw. den Ausschaltvorgang gleich groß sein müssen.

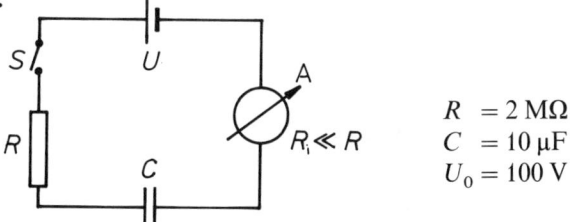

3. Aufgabe:

$R = 2\,\text{M}\Omega$
$C = 10\,\mu\text{F}$
$U_0 = 100\,\text{V}$

Ein Kondensator der Kapazität $C = 10\,\mu\text{F}$ wird über einen Widerstand $R = 2\,\text{M}\Omega$ durch Schließen des Schalters S auf die Spannung $U_0 = 100\,\text{V}$ aufgeladen.
Mit dem Mikroamperemeter wird der Ladestrom in Abhängigkeit von der Zeit gemessen:

t in s	0	10	20	40	60
I in μA	50	30,3	18,4	6,75	2,5

a) Zeichnen Sie den zeitlichen Verlauf des Stromes in ein t-I-Diagramm.
b) Berechnen Sie für die angegebenen Zeitpunkte die Spannung am Kondensator und zeichnen Sie den Verlauf der Zeit-Spannungs-Kurve.
c) Zu welcher Zeit τ ist der Ladestrom auf den Wert $\frac{I_0}{e}$ abgesunken (e = 2,718...)?
Vergleichen Sie diese Zeit τ mit der Zeit, die sich aus dem Produkt $R \cdot C$ ergibt.

4. Aufgabe:

Bei der Entladung des Kondensators ergeben sich die folgenden Stromwerte:

t in s	0	10	20	40	60
I in μA	50	30,3	18,4	6,75	2,5

a) Tragen Sie den zeitlichen Verlauf des Stromes in ein Diagramm ein (Millimeterpapier).
b) Welche Bedeutung hat die »Fläche« unter der Kurve im t-I-Diagramm?
c) Bestimmen Sie (durch Abzählen der Kästchen) die »Fläche« unter der Kurve im t-I-Diagramm (Betrag und Einheit) und vergleichen Sie mit dem zu erwartenden Wert.

5. Aufgabe:

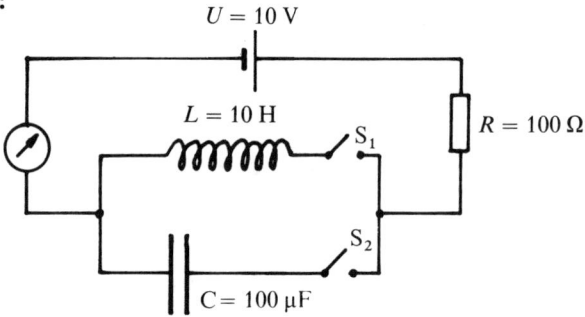

$U = 10$ V
$L = 10$ H
$R = 100\,\Omega$
$C = 100\,\mu\text{F}$

S_2 sei geöffnet, S_1 wird geschlossen.

a) Skizzieren Sie qualitativ den zeitlichen Verlauf des Stromes beim Schließen von Schalter S_1 (S_2 geöffnet).
b) Berechnen Sie die Steigung der t-I-Kurve unmittelbar nach dem Einschalten.
c) Welchen Endwert erreicht der Strom?
d) Wie groß ist die magnetische Energie der Spule?

Nun sei S_1 geöffnet und S_2 werde geschlossen.

e) Skizzieren Sie qualitativ den zeitlichen Verlauf der Kondensatorspannung.
f) Wie groß ist der Ladestrom unmittelbar nach dem Einschalten?
g) Berechnen Sie die Steigung der t-U-Kurve beim Einschalten.
h) Wie groß ist die Ladung des Kondensators im stationären Fall?
i) Berechnen Sie dafür die Energie des Kondensators.

6. Aufgabe:
Im nebenstehenden Stromkreis ist
$R_0 = 800\,\Omega$, $L = 0{,}8$ H, $C = 5{,}0\,\mu$F.
Die angelegte Gleichspannung ist
$U_0 = 200$ V. Der ohmsche Widerstand der Spule sei vernachlässigbar klein.

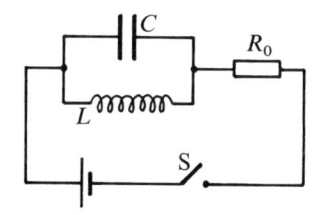

a) Der Schalter S ist zunächst geschlossen.
Berechnen Sie die Stromstärke und die in der Spule gespeicherte Energie. Was läßt sich im Fall eines stationären Spulenstroms über den Energieinhalt des Kondensators aussagen? Begründung!

b) Begründen Sie, warum es unmittelbar nach dem Öffnen des Schalters S zu einer Aufladung des Kondensators kommt, und geben Sie die Polung der entstehenden Kondensatorspannung an.
Berechnen Sie die maximale Spannung U_m am Kondensator.

Mathematische Beschreibung sowie Computersimulation des zeitlichen Verlaufs von Kondensatorspannung und Lade- bzw. Entladestrom in Abhängigkeit von den Daten des RC-Kreises und der Spannung U_0 siehe **Anhang 8**.

31. Energiedichte des magnetischen Feldes

31.1 Energie des Magnetfeldes einer Zylinderspule

1. Aufgabe:

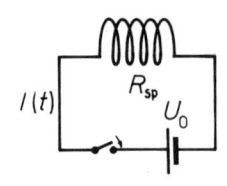

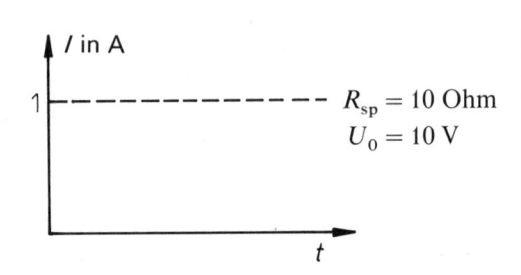

$R_{sp} = 10$ Ohm
$U_0 = 10$ V

a) Zeichnen Sie qualitativ den zeitlichen Verlauf des Stromes beim Einschalten. Welchen Maximalwert I_0 nimmt der Strom an?
b) Während des Einschaltvorganges nimmt die Stromstärke alle Werte zwischen 0 und I_0 an. Berechnen Sie für die vorgegebenen Stromstärken die Batterieleistung $P_B(t) = U_0 \cdot I(t)$ und die Leistung am Widerstand der Spule $P_R(t) = I^2(t) R_{sp}$. ($I = 0{,}2;\ 0{,}4;\ 0{,}6;\ 0{,}8;\ 1{,}0$ A)
c) Vergleichen Sie $P_R(t)$ mit $P_B(t)$ und erklären Sie den Unterschied.

Analog zum elektrischen Fall (vgl. Abschnitt **12**) soll der Energieinhalt eines Magnetfeldes über seinen Abbau berechnet werden.
Die Rechnung wird besonders einfach beim homogenen Feld einer langgestreckten Zylinderspule. Bei der Berechnung des Energieinhaltes darf man davon ausgehen, daß der Feldanteil im Äußeren der Spule vernachlässigt werden kann.

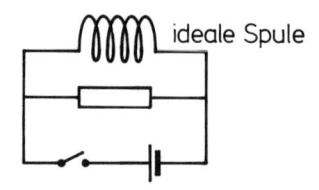

Nach dem Öffnen des Schalters fließt noch für eine gewisse Zeit ein Strom durch den Widerstand und die Spule. Für den Stromfluß ist die induzierte Spannung beim Feldabbau verantwortlich. In der kurzen Zeit Δt wird die Energie des Magnetfeldes um ΔW abgebaut und dabei der Widerstand erwärmt. Für ΔW gilt:

$$\Delta W \approx U_i(t) \cdot I(t) \cdot \Delta t.$$

Beachte: Die Größen $U_i(t)$ und $I(t)$ ändern sich während der betrachteten Zeit Δt des Feldabbaues. Die Beziehung gilt um so genauer, je kleiner Δt gewählt wird. Für die folgende Betrachtung bedeutet $U_i(t)$ bzw. $I(t)$ den Wert zu Beginn des Zeitintervalles.

Aus der integralen Form des Induktionsgesetzes ergibt sich:

$U_i \cdot \Delta t \approx -N \cdot \Delta \Phi$ und damit

$\Delta W \approx |-N \cdot \Delta \Phi \cdot I(t)|$.

Bei einer langgestreckten Zylinderspule gilt:

$\Phi = B \cdot A$ und $B = \mu_0 \cdot \dfrac{I \cdot N}{l}$

$\Phi = \mu_0 \cdot \dfrac{I \cdot N}{l} \cdot A$

$\Phi = \dfrac{L}{N} \cdot I$ oder

$N \cdot \Phi = L \cdot I$ d. h. $N \cdot \Phi \sim I$

Graphische Darstellung dieses Zusammenhanges:

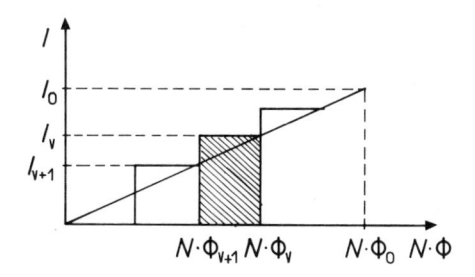

Da $\Delta W \approx U_i(t) \cdot I(t) \cdot \Delta t$, gilt auch
$\Delta W \approx N \cdot \Delta \Phi(t) I(t)$.

Die schraffierte Rechtecksfläche stellt also ein angenähertes Maß für die Energieabnahme des magnetischen Feldes während der Zeit Δt dar.
Den gesamten Energieinhalt des Magnetfeldes erhält man durch Summation aller Energiebeträge ΔW_v:

$$W_{ges} \approx \sum_{v=1}^{n} \Delta W_v$$

Je kleiner $N \cdot \Delta \Phi$ gewählt wird (und damit Δt), desto mehr nähert sich die Stufenfläche der Dreiecksfläche. Die Dreiecksfläche stellt also ein Maß für den gesamten Energieinhalt des Magnetfeldes dar. Aus der Zeichnung ergibt sich:

$$W_{ges} = \frac{1}{2} N \cdot \Phi_0 \cdot I_0$$

Drückt man die Gesamtenergie durch die Feldgrößen B und H des Magnetfeldes aus, so ergibt sich wegen

$$\Phi_0 = B_0 \cdot A \qquad \text{und} \qquad I_0 = \frac{H_0 \cdot l}{N}$$

$$W_{\text{ges}} = \frac{1}{2} \cdot N \cdot B_0 \cdot H_0 \cdot \frac{A \cdot l}{N} \qquad \text{oder} \qquad \boxed{W_{\text{ges}} = \frac{1}{2} \cdot B \cdot H \cdot V}$$

Verwendet man andererseits, daß für eine langgestreckte luftgefüllte Zylinderspule

$$N \cdot \Phi = L \cdot I$$

gilt (siehe 6. Aufgabe, Seite 179), so erhält man

$$\boxed{W_{\text{ges}} = \frac{1}{2} \cdot L \cdot I^2}$$

$A \cdot l$ ist das Spulenvolumen und gleichzeitig das Volumen des homogenen Magnetfeldes.
Die für den Spezialfall des Feldes einer Zylinderspule gewonnene Beziehung kann verallgemeinert werden:
Herrscht in einem Volumen V ein homogenes Feld der Stärke H, so ist in diesem Raum die Energie des Magnetfeldes

$$W = \frac{1}{2} B \cdot H \cdot V$$

gespeichert. Bringt man dieses Feld zum Verschwinden, so wird dieser Energiebetrag frei.

31.2 Energiedichte

Aus der Energie W eines Magnetfeldes mit dem Volumen V ergibt sich die Energiedichte ϱ zu

$$\boxed{\varrho = \frac{1}{2} B \cdot H}$$

---

1. Aufgabe:
Ein Stromkreis enthält eine Gleichspannungsquelle mit 12 V, eine Spule mit 6000 Windungen, 15 cm Länge und 20 cm² Querschnitt. Der Gesamtwiderstand beträgt 5 Ohm.

a) Welchen Wert hat die Induktivität L? Welche Feldstärke, Flußdichte und Energiedichte herrschen im homogenen Spulenfeld bei voller Stromstärke?
b) Welche Gesamtenergie ist im Magnetfeld gespeichert?

2. Aufgabe:
Eine stromdurchflossene Spule besitzt ein Magnetfeld mit der magnetischen Energie $W_{mag} = 1{,}3 \cdot 10^{-3}$ J. Die Stromstärke wird **verdreifacht**.
Wie groß ist nun die Energie ihres Magnetfelds?

3. Aufgabe:
Zeigen Sie, daß in der Formel $W_{ges} = \frac{1}{2} \cdot L \cdot I^2$ die rechte Seite die Einheit »J« hat.

4. Aufgabe:
In der nebenstehenden Anordnung wird der Schalter S geschlossen. Dann wartet man, bis der stationäre Zustand eingetreten ist, sich die Stromstärke also nicht mehr ändert.
Dann zieht man bei geschlossenem Schalter den Eisenkern aus der Spule.
Welche für die Spule wesentliche Größe verändert sich damit? Begründen Sie das Verhalten des Meßgeräts.

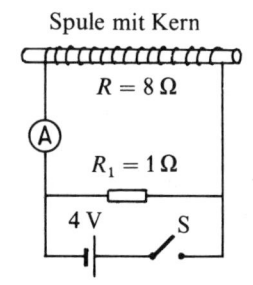

Spule mit Kern
$R = 8\,\Omega$
$R_1 = 1\,\Omega$
4 V
S

5. Aufgabe:
Eine Induktionsspule mit der Induktivität $L = 630$ H und dem Widerstand $R_i = 280\,\Omega$ wird parallel zu einem ohmschen Widerstand $R' = 320\,\Omega$ an eine Stromquelle der Spannung $U = 21$ V angeschlossen.

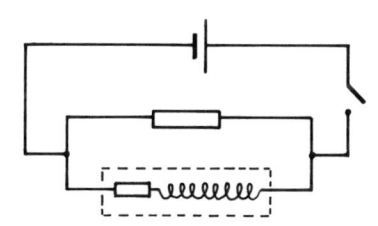

a) Berechnen Sie den Energieinhalt der Spule.
b) Wie hoch ist die Induktionsspannung im Moment des Abschaltens?
c) Geben Sie die Stärke des Stromes nach dem Abschalten in Abhängigkeit von der Zeit an (Abschalten bei $t = 0$).
d) Nach welcher Zeit τ ist $I(t)$ auf den Wert $\dfrac{I_0}{e}$ gefallen?

Anmerkung: $\dfrac{L}{R_g}$ heißt **Zeitkonstante** der Selbstinduktion.
Siehe auch S. 189.

e) Welche Stromarbeit wird ab $t = 0$ insgesamt verrichtet? Vergleichen Sie mit **a)**.

6. Aufgabe: (nach GK-Reifeprüfung 1981, Baden-Württemberg)
Eine Spule wird zum Zeitpunkt $t = 0$ an eine Spannungsquelle der konstanten Spannung $U_B = 6{,}0$ V angeschlossen.
Man mißt den zeitlichen Verlauf der Stromstärke in der Spule und erhält nebenstehendes Diagramm:

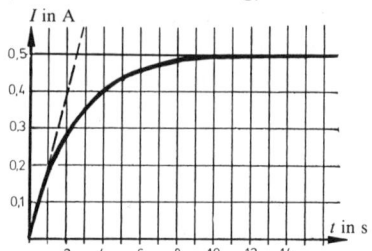

a) Ermitteln Sie mit Hilfe der Graphik den ohmschen Widerstand und die Induktivität der Spule.
b) Zeigen Sie durch Rechnung, daß bei der Stromstärke $I = 0{,}30$ A die Spannungsquelle mehr Leistung abgibt, als an der Spule in Wärme umgesetzt wird, und erklären Sie den Unterschied.

7. Aufgabe:
In der nebenstehenden Schaltung haben die wesentlichen Schaltelemente die folgenden Daten:
Spule: $L = 3{,}0$ H; $R_s = 2{,}0$ Ω;
Lampen: $R_{Lamp} = 2{,}0$ Ω;
Batterie: $U_B = 4{,}0$ V;
Im stationären Betrieb soll in beiden Zweigen ein Strom der Stärke $I = 1{,}0$ A fließen.

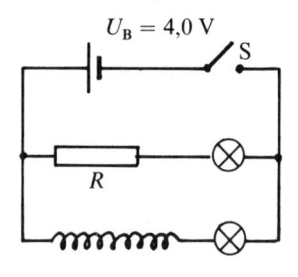

a) Wie groß muß der Wert des ohmschen Widerstandes R sein?
b) Es wird davon ausgegangen, daß das Magnetfeld der Spule nach etwa 4 s im wesentlichen seinen maximalen Wert erreicht hat. Ein Energiezähler zeigt an, daß bis zu diesem Zeitpunkt die Stromquelle eine Stromarbeit von 29,0 Ws verrichtet hat.
  α) Berechnen Sie die im Widerstandszweig bis dahin in Wärme und Licht umgesetzte Energie.
  β) Führen Sie die gleiche Rechnung für den Spulenzweig durch.

8. Aufgabe: (nach GK-Reifeprüfung 1975, Baden-Württemberg)
Gegeben ist eine lange, aus Kupferdraht gewickelte, eisenlose Zylinderspule mit folgenden Daten: Länge der Spule: $l = 80$ cm;
Durchmesser der Spule: $D = 10$ cm;
Durchmesser des Drahts: $d = 0{,}2$ mm;
Die Spule sei einlagig und so dicht gewickelt, daß benachbarte Wicklungsdrähte einander berühren. Die Dicke der den Draht isolierenden Lackschicht werde in der Rechnung vernachlässigt.
Durch den Draht fließe ein Strom der Stärke 100 mA.

a) Berechnen Sie die magnetische Feldenergie W_{mag}.

b) Ein Gegner der Feldtheorie behauptet, die nach **a)** berechnete Energie stecke nicht im Magnetfeld, sondern sei gleich der kinetischen Energie der im Spulendraht bewegten Leitungselektronen.

Berechnen Sie dazu die kinetische Energie E_{kin} aller im Spulendraht befindlichen Leitungselektronen bei einer Stromstärke von 100 mA und vergleichen Sie mit dem Wert von **a)**.

Anleitung:
In 1 m³ Kupfer befinden sich $1{,}42 \cdot 10^{29}$ frei bewegliche Elektronen, jedes mit der Masse $m_e = 9{,}1 \cdot 10^{-31}$ kg und der Ladung $e = 1{,}6 \cdot 10^{-19}$ C.

Berechnen Sie, wie viele freie Elektronen sich im Spulendraht befinden, welcher Anteil davon in 1 s durch einen Leiterquerschnitt treten muß, damit die Stromstärke 100 mA beträgt, und bestimmen Sie damit die Geschwindigkeit der Elektronen im Spulendraht.

Anhang 1

Zusammenfassung einiger Gesetze der Integralrechnung, die im Mathematikunterricht bewiesen werden

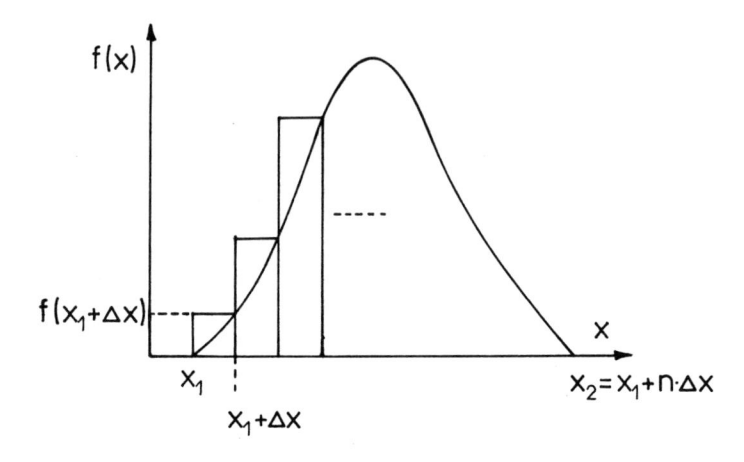

Stufenfläche: $A_{st} = \underbrace{\Delta x \cdot f(x_1 + \Delta x) + \Delta x \cdot f(x_1 + 2 \cdot \Delta x) + \ldots \Delta x \cdot f(x_2)}_{\text{n Summanden, wobei}}$

$$n = \frac{x_2 - x_1}{\Delta x}$$

$$A_{st} = \sum_{v=1}^{n} \Delta x \cdot f(x_1 + v \cdot \Delta x).$$

Für $n \to \infty$ (d.h. $\Delta x \to 0$) geht die Stufenfläche A_{st} in die Fläche A_k zwischen Kurve und Abszisse über.

$$A_k = \lim_{n \to \infty} A_{st} = \lim_{n \to \infty} \sum_{v=1}^{n} f(x_1 + v \cdot \Delta x) \cdot \Delta x;$$

oder in symbolischer Schreibweise:

$$A_k = \int_{x_1}^{x_2} f(x)\,dx$$

Um das Integral berechnen zu können, muß man den Funktionsterm f(x) kennen.

Regeln für die Integralrechnung:

1. $\int_{x_1}^{x_1} f(x)\,dx = 0$

2. $\int_{x_1}^{x_3} f(x)\,dx = \int_{x_1}^{x_2} f(x)\,dx + \int_{x_2}^{x_3} f(x)\,dx$

Veranschaulichen Sie sich 1. und 2. an folgender Skizze:

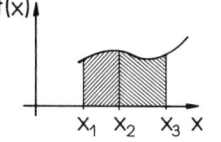

3. $\int_{x_1}^{x_2} C \cdot f(x)\, dx = C \cdot \int_{x_1}^{x_2} f(x)\, dx$

4. $\int_{x_1}^{x_2} f(x)\, dx = - \int_{x_2}^{x_1} f(x)\, dx$

5. $\int_{x_1}^{x_2} x^n\, dx = \frac{x_2^{n+1}}{n+1} - \frac{x_1^{n+1}}{n+1};\quad n \neq -1$

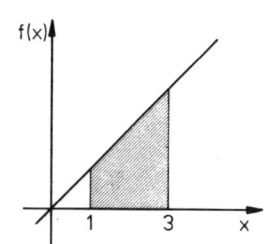

Beispiel: $f(x) = x$

Berechnen Sie die schraffierte Fläche:

a) Berechnung mit Hilfe von Dreiecksflächen

$A = \dfrac{3 \cdot 3}{2} - \dfrac{1 \cdot 1}{2} = 4;$

b) Berechnung mit Hilfe der Integralrechnung $A = \int_{1}^{3} x\, dx = \dfrac{3^{1+1}}{1+1} - \dfrac{1^{1+1}}{1+1} = 4$

---

1. Aufgabe:
Berechnen Sie

$A_1 = \int_{1}^{2,5} x^2\, dx$

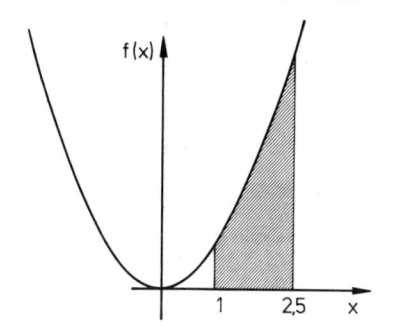

---

2. Aufgabe:
Berechnen Sie

$A_2 = \int_{-2}^{-1} 3 \cdot \dfrac{1}{x^2}\, dx$

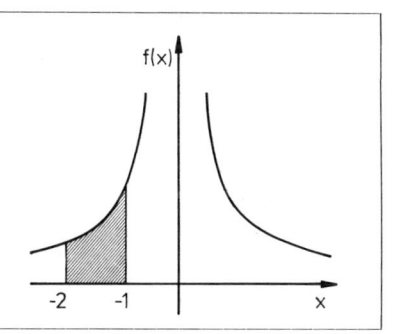

Literaturhinweis:
Eine ausführliche Behandlung des bestimmten Integrals und mehr Übungsmöglichkeiten findet man in fast allen Schulbüchern über Infinitesimalrechnung.

Anhang 2

Das Spiegelgalvanometer – Praktikum

Ein Gerät, das sich zur Messung kleiner Ströme, Spannungen und Ladungen vorzüglich eignet, ist das **Spiegelgalvanometer**. Es ist ein Drehspulinstrument hoher Strom- und Spannungsempfindlichkeit. Die Ausschläge können über einen Lichtzeiger beobachtet werden. Da im allgemeinen für Spiegelgalvanometer keine geeichten Skalen zur Verfügung stehen, verwendet man zur Berechnung der Spannung bzw. Stromstärke die Gerätekonstanten c_u (Spannungskonstante) bzw. c_i (Stromkonstante).
Aus ihnen erhält man die Spannung bzw. die Stromstärke durch Multiplikation mit dem Zeigerausschlag α:

$$U = c_u \cdot \alpha; \qquad I = c_i \cdot \alpha;$$

Beachten Sie, daß Strom- und Spannungskonstante von der Beschaltung des Galvanometers abhängen.
Typische Werte für Schul-Spiegelgalvanometer:

Spannungskonstante: $\qquad c_u \approx 1 \cdot 10^{-5} \, \dfrac{\text{V}}{\text{Skt}}$

Stromkonstante: $\qquad c_i \approx 1 \cdot 10^{-7} \, \dfrac{\text{A}}{\text{Skt}}$.

1. Bewegung des Galvanometersystems in Abhängigkeit vom Widerstand im Galvanometerkreis

Fall a)   **Fall b)**

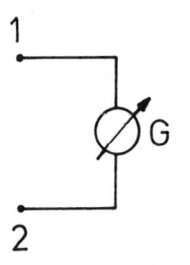

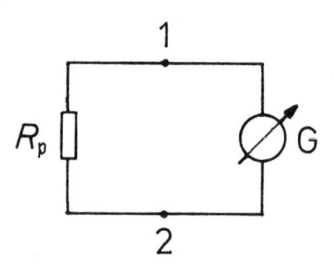

Das Galvanometersystem wird ausgelenkt (z.B. durch Berühren der Galvanometeranschlüsse 1 und 2 mit den befeuchteten Fingern) und dann sich selbst überlassen.
Im Fall **a)** führt das Galvanometer schwach gedämpfte Schwingungen aus. Die Dämpfung ist durch Reibung bedingt.

---

1. Aufgabe:
Bestimmen Sie die Schwingungsdauer T des Galvanometersystems.
Für den Fall **b)** soll der Bewegungszustand des Galvanometers in Abhängigkeit vom Betrag des Widerstandes R_p (siehe Skizze) untersucht werden:

$R_{p_1} = 1000\,\Omega; \quad R_{p_2} = 200\,\Omega; \quad R_{p_3} = 10\,\Omega.$

2. Aufgabe:
Charakterisieren Sie die unterschiedlichen Bewegungszustände (Dämpfungszustände) des Galvanometersystems und erklären Sie diese unter Verwendung des Lenzschen Gesetzes.
Wenn das ausgelenkte Galvanometersystem möglichst rasch, ohne zu überschwingen, in die Ruhelage zurückkehrt, spricht man vom **aperiodischen Grenzfall**.

3. Aufgabe:
Bestimmen Sie den Wert des zugehörigen aperiodischen Grenzwiderstandes R_{ap}. Verwenden Sie dabei einen Schiebewiderstand (Widerstandsmessung mit Ohmmeter).

2. Das ballistische Meßverfahren

Man läßt durch das Galvanometer während der Zeit Δt einen konstanten Strom der Stärke I_1 fließen (siehe Abbildung).

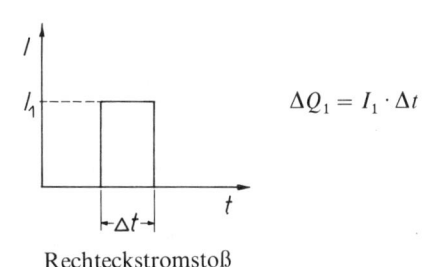

$$\Delta Q_1 = I_1 \cdot \Delta t$$

Rechteckstromstoß

Ist Δt klein gegenüber der Schwingungsdauer T, so erhält man einen Stoßausschlag α. Man betreibt das Galvanometer dann als »**ballistisches Galvanometer**«.

3. Untersuchung des Zusammenhanges zwischen α, Δt und I

Schaltskizze:

Kurzschlußtaste zum Abbremsen des Lichtzeigers in der Nullage bzw. im Überlastungsfall

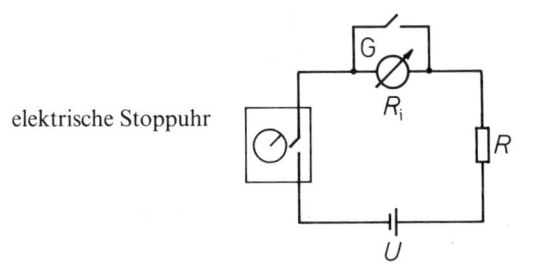

elektrische Stoppuhr

Richtwerte für eine übliche Beschaltung des Spiegelgalvanometers für Stromstoßmessung:
$R = 2\,\text{M}\Omega$; $R_i = 30\,\Omega$; $U = 3{,}8\,\text{V}$.

Durch die elektrische Stoppuhr mit Schaltvorsatz kann der Stromkreis für definierte Zeitintervalle Δt geschlossen werden. In dieser Zeit fließt durch den Kreis der Strom I.

3.1 Zusammenhang zwischen α und Δt bei konstantem Strom I

4. Aufgabe:
a) Stellen Sie an der elektrischen Stoppuhr nacheinander verschieden lange Zeiten ein, während der der Schalter geschlossen ist. Bestimmen Sie den Ausschlag α und tragen Sie ihn mit Δt in eine Tabelle ein.
Wählen Sie Δt von 0,1 s bis 1,0 s in Schritten von 0,1 s.
b) Tragen Sie die Meßwerte in eine graphische Darstellung ein.
   Rechtswertachse: 10 cm ≙ 1,0 s
   Hochwertachse: 10 cm ≙ 20 Skt
c) Geben Sie an, bis zu welchem Zeitintervall Δt_{max} (im Rahmen der Meßgenauigkeit) eine Proportionalität zwischen Δt und α besteht.
d) Berechnen Sie für den Proportionalitätsbereich den Quotienten $\dfrac{\Delta t}{\alpha}$.

---

1. Teilergebnis: Für $\Delta t \ll T$ d.h. $\Delta t \leq \dfrac{1}{10} \cdot T$ gilt: $\alpha \sim \Delta t$ (bei konstantem I)

3.2 Zusammenhang zwischen α und I bei konstantem Δt

Durch Verändern der Spannung U oder des Widerstandes R kann gezeigt werden, daß gilt:

2. Teilergebnis: $\alpha \sim I$ (bei konstantem Δt)

Zusammenfassung des 1. und 2. Teilergebnisses:

$$\alpha \sim I \cdot \Delta t$$

oder in anderer Form:

$$I \cdot \Delta t = c_{it} \cdot \alpha$$

c_{it} heißt **Stromstoßkonstante** $[c_{it}] = \dfrac{\text{As}}{\text{Skt}}$.

$I \cdot \Delta t$ ist die durch das Galvanometer geflossene Ladung ΔQ, d.h.:

$$\Delta Q = c_{it} \cdot \alpha$$

Für $\Delta t \ll T$ kann man mit dem Galvanometer also elektrische Ladungen messen.

Hinweis:
c_{it} ist sowohl von der Art des verwendeten Spiegelgalvanometers als auch von der Dimensionierung des verwendeten Meßkreises abhängig.
Aus der Abbildung auf Seite 203 ersieht man, daß die Fläche unter der Strom-Zeit-Kurve

ein Maß für die geflossene Ladung ΔQ ist. Läßt man durch das ballistische Galvanometer einen Strom fließen, der den skizzierten zeitlichen Verlauf hat, so ergibt das Experiment wieder $\Delta Q = c_{it} \cdot \alpha$.

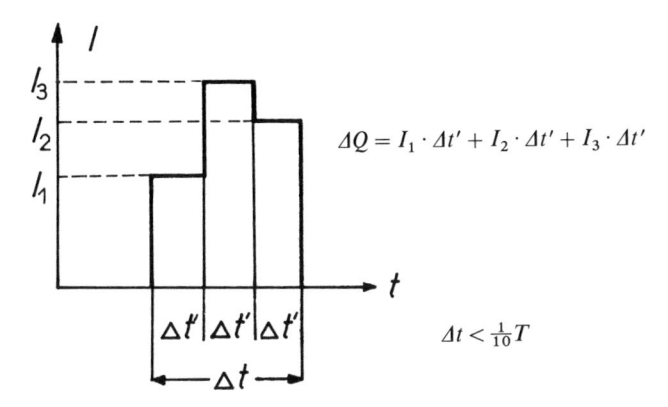

$$\Delta Q = I_1 \cdot \Delta t' + I_2 \cdot \Delta t' + I_3 \cdot \Delta t'$$

$$\Delta t < \tfrac{1}{10} T$$

ΔQ ist dabei die Summe der Ladungen, die bei den einzelnen Rechteckstößen durch das Galvanometer fließen.

c_{it} hat also bei gleichem Galvanometer und gleichem Meßkreis denselben Wert wie beim Rechteckstoß.

Allgemeine Strom-Zeit-Kurven kann man durch Treppenkurven beliebig gut annähern.

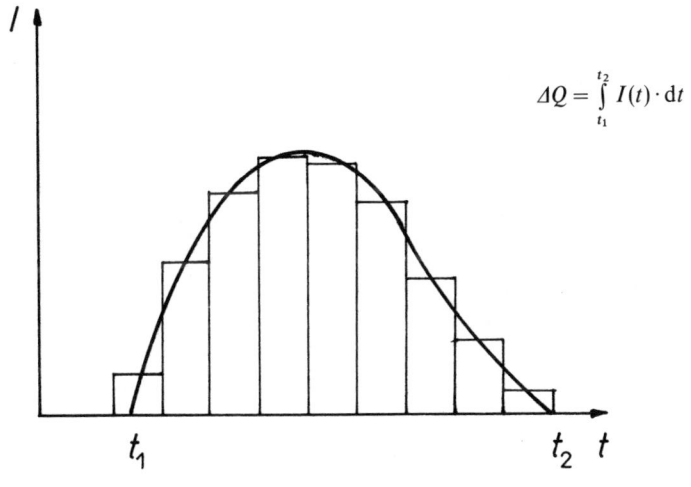

$$\Delta Q = \int_{t_1}^{t_2} I(t) \cdot dt$$

Da für die Treppenkurve gilt: $\Delta Q = c_{it} \cdot \alpha$, kann diese Beziehung auch auf allgemeine Stromstöße angewandt werden. c_{it} ist von der Form des Stromstoßes unabhängig. Man kann daher zur Bestimmung von c_{it} einen Rechteckstoß verwenden. Bei ihm ist ΔQ leicht zu berechnen.

4. Prinzipieller Weg zur Bestimmung von c_{it}:

a) Berechnung der Ladung bei einem Rechteckstoß $\Delta Q = I \cdot \Delta t$
b) Bestimmung des zugehörigen Stoßausschlages α
c) Berechnung von $c_{it} = \Delta Q / \alpha$.

5. Aufgabe:
Berechnen Sie die Ladung, die durch ein Galvanometer ($T = 5$ s) fließt, wenn $I = 2{,}0$ μA und

a) $\Delta t = 3{,}0 \cdot 10^{-1}$ s
b) $\Delta t = 2{,}0$ s.

6. Aufgabe:
Wie groß ist der zu erwartende Stoßausschlag α bei den Fällen **5a)** und **5b)**, wenn $c_{it} = 1{,}5 \cdot 10^{-7}$ As/Skt ist?

7. Aufgabe:
Gegeben ist folgender Stromstoß:
Bestimmen Sie (unter Verwendung von transparentem Millimeterpapier) möglichst genau die geflossene Ladung in As.

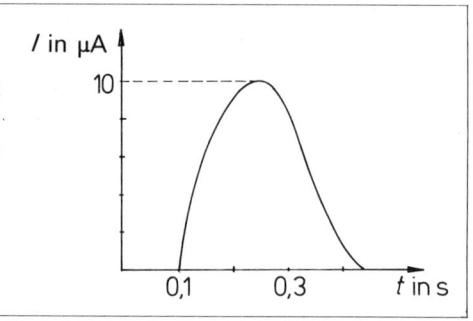

8. Aufgabe:
Gegeben ist folgende Schaltung:
a) In welcher Schalterstellung wird der Kondensator geladen bzw. entladen?
b) Der Wert von R wird nacheinander von sehr kleinen auf immer größere Werte gesteigert. Wie wirkt sich dies auf den Stoßausschlag des Galvanometers aus, wenn der Kondensator immer wieder auf die Spannung U aufgeladen wird?

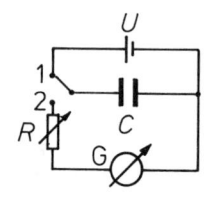

5. Experimentelle Bestimmung von c_{it} beim Spiegelgalvanometer

Eichschaltung

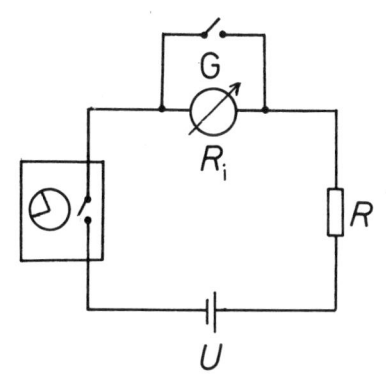

Berechnung von c_{it}:

$$I = \frac{U}{R_i + R}; \quad \text{und wegen} \quad R_i \ll R$$

$$I \approx \frac{U}{R};$$

Für $R = 2\,\text{M}\Omega$, $R_i = 30\,\Omega$ und $U = 3{,}8\,\text{V}$ ergibt sich $I = 1{,}9 \cdot 10^{-6}\,\text{A}$.

---

9. Aufgabe:
Berechnen Sie I bei Ihrer Schaltung.

Da $\Delta Q = c_{it} \cdot \alpha$, folgt $c_{it} = \dfrac{\Delta Q}{\alpha} = \dfrac{I \cdot \Delta t}{\alpha} = I \cdot \dfrac{\Delta t}{\alpha}$.

---

10. Aufgabe:
Verwenden Sie den Wert des Quotienten $\dfrac{\Delta t}{\alpha}$ der Aufgabe **4d)** und berechnen Sie c_{it}.
Im angegebenen Beispiel ergab sich $\dfrac{\Delta t}{\alpha} = 7{,}6 \cdot 10^{-2}\,\dfrac{\text{s}}{\text{Skt}}$ und damit $c_{it} = 1{,}45 \cdot 10^{-7}\,\dfrac{\text{As}}{\text{Skt}}$.

Neben der bisher besprochenen Schaltung (Schaltung 1) ist noch eine weitere Schaltung (Schaltung 2) möglich.

Schaltung 1:

Die am Galvanometerkreis angelegte Spannung ist relativ hoch (ca. 3,8 V), daher muß auch R_v relativ groß sein.

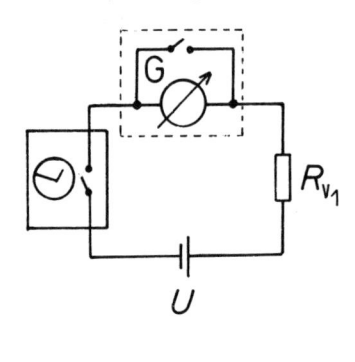

Schaltung 2:

Die am Galvanometerkreis angelegte Spannung ist relativ niedrig (Spannungsteilung), daher kann R_v klein sein.

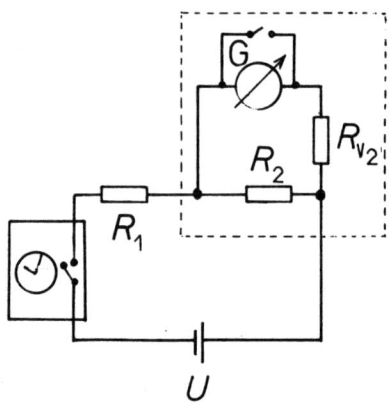

z. B. $R_{v_1} = 2{,}0\ \text{M}\Omega$

z. B. $R_1 = 1{,}0\ \text{k}\Omega;\quad R_2 = 1{,}0\ \Omega;$
$R_i + R_{v_2} = 200\ \Omega.$

Beachten Sie, daß zur Messung der Ladung eines Kondensators nur ein geeigneter Teil der Eichschaltung verwendet werden darf. Nur der eingerahmte Teil stellt die eigentliche Meßanordnung dar.

---

11. Aufgabe:

Im Unterricht wird das Galvanometer bevorzugt zur Bestimmung der Ladung von Kondensatoren eingesetzt. Zeigen und begründen Sie, daß die Schaltung nach Fall 1 dafür geeigneter ist. Berücksichtigen Sie, daß c_{it} vom Dämpfungszustand des Galvanometers abhängt.

Meßanordnung mit Kondensator:

Schaltung 1:

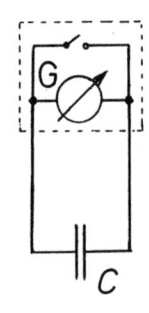

Schaltung 2:

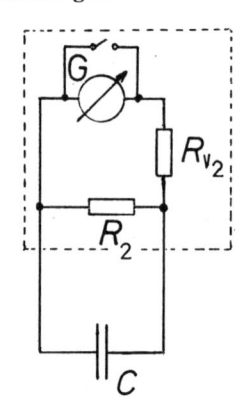

Anhang 3

Vereinfachte Darstellung der Funktionsweise eines Meßverstärkers

a) Aufbau und Funktionsweise einer Triode

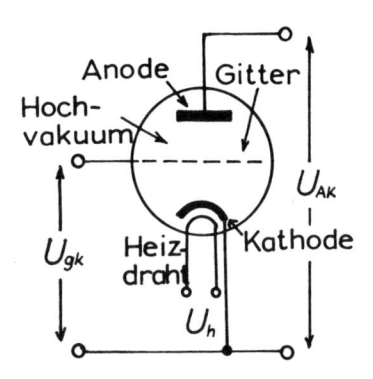

Aus der Glühkathode treten Elektronen aus, die bei der gegebenen Beschaltung zur Anode hin beschleunigt werden. Es fließt im Anodenkreis der Strom I_A. Bringt man das Gitter auf ein negatives Potential gegenüber der Kathode (Spannung U_{GK}), so verringert sich der Strom I_A. Der Zusammenhang zwischen U_{GK} und I_A bei fester Spannung U_{AK} zwischen Anode und Kathode ist in der folgenden Abbildung dargestellt.

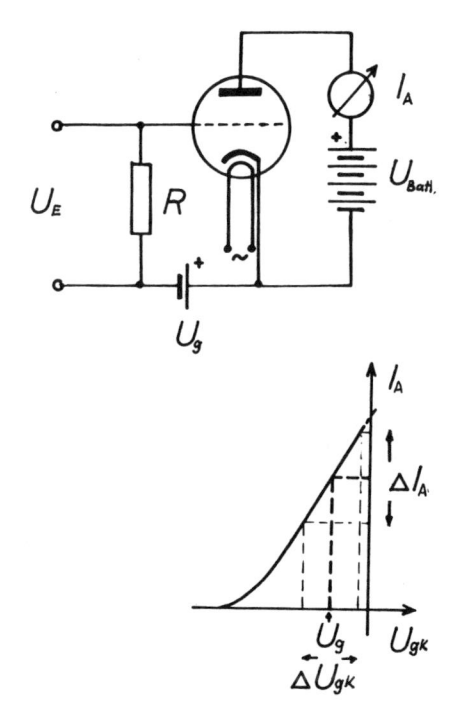

Eine Änderung von U_{GK} wird nur dann in eine dazu proportionale Änderung des Anodenstromes I_A umgesetzt, wenn U_{GK} in einem Bereich liegt, in dem die Kennlinie geradlinig verläuft. Man erreicht dies, indem man U_{GK} um einen geeigneten Wert U_G (Gittervorspannung) schwanken läßt. Das Gitter ist über den Widerstand R an die Gittervorspannungsquelle (U_g) angeschlossen. Da im Gitter-Kathodenkreis nahezu kein Strom fließt, kann R sehr hoch gewählt werden (100 MΩ).

b) Aufbau des Meßverstärkers

Der Eingangsteil eines Meßverstärkers entspricht prinzipiell der oben skizzierten Schaltung mit der Triode. Bei dieser Schaltung stört jedoch, daß auch ohne Eingangssignal ein Anodenstrom I_A fließt. Durch eine weitere im Meßverstärker erzeugte Hilfsspannung kann dieser Anodenruhestrom gerade kompensiert werden.

c) Spannungsmessung mit dem Meßverstärker

Eine Spannung U_E wird in einen dazu proportionalen Strom im Anodenkreis umgesetzt. Da R sehr hochohmig ist, stellt der Meßverstärker einen nahezu idealen Spannungsmesser dar. Um im linearen Bereich der Kennlinie zu bleiben, darf U_E die Spannung von einigen Zehntel Volt nicht überschreiten. Höhere Spannungen werden durch geeignete Spannungsteiler auf eine Eingangsspannung von einigen Zehntel Volt herabgesetzt. Zu kleine Spannungen wie z. B. 0,01 V können durch diesen Meßverstärker nicht nachgewiesen werden, da sie zu kleine Stromänderungen im Anodenkreis bewirken.

d) Strommessung mit dem Meßverstärker

Mit dem Meßverstärker können noch Ströme nachgewiesen werden, die am Widerstand R Spannungen von der Größenordnung $\frac{1}{10}$ Volt hervorrufen. Mit den in der Schule üblichen Meßverstärkern können Ströme bis zu $1{,}0 \cdot 10^{-12}$ A gemessen werden.

e) Ladungsmessung mit dem Meßverstärker

Bei der Ladungsmessung wird mit der Probeladung ein zu R parallel geschalteter Kondensator aufgeladen, der sich anschließend über R in ca. 0,2 s entlädt. Ohne diesen Kondensator würden schon bei sehr kleinen Ladungen große Anfangsspannungen zwischen Gitter und Kathode auftreten, da die Kapazität zwischen Gitter und Kathode sehr gering ist $\left(U_{GK} \approx \dfrac{Q}{C_{GK}}\right)$. Durch den parallelgeschalteten Kondensator mit der Kapazität C wird die maximal auftretende Spannung U_{GK} klein gehalten $\left(U_{GK} \approx \dfrac{Q}{C_{GK} + C}\right)$. Der Spannungsstoß bei der Entladung des Kondensators über R bewirkt im Ausgang einen dazu proportionalen Stromstoß. Der Ausschlag am Drehspulinstrument ist damit proportional zu der zu messenden Ladung.

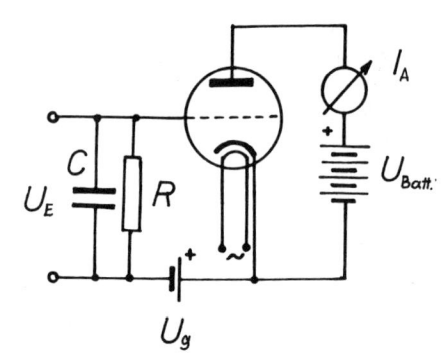

Anhang 4

Hinweise zur Durchführung und Auswertung des Millikan-Versuches mit dem Gerät der PHYWE AG

Versuchsdurchführung nach 14.5

Vorbereitungen:

Vor Ausführung der Messungen ist dafür zu sorgen, daß eine sichere Beobachtung der Teilchen beherrscht wird. Dazu sind folgende Punkte zu beachten:
1. Optimale Einstellung der Dunkelfeldbeleuchtung.
2. Der Abstand von Objektivvorderseite zur vorderen Glasabdeckung des Kondensators soll ca. 1,5 mm betragen.
3. Der Zeitschalter Z muß in Stellung »Aus« sein.
   Der Schalter K (Kommutator) muß in Mittelstellung sein, d.h., es liegt keine Spannung am Kondensator.
4. Einmaliges Einsprühen von Teilchen.
   Achten Sie darauf, daß der Verbindungskanal zwischen zylindrischem Aufsatz und Kondensator geöffnet ist (rotes »A« am Schieber muß sichtbar sein).
   Um zu verhindern, daß größere Paraffinöltröpfchen in den Kondensator gelangen, ist der Zerstäuber zunächst einmal zu betätigen, ohne ihn an den Einsprühkanal zu halten.
5. Unmittelbar nach dem Einsprühen hat der Beobachter für ca. 30 s die Möglichkeit, Teilchen in verschiedenen Schärfeebenen zu sehen. Durch geringfügiges Hin- und Herdrehen an der Einstellschraube des Mikroskops ist die Scharfeinstellung auf bestimmte Teilchen möglich. Wenn möglichst viele Teilchen zu sehen sind, ist das Mikroskop optimal justiert. Bei dieser Gelegenheit soll auch geübt werden, Teilchen zu verfolgen, die sich aus dem Schärfebereich entfernen.

Erst wenn die Beobachtung von Teilchen sicher beherrscht wird, kann mit der Messung begonnen werden.

Meßvorgang:

Schalter Z	Schalter K	
		1. Auswahl geeigneter Teilchen
Aus	kurzzeitiges Betätigen von K – danach K sofort wieder in Mittelstellung bringen	a) Geeignete Teilchen sind solche, die bei Betätigen des Schalters K ihren Bewegungszustand ändern (geladene Teilchen).
Aus	Mittelstellung	b) Geeignete Teilchen sind solche, die die Meßstrecke s in weniger als 20–25 s durchfallen (Steigen im Bildfeld).

Vor jeder Messung muß ein Teilchen, das beide Bedingungen erfüllt, gesucht werden. Durch geeignetes Betätigen des Schalters K wird dieses Teilchen bis zum Beginn der Messung im Gesichtsfeld gehalten. Dabei muß man sich gut merken, bei welcher Stellung des Schalters K sich das Teilchen nach oben bzw. unten bewegt.

		2. Messung
Aus	Mittelstellung	a) Rückstellung beider Kurzzeitmesser.
Ein	Mittelstellung	b) Man läßt das ausgewählte Teilchen bis zur oberen Bildfeldmarke (1') steigen (Fallen des Öltröpfchens ohne Feld).

Schalter Z	Schalter K	
Ein	Einschalten von K	c) K ist so zu stellen, daß das Teilchen im Bildfeld sinkt (Steigen des Öltröpfchens im E-Feld). Während dieses Vorganges läuft einer der beiden Kurzzeitmesser (Steigzeitmessung).
Ein	Umschalten von K	d) Erreicht das Teilchen die untere Bildfeldmarke (2'), wird Schalter K möglichst rasch in die entgegengesetzte Einstellung gebracht. Das Teilchen wechselt seine Bewegungsrichtung. Der Steigzeitmesser zeigt die Zeit t_2 an. Der zweite Kurzzeitmesser ist in Betrieb (Fallzeitmessung).
		e) Beim Erreichen der oberen Bildfeldmarke (1') könnte der Meßvorgang durch Ausschalten von K (Mittelstellung) beendet werden. Der Fallzeitmesser würde dann die Zeit t_1 anzeigen.

Um eine höhere Meßgenauigkeit zu erreichen, wiederholt man den obigen Meßvorgang mehrmals an einem Teilchen, ohne die Kurzzeitmesser zurückzustellen. Die Zahl n der oben beschriebenen Meßvorgänge an einem Teilchen sollte etwa n = 3 bis n = 5 betragen (gleiche Anzahl von Steig- und Sinkvorgängen).
Durch dieses Verfahren werden sowohl Steig- als auch Fallzeiten aufsummiert (Gesamtfallzeit: t_{1_g}; Gesamtsteigzeit t_{2_g}), und es können Mittelwerte gebildet werden.

Aus	Mittelstellung	f) Nach Beendigung des Meßvorganges ist der Zeitschalter Z sofort auf Aus zu stellen, um die aufsummierten Zeiten nicht durch versehentliche Betätigung des Schalters K zu verlieren.

Die Zeiten t_{1_g} und t_{2_g} sowie die Zahl n sind mit der Teilchennummer in das Auswertungsblatt einzutragen.

Cunninghamsche Korrektur des Stokesschen Gesetzes

Die Beziehung $F_r = 6 \cdot \pi \cdot \eta \cdot r \cdot v$ gilt – abhängig von der Zähigkeit η des Mediums – nur für kugelförmige Teilchen in einem gewissen Geschwindigkeits- und Größenbereich.
Unter anderem wird bei der Herleitung obiger Formel vorausgesetzt, daß die Bewegung der Kugel in einem homogenen Medium erfolgt. Ist aber der Radius der Kugel vergleichbar mit dem mittleren Abstand der Moleküle des Mediums, so ist gerade die Bedingung der Homogenität des Mediums nicht mehr gegeben. Der mittlere Abstand der Luftmoleküle ist bei Normalbedingungen etwa 10^{-7} m. Der Radius der beobachteten Teilchen liegt in derselben Größenordnung. Bei einer Fallzeit von etwa 20 s beträgt der Radius der Teilchen nach (1) etwa $6 \cdot 10^{-7}$ m.
Cunningham führte für solche Teilchen eine Korrektur zum Stokesschen Gesetz ein, die schon Millikan verwendet hat:

Hinweise zur Durchführung und Auswertung des Milikan-Versuches

Stockessches Gesetz unkorrigiert: $\quad F_r = 6\pi \cdot \eta \cdot r \cdot v$

Stokessches Gesetz korrigiert: $\quad F_r = 6\pi \cdot \eta \cdot r \cdot v \cdot \left(1 + \dfrac{0{,}86 \cdot \lambda}{r}\right)^{-1}$

λ bedeutet die freie Weglänge in Luft.

Mit
$$\eta^* = \dfrac{\eta}{1 + \dfrac{0{,}86 \cdot \lambda}{r}}$$

lautet das korrigierte Stokessche Gesetz:

$$\boxed{F_r = 6 \cdot \pi \cdot \eta^* \cdot r \cdot v}$$

Bei den Formeln zur Berechnung von Q ist also η durch η^* zu ersetzen.

Daten, die bei der Berechnung von r bzw. $Q_{\text{unkorrigiert}}$ verwendet werden:

$U = 500\ V$
$d = 2{,}50 \cdot 10^{-3}\ m$
$s = 0{,}845 \cdot 10^{-3}\ m$
$\varrho = 880\ kg/m^3$ (mit Auftriebskorrektur)
$\eta = 1{,}82 \cdot 10^{-5}\ kg/m \cdot s$
$\lambda = 0{,}99 \cdot 10^{-7}\ m$

Literaturhinweis:
Eine ausführliche Beschreibung des Millikanversuches wird z. B. in den »Phywe-Nachrichten« der Firma Phywe, Göttingen gegeben.

Es ist zweckmäßig, die aufwendige Berechnung der Ladung mit einem Kleinrechner durchzuführen.

Flußdiagramm für das Programm zur Ladungs- und Radiusberechnung:

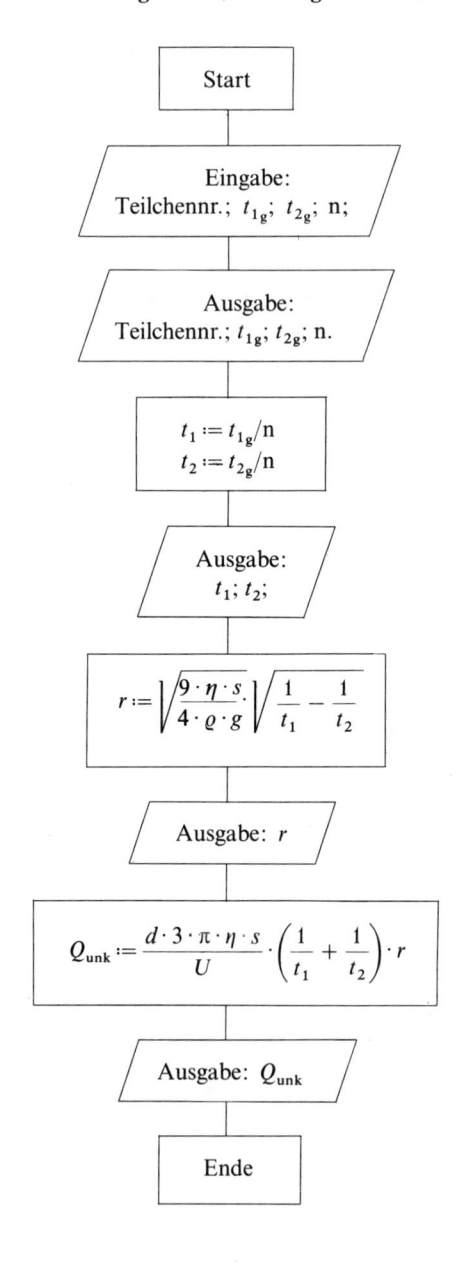

```
         ┌─────────┐
         │  Start  │
         └─────────┘
              │
      ╱───────────────────╲
     ╱     Eingabe:        ╲
    ╱ Teilchennr.; $t_{1g}$; $t_{2g}$; n; ╲
    ╲───────────────────────╱
              │
      ╱───────────────────╲
     ╱     Ausgabe:        ╲
    ╱ Teilchennr.; $t_{1g}$; $t_{2g}$; n. ╲
    ╲───────────────────────╱
              │
         ┌─────────────┐
         │ $t_1 := t_{1g}/n$ │
         │ $t_2 := t_{2g}/n$ │
         └─────────────┘
              │
      ╱───────────────╲
     ╱    Ausgabe:     ╲
    ╱     $t_1$; $t_2$;      ╲
    ╲─────────────────╱
              │
  ┌────────────────────────────┐
  │ $r := \sqrt{\dfrac{9 \cdot \eta \cdot s}{4 \cdot \varrho \cdot g}} \cdot \sqrt{\dfrac{1}{t_1} - \dfrac{1}{t_2}}$ │
  └────────────────────────────┘
              │
      ╱───────────────╲
     ╱   Ausgabe: $r$   ╲
    ╲─────────────────╱
              │
  ┌──────────────────────────────────────┐
  │ $Q_{unk} := \dfrac{d \cdot 3 \cdot \pi \cdot \eta \cdot s}{U} \cdot \left(\dfrac{1}{t_1} + \dfrac{1}{t_2}\right) \cdot r$ │
  └──────────────────────────────────────┘
              │
      ╱───────────────────╲
     ╱  Ausgabe: $Q_{unk}$  ╲
    ╲─────────────────────╱
              │
         ┌─────────┐
         │  Ende   │
         └─────────┘
```

Anhang 5

Messung von Spannungsstößen mit dem Galvanometer – Bestimmung der Spannungsstoßkonstanten c_{ut} – Praktikum

Eine weitere Einsatzmöglichkeit des Galvanometers besteht in der Messung von Spannungsstößen bei der Induktion.

Vorbemerkung:

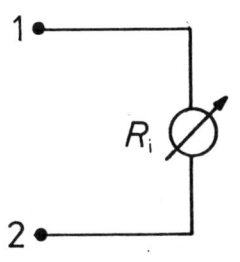

Legt man an das Galvanometer für die Zeit Δt eine Spannung U an (Spannungsstoß), so zeigt das Meßgerät ein analoges Verhalten wie beim Durchfluß einer Ladungsmenge (Stromstoß). Da die angelegte Spannung U einen Strom $I = \dfrac{U}{R_i}$ durch das Galvanometer zur Folge hat, gilt ebenso wie für die Stromstoßkonstante:

$U \cdot \Delta t \sim \alpha$
$U \cdot \Delta t = c_{ut} \cdot \alpha$
$[c_{ut}] = \text{Vs/Skt}$

Diese Proportionalität gilt auch dann, wenn der Spannungstoß kein Rechteckstoß ist.

Eichschaltung:

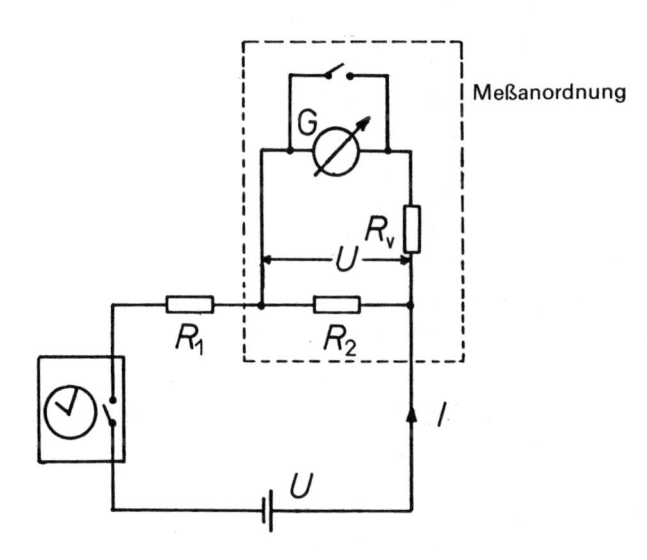

Richtwerte für eine übliche Beschaltung des Spiegelgalvanometers zur Messung von Spannungsstößen:

$R_v = 300\,\Omega;\quad R_1 = 1000\,\Omega;\quad R_2 = 1\,\Omega;\quad U_0 = 3{,}8\,\text{V}.$

Berechnung von c_{ut}:

a) Berechnung des Stromes I:

$$R_2 \| R_v = \frac{R_v \cdot R_2}{R_v + R_2}; \quad \text{wegen} \quad R_2 \ll R_v \quad \text{ist}$$

$$R_2 \| R_v \approx R_2; \quad \text{und wegen} \quad R_1 \gg R_2 \quad \text{gilt}$$

$$I \approx \frac{U_0}{R_1}.$$

b) Berechnung der am Widerstand R_2 anliegenden Spannung U:

$$U \approx I \cdot R_2 \approx U_0 \cdot \frac{R_2}{R_1};$$

---

1. Aufgabe:
Berechnen Sie U für Ihre Schaltung.
Für das o.a. Beispiel ergibt sich $U = 3{,}8 \cdot 10^{-3}$ V.

---

2. Aufgabe:

a) Stellen Sie an der elektrischen Stoppuhr nacheinander verschieden lange Zeiten ein, während der der Schalter geschlossen ist. Bestimmen Sie den jeweiligen Ausschlag α und tragen Sie ihn mit zusammen Δt in eine Tabelle ein. Wählen Sie Δt von 0,1 s bis 0,5 s in Schritten von 0,1 s.

b) Tragen Sie die Meßwerte in eine graphische Darstellung ein.
Rechtswertachse: 10 cm $\triangleq$ 1,0 s; Hochwertachse: 10 cm $\triangleq$ 20 Skt.

c) Berechnen Sie für den Proportionalitätsbereich den Quotienten $\frac{\Delta t}{\alpha}$.

Im angegebenen Beispiel ergab sich $\frac{\Delta t}{\alpha} = 2{,}14 \cdot 10^{-2} \frac{\text{Vs}}{\text{Skt}}$.

Wegen $U \cdot \Delta t = c_{ut} \cdot \alpha$ ist $c_{ut} = \frac{U \cdot \Delta t}{\alpha}$.

---

3. Aufgabe:
Berechnen Sie c_{ut} für Ihre Schaltung.
Im angegebenen Beispiel ergab sich $c_{ut} = 8{,}13 \cdot 10^{-5}$ Vs/Skt.

Achtung: Der berechnete Wert von c_{ut} gilt *nur* für die verwendete Meßanordnung mit dem Widerstand R_v!

---

4. Aufgabe:
Für die gezeichnete Schaltung ist $R_v + R_i = 200\,\Omega$ und $c_{ut} = 1{,}0 \cdot 10^{-4} \frac{\text{Vs}}{\text{Skt}}$. Berechnen Sie c_{ut} für dieses Galvanometer für $R_v + R_i = 500\,\Omega$ unter der Voraussetzung, daß sich c_{it} wegen der nur geringen Änderung der Bedämpfung kaum ändert.

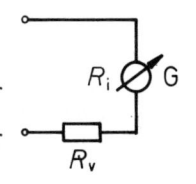

Messung von Spannungsstößen bei Induktionsversuchen

Die bei Induktionsversuchen in Spulen auftretenden Spannungsstöße kann man ebenfalls mit dem Galvanometer messen. Dazu muß allerdings der Meßkreis, in dem sich Spule und Galvanometer befinden, geeicht werden. Hierzu ersetzt man in der Eichschaltung auf Seite 213 den Widerstand R_v durch die Induktionsspule:

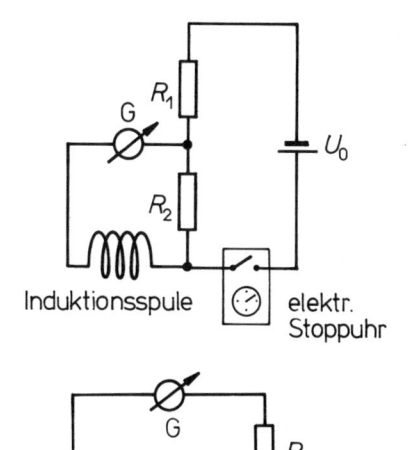

$R_v = R_{Spule}$

Meßkreis:

Hinweis: Das mit obiger Schaltung bestimmte c_{ut} gilt nur für den verwendeten Widerstand R_v. Will man eine andere Induktionsspule verwenden, so muß man den Kreis neu eichen. Es ist darauf zu achten, daß $R_2 + R_v$ so groß ist, daß das Galvanometer im aperiodischen Grenzfall bzw. im Schwingfall betrieben wird.

---

5. Aufgabe:
In einem Magnetfeld wird eine Induktionsspule ($N_i = 40$, $A_i = 25\,cm^2$) senkrecht vom Feld durchsetzt. Die Spule ist an ein Spiegelgalvanometer ($c_{ut} = 8{,}1 \cdot 10^{-5}$ Vs/Skt) angeschlossen. Beim Herausziehen aus dem Feld ergibt sich ein Stoßausschlag $\alpha = 9{,}0$ Skt. Berechnen Sie B!

Anhang 6
Lösungen der wichtigsten Aufgaben

S. 9/2

Es gilt $l_{Cu} = l_{Al}$ und $R_{Cu} = R_{Al}$. Gesucht ist das Gewichtsverhältnis $v = \dfrac{G_{Cu}}{G_{Al}}$. Mit Hilfe der Formel für den spez. Widerstand $R = \varrho \cdot \dfrac{1}{A}$ ergibt sich:

$$\frac{R_{Cu}}{R_{Al}} = \frac{\varrho_{Cu} \cdot l_{Cu} \cdot A_{Al}}{\varrho_{Al} \cdot l_{Al} \cdot A_{Cu}} = 1; \quad \Rightarrow \quad \frac{A_{Cu}}{A_{Al}} = \frac{\varrho_{Cu}}{\varrho_{Al}}; \quad v = \frac{G_{Cu}}{G_{Al}} = \frac{l_{Cu} \cdot A_{Cu} \cdot \gamma_{Cu}}{l_{Al} \cdot A_{Al} \cdot \gamma_{Al}};$$

$$v = \frac{\varrho_{Cu} \cdot \gamma_{Cu}}{\varrho_{Al} \cdot \gamma_{Al}}; \quad v = \frac{0{,}018 \cdot 8{,}7 \cdot 10^4}{0{,}029 \cdot 2{,}6 \cdot 10^4} = \underline{2{,}08};$$

ϱ: spez. Widerstand $\quad \gamma$: spez. Gewicht.

S. 9/3

a) I: $R_{ges} = R_1 + R_2 + R_3$; $\quad \underline{R_{ges} = 145\,\Omega}$;

II: $\dfrac{1}{R_{ges}} = \dfrac{1}{R_1} + \dfrac{1}{R_2} + \dfrac{1}{R_3}$; $\quad \underline{R_{ges} = 10\,\Omega}$;

III: $R_{ges} = R_1 + R_2 \| R_3 = R_1 + \dfrac{R_2 \cdot R_3}{R_2 + R_3}$; $\quad \underline{R_{ges} = 40\,\Omega}$;

b) I: $U_{R_1} = I \cdot R_1 = \dfrac{U}{R_{ges}} \cdot R_1$; $\quad \underline{U_{R_1} = 16\,V}$; $\quad U_{R_2} = I \cdot R_2$; $\quad \underline{U_{R_2} = 20\,V}$;

$U_{R_3} = I \cdot R_3$; $\quad \underline{U_{R_3} = 80\,V}$;

II: $U_{R_1} = U_{R_2} = U_{R_3} = U$;

III: $U_{R_1} = \dfrac{U}{R_{ges}} \cdot R_1$; $\quad \underline{U_{R_1} = 58\,V}$; $\quad U_{R_2} = U_{R_3} = U - U_{R_1}$; $\quad \underline{U_{R_2} = U_{R_3} = 58\,V}$;

c) I: $I_{R_1} = I_{R_2} = I_{R_3} = I = \dfrac{U}{R_{ges}}$; $\quad \underline{I = 0{,}8\,A}$;

II: $I_{R_1} = \dfrac{U}{R_1}$; $\quad \underline{I_{R_1} = 5{,}8\,A}$; $\quad I_{R_2} = \dfrac{U}{R_2}$; $\quad \underline{I_{R_2} = 4{,}6\,A}$; $\quad I_{R_3} = \dfrac{U}{R_3}$; $\quad \underline{I_{R_3} = 1{,}2\,A}$;

III: $I_{R_1} = \dfrac{U_{R_1}}{R_1}$; $\quad \underline{I_{R_1} = 2{,}9\,A}$; $\quad I_{R_2} = \dfrac{U_{R_2}}{R_2}$; $\quad \underline{I_{R_2} = 2{,}3\,A}$; $\quad I_{R_3} = \dfrac{U_{R_3}}{R_3}$; $\quad \underline{I_{R_3} = 0{,}58\,A}$.

S. 9/4

a) 10 mA-Bereich

$\dfrac{I_R}{I_M} = \dfrac{R_M}{R_1 + R_2} \qquad I_M + I_R = I_g$

$R_1 + R_2 = \dfrac{R_M \cdot I_M}{I_R} \qquad \underline{R_1 + R_2 = 12{,}5\,\Omega} \quad (1)$

$R_M = 50\,\Omega$, $I_M = 2\,mA$, $I_g = 10\,mA$, $I_R = 8\,mA$

b) 100 mA-Bereich

$$\frac{I_R}{I_M} = \frac{R_M + R_2}{R_1}; \qquad I_R = I_g - I_M;$$

$49 R_1 = 50\,\Omega + R_2$ (2) aus (1) und (2) $\underline{R_2 = 11{,}3\,\Omega;\ R_1 = 1{,}3\,\Omega}$

S. 10/5
a) $U = 0{,}10\,V$;   **b)** Parallelschaltung von $R_s = 0{,}10\,\Omega$;

S. 10/6
a) $R_i = 200\,\Omega$;   **b)** Vorschalten eines Widerstandes $R_v = 333\,k\Omega$;

S. 10/7
a) $R_1' = 2{,}5\,\Omega$; $R_2' = 801\,k\Omega$;   **b)** $\Delta_1 = 25\,\%$; $\Delta_2 = 0{,}13\,\%$
c) $R_1'' = 1{,}999\,\Omega$; $R_2'' = 4{,}97\,k\Omega$ **d)** $\Delta_1 = 0{,}05\,\%$; $\Delta_2 = 99\,\%$

S. 11/8
$l = 7{,}9 \cdot 10^3\,m$;

S. 11/9
$U_{Kl} = 8{,}0\,V$;

S. 11/10
a) $U = U_0 \dfrac{x}{l}$;   **b)** $U = U_0 - \dfrac{U_0 \cdot R_1}{R_1 + \dfrac{R_2 \cdot R_L}{R_2 + R_L}}$; mit $R_1 = R \cdot \dfrac{l-x}{l}$ und $R_2 = R \cdot \dfrac{x}{l}$

erhält man $U = U_0 \dfrac{x}{x\left(1 - \dfrac{x}{l}\right)\dfrac{R}{R_L} + 1}$

S. 12/11
a) $R = 19{,}3\,\Omega$ **b)** $P = 3{,}1\,MW$

S. 13/12
a) $R_{ges} = 1{,}14\,k\Omega$; **b)** $U_3 = 193\,V$; $U_1 = U_2 = 27\,V$; **c)** $I_3 = 0{,}193\,A$; $I_1 = 0{,}139\,A$;
$I_2 = 0{,}054\,A$;   **d)** $P_3 = 37{,}2\,W$ **e)** $Q = 9{,}65\,As$

S. 13/13
a) $P = 1{,}4\,kW$;   **b)** 3 Pf;   **c)** $R = 34{,}6\,\Omega$;   **d)** $Q = 1{,}9 \cdot 10^3\,As$ **e)** $t = 10\,Min.$

S. 13/14
a) $U = I \cdot (R_1 + R_2)$; $P_2 = (U - U_1) \cdot I = I \cdot R_2 \cdot I = I^2 \cdot R_2 = \left(\dfrac{U}{R_1 + R_2}\right)^2 \cdot R_2$
$P_2' = 108\,W$; $P_2'' = 121\,W$; $P_2''' = 108\,W$.

b) $\dfrac{dP_2}{dR_2} = \dfrac{(R_1 + R_2)^2 U^2 - U^2 R_2 \cdot 2(R_1 + R_2)}{(R_1 + R_2)^4} = 0$;

$U^2 (R_1 + R_2) \cdot [(R_1 + R_2) - 2 R_2] = 0$;
$\Rightarrow R_1 = R_2$;   d.h. $R_2 = 100\,\Omega$;

c) $P_E = U \cdot I = \dfrac{U^2}{R_1 + R_2}$; $\underline{P'_E = 323\,W}$; $\underline{P''_E = 243\,W}$; $\underline{P'''_E = 162\,W}$.

S. 14/1

$\Delta Q = I \cdot \Delta t$; $\Delta Q = 10 \cdot 5\,mA \cdot s = \underline{50 \cdot 10^{-3}\,As}$.

S. 15/2

$\Delta Q = 0{,}38\,As$

S. 20/1

Die positiven Ladungen verteilen sich auf Elektrometerkopf und Blättchen. Diese positiven Ladungen influenzieren am Gehäuse negative Ladungen. Die positiven Ladungen des ursprünglich neutralen Gehäuses fließen zur Erde ab.

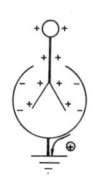

S. 20/2

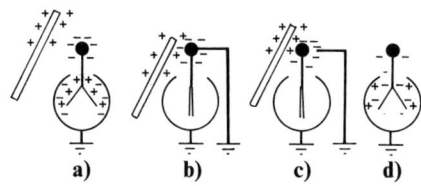

zu **a)** Am Elektrometerkopf werden negative Ladungen influenziert; die Blättchen sind positiv und influenzieren das Gehäuse negativ → Ausschlag.

zu **b)** Durch die Erdung des Elektrometerkopfes fließen die nicht gebundenen positiven Ladungen des isolierten Teiles ab, am Gehäuse werden keine Ladungen mehr influenziert; der Ausschlag geht zurück.

zu **c)** Bei Entfernung der Erdung des Elektrometerkopfes ändert sich an den Ladungsverhältnissen nichts.

zu **d)** Durch Entfernung des positiv geladenen Stabes können sich die negativen Ladungen auf Kopf und Blättchen verteilen. Dadurch werden am Gehäuse wieder Ladungen influenziert. → Ausschlag.
Das Elektrometer ist am Ende der Versuchsreihe negativ geladen.

S. 25/3

a) $C = 3{,}7 \cdot 10^4\,\mu F$ b) $A = 4{,}2 \cdot 10^6\,m^2$

S. 25/4

a) $Q = 5{,}3 \cdot 10^{-9}\,As$ b) $\Delta Q = 3{,}5 \cdot 10^{-9}\,As$

S. 25/5

Variation der effektiven Elektrodenfläche möglich

S. 26/6

a) $C_g = 0{,}8\,\mu F$;   b) $Q = 4{,}0 \cdot 10^{-3}\,As$;   c) $U_1 = 4\,kV$; $U_2 = 1\,kV$

S. 27/7 $C_{ges} = 2{,}93\,\mu F$

S. 27/8

a) Parallelschaltung von 4,0 µF   **b)** Serienschaltung von 7,5 µF

S. 27/9

C = 3,3 pF

S. 33/1

a) $3{,}04 \cdot 10^{-3}$ N;   **b)** $a = 1{,}0 \cdot 10^1 \, \dfrac{m}{s^2}$

S. 33/2

$E = 5{,}88 \cdot 10^3 \, \dfrac{N}{As}$

S. 33/3

b) $E_1 > E_2$;

S. 34/4

$E = 8{,}3 \cdot 10^4 \, \dfrac{N}{As}$;

S. 34/5

$Q = 9{,}6 \cdot 10^{-8}$ As

S. 34/6

$E = 4{,}5 \cdot 10^3 \, \dfrac{N}{As}$

S. 36/3

$W = 12$ J

S. 37/4

$W = 2{,}9$ J

S. 41/6

$W_{12} = Q_p \cdot E \cdot r$; $W_{12} = 5{,}0 \cdot 10^{-10} \cdot 2{,}0 \cdot 10^2 \cdot 0{,}050$ J $= \underline{5{,}0 \cdot 10^{-9} \text{ J}}$

$W_{13} = Q_p \cdot E \cdot r \cdot \cos 30°$; $\underline{W_{13} = 4{,}3 \cdot 10^{-9} \text{ J}}$; $W_{14} = Q_p \cdot E \cdot r \cdot \cos 90°$; $\underline{W_{14} = 0}$;

$W_{15} = Q_p \cdot E \cdot r \cdot \cos 180°$; $\underline{W_{15} = -5{,}0 \cdot 10^{-9} \text{ J}}$; $W_{16} = Q_p \cdot E \cdot r \cdot \cos 270°$; $\underline{W_{16} = 0}$;

S. 41/7

a) $F = Q_p \cdot E$; $F = 1{,}0 \cdot 10^{-9} \cdot 2{,}0 \cdot 10^2$ N $= 2{,}0 \cdot 10^{-7}$ N

b) $W_{12} = \vec{F} \cdot \Delta \vec{r} = |Q_p \cdot \vec{E}| \cdot |\Delta \vec{r}| \cdot (-1)$; $\underline{W_{12} = -6{,}0 \cdot 10^{-9} \text{ J}}$

S. 42/8

a) $W_{12} = \vec{F} \cdot \Delta \vec{r} = |Q_p \cdot \vec{E}| \cdot |\Delta \vec{r}| (+1)$; $\underline{W_{12} = 4{,}5 \cdot 10^{-13} \text{ J}}$;
das System verliert potentielle Energie $\Delta E_p = -W_{12} < 0$!

b) $E_2 - E_1 = -4{,}5 \cdot 10^{-13}$ J; $E_2 = E_1 - 4{,}5 \cdot 10^{-13}$ J;   da $E_1 = 0$, gilt: $\underline{E_2 = -4{,}5 \cdot 10^{-13} \text{ J}}$

c) $W'_{12} = -W_{12} = \underline{-4{,}5 \cdot 10^{-13} \text{ J}}$

S. 42/9

a) $W_{12} = \int\limits_{P_1}^{P_2} \vec{F} \cdot d\vec{r}$; $W_{12} = \int\limits_{r_1}^{r_2} \dfrac{C}{r^2} dr$; $W_{12} = 9 \cdot 10^{-2} \left[-\dfrac{1}{r} \right]_{0,2\,m}^{0,1\,m}$ Nm²

$W_{12} = 9 \cdot 10^{-2} \left(-\dfrac{1}{0{,}1} + \dfrac{1}{0{,}2} \right)$ J; $\underline{W_{12} = -4{,}5 \cdot 10^{-1} \text{ J}}$

b) Gewinn potentieller Energie

S. 42/10

a) $W_{12} = 0$;   **b)** $W_{34} = -0{,}7$ J;   **c)** $W_{56} = 0{,}3$ J

S. 42/11

$W_{12} = -2{,}5 \cdot 10^{-7}$ J

S. 45/1

a) $W_{12} = Q_p \int_{P_1}^{P_2} \vec{E}\,d\vec{r}$; $W_{12} = -\int_{r_1}^{r_2} |\vec{F}|\,dr$, da $\cos\alpha = -1$;

$W_{12} = -\left|(-1{,}0\cdot 10^{-10})\cdot 9{,}0\cdot 10^2\right|\cdot\left(-\dfrac{1}{0{,}12}+\dfrac{1}{0{,}09}\right) J$ mit $C = 9\cdot 10^2\ \text{Nm}^2/\text{As}$

$W_{12} = -2{,}5\cdot 10^{-7}\ J$

b) $\varphi_{12} = \dfrac{W_{12}}{Q_p}$; $\quad \varphi_{12} = 2{,}5\cdot 10^3\ \dfrac{J}{As}$

c) $\varphi_{12} = \varphi_1 - \varphi_2$; $\quad \varphi_2 = \varphi_1 - \varphi_{12}$; $\quad \varphi_2 = 5{,}0\cdot 10^3\ \dfrac{J}{As}$

d) $\varphi_{1\infty} = \varphi_1 - \varphi_\infty$; $\quad \varphi_1 = \varphi_{1\infty} + \varphi_\infty$; $\quad \varphi_1 = \varphi_{1\infty}$;

$\varphi_{1\infty} = \int_{P_1}^{\infty} \vec{E}\,d\vec{r}$; $\quad \varphi_{1\infty} = C\int_{r_1}^{\infty}\dfrac{1}{r^2}\,dr$; $\quad \varphi_{1\infty} = 9\cdot 10^2\left(-\dfrac{1}{\infty}+\dfrac{1}{0{,}09}\right)\dfrac{J}{As}$;

$\varphi_1 = \varphi_{1\infty} = 1{,}0\cdot 10^4\ \dfrac{J}{As}$

$\varphi_2 = \varphi_1 - \varphi_{12}$; $\quad \varphi_2 = 1{,}0\cdot 10^4\ \dfrac{J}{As} - 0{,}25\cdot 10^4\ \dfrac{J}{As}$; $\quad \varphi_2 = 0{,}75\cdot 10^4\ \dfrac{J}{As}$

e) $\varphi_p = \varphi_{p\infty} = \int_{P}^{\infty}\vec{E}\,d\vec{r}$; $\quad \varphi_p = C\cdot\int_{r}^{\infty}\dfrac{1}{r^2}\,dr$; $\quad \varphi_p = C\left(-\dfrac{1}{\infty}+\dfrac{1}{r}\right)$;

$\varphi_p = \dfrac{9\cdot 10^2}{r}\ \dfrac{Nm^2}{As}$

f) Für $r < R$ ist $E = 0$, d.h., bei der Verschiebung einer Ladung braucht keine Arbeit verrichtet zu werden. Hieraus folgt: $\varphi(r)$ ist konstant.

g) Ja, wenn $\Delta E_{kin} > |\Delta E_p|$

S. 45/2

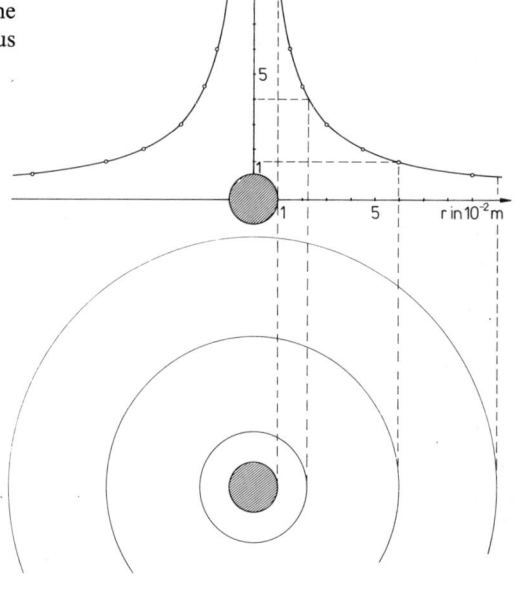

S. 46/3

a) Sie stehen senkrecht zu den Feldlinien;

b) $\varphi = E \cdot d = 3{,}0 \cdot 10^4 \frac{N}{C} \cdot 5{,}0 \cdot 10^{-2}\,m = 15 \cdot 10^2 \frac{J}{C}.$

S. 47/4

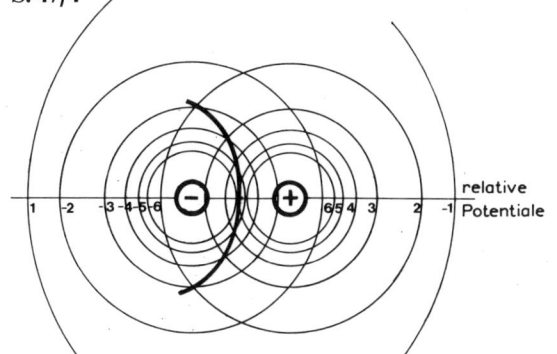

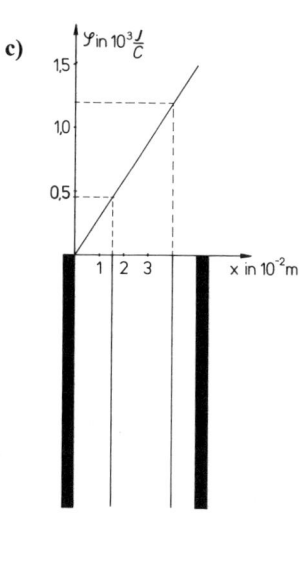

S. 47/5

a) $W_{12} = -1{,}0 \cdot 10^{-8}\,J;$ **b)** $\varphi_r = \frac{5{,}0}{r}\,\frac{Nm^2}{As}$ für $r \geq r_0;$ **c)** $\varphi_0 = 282\,\frac{Nm}{As}$

$\varphi_2 = 289\,\frac{Nm}{As}$

S. 48/6

a) $\varphi_B = 6{,}0 \cdot 10^{-2}\,\frac{Nm}{As};$ **b)** $\varphi_c = -9{,}0 \cdot 10^{-2}\,\frac{Nm}{As};$ **c)** $2{,}7 \cdot 10^{-10}\,J$ werden frei

S. 50/1

$I = 1{,}2 \cdot 10^{-9}\,A$

S. 53/1

a) $W = Q \cdot U;$ $W = 2{,}7 \cdot 10^3 \cdot 6{,}6 \cdot 10^{-8}\,V \cdot As = 1{,}8 \cdot 10^{-4}\,J;$ bei Bewegung von der positiven zur negativen Platte

b) $E = \frac{U}{d};$ $E = \frac{2{,}7 \cdot 10^3}{4{,}5 \cdot 10^{-3}}\,\frac{V}{m} = 6{,}0 \cdot 10^5\,\frac{V}{m}.$

S. 53/2

a) Arbeit bei der Bewegung längs einer Feldlinie:

$W_{12} = F \cdot l = E \cdot Q \cdot l = \frac{U}{d} \cdot Q \cdot l$

$W_{12} = \frac{2{,}9 \cdot 10^3}{0{,}045} \cdot 3{,}1 \cdot 10^{-9} \cdot 1{,}2 \cdot 10^{-2}\,\frac{V \cdot A \cdot s \cdot m}{m} = 2{,}4 \cdot 10^{-6}\,J.$

Arbeit bei der Bewegung unter 45° gegen eine Feldlinie:

$d' = l \cdot \cos\alpha;$ $W' = \frac{U}{d} \cdot Q \cdot d'$

$W_{1'2'} = W_{1'2'} \cdot \cos\alpha;$ $W' = 1{,}7 \cdot 10^{-6}\,J$

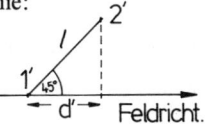

b) $U_{12} = \dfrac{W_{12}}{Q}$; $U_{12} = 774$ V $\qquad U_{1'2'} = \dfrac{W_{1'2'}}{Q}$; $U_{1'2'} = 548$ V.

S. 53/3

a) Potential der nicht geerdeten Platte $U = \varphi_{10} = E \cdot d \qquad \varphi_0 = 0$ V!
$\varphi_1 - \varphi_0 = \varphi_{10}$; $\varphi_1 = E \cdot d$; $\underline{\varphi_1 = 9{,}0 \cdot 10^2 \text{ V}};$

b)

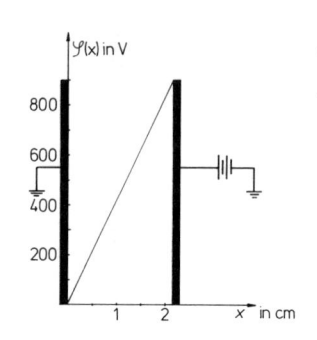

$\varphi(x) = E \cdot x.$

$\varphi(x) = 4{,}1 \cdot 10^4 \cdot x \, \dfrac{\text{V}}{\text{m}}.$

$\varphi_P - \varphi_0 = U_{P0}$; da $\varphi_0 = 0$ V ist, gilt: $\qquad U = \varphi_P(d_P) = 4{,}1 \cdot 10^4 \cdot 1{,}8 \cdot 10^{-2}$ V
$\underline{U = 7{,}4 \cdot 10^2 \text{ V}.}$

S. 54/4

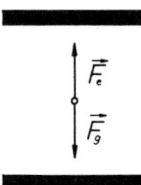

$F_e = F_g \qquad\qquad U = \dfrac{m \cdot g \cdot d}{Q}$

$E \cdot Q = mg \qquad U = \dfrac{1{,}1 \cdot 10^{-6} \cdot 9{,}81 \cdot 0{,}1}{2{,}4 \cdot 10^{-9}} \, \dfrac{\text{kg} \cdot \text{m} \cdot \text{m}}{\text{A} \cdot \text{s}^3} = \underline{4{,}5 \cdot 10^2 \text{ V}}$

$\dfrac{U}{d} \cdot Q = m \cdot g.$

S. 54/5

a) $U = 6{,}0 \cdot 10^3$ V; **b)** $Q = -2{,}7 \cdot 10^{-5}$ As; **c)** $N_e = 1{,}7 \cdot 10^{14}$; **d)** $N'_e = 5{,}4 \cdot 10^{25}$

S. 59/1

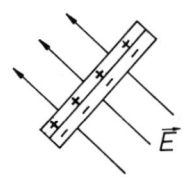

a)

b) Die Flächennormale der Platten muß senkrecht zur Feldrichtung sein.

c) Die Platten sollten sehr dünn sein, die Abmessungen der Platten sollten sehr klein gegenüber den Feldabmessungen sein.

Lösung der wichtigsten Aufgaben 223

S. 59/2

a) Von den Randzonen abgesehen, liegt ein homogenes elektrisches Feld vor.

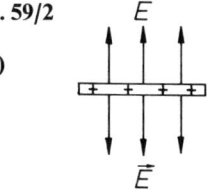

b) Flächenladungsdichte $D = \dfrac{Q}{A} = \dfrac{Q}{2 \cdot r^2 \cdot \pi}$

c) $|\vec{E}| = \dfrac{D}{\varepsilon_0} = \dfrac{Q}{\varepsilon_0 \cdot A} = \dfrac{Q}{\varepsilon_0 \cdot 2 \cdot r^2 \cdot \pi}.$

d) α) $F_{res} = 0$

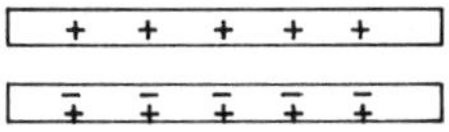

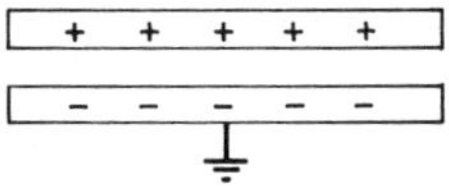

β) $F = Q \cdot E = \dfrac{Q^2}{\varepsilon_0 \cdot 2 \cdot r^2 \cdot \pi}$

γ) $E' = 2\,E.$

S. 63/1

a) $E = \dfrac{1}{4 \cdot \pi \cdot \varepsilon_0} \dfrac{Q}{r^2}; \quad r \geq R \qquad E = 9 \cdot 10^1 \cdot \dfrac{1}{r^2} \text{V} \cdot \text{m};$

b) $E_0 = E(R); \quad E_0 = 1{,}1 \cdot 10^4 \dfrac{\text{V}}{\text{m}};$

c) $E(r_1) = \dfrac{1}{4\pi\varepsilon_0} \dfrac{Q}{r_1^2}; \quad E(r_1) = 1{,}6 \cdot 10^3 \dfrac{\text{V}}{\text{m}};$

d) $F = E \cdot Q_E; \quad F = 1{,}6 \cdot 10^{-19} \cdot 1{,}6 \cdot 10^3 \dfrac{\text{As} \cdot \text{V}}{\text{m}} = 2{,}5 \cdot 10^{-16} \text{N};$

e) $W_{\infty 1} = -Q_E \underbrace{\int_{P_1}^{\infty} \vec{E}\,d\vec{r}}_{>0}; \quad W_{1\infty} = -1{,}6 \cdot 10^{-19} \cdot 9 \cdot 10^1 \int_{r_1}^{\infty} \dfrac{1}{r^2}\,dr \dfrac{\text{J}}{\text{m}}$

$W_{1\infty} = -14{,}4 \cdot 10^{-18} \cdot \dfrac{1}{0{,}24} \text{J} = -6{,}0 \cdot 10^{-17} \text{J};$

f) $\varphi(R) = \dfrac{W_{R\infty}}{Q_E} = \dfrac{-14{,}4 \cdot 10^{-18}}{0{,}09 \cdot (-1{,}6) \cdot 10^{-19}} \text{V} = +1{,}0 \cdot 10^3 \text{V};$

g) $\varphi(r_1) = \dfrac{W_{1\infty}}{Q_E} = +375 \text{V};$

i)

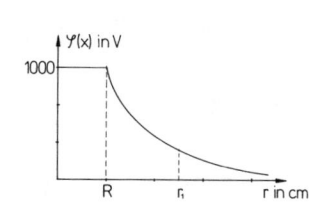

S. 64/2

a) $W_{12} = Q_p \int_{P_1}^{P_2} \vec{E} \, d\vec{r}$ $W_{12} > 0$, wenn Feldkraft und Integrationsweg gleichgerichtet sind.

   $W_{12} < 0$, wenn Feldkraft und Integrationsweg entgegengerichtet sind.

b) $W_{13} = Q_p \int_{P_1}^{P_3} \vec{E} \, d\vec{r}$

c) $\varphi_{23} = \varphi_2 - \varphi_3 = \dfrac{Q_1}{4 \cdot \pi \cdot \varepsilon_0} \left(\dfrac{1}{r_2} - \dfrac{1}{r_3} \right)$; $\varphi_3 = \dfrac{Q_1}{4 \cdot \pi \cdot \varepsilon_0} \cdot \left(\dfrac{1}{r_3} - \dfrac{1}{r_2} \right)$

S. 64/3

a) $F_e = \dfrac{1}{4\pi\varepsilon_0} \cdot \dfrac{|Q_e| \cdot Q_P}{r^2}$; $F_e = \dfrac{9 \cdot 10^9 \cdot (1{,}6 \cdot 10^{-19})^2}{(0{,}529 \cdot 10^{-10})^2} \dfrac{N \cdot m^2 \cdot C^2}{C^2 \cdot m^2} = \underline{8{,}2 \cdot 10^{-8} \, N}$;

b) $F_z = \dfrac{mv^2}{r}$ $F_z = F_e$

$F_e = \dfrac{1}{4\pi\varepsilon_0} \dfrac{|Q_E| Q_P}{r^2}$ $v = \sqrt{\dfrac{|Q_E| \cdot Q_P}{m \cdot r \cdot 4\pi\varepsilon_0}}$

$v = \sqrt{\dfrac{(1{,}6 \cdot 10^{-19})^2 \cdot 9 \cdot 10^9}{9{,}1 \cdot 10^{-31} \cdot 0{,}53 \cdot 10^{-10}}} \sqrt{\dfrac{(As)^2 \cdot Nm^2}{kg \cdot m \cdot As}} = \underline{2{,}2 \cdot 10^6 \, \dfrac{m}{s}}$

$T = \dfrac{2\pi r}{v}$; $T = \dfrac{2 \cdot \pi \cdot 0{,}53 \cdot 10^{-10}}{2{,}2 \cdot 10^6}$ $\underline{s = 1{,}5 \cdot 10^{-16} \, s.}$

S. 64/4

a) $E_{1A} = \dfrac{1}{4\pi\varepsilon_0} \dfrac{Q}{9a^2}$; $E_{2A} = \dfrac{1}{4\pi\varepsilon_0} \dfrac{2Q}{16a^2}$ $\dfrac{E_{1A}}{E_{2A}} = \dfrac{8}{9}$

$E_A = \sqrt{E_{1A}^2 + E_{2A}^2}$; $E_A = \sqrt{\left(\dfrac{1}{4\pi\varepsilon_0} \dfrac{Q}{a^2} \right)^2 \dfrac{145}{81 \cdot 64}} \approx \dfrac{12}{72} \cdot \dfrac{Q}{4\pi\varepsilon_0 a^2} = \dfrac{1}{6} \cdot \dfrac{1}{4\pi\varepsilon_0} \dfrac{Q}{a^2}$

b)

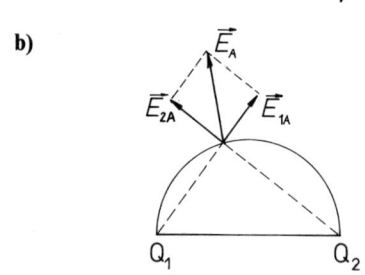

c) $U_{AB} = \varphi_{AB} = \varphi_A - \varphi_B$

$\varphi_B = \varphi_{B_1} + \varphi_{B_2} = \dfrac{1}{4\pi\varepsilon_0} \left(\dfrac{Q}{4a} + \dfrac{2Q}{3a} \right)$

$\varphi_A = \varphi_{A_1} + \varphi_{A_2} = \dfrac{1}{4\pi\varepsilon_0} \left(\dfrac{Q}{3a} + \dfrac{2Q}{4a} \right)$

$U_{AB} = \varphi_A - \varphi_B = \dfrac{Q}{4\pi\varepsilon_0 \cdot a} \left(\dfrac{1}{3} + \dfrac{2}{4} - \dfrac{1}{4} - \dfrac{2}{3} \right) = \dfrac{Q}{4\pi\varepsilon_0 a} \left(-\dfrac{1}{12} \right) = \underline{-\dfrac{1}{12} \cdot \dfrac{1}{4\pi\varepsilon_0} \dfrac{Q}{a}}.$

S. 65/5

$W = 2{,}2 \cdot 10^{-6}\,\text{J}$

S. 65/6

a) $U_{12} = \int_{P_1}^{P_2} \vec{E}\,d\vec{r} = \int_{r_1}^{r_2} \frac{Q}{4\cdot\pi\cdot\varepsilon_0}\frac{1}{r^2}\,dr;\quad U_{12} = \frac{Q}{4\cdot\pi\cdot\varepsilon_0}\left(\frac{1}{r_1}-\frac{1}{r_2}\right)$

$U = U_{12} \sim Q;\quad C = \dfrac{Q}{U};\quad C = \dfrac{4\cdot\pi\cdot\varepsilon_0}{\dfrac{1}{r_1}-\dfrac{1}{r_2}};$

b) $C_{(r_2 \to \infty)} = \dfrac{4\cdot\pi\cdot\varepsilon_0}{\dfrac{1}{r_1}} = \underline{4\cdot\pi\cdot\varepsilon_0\cdot r_1}$

S. 66/7

Ersatzschaltung:

a) Die Kugeln haben das gleiche Potential.

$C_{ges} = C_1 + C_2 = 4\pi\varepsilon_0(r_1 + r_2)$
$Q_1 = U\cdot C_1 = U\cdot 4\pi\varepsilon_0 \cdot r_1\quad (1)$
$Q_2 = U\cdot C_2 = U\cdot 4\pi\varepsilon_0 \cdot r_2\quad (2)$

$Q = U\cdot C = U\cdot 4\pi\varepsilon_0(r_1 + r_2)\quad\Rightarrow\quad U = \dfrac{Q}{4\pi\varepsilon_0(r_1+r_2)}\quad (3)$

(3) in (1): $Q_1 = \underline{\dfrac{r_1\cdot Q}{r_1+r_2}};\qquad$ (3) in (2): $Q_2 = \underline{\dfrac{r_2\cdot Q}{r_1+r_2}};$

b) $D_1 = \dfrac{Q_1}{A_1} = \dfrac{Q\cdot r_1}{(r_1+r_2)\cdot 4\pi\cdot r_1^2} = \underline{\dfrac{Q}{(r_1+r_2)4\pi r_1}};\qquad D_2 = \underline{\dfrac{Q}{(r_1+r_2)4\pi\cdot r_2}};$

c) $\dfrac{E_1}{E_2} = \dfrac{D_1}{D_2} = \underline{\dfrac{r_2}{r_1}};$

d) $E_2 = \dfrac{D_2}{\varepsilon_0} = \dfrac{Q}{(r_1+r_2)\cdot 4\pi\cdot r_2 \cdot \varepsilon_0};\qquad Q = E_2(r_1+r_2)\cdot 4\pi\cdot r_2\cdot\varepsilon_0$

$Q = 3{,}0\cdot 10^6 \cdot 501\cdot 10^{-4} \cdot 4\cdot\pi\cdot 1{,}0\cdot 10^{-4}\cdot 8{,}85\cdot 10^{-12}\,\dfrac{\text{V}\cdot\text{m}\cdot\text{m}\cdot\text{As}}{\text{m}\cdot\text{Vm}}\qquad \underline{Q = 1{,}7\cdot 10^{-9}\,\text{C}}$

$\varphi_{10} = \varphi_1 - \varphi_0 = \dfrac{Q}{C};\qquad \varphi_1 = \dfrac{1{,}7\cdot 10^{-9}}{4\cdot\pi\cdot 8{,}85\cdot 10^{-12}\cdot 501\cdot 10^{-4}}\,\text{V} = \underline{305\,\text{V}}.$

S. 66/8

a) $D_1 = \dfrac{Q}{4\cdot\pi\cdot R_1^2};\qquad D_1 = \dfrac{9{,}0\cdot 10^{-6}}{4\cdot\pi\cdot (0{,}3)^2}\,\dfrac{\text{As}}{\text{m}^2} = \underline{8{,}0\cdot 10^{-6}\,\dfrac{\text{As}}{\text{m}^2}}$

$D_2 = \dfrac{Q}{4\pi R_2^2};\quad \underline{D_2 = 3{,}5\cdot 10^{-6}\,\dfrac{\text{As}}{\text{m}^2}}$

b) $E_1 = \dfrac{D_1}{\varepsilon_0};\quad \underline{E_1 = 9{,}0\cdot 10^5\,\dfrac{\text{V}}{\text{m}}};\qquad E_2 = \dfrac{D_2}{\varepsilon_0};\quad E_2 = 4{,}0\cdot 10^5\,\dfrac{\text{V}}{\text{m}};$

c) $U = U_{12} = \dfrac{Q}{4\pi\varepsilon_0}\left(\dfrac{1}{R_1} - \dfrac{1}{R_2}\right)$ $\underline{U \approx 9{,}0 \cdot 10^4 \text{ V}}$

d) $C = \dfrac{Q}{U};\quad \underline{C = 1{,}0 \cdot 10^{-10} \text{ F}}$

e) $E_K = \dfrac{Q_K}{4\pi\varepsilon_0 R_1^2} \leq 25 \cdot 10^5 \dfrac{\text{V}}{\text{m}}$

$Q_K \leq \dfrac{25 \cdot 10^5 \cdot 0{,}09}{9 \cdot 10^9} \text{As} = \underline{25 \cdot 10^{-6} \text{As}}$

$U_{max} = \dfrac{Q}{C};\quad \underline{U_{max} = 2{,}5 \cdot 10^5 \text{ V.}}$

S. 67/9

a) $Q_2 \geq \dfrac{2}{9} \cdot 10^{-9} \text{ As};$ **b)** $\Delta Q = \dfrac{2}{3} \cdot 10^{-10} \text{ As}$

S. 67/10

a) $F = 1{,}0 \cdot 10^{-3} \text{ N}$ **c)** keine Änderung gegenüber **b)**   **e)** $F = 1{,}0 \cdot 10^{-3} \text{ N}$

S. 68/11

$Q = 5{,}6 \cdot 10^{-7} \text{ As}$

S. 68/12

a) $E = \dfrac{Q}{2\cdot\pi\cdot r\cdot\varepsilon_0};$ **c)** $\varphi(r) = -\dfrac{Q}{2\cdot\pi\cdot\varepsilon_0\cdot l}\cdot\ln\dfrac{r}{r_0};$ **e)** $F = 4{,}3 \cdot 10^{-6} \text{ N}$

f) $E' = 2{,}9 \cdot 10^3 \text{ V/m};$ **h)** $\Delta W = +3{,}23 \cdot 10^{-13} \text{ J}$

S. 68/13

$E'/E = 1{,}26$

S. 70/1

Entladung des Bandgenerators, um Influenzeffekte zu vermeiden. Abtrennung des Elektroskops, damit die Ladung des Elektroskops bei c) nicht mitgemessen wird (Aufhebung der Parallelschaltung von Kondensator und Elektroskop).

S. 71/2

$C_2 = \varepsilon_r \cdot C_1;\quad \varepsilon_r = \dfrac{C_2}{C_1};\quad \varepsilon_r = \dfrac{12{,}8 \cdot 10^{-11} \text{ F}}{5{,}0 \cdot 10^{-11} \text{ F}} = \underline{2{,}6}$

S. 71/3

$C_2 = 12{,}8 \cdot 10^{-11} \text{ F};\quad C_1 = 5{,}0 \cdot 10^{-11} \text{ F};$

$C_1 = \dfrac{Q_1}{U_1};\quad Q_1 = 900 \cdot 5 \cdot 10^{-11} \text{ As} = 4{,}5 \cdot 10^{-8} \text{ As}$

Lösung der wichtigsten Aufgaben 227

$U'_1 = \dfrac{Q_2}{C_2} = \dfrac{Q_1}{C_2}$ $U'_1 = \dfrac{4,5 \cdot 10^{-8} \text{As}}{12,8 \cdot 10^{-11} \text{F}} = \underline{352 \text{ V}}.$

S. 72/5

a) $E = 1,0 \cdot 10^5$ V/m; b) $W = -2,0 \cdot 10^{-10}$ J; c) $U' = 25$ V
d) $E' = 2,5 \cdot 10^4$ V/m; e) $W' = -5,0 \cdot 10^{-11}$ J

S. 72/6

a) $C = 3,5 \, \mu\text{F}$; b) $Q = 3,5 \cdot 10^{-4}$ As; c) $\bar{I} = 1,8 \cdot 10^{-4}$ A

S. 72/7

a) $C = 1,8 \cdot 10^{-6}$ F; b) $U = 2,0$ V

S. 73/8

a) $Q = 4,4$ As; b) $E = 5,0 \cdot 10^4$ V/m; c) $\bar{I} = 4,4 \cdot 10^3$ A d) U sinkt

S. 75/9

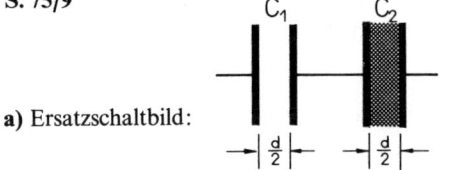

a) Ersatzschaltbild:

$\dfrac{1}{C} = \dfrac{1}{C_1} + \dfrac{1}{C_2}; \quad \dfrac{1}{C} = \dfrac{\frac{d}{2}}{\varepsilon_0 \cdot A} + \dfrac{\frac{d}{2}}{\varepsilon_0 \cdot \varepsilon_r \cdot A}$

$C = \dfrac{2A\varepsilon_0\varepsilon_r}{d(\varepsilon_r + 1)} \qquad \underline{C = 2,7 \cdot 10^{-11} \text{ F}}$

b) $U = E_{\text{Luft}} \cdot \dfrac{d}{2} + E_{\text{Diel}} \cdot \dfrac{d}{2} = E_{\text{Luft}} \cdot \dfrac{d}{2} + \dfrac{E_{\text{Luft}}}{\varepsilon_r} \cdot \dfrac{d}{2} = \dfrac{E_{\text{Luft}} \cdot d}{2}\left(1 + \dfrac{1}{\varepsilon_r}\right)$

$E_{\text{Luft}} = \dfrac{2U}{d\left(1 + \dfrac{1}{\varepsilon_r}\right)}; \quad E_{\text{Luft}} = 1,5 \cdot 10^4 \dfrac{\text{V}}{\text{m}}; \quad E_{\text{Diel}} = \dfrac{E_{\text{Luft}}}{3}; \quad E_{\text{Diel}} = 0,5 \cdot 10^4 \dfrac{\text{V}}{\text{m}},$

c) D ist konstant, da Q konstant bleibt.
$U = E_{\text{Luft}} \cdot d; \quad \underline{U = 750 \text{ V}}$

d) $E_{\text{Metall}} = 0 \dfrac{\text{V}}{\text{m}}; \quad E_{\text{Luft}} = 1,5 \cdot 10^4 \dfrac{\text{V}}{\text{m}}; \quad U = E_{\text{Luft}} \cdot \dfrac{d}{2}; \quad \underline{U = 375 \text{ V}}.$

S. 75/10

a) $U = 0,8 \cdot 10^4$ V; b) Dielektrikum bei $2 \text{ cm} \leq r \leq 4 \text{ cm}$

S. 78/1

$A = 6,0 \cdot 10^{10} \text{ m}^2;$

S. 78/2

a) $C = 22$ mF; b) $\bar{I} = 667$ kA

S. 78/3

a) $W_{ges} = \frac{1}{2} C \cdot U^2 = \frac{1}{2} \varepsilon_0 \cdot \frac{A}{d} \cdot U^2;$ $\quad W_{ges} = \frac{1}{2} \cdot 8{,}85 \cdot 10^{-12} \cdot \frac{4 \cdot 10^{-2}}{4 \cdot 10^{-3}} \cdot (3 \cdot 10^3)^2 \frac{As \cdot m^2 V^2}{V \cdot m \cdot m}$

$\underline{W_{ges} = 4{,}0 \cdot 10^{-4} J};$ $\quad \varrho = \frac{W_{ges}}{V};$ $\quad \underline{\varrho = 2{,}49 \frac{J}{m^3}};$

Da die Anordnung von der Spannungsquelle getrennt ist, bleibt die Ladung auf den Platten konstant.
Weiterhin gilt in diesem Kondensator:

$E = 7{,}5 \cdot 10^5 \frac{V}{m};$ $\quad D = 6{,}64 \cdot 10^{-6} \frac{As}{m^2};$ $\quad Q = D \cdot A;$ $\quad Q = 2{,}66 \cdot 10^{-7} As.$

b) Die Anordnung stellt zwei in Serie geschaltete Kondensatoren (I, III) dar, da auf der Metallplatte die Ladungen $-Q$ und $+Q$ influenziert werden, II ist feldfrei. Da die Plattenladung gleichbleibt, bleiben auch $D = \frac{Q}{A}$ und $E = \frac{D}{\varepsilon_0}$ im Raum außerhalb der Platten gleich.

$E' = E_I = E_{III} = 7{,}5 \cdot 10^5 \frac{V}{m};$ $\quad \varrho_I = \varrho_{III} = 2{,}49 \frac{J}{m^3};$ $\quad \varrho_{II} = 0.$

$W'_{ges} = W'_I + W'_{III} = \varrho_I \cdot V_I + \varrho_{III} \cdot V_{III};$ $\quad W'_{ges} = 2{,}0 \cdot 10^{-4} J + 1{,}0 \cdot 10^{-4} J = 3{,}0 \cdot 10^{-4} J.$

$\Delta W = W_{ges} - W'_{ges} = \underline{1{,}0 \cdot 10^{-4} J}.$

c) Verrichtung mechanischer Arbeit; Platte wird in das Feld gezogen.

S. 79/4

In den Bereichen I und III ändert sich nichts.

$W_I = 2{,}0 \cdot 10^{-4} J;$ $\quad W_{III} = 1{,}0 \cdot 10^{-4} J;$ $\quad \varrho_I = \varrho_{III} = 2{,}49 \frac{J}{m^3};$ $\quad E' = E_I = E_{III} = 7{,}5 \cdot 10^5 \frac{V}{m}$

Im Bereich II gilt:

$E_{II} = \frac{D}{\varepsilon_0 \cdot \varepsilon_r};$ $\quad E_{II} = \frac{1}{2} E;$ $\quad E_{II} = 3{,}8 \cdot 10^5 \frac{V}{m}$

$\varrho_{II} = \frac{1}{2} E_{II} \cdot D;$ $\quad \varrho_{II} = 1{,}25 \frac{J}{m^3}$

$W_{II} = \varrho_{II} \cdot V_{II};$ $\quad W_{II} = 5{,}0 \cdot 10^{-5} J;$ $\quad W''_{ges} = W_I + W_{II} + W_{III} = 3{,}5 \cdot 10^{-4} J;$

$\underline{\Delta W = 0{,}50 \cdot 10^{-4} J}.$

S. 79/5

$W_2 = \varrho \cdot V_2 = \varrho \cdot A \cdot d_2 \quad\quad W_1 = \varrho \cdot V_1 = \varrho \cdot A \cdot d_1$

$\Delta W = W_2 - W_1 = \varrho \cdot A(d_2 - d_1) = \varrho \cdot A \cdot \Delta s;$ $\quad \Delta W \sim \Delta s!$

$\Delta W = F \cdot \Delta s \quad \Rightarrow \quad F = \varrho A = \frac{1}{2} E \cdot D \cdot A = \frac{1}{2} E \cdot \frac{Q}{A} \cdot A$

$\underline{F = \frac{1}{2} E \cdot Q}.$

Kein Widerspruch zu Kraft = Ladung × Feldstärke, da bei der Feldstärke am Ort der betrachteten Platte nur das Feld, welches durch die andere Platte hervorgerufen wird, maßgebend ist. Dieses Feld ist aber halb so groß wie das resultierende Feld E.

S. 79/6

a) Fall I: $U = \text{const.}$

$$W_e = \tfrac{1}{2} \cdot C \cdot U^2 = \tfrac{1}{2} \cdot \varepsilon_0 \cdot \frac{A}{x} \cdot U^2$$

$x = d$: $W_e = 4{,}0 \cdot 10^{-2}$ J; $\qquad x = 2d$: $W_e = 2{,}0 \cdot 10^{-2}$ J.

Fall II: $Q = \text{const.}$

$$W_e = \frac{1}{2} \frac{Q^2}{C} \qquad Q = \varepsilon_0 \cdot \frac{A}{d} \cdot U = 4{,}0 \cdot 10^{-6}\, C \qquad W_e = \frac{1}{2} \frac{Q^2 \cdot x}{\varepsilon_0 A}$$

$x = d$: $\qquad W_e = 4{,}0 \cdot 10^{-2}$ J

$x = 2d$: $\qquad W_e = 8{,}0 \cdot 10^{-2}$ J

b) $F = \dfrac{dW_e}{dx} = \dfrac{1}{2} \cdot E \cdot D \cdot A.$

Fall I: $U = \text{const.}$

$$F = \frac{1}{2} \cdot \frac{U}{x} \cdot \varepsilon_0 \frac{U}{x} \cdot A = \frac{1}{2} \frac{U^2}{x^2} \cdot A \cdot \varepsilon_0$$

$x = d$: $F = 4{,}0$ N; $\qquad x = 2d$: $F = 1{,}0$ N

Fall II: $Q = \text{const.}$

$$F = \frac{1}{2} \frac{Q^2}{A} \cdot \frac{1}{\varepsilon_0} \qquad x = d: \ F = 4{,}0\, N; \qquad x = 2d: \ F = 4{,}0\, N$$

c) $W_{\text{mechan}} = \int\limits_d^{2d} F\, dx$

Fall I: $U = \text{const.}$

$$W_{\text{mechan}} = \int\limits_d^{2d} A \cdot \frac{1}{2} \cdot U^2 \cdot \varepsilon_0 \frac{1}{x^2}\, dx = \frac{1}{2} U^2 \varepsilon_0 \cdot A \left[-\frac{1}{x}\right]_d^{2d} = \frac{1}{2} U^2 \varepsilon_0 A \left(-\frac{1}{2d} + \frac{1}{d}\right)$$

$$W_{\text{mechan}} = \frac{1}{2} U^2 \cdot \varepsilon_0 A \cdot \frac{1}{2d}; \qquad \underline{W_{\text{mechan}} = 2{,}0 \cdot 10^{-2}\, J;}$$

Fall II: $Q = \text{const.}$

$F = \text{const.}$

$W_{\text{mechan}} = F \Delta s; \qquad \underline{W_{\text{mechan}} = 4{,}0 \cdot 10^{-2}\, J;}$

d) Fall I: $U = \text{const.}$

Änderung der
Feldenergie: $\qquad \Delta W_e = -2{,}0 \cdot 10^{-2}$ J
mechan. Energie: $\quad \Delta W_{\text{mechan}} = 2{,}0 \cdot 10^{-2}$ J
Energie d. Batterie: $\Delta W_{\text{Batt}} = -4{,}0 \cdot 10^{-2}$ J

Fall II: $Q = \text{const.}$ $\quad \Delta W_e = 4{,}0 \cdot 10^{-2}$ J

$\Delta W_{\text{mechan}} = 4{,}0 \cdot 10^{-2}$ J

$\Delta W_{\text{Batt}} = 0$ J.

80/7

a) $F_e = \dfrac{dW}{dx} = \dfrac{1}{2} E \cdot D \cdot A = \dfrac{1}{2} \cdot \left(\dfrac{U}{d-x}\right)^2 \varepsilon_0 \cdot A;$

Berechnung von $\varepsilon_0 \cdot A$ aus C_0: $\quad \varepsilon_0 \cdot A = C_0 \cdot d$

$F_e = \dfrac{1}{2} \cdot \dfrac{U^2 \cdot C_0 \cdot d}{(d-x)^2} \qquad\qquad F_e = 10^{-4} \cdot \left(\dfrac{1}{d-x}\right)^2 \text{Nm}^2$

b) Federkraft: $F_f = D \cdot x; \qquad F_f = 100 \cdot x \, \dfrac{N}{m}.$

x in m	F_f in N	F_e in N
0,0000	0,00	0,25
0,0025	0,25	0,33
0,0050	0,50	0,45
0,0075	0,75	0,64
0,0100	1,00	1,00
0,0125	1,25	1,80
0,0150	1,50	4,00
0,0200	2,00	∞

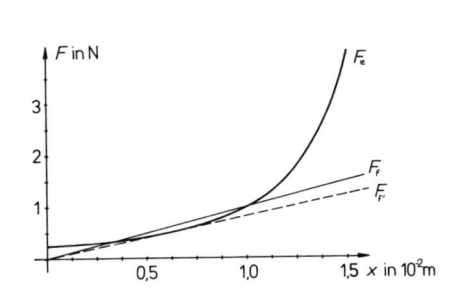

c) Gleichgewicht bei $x_1 \approx 0{,}0038$ m; $\quad F_e = F_f \approx 0{,}25$ N.
$\qquad\qquad\qquad\qquad x_2 \approx 0{,}004$ m; $\quad F_e = F_f = 1{,}0$ N.

Bei $x_1 \approx 0{,}0038$ m stabiles Gleichgewicht, da bei Vergrößerung von x die Federkraft größer als die Feldkraft wird (Rückholung der Platte). Bei kleinerem x ist die Feldkraft größer als die Federkraft (Hinziehen der Platte zu x_1). Bei $x_2 = 0{,}004$ m labiles Gleichgewicht.

d) Die Kurve von F_e gilt bei U = 10 kV.
Damit Messung möglich ist, muß es mindestens eine Gleichgewichtslage geben. Die Kurve für F_f ist im Grenzfall Tangente an die Kurve F_e (gestrichelt gezeichnet). Zu dieser Grenzkurve gehört $D = 0{,}84 \, \dfrac{N}{cm}$.

S. 80/8

a) $\dfrac{Q}{A} = \dfrac{Q_i}{A_i}; \qquad Q_i = Q \cdot \dfrac{A_i}{A}; \qquad Q = C \cdot U = \dfrac{\varepsilon_0 \cdot A}{d} \cdot U$

$Q_i = \dfrac{\varepsilon_0 \cdot A_i \cdot U}{d}; \qquad \underline{Q_i = 2{,}2 \cdot 10^{-9} \text{ As}.}$

b) $D = \dfrac{Q - Q_i}{A} = \varepsilon_0 E'; \qquad E' = \dfrac{Q - Q_i}{A \cdot \varepsilon_0} = \dfrac{U}{d \cdot A}(A - A_i); \qquad \underline{E' = 4{,}8 \cdot 10^4 \, \dfrac{V}{m}.}$

c) Das Feld gibt Energie ab (E' < E).

S. 80/9

a) $\dfrac{1}{C} = \dfrac{1}{C_1} + \dfrac{1}{C_2} + \dfrac{1}{C_3}$ $d' = 1{,}0 \cdot 10^{-2}\,\text{m}$

$C_3 = C_1 = \dfrac{\varepsilon_0 \cdot A}{d'}$; $C_2 = \dfrac{\varepsilon_0 \cdot \varepsilon_r \cdot A}{2d'}$ $C = \dfrac{\varepsilon_0 \cdot \varepsilon_r \cdot A}{2d'(1 + \varepsilon_r)}$

$C = 80\,\text{pF}$

b) $W_{ges} = W_1 + W_2 + W_3 = 2W_1 + W_2$; $Q = \text{const} \Rightarrow D = \text{const}$ d.h. $D_1 = D_2 = D$

$W_{ges} = 2(\tfrac{1}{2} E_1 D_1 V') + \tfrac{1}{2} E_2 D_2 \cdot 2V'$; $E_1 = \dfrac{D}{\varepsilon_0}$; $E_2 = \dfrac{D}{\varepsilon_0 \cdot \varepsilon_r}$

$W_{ges} = 6{,}4 \cdot 10^{-4}\,\text{J}$.

c) $Q = C \cdot U$ $Q = 80 \cdot 10^{-12} \cdot 4{,}0 \cdot 10^{+3}\,\text{As} = 3{,}2 \cdot 10^{-7}\,\text{As}$

$D = \dfrac{Q}{A}$ $D = \dfrac{3{,}2 \cdot 10^{-7}}{0{,}226}\,\dfrac{\text{As}}{\text{m}^2} = 1{,}4 \cdot 10^{-6}\,\dfrac{\text{As}}{\text{m}^2}$

$E_1 = \dfrac{D}{\varepsilon_0} = 16 \cdot 10^4\,\dfrac{\text{V}}{\text{m}}$; $E_2 = \dfrac{D}{\varepsilon_0 \varepsilon_r}$; $E_2 = 4 \cdot 10^4\,\dfrac{\text{V}}{\text{m}}$;

$\varphi_1(x) = E_1 \cdot x$; $\varphi_2(x) = E_1 \cdot d' + E_2(x - d')$; $\varphi_3(x) = E_1 d' + E_2 \cdot 2d' + E_1(x - 3d')$.

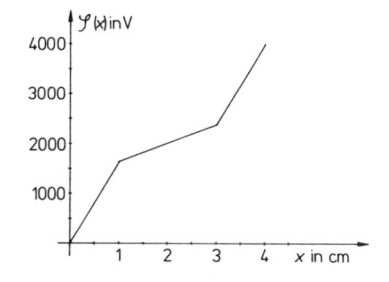

S. 81/10

a) $x = \dfrac{l \cdot Q_K \cdot U}{d_0 \cdot m \cdot g}$ b) $x' = \dfrac{x}{2}$;   c) $W_m = \dfrac{A \cdot U^2 \cdot \varepsilon_0}{4 \cdot d}$;

d) $\Delta W_e = W_m$ e) Ausschlag bleibt; $W_m' = 2 \cdot W_m$; $\Delta W_e = W_m'$

S. 81/12

a) $W_0 = 4{,}0 \cdot 10^{-4}\,\text{J}$;   b) $W_e = \dfrac{\varepsilon_0 \cdot b}{2 \cdot d} U^2 [b + h(\varepsilon_r - 1)]$

c) $Q = \dfrac{\varepsilon_0 \cdot b}{d} \cdot U[b + h(\varepsilon_r - 1)]$ d) $\Delta W_e = \dfrac{\varepsilon_0 \cdot b}{2 \cdot d} \cdot U^2 \cdot \Delta h (\varepsilon_r - 1)$

e) $\Delta W_g = h \cdot b \cdot d \cdot \varrho \cdot g \cdot \Delta h$;   f) $\Delta Q = \dfrac{\varepsilon_0 \cdot b}{d} U \cdot \Delta h (\varepsilon_r - 1)$;

$\Delta W_{Bat} = \dfrac{\varepsilon_0 \cdot b}{d} \cdot U^2 \cdot \Delta h \cdot (\varepsilon_r - 1)$;   g) $h = \dfrac{\varepsilon_0 \cdot U^2}{2 \cdot d^2 \cdot \varrho \cdot g} \cdot (\varepsilon_r - 1)$.

S. 84/1

x: Zahl der Atome in 3,00 kg Kupfer
y: Teilchenmenge von 3,00 kg Kupfer

$$\frac{x}{N_A} = \frac{3{,}00 \text{ kg}}{63{,}5 \text{ kg}}; \qquad x = \frac{3{,}00}{63{,}5} \cdot 6{,}025 \cdot 10^{26} = \underline{2{,}85 \cdot 10^{25}}$$

$$\frac{y}{1 \text{ kmol}} = \frac{3{,}00 \text{ kg}}{63{,}5 \text{ kg}}; \qquad y = \frac{3{,}00}{63{,}5} \text{ kmol} = \underline{0{,}047 \text{ kmol}}.$$

S. 84/2

$6{,}025 \cdot 10^{26}$ Teilchen haben die Masse 1,008 kg.
$3{,}27 \cdot 10^{23}$ Teilchen haben die Masse m.

$$\frac{m}{1{,}008 \text{ kg}} = \frac{3{,}27 \cdot 10^{23}}{6{,}025 \cdot 10^{23}}; \qquad m = \frac{3{,}27 \cdot 10^{23} \cdot 1{,}008 \text{ kg}}{6{,}025 \cdot 10^{23}} = \underline{5{,}47 \cdot 10^{-4} \text{ kg}}.$$

S. 84/3

a) Um 1 kmol von zweiwertigem Kupfer abzuscheiden, ist die Ladung $9{,}65 \cdot 10^7 \cdot 2$ As nötig. 1 kmol Kupfer hat die Masse 63,5 kg.

$$\ddot{A} = \frac{m}{Q}; \qquad \ddot{A} = \frac{63{,}5 \cdot 10^6}{9{,}65 \cdot 10^7 \cdot 2} \frac{\text{mg}}{\text{As}} = 3{,}29 \cdot 10^{-1} \frac{\text{mg}}{\text{As}}$$

b) $Q = \frac{m}{\ddot{A}}; \qquad I \cdot \Delta t = \frac{m}{\ddot{A}}; \qquad \Delta t = \frac{m}{\ddot{A} \cdot I}; \qquad \Delta t = \frac{1{,}5 \cdot 10^3}{3{,}29 \cdot 10^{-1} \cdot 0{,}85} \text{ s}; \qquad \underline{\Delta t = 5{,}36 \cdot 10^3 \text{ s}}$

S. 84/4

Um 1 kmol des dreiwertigen Stoffes abzuscheiden, braucht man $Q = 3 \cdot 9{,}65 \cdot 10^7$ As.

Berechnung der Stoffmenge x:

$$\frac{x}{1 \text{ kmol}} = \frac{118}{3 \cdot 9{,}65 \cdot 10^7}; \qquad x = 4{,}08 \cdot 10^{-7} \text{ kmol}.$$

Berechnung der relativen Molekülmasse M_r:

$$\frac{M_r \cdot \text{kg}}{11 \cdot 10^{-6} \text{ kg}} = \frac{1}{4{,}08 \cdot 10^{-7}}; \qquad M_r = \frac{11 \cdot 10^{-6}}{4{,}08 \cdot 10^{-7}} = \underline{26{,}98}.$$

Es handelt sich um Aluminium.

S. 86/1

$$\frac{s}{s'} = \frac{g}{b}; \qquad s = \frac{s' \cdot g}{b} \quad (1) \qquad \frac{1}{f} = \frac{1}{g} + \frac{1}{b}; \qquad g = \frac{f \cdot b}{b-f} \quad (2)$$

(2) in (1): $\underline{s = s' \cdot \frac{f}{b-f}};$

S. 87/2

$$U = \frac{4 \cdot \pi \cdot r^3 \cdot \varrho \cdot g \cdot d}{3 \cdot Q}; \qquad U = \frac{4 \cdot \pi \cdot (5{,}0 \cdot 10^{-7})^3 \cdot 900 \cdot 9{,}81 \cdot 5{,}0 \cdot 10^{-3}}{3 \cdot 4{,}8 \cdot 10^{-19}} \frac{m^3 \cdot kg \cdot m \cdot m}{m^3 \cdot s^2 \cdot As}$$

$$U = 48 \frac{kg \cdot m^2}{s^2 \cdot A \cdot s} = 48 \frac{J}{A \cdot s} = 48 \frac{V \cdot A \cdot s}{A \cdot s} = \underline{48 \text{ V}.}$$

S. 90/3

$N = 2{,}1 \cdot 10^{11}$

S. 90/4

c) $Q = \dfrac{6 \cdot \pi}{E} \cdot \sqrt{\dfrac{9 \cdot \eta^3}{2 \cdot \varrho \cdot g}} \cdot (v_0 + v_2) \cdot \sqrt{v_0};$

S. 92/2 b) $E = 2{,}8 \cdot 10^3 \dfrac{V}{m}$

S. 92/3

$v_e : v_p = 1 : 1836;$

S. 92/4

a) $v_B = 9{,}8 \cdot 10^5 \dfrac{m}{s};$ b) $t = 8{,}2 \cdot 10^{-8}$ s; c) $v_c = 0;$

d) $v_c = 1{,}4 \cdot 10^6 \dfrac{m}{s};$ e) $t' = 5{,}1 \cdot 10^{-8}$ s;

S. 95/1

a) Die Bahn des Elektrons verläuft nach Verlassen des Kondensators geradlinig, da keine Kräfte mehr auf das Elektron wirken.

b) Aufenthaltsdauer des Elektrons im Kondensator: $t_1 = \dfrac{l}{v_0}$.

Zeit, die das Elektron für die Strecke Kondensator–Schirm benötigt: $t_2 = \dfrac{a}{v_0}$.

Weg in y-Richtung nach der Zeit t_1: $y_1 = \dfrac{a_y}{2} t_1^2$.

Geschwindigkeit in y-Richtung nach der Zeit t_1: $v_{y_1} = a_y \cdot t_1$

$$y_0 = y_1 + v_{y_1} \cdot t_2 = \frac{a_y}{2} \cdot t_1^2 + a_y \cdot t_1 \cdot t_2 = a_y \cdot t_1 \left(\frac{t_1}{2} + t_2 \right) = \frac{e \cdot U \cdot l}{m \cdot d \cdot v_0} \left(\frac{l}{2 \cdot v_0} + \frac{a}{v_0} \right)$$

$$y_0 = \frac{e \cdot U \cdot l}{m \cdot d \cdot v_0^2} \left(\frac{l}{2} + a \right).$$

Hinweis: $y_0 \sim U$ wird beim Oszilloskop als Spannungsmesser ausgenützt.

$$y_0 = 1{,}76 \cdot 10^{11} \cdot \frac{40}{0{,}02} \cdot \frac{0{,}04}{64 \cdot 10^{12}} (0{,}02 + 0{,}08) \frac{A \cdot s \cdot V \cdot m \cdot s^2 \cdot m}{kg \cdot m \cdot m^2}$$

$\underline{y_0 = 2{,}2 \cdot 10^{-2} \text{ m}.}$

c) $y_1 = \dfrac{d}{2}; \qquad \dfrac{d}{2} = \dfrac{a_y \cdot t_1^2}{2}; \qquad d = \dfrac{e \cdot U \cdot l^2}{m \cdot d \cdot v_0^2}; \qquad U = \dfrac{m \cdot v_0^2 \cdot d^2}{e \cdot l^2}$

$U = \dfrac{64 \cdot 10^{12} \cdot (0{,}02)^2}{1{,}76 \cdot 10^{11} \cdot (0{,}04)^2} \text{ V} = \underline{91 \text{ V}.}$

S. 95/2

a) $v = \sqrt{2 \cdot a \cdot s}$; $\quad a = \dfrac{v^2}{2 \cdot s}$; $\quad \dfrac{e \cdot E}{m} = \dfrac{v^2}{2 \cdot s}$; $\quad E = \dfrac{m \cdot v^2}{e \cdot 2 \cdot s}$

$$E = \dfrac{1{,}0 \cdot 10^{14}}{1{,}76 \cdot 10^{11} \cdot 2{,}0 \cdot 10^{-3}} \dfrac{m^2 \cdot kg}{s^2 \cdot A \cdot s \cdot m} = 2{,}8 \cdot 10^5 \dfrac{V}{m}.$$

b) Aus $D = \dfrac{Q}{A}$ und $D = \varepsilon_0 E$ folgt $\dfrac{Q}{A} = \varepsilon_0 E$; $\quad A = \dfrac{Q}{E \cdot \varepsilon_0}$

$$A = \dfrac{25 \cdot 10^{-9}}{2{,}8 \cdot 10^5 \cdot 8{,}85 \cdot 10^{-12}} \dfrac{A \cdot s \cdot m \cdot V \cdot m}{V \cdot A \cdot s} = 1{,}0 \cdot 10^{-2}\, m^2.$$

S. 95/3

a) $F_r = 6 \cdot \pi \cdot \eta \cdot r \cdot v_y \qquad F_e = q \cdot E$

b) $v_y = \dfrac{q \cdot E}{6 \cdot \pi \cdot \eta \cdot r} = \dfrac{q \cdot U}{d \cdot 6 \cdot \pi \cdot \eta \cdot r}$;

$$v_y = \dfrac{10 \cdot 1{,}6 \cdot 10^{-19} \cdot 53 \cdot 10^3}{0{,}10 \cdot 6 \cdot \pi \cdot 1{,}8 \cdot 10^{-5} \cdot 1{,}0 \cdot 10^{-7}} \dfrac{A \cdot s \cdot V \cdot m \cdot s}{m \cdot kg \cdot m} \qquad v_y = 2{,}5 \cdot 10^{-2} \dfrac{m}{s}.$$

c) Das Teilchen bewegt sich auf einer Geraden durch den Kondensator:

$\tan \alpha = \dfrac{v_y}{v_0}$.

d) $\dfrac{d}{l} = \dfrac{v_y}{v_0}$; $\quad l = \dfrac{v_0 \cdot d}{v_y}$; $\quad l = \dfrac{1{,}0 \cdot 0{,}1}{2{,}5 \cdot 10^{-2}}\, m = 4{,}0\, m.$

S. 95/4

a) $U_K = 300\, V$; $\qquad$ **b)** $U_K = 281\, V$;

S. 96/6

a) $F_I = e \cdot \dfrac{U}{d}$; $\quad F_{II} = \dfrac{e}{d} \cdot \dfrac{U_0 \cdot x}{l}$; $\quad F_{III} = \dfrac{e}{d} \cdot U_0 \cdot \left(1 - 2\dfrac{x}{l}\right)$

b) $v_I = \dfrac{e \cdot U_0 \cdot x}{m \cdot d \cdot v_0}$; $\quad v_{II} = \dfrac{e \cdot U_0 \cdot x^2}{2 \cdot d \cdot l \cdot v_0 \cdot m}$; $\quad v_{III} = \dfrac{e \cdot U_0}{d \cdot m \cdot v_0}\left(x - \dfrac{x^2}{l}\right)$

c) $y_I = \dfrac{e \cdot U_0 \cdot x^2}{2 \cdot m \cdot d \cdot v_0^2}$; $\quad y_{II} = \dfrac{e \cdot U_0 \cdot x^3}{6 \cdot v_0^2 \cdot d \cdot l \cdot m}$; $\quad y_{III} = \dfrac{e \cdot U_0}{d \cdot m \cdot v_0^2}\left(\dfrac{x_2}{2} - \dfrac{x^3}{3 \cdot l}\right)$

S. 96/8

a) $x = 2{,}44 \cdot 10^{-2}\, m$; $\qquad$ **b)** $v = 1{,}86 \cdot 10^7 \dfrac{m}{s}$

Lösung der wichtigsten Aufgaben 235

S. 98/10

a) $F_e = 3{,}3 \cdot 10^{-5}$ N;   b) $F_g = 3{,}9 \cdot 10^{-5}$ N;   c) gerade Bahn, $P(6{,}0\,\text{cm}/-7{,}1\,\text{cm})$
d) $W_g = 2{,}8 \cdot 10^{-6}$ J; $W_e = 2{,}0 \cdot 10^{-6}$ J; $E_{kin} = 4{,}8 \cdot 10^{-6}$ J;

S. 103/1

Nordpol links

S. 105/1

Das Magnetfeld ist von rechts nach links gerichtet.
Der Strom muß im Leiterstück der Länge l aus der Papierebene fließen.

S. 106/2

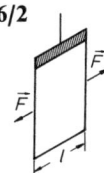

Die Kräfte auf die vordere und hintere Zuleitung heben sich auf.

S. 107/3

$$B = \frac{F_m}{I_1 \cdot l}; \quad B = \frac{1{,}86 \cdot 10^{-3}}{10 \cdot 80 \cdot 10^{-3}} \frac{N}{A \cdot m} = 2{,}3 \cdot 10^{-3} \frac{Vs}{m^2}$$

S. 107/4   **S. 107/5**

$F_1 = 1{,}0 \cdot 10^{-1}$ N; $F_2 = 0$;

$$a = 15\,\frac{m}{s^2}$$

S. 108/6

a) $F = 0{,}34$ N;   b) $F' = 6{,}7$ N   c) völliges Eintauchen

S. 108/8

a) $F_h = 0{,}035$ N;   c) $F_m = 0{,}031$ N;   d) $B = 0{,}052\,\text{Vs}/m^2$

S. 110/1

Da mit dem Leiter auch die Ladungsträger des Leiters im Magnetfeld bewegt werden, müßte eine Kraft auf diese Ladungsträger wirken.

S. 113/2

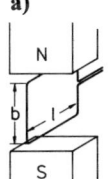

a)   α)

$F = N \cdot B \cdot I \cdot l.$
Bei beiden Anordnungen jeweils gleiche Richtung von $\vec{F}$.
N: Windungszahl der Spule.

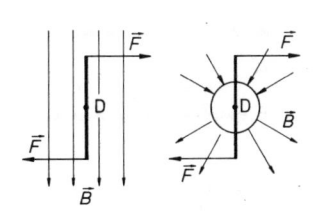

β)

$F = N \cdot B \cdot I \cdot l.$
Beachte, daß nun die Richtungen von $\vec{F}$ in beiden Anordnungen verschieden sind.

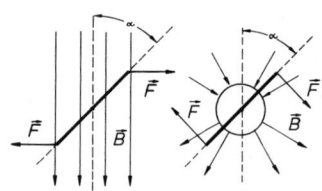

b), c)

Bei einem bestimmten Strom I_1 stellt sich ein Zeigerausschlag ein, dessen Winkel φ durch den Schnittpunkt der Graphen M_F und M_{I_1} festgelegt wird.

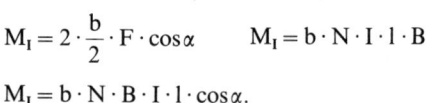

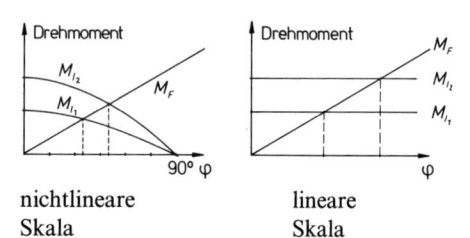

$$M_I = 2 \cdot \frac{b}{2} \cdot F \cdot \cos\alpha \qquad M_I = b \cdot N \cdot I \cdot l \cdot B$$

$$M_I = b \cdot N \cdot B \cdot I \cdot l \cdot \cos\alpha.$$

d)

nichtlineare Skala

lineare Skala

S. 113/3

a) $eU_0 = \frac{1}{2}mv_0^2;$ $\quad v_0 = \sqrt{\frac{2 \cdot e \cdot U_0}{m}},$ $\quad v_0 = \sqrt{\frac{2 \cdot 1{,}6 \cdot 10^{-19} \cdot 5000}{1{,}67 \cdot 10^{-27}}} \frac{m}{s} =$

$= 9{,}76 \cdot 10^5 \frac{m}{s}.$

b) $F_K = \frac{e \cdot U_1}{d}$ $\quad F_K = \frac{1{,}6 \cdot 10^{-19} \cdot 400}{10 \cdot 10^{-3}} \frac{J}{m} = 6{,}4 \cdot 10^{-15} \text{ N}.$

$F_g = m \cdot g$ $\quad F_g = 1{,}67 \cdot 10^{-27} \cdot 9{,}81 \cdot \text{N} = 1{,}64 \cdot 10^{-26} \text{ N}.$

$F_g \ll F_K.$

c) Bahngleichung: $\left.\begin{array}{l} x = v_0 \cdot t \\[2mm] y = a_y \cdot \dfrac{t^2}{2} \end{array}\right\} \quad y = a_y \cdot \dfrac{x^2}{2 \cdot v_0^2} = \dfrac{eU_1}{m \cdot d} \cdot \dfrac{x^2 \cdot m}{2 \cdot 2 \cdot e \cdot U_0} = \dfrac{1}{4} \cdot \dfrac{U_1}{d \cdot U_0} \cdot x^2.$

Die Bahnkurve ist von der spezifischen Ladung der Ionen unabhängig. Man muß also die gleiche Spannung wie beim H^+-Ion einstellen.

d)

$F_l = F_e$

$v_0 \cdot e \cdot B = e \cdot \dfrac{U_K}{d}$

$\vec{F}_l = \vec{F}_e$

$B = \dfrac{E}{v_0} = \dfrac{U_K}{d \cdot v_0}; \quad B = 4{,}10 \cdot 10^{-2} \dfrac{Vs}{m^2}.$

e) Ist $v \neq v_0$, so bleibt zwar F_e davon unbeeinflußt, F_l ändert sich jedoch. Die Folge ist eine beschleunigte Bewegung des Ions auf eine Kondensatorplatte zu. Nur die Teilchen mit $v = v_0$ verlassen den Kondensator unabgelenkt.

S. 114/1

a), b)

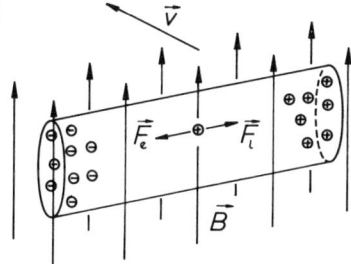

c) Der Trennvorgang ist beendet, wenn $F_e = F_l$ ist.

S. 115/2

Aus der Tatsache, daß F_l konstant ist, folgt auch, daß F_e konstant ist. Dies ist jedoch nur beim homogenen elektrischen Feld der Fall, so daß $E = \dfrac{U}{l}$ gesetzt werden darf.

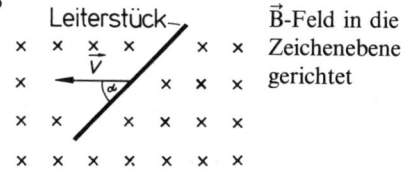

S. 115/3

Leiterstück

$\vec{B}$-Feld in die Zeichenebene gerichtet

(Lorentzkraft auf positiven Ladungsträger)

$\alpha = 90°$: $\quad q \cdot E = q \cdot v \cdot B \quad \Rightarrow \quad U_{ind} = l \cdot v \cdot B$

$\alpha \neq 90°$: $\quad q \cdot E = F_{l\parallel}$

In diesem Fall ist nur die Komponente von $\vec{F}_l$ in Richtung des Leiters zu berücksichtigen ($F_{l\parallel} = F_l \cdot \sin\alpha$). $\qquad q \cdot E = F_l \cdot \sin\alpha \quad \Rightarrow \quad \underline{U_{ind} = l \cdot v \cdot B \cdot \sin\alpha}$.

S. 116/4

a) $U_{ind} = 0 \qquad$ für $t < t_1$.
   In den vertikalen Leiterstücken wird jeweils eine Spannung induziert. Diese beiden Spannungen sind jedoch so gerichtet, daß sie sich in ihrer Wirkung aufheben.

b) $U_{ind} = a \cdot v \cdot B \qquad$ für $t_1 < t < t_2$

c) $U \cdot \Delta t = a \cdot v \cdot B \cdot (t_2 - t_1) = B \cdot A$

d) Anstelle von $\int\limits_{t_1}^{t_2} U \, dt$ darf $U \cdot \Delta t = U(t_2 - t_1)$ geschrieben werden, da U zeitlich konstant ist.

S. 116/5

$B = 5{,}3 \cdot 10^{-3} \text{ Vs/m}^2$

S. 118/6

a) $U_1 = 4 \cdot 10^{-4} \text{ V}; \quad U_2 = 0 \text{ V}; \quad U_3 = -4 \cdot 10^{-4} \text{ V};$

b) $I_1 = 1 \text{ A}; \quad I_2 = 0 \text{ A}; \quad I_3 = -1{,}0 \text{ A}; \quad P_1 = 4 \cdot 10^{-4} \text{ W}; \quad P_2 = 0 \text{ W}; \quad P_3 = 4 \cdot 10^{-4} \text{ W}$

c) $F = 2 \cdot 10^{-2} \text{ N}$

S. 118/7

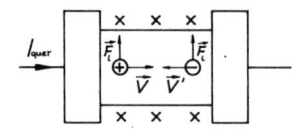

$U_1 = -1,0$ mV; $\Delta t_1 = 0,025$ s; $U_2 = 0$ mV; $\Delta t_2 = 0,025$ s; $U_3 = 1,0$ mV; $\Delta t_3 = 0,025$ s

S. 119/1

$\vec{B}$-Feld in Zeichenebene gerichtet

S. 120/2

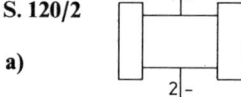

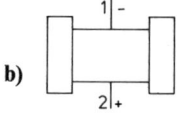

a) nur positive Ladungsträger

b) nur negative Ladungsträger

c) Wenn $\varphi_2 > \varphi_1$, kann auf einen Überschuß von negativen Ladungsträgern geschlossen werden.

S. 125/3

a) Die Masse von $1,0$ m³ (Dichte $\varrho = 10,5 \cdot 10^3$ kg/m³) ist $m = 10,7 \cdot 10^3$ kg. 1 kmol Silber, das $6,02 \cdot 10^{26}$ Atome enthält, hat die Masse $m = 107$ kg.

Für die Zahl N der Atome in $1,0$ m³ Silber gilt:

$$\frac{N}{6,02 \cdot 10^{26}} = \frac{10,5 \cdot 10^3 \text{ kg}}{107 \text{ kg}}; \qquad N = 5,9 \cdot 10^{28}.$$

b) Im Mittel entfallen $\dfrac{9,5 \cdot 10^{28}}{5,9 \cdot 10^{28}} = 1,6$ freie Ladungsträger auf ein Silberatom.

S. 125/5

b) Pluspol oben;   d) $1,0 \cdot 10^1$ Vs/m² $< B < 1,0 \cdot 10^2$ Vs/m²

S. 127/1

Bei der Bewegung einer Induktionsspule im betreffenden Raumbereich (Flächenvektor parallel zum $\vec{B}$-Feld) darf am angeschlossenen Galvanometer kein Ausschlag auftreten.

S. 128/2

$\dfrac{e}{m} = 1,8 \cdot 10^{11} \dfrac{\text{As}}{\text{kg}}$; $e = 1,6 \cdot 10^{-19}$ As; $m = \dfrac{1,6 \cdot 10^{-19}}{1,8 \cdot 10^{11}}$ kg $= 8,9 \cdot 10^{-31}$ kg

genauer Wert: $m = 9,1 \cdot 10^{-31}$ kg.

S. 128/3

a) $F_l = |q| \cdot v \cdot B$; $F_l = 1,6 \cdot 10^{-19} \cdot 2,0 \cdot 10^7 \cdot 3,0 \cdot 10^{-4} \dfrac{\text{As} \cdot \text{m} \cdot \text{V} \cdot \text{s}}{\text{s} \cdot \text{m}^2} = 9,6 \cdot 10^{-16}$ N.

b) Die Lorentzkraft wirkt senkrecht zur jeweiligen Bewegungsrichtung (Zentralkraft). Der Betrag der Lorentzkraft ist konstant ($\vec{F}_l \perp \vec{v}$, daher keine Zunahme des Geschwindigkeitsbetrages). Das Teilchen bewegt sich auf einer Kreisbahn.

Zentralkraft = Lorentzkraft

$$\frac{mv^2}{r} = |q| \cdot v \cdot B; \quad r = \frac{m \cdot v}{|q| \cdot B}; \quad r = \frac{2{,}0 \cdot 10^7}{1{,}7 \cdot 10^{11} \cdot 3{,}0 \cdot 10^{-4}} \, m = \underline{3{,}79 \cdot 10^{-1} \, m.}$$

c)

$\alpha = 10°$ $\quad v_\| = v \cdot \sin \alpha; \quad v_\| = 2{,}0 \cdot 10^7 \cdot 0{,}17 \, \frac{m}{s} = 3{,}4 \cdot 10^6 \, \frac{m}{s}$

$v_\perp = v \cdot \cos \alpha; \quad v_\perp = 2{,}0 \cdot 10^7 \cdot 0{,}98 \, \frac{m}{s} = 1{,}97 \cdot 10^7 \, \frac{m}{s}$

Ganghöhe $\quad h = v_\| \cdot T$

$$T = \frac{2\pi r}{v_\perp} = \frac{2 \cdot \pi \cdot m \cdot v_\perp}{q \cdot B \cdot v_\perp}$$

$$T = 1{,}2 \cdot 10^{-7} \, s$$

$h = 3{,}4 \cdot 10^6 \cdot 1{,}2 \cdot 10^{-7} \, m = \underline{0{,}4 \, m.}$

S. 129/4

a) nach Westen   b) $v = 8{,}4 \cdot 10^6 \, \frac{m}{s};$ c) $y = 4{,}7 \cdot 10^{-3} \, m$

S. 129/5

a) $F_{Lithium} = F_{Elektron} = q \cdot v \cdot B; \quad F_{Lithium} = F_{Elektron} = 1{,}6 \cdot 10^{-19} \cdot 1{,}0 \cdot 10^4 \cdot 0{,}1 \cdot 10^{-4} \, N = \underline{1{,}6 \cdot 10^{-20} \, N.}$

b) Zentralkraft = Lorentzkraft

$$\frac{m \cdot v^2}{r} = q \cdot v \cdot B; \quad r = \frac{m \cdot v}{q \cdot B}$$

$$r_{Elektron} = \frac{1{,}0 \cdot 10^4}{1{,}76 \cdot 10^{11} \cdot 0{,}1 \cdot 10^{-4}} \, m = \underline{5{,}68 \cdot 10^{-3} \, m;}$$

$$r_{Lithium} = \frac{1{,}0 \cdot 10^4 \cdot 7{,}0 \cdot 1{,}66 \cdot 10^{-27}}{1{,}6 \cdot 10^{-19} \cdot 0{,}1 \cdot 10^{-4}} \, m \quad \underline{r_{Lithium} = 7{,}3 \cdot 10^{+1} \, m.}$$

c)

$(r - d)^2 + l^2 = r^2$

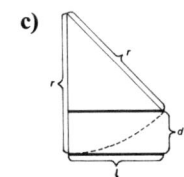

$l^2 = r^2 - (r - d)^2$

$l = \sqrt{r^2 - r^2 + 2 \cdot r \cdot d - d^2} \approx \sqrt{2 \cdot r \cdot d}$

da $d \ll r$

$l_{Lithium} = \sqrt{2 \cdot 7{,}2 \cdot 10^1 \cdot 0{,}5 \cdot 10^{-2}} \, m = \underline{0{,}85 \, m}$

d) $N = 6{,}25 \cdot 10^{14} \, s^{-1}$

$I = N \cdot e = 6{,}25 \cdot 10^{14} \cdot 1{,}6 \cdot 10^{-19} \, A \approx \underline{10^{-4} \, A}$

e) Es wirkt zusätzlich eine elektrische Kraft

$F_{e\,max} = F_l = 1{,}6 \cdot 10^{-20} \, N$

f) $F_{e\,max} = \frac{e \cdot U_{max}}{d}; \quad U_{max} = \frac{F_{e\,max} \cdot d}{e}$

$U_{max} = \frac{1{,}6 \cdot 10^{-20} \cdot 0{,}5 \cdot 10^{-2}}{1{,}6 \cdot 10^{-19}} \, V = \underline{5 \cdot 10^{-4} \, V.}$

S. 130/6

a) $F_z = F_1$; $\quad \dfrac{m \cdot v^2}{r} = q \cdot v \cdot B$; $\quad v = \dfrac{r \cdot q \cdot B}{m}$; $\quad T = \dfrac{2\pi r}{v} = \dfrac{2\pi \cdot m}{q \cdot B}$;

T hängt nicht von r ab.

b) $E_{kin} = \dfrac{1}{2} \cdot m \cdot v^2 = \dfrac{1}{2} \dfrac{r^2 \cdot q^2 \cdot B^2}{m}$;

$E_{kin} = \dfrac{1}{2} \cdot \dfrac{(0{,}5)^2 \cdot (1{,}6 \cdot 10^{-19})^2 \cdot (0{,}4)^2}{1{,}67 \cdot 10^{-27}} \dfrac{m^2 \cdot A^2 \cdot s^2 \cdot V^2 \cdot s^2}{m^4 \cdot kg} = 3{,}1 \cdot 10^{-13}\,J = \underline{1{,}9\,MeV}$.

c) Bei einem vollen Umlauf wird das Teilchen zweimal beschleunigt, d.h., es gewinnt bei einem Umlauf die Energie $2 \cdot 10^4$ eV.

$N = \dfrac{1{,}9 \cdot 10^6}{2 \cdot 10^4} \approx 100$.

S. 132/7

Vergleiche Aufgabe S. 96/5

$y_0 = \dfrac{Q}{m} \cdot E \cdot \dfrac{1}{v_0^2} \left(\dfrac{1}{2} + d \right)$.

S. 132/8

$(r - x')^2 + l^2 = r^2$; $\quad r^2 - 2 \cdot r \cdot x' + x'^2 + l^2 = r^2$; $\quad$ da $2rx' \gg x'^2$ ist kann x'^2 vernachlässigt werden.

$x' = \dfrac{l^2}{2 \cdot r}$.

$x_0 = x' + d \cdot \tan \alpha$

$x_0 = \dfrac{l^2}{2 \cdot r} + d \dfrac{l}{r - x'}$, $\quad$ da $r \gg x'$ gilt: $x_0 \approx \dfrac{l^2}{2r} + \dfrac{d \cdot l}{r} = \dfrac{l}{r} \left(\dfrac{l}{2} + d \right)$

mit $r = \dfrac{m \cdot v}{q \cdot B}$; $\quad x_0 = \dfrac{Q \cdot B}{m \cdot v} \cdot l \cdot \left(\dfrac{l}{2} + d \right)$.

S. 134

Reifeprüfung 1974 an math.-nat. Gymnasien

1. a) *Annahme*: Jedes Ion trägt die *gleiche* Ladung, bei einwertigen Stoffen eine Elementarladung.

Bei der Abscheidung von 1 kmol eines einwertigen Stoffes wird die Ladung
$Q = 96494 \cdot 10^3$ C
abgegeben oder aufgenommen.
1 kmol enthält $N_a = 6{,}0225 \cdot 10^{26}$ Teilchen.

Somit: $\quad e = \dfrac{Q}{N_a}$; $\quad e = \dfrac{96494 \cdot 10^3\,C}{6{,}0225 \cdot 10^{26}}$; $\quad \underline{e = 1{,}60 \cdot 10^{-19}\,C}$.

1. b) Beschreibung und Angabe der Schwierigkeiten s. S. 87. Die gemessenen Ladungen treten *nur* in ganzzahligen Vielfachen einer Elementarladung auf.

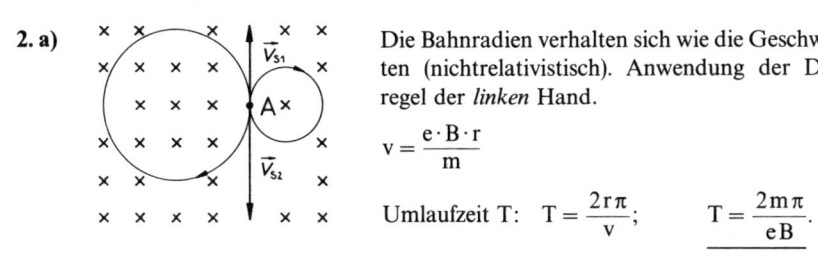

2. a) Die Bahnradien verhalten sich wie die Geschwindigkeiten (nichtrelativistisch). Anwendung der Dreifingerregel der *linken* Hand.

$$v = \frac{e \cdot B \cdot r}{m}$$

Umlaufzeit T: $T = \frac{2 r \pi}{v}$; $\quad T = \frac{2 m \pi}{eB}$.

2. b) Zentripetalkraft = Lorentzkraft

$$m \frac{v_s^2}{r} = e \cdot v_s \cdot B$$

Im nichtrelativistischen Fall ist T unabhängig vom Bahnradius.

3. a) Die Elektronen bewegen sich auf Schraubenlinien. Die senkrechten Projektionen der Bahnkurven auf die Zeichenebene sind obige Kreise.
Begründung: Die Bewegungskomponente in Feldlinienrichtung wird durch das Magnetfeld nicht beeinflußt.
AA' ist Mantellinie der Zylinderflächen, auf denen die Bahnkurven verlaufen.

3. b) Elektronen, die von A ausgehen, treffen nach der Flugzeit $T = \frac{2\pi m}{e \cdot B}$ wieder auf die Gerade AA'.
Die Bewegung in Richtung AA' hat die Geschwindigkeit $\vec{v}_P$. Damit die Elektronen in A' auftreffen, muß gelten:

$$T = \frac{l}{|\vec{v}_P|}; \qquad \frac{2\pi m}{e \cdot B} = \frac{l}{|\vec{v}_P|}; \qquad B = \frac{2\pi m \cdot |\vec{v}_P|}{e \cdot l}.$$

3. c) $\frac{e}{m} = \frac{2\pi |\vec{v}_P|}{B \cdot l}$.

$|\vec{v}_P|$ kann aus der Beschleunigungsspannung in einem elektrischen Längsfeld nach der Beziehung $\frac{1}{2} m |\vec{v}_P|^2 = e \cdot U$ berechnet werden. B kann durch Induktionsversuch bestimmt werden. Beim kleinsten Wert von B, bei dem *alle* Elektronen in A' auftreffen, kann obige Beziehung zur Berechnung von $\frac{e}{m}$ angewandt werden.

S. 135

Reifeprüfung 1974 im Leistungskurs Physik

1. a) $p = r\sqrt{2}$.

Beschleunigung im elektrischen Längsfeld: $\frac{1}{2} m v_0^2 = e \cdot U_0$; $\qquad v_0 = \sqrt{\frac{2 e U_0}{m}}$.

Zentripetalkraft = Lorentzkraft

$$\frac{m \cdot v_0^2}{r} = e \cdot v_0 \cdot B; \qquad r = \frac{m v_0}{e \cdot B}$$

$$p = r \cdot \sqrt{2} = \frac{m \cdot 2 \cdot \sqrt{e \cdot U_0}}{e \cdot B \sqrt{m}}; \qquad p = \frac{2}{B} \sqrt{\frac{m U_0}{e}}.$$

1. b) $p_1 = \frac{2}{0{,}10} \cdot \sqrt{\frac{10^3}{9{,}6 \cdot 10^7}}\, m; \qquad p_1 = 6{,}5 \cdot 10^{-2}\, m.$

1. c) $p^2 = \frac{4}{B^2} \cdot \frac{U_0}{\frac{e}{m}}; \qquad \frac{e}{m} = \frac{4 U_0}{B^2 \cdot p^2};$

$$\frac{e}{m} = \frac{4 \cdot 10^3}{0{,}01 \cdot 9{,}15^2 \cdot 10^{-4}}\, \frac{C}{kg}; \qquad \frac{e}{m} = 4{,}78 \cdot 10^7\, \frac{C}{kg}.$$

Es handelt sich vermutlich um Deuteriumionen. $\frac{e}{m}$ ist halb so groß wie bei Wasserstoffionen, da die Masse des Deuteriumions etwa doppelt so groß wie die des Wasserstoffions ist.

2. a) Stoff des 2. Semesters!

Im Grenzfall ist klassischer Ansatz möglich.

$$\frac{1}{2} m v^2 = e \cdot U; \qquad U = \frac{v^2}{2 \frac{e}{m}}$$

$$U = \frac{0{,}01 \cdot 9 \cdot 10^{16}}{2 \cdot 9{,}6 \cdot 10^7}\, V; \qquad U = 4{,}7 \cdot 10^6\, V = 4{,}7\, MV.$$

2. b) $E_{kin} = (m - m_0) c^2 = m c^2 - m_0 c^2 = E - E_0$

$E_{kin} = 3 \cdot 10^9\, eV - 9{,}4 \cdot 10^8\, eV; \qquad E_{kin} = 2{,}06 \cdot 10^9\, eV$

$$E_{kin} = 3{,}3 \cdot 10^{-10}\, J$$

$$m = \frac{m_0}{\sqrt{1 - \left(\frac{v}{c}\right)^2}} = \frac{E}{c^2}; \qquad \sqrt{1 - \left(\frac{v}{c}\right)^2} = \frac{m_0 c^2}{E} = \frac{E_0}{E}$$

$$1 - \left(\frac{v}{c}\right)^2 = \frac{E_0^2}{E^2}; \qquad \frac{v^2}{c^2} = 1 - \frac{E_0^2}{E^2}; \qquad v^2 = \left(1 - \frac{E_0^2}{E^2}\right) \cdot c^2;$$

$$v = \sqrt{1 - \left(\frac{E_0}{E}\right)^2} \cdot c \qquad v = 0{,}95 \cdot c$$

$$\frac{m}{m_0} = \frac{m c^2}{m_0 c^2} = \frac{E}{E_0}; \qquad \frac{m}{m_0} = 3{,}2.$$

2. c) Zentripetalkraft = Lorentzkraft

$$m \frac{v^2}{r} = e \cdot v \cdot B; \qquad B = \frac{m \cdot v}{e \cdot r}$$

$$B = \frac{3{,}2 \cdot 1{,}67 \cdot 10^{-27} \cdot 0{,}95 \cdot 3 \cdot 10^8}{1{,}6 \cdot 10^{-19} \cdot 1{,}5 \cdot 10^3}\, \frac{Vs}{m^2}; \qquad B = 6{,}4 \cdot 10^{-3}\, \frac{Vs}{m^2}.$$

3. a) $x = v_x \cdot t; \qquad y = \frac{1}{2} \frac{e \cdot E}{m} \cdot t^2 \qquad v_x = \sqrt{\frac{2 e U}{m}}$

Bahnkurve: $\quad y = \dfrac{e \cdot E x^2}{2 m v_x^2}; \quad y = \dfrac{eE \cdot m}{2m \cdot 2eU} \cdot x^2; \quad \underline{y = \dfrac{E}{4U} \cdot x^2}$

$\dfrac{dy}{dx} = \dfrac{E \cdot x}{2U}; \quad$ für $x = L: \quad \left(\dfrac{dy}{dx}\right)_L = \tan\varphi = \dfrac{E \cdot L}{2U}$

3. b) Man kann die Isotope nicht trennen, da die Bahnkurve unabhängig von m ist.

3. c) $U = \dfrac{E \cdot L}{2 \cdot \tan\varphi}; \quad U = \dfrac{5 \cdot 10^3 \cdot 0{,}1}{2 \cdot \tan 30°} \text{ V}; \quad \underline{U = 433 \text{ V}}.$

S. 136

Reifeprüfung 1972 an math.-nat. Gymnasien

1. a) Der Winkel zwischen Geschwindigkeitsvektor $\vec{v}$ und Magnetfeldvektor $\vec{B}$ muß von 0° und 180° verschieden sein.

$F = Q \cdot |\vec{v}| \cdot |\vec{B}| \cdot \sin(\sphericalangle \vec{v}; \vec{B})$

1. b) Bedingung für Kreisbahn $\vec{v} \perp \vec{B}$

Zentripetalkraft = Lorentzkraft

$\dfrac{m v^2}{r} = Q \cdot v \cdot B; \quad \underline{m = \dfrac{Q \cdot B r}{v}}.$

1. c) Achsenrichtung parallel zum Vektor $\vec{B}$.

$r = \dfrac{m}{Q \cdot B} \cdot |\vec{v}| \cdot \sin(\sphericalangle \vec{v}; \vec{B}).$

2. a) Der Magnetfeldvektor muß in Richtung der positiven z-Achse weisen. In diesem Fall erfahren die positiven Ladungsträger eine Lorentzkraft in Richtung der negativen y-Achse (Dreifingerregel der rechten Hand).

2. b) Für diese Ionen muß längs des Weges $S_2 S_3$ gelten:

$\vec{F}_{el} = -\vec{F}_{magn}$

$Q \cdot E = Q \cdot v \cdot B_1; \quad \underline{v = \dfrac{E}{B_1}}.$

2. c) $v = \dfrac{E}{B_1}$

$v = \dfrac{1{,}5 \cdot 10^3}{3 \cdot 10^{-2}} \dfrac{m}{s}; \quad \underline{v = 5 \cdot 10^4 \dfrac{m}{s}}.$

3. a) Alle Ionen haben rechts von S_3 die einheitliche Geschwindigkeit $v = 5 \cdot 10^4 \dfrac{m}{s}$; Q und m sind für alle Ionen gleich.
Für den Radius der Kreisbahn gilt:

$\dfrac{m v^2}{r} = Q \cdot v \cdot B_2; \quad r = \dfrac{m v}{Q \cdot B_2} = \text{const}.$

$\underline{m = \dfrac{r \cdot Q \cdot B}{v} = \dfrac{r \cdot Q \cdot B_1 \cdot B_2}{E}}$

3. b) $m = \dfrac{18 \cdot 10^{-2} \cdot 1{,}6 \cdot 10^{-19} \cdot 6{,}0 \cdot 10^{-2} \cdot 3{,}0 \cdot 10^{-2}}{1{,}5 \cdot 10^{3}}$ kg; $\underline{m = 3{,}46 \cdot 10^{-26} \text{ kg}.}$

3. c) $\dfrac{m}{m_P} = \dfrac{3{,}46 \cdot 10^{-26} \text{ kg}}{1{,}67 \cdot 10^{-27} \text{ kg}} \approx 20{,}7$ $\underline{\text{Es handelt sich um das Element Ne.}}$

S. 141/1

$B_{Rechn} = 1{,}05 \cdot B_{Mess.}$

$\mu_0 \cdot \dfrac{N \cdot I}{l} = 1{,}05 \cdot \mu_0 \dfrac{N \cdot I}{l} \cdot \dfrac{1}{\sqrt{1 + \dfrac{4R^2}{l^2}}}$

$\sqrt{1 + \dfrac{4R^2}{l^2}} = 1{,}05;$ $1 + \dfrac{4R^2}{l^2} = 1{,}05^2;$ $\dfrac{4R^2}{l^2} = 1{,}05^2 - 1$

$l^2 = \dfrac{4R^2}{1{,}05^2 - 1};$ $l = \dfrac{2R}{\sqrt{1{,}05^2 - 1}};$

$l = \dfrac{2 \cdot 4 \cdot 10^{-2}}{\sqrt{1{,}05^2 - 1}}$ m; $\underline{l = 0{,}25 \text{ m} = 25 \text{ cm}.}$

S. 142/2

$\int_{t_1}^{t_2} U(t)\,dt = c_{ut} \cdot \alpha = N_i \cdot \varDelta\Phi$ mit $\varDelta\Phi = \Phi = B \cdot A_i$

$c_{ut} \cdot \alpha = B \cdot A_i N_i;$ $\alpha = \dfrac{A_i}{c_{ut}} \cdot B = k \cdot B$

da $B = \mu_0 \cdot H$ folgt: $\alpha = k' \cdot H$

$\dfrac{\alpha'}{\alpha} = \dfrac{H'}{H};$ $\alpha' = \dfrac{H'}{H} \cdot \alpha;$

$\alpha' = \dfrac{\dfrac{I \cdot N}{l} \sqrt{1 + \dfrac{4R^2}{l^2}}}{\dfrac{I \cdot N}{l} \sqrt{1 + \dfrac{4R'^2}{l^2}}} \cdot \alpha;$ $\alpha' = \sqrt{\dfrac{l^2 + 4R^2}{l^2 + 4R'^2}} \cdot \alpha$

$\alpha' = \sqrt{\dfrac{0{,}2^2 + 4 \cdot 9 \cdot 10^{-4}}{0{,}2^2 + 4 \cdot 18 \cdot 10^{-4}}} \cdot \alpha;$ $\underline{\alpha' = 0{,}96 \cdot \alpha.}$

S. 142/3

a) $B = 1{,}3 \cdot 10^{-3}$ Vs/m^2;   b) $B_{Ende} = \dfrac{B}{2};$

S. 143/4

$I = 3{,}5$ A

S. 143/5

$I' = 2{,}75$ A

S. 143/6

a) $B_{Hor} = 1{,}81 \cdot 10^{-5}$ Vs/m^2;   b) $B = 4{,}63 \cdot 10^{-5}$ Vs/m^2

Lösung der wichtigsten Aufgaben   245

S. 143/7

a) $\dfrac{N}{l} = 796\,\text{m}^{-1}$;   **b)** $I = 1{,}25\,\text{A}$

S. 144/8

a) γ) $k_1 = 4 \cdot 10^{-2}\,\dfrac{\text{A}}{1°}$; δ) $I_0 = 0$; $I_{10} = 0{,}4\,\text{A}$; $I_{20} = 0{,}85\,\text{A}$; $I_{30} = 1{,}38\,\text{A}$;

b) α) $I_2 = \sqrt{k_2 \cdot \dfrac{\alpha}{\cos\alpha}}$ mit $k_2 = \dfrac{D \cdot l_1}{\mu_0 \cdot N_1 \cdot N_2 \cdot a^2}$; β) $I_0 = 0$; $I_{10} = 0{,}64\,\text{A}$;
$I_{20} = 0{,}92\,\text{A}$; $I_{30} = 1{,}17\,\text{A}$;
δ) für $I < 0{,}5\,\text{A}$ ist die 1. Anordnung empfindlicher.

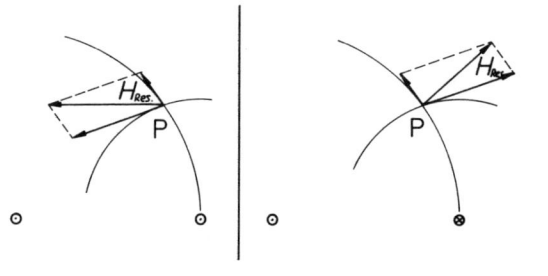

S. 147/1

S. 147/2

In A überlagern sich das homogene Magnetfeld und das Feld des Leiters gleichsinnig, Verstärkung!
In B überlagern sich die beiden Felder gegensinnig, Abschwächung!

S. 151/1

$\displaystyle\int_{t_1}^{t_2} U(t)\,dt \sim N_i \cdot \Delta(BA_i)$.

1. Fall: Ist A_i konstant, so ist $\Delta(BA_i) = B_2 A_i - B_1 A_i = A_i(B_2 - B_1) = A_i \Delta B$

$\displaystyle\int_{t_1}^{t_2} U(t)\,dt = N_i A_i \cdot \Delta B$; $\displaystyle\int_{t_1}^{t_2} U(t)\,dt \sim \Delta B$ bei konst. N_i; A_i.

2. Fall: Ist B konstant, so ist $\Delta(BA_i) = B \cdot A_{i2} - B \cdot A_{i1} = B \cdot \Delta A_i$

$\displaystyle\int_{t_1}^{t_2} U(t)\,dt = N_i \cdot B \cdot \Delta A_i$; $\displaystyle\int_{t_1}^{t_2} U(t)\,dt \sim \Delta A_i$ bei konst. N_i; B.

3. Fall: Ist A_i und ΔB konstant, so ist $\Delta(BA_i) = A_i \cdot \Delta B$ ebenfalls konstant.

$\displaystyle\int_{t_1}^{t_2} U(t)\,dt = A_i \cdot \Delta B \cdot N_i$; $\displaystyle\int_{t_1}^{t_2} U(t)\,dt \sim N_i$ bei konst. A_i; ΔB.

S. 151/2

$\displaystyle\int_{t_1}^{t_2} U(t)\,dt = N_i \cdot \Delta\Phi$; $\Phi = A_i \cdot \mu_0 \cdot \dfrac{N \cdot I}{l}$

$$\int_{t_1}^{t_2} U(t)dt = \frac{N_i \cdot A_i \cdot \mu_0 \cdot N}{l} \cdot (I_2 - I_1)$$

$$\int_{t_1}^{t_2} U(t)dt = \frac{100 \cdot 0{,}25 \cdot 10^{-4} \cdot 4\pi \cdot 10^{-7} \cdot 4 \cdot 10^3 \cdot 0{,}5}{0{,}8} \, Vs;$$

$$\int_{t_1}^{t_2} U(t)dt = 7{,}85 \cdot 10^{-6} \, Vs.$$

S. 151/3

Berechnung von c_{ut}:

$$\int_{t_1}^{t_2} U(t)dt = c_{ut} \cdot \alpha; \qquad c_{ut} = \frac{\int_{t_1}^{t_2} U(t)dt}{\alpha}$$

$$c_{ut} = \frac{1{,}2 \cdot 10^{-4} \, Vs}{3{,}6 \, Skt}; \qquad c_{ut} = 3{,}33 \cdot 10^{-5} \frac{Vs}{Skt}.$$

a) $\Delta H = \frac{N \cdot \Delta I}{l}; \qquad \Delta I = 2I;$

$\Delta H = \frac{2NI}{l} \qquad \Delta H = \frac{2 \cdot 100 \cdot 25}{0{,}5} \frac{A}{m}; \qquad \Delta H = 10^4 \frac{A}{m}$

b) $\int_{t_1}^{t_2} U(t)dt = c_{ut} \cdot \alpha$

$\int_{t_1}^{t_2} U(t)dt = 3{,}33 \cdot 10^{-5} \cdot 26{,}7 \, Vs; \qquad \int_{t_1}^{t_2} U(t)dt = 8{,}9 \cdot 10^{-4} \, Vs.$

c) $\int_{t_1}^{t_2} U(t)dt = N_i A_i \mu_0 \Delta H;$

$\mu_0 = \frac{\int_{t_1}^{t_2} U(t)dt}{N_i A_i \Delta H}$

$\mu_0 = \frac{8{,}9 \cdot 10^{-4}}{10^2 \cdot 7{,}1 \cdot 10^{-4} \cdot 10^4} \frac{Vs}{Am}; \qquad \mu_0 = 1{,}25 \cdot 10^{-6} \frac{Vs}{Am}.$

S. 152/4

$\int_{t_1}^{t_2} U(t)dt = N_i A_i \mu_0 \cdot \Delta H_e; \qquad \Delta H_e = 2H_e$

$H_e = \frac{\int_{t_1}^{t_2} U(t)dt}{2 \cdot N_i A_i \cdot \mu_0};$

$H_e = \frac{6{,}0 \cdot 10^{-3}}{2 \cdot 75 \cdot 1 \cdot 4\pi \cdot 10^{-7}} \frac{A}{m}; \qquad H = 31{,}8 \frac{A}{m}.$

S. 152/5

a) Man benötigt zweckmäßig ein homogenes Magnetfeld einer langen Zylinderspule bekannter Flußdichte und ein für Spannungsstöße geeichtes Spiegelgalvanometer.
Versuchsanordnung und Durchführung vgl. S. 213f.
Meßwerte: Stoßausschlag α; N; l der Feldspule; Spulenstrom I.

$$\int_{t_1}^{t_2} U(t)dt = c_{ut} \cdot \alpha; \qquad c_{ut} \text{ muß bekannt sein}$$

b) $c_{ut} \cdot \alpha = N_i A_i \cdot \mu_0 \cdot \dfrac{N \cdot I}{l}; \qquad N_i A_i = \dfrac{c_{ut} \cdot \alpha \cdot l}{\mu_0 \cdot N \cdot I}.$

c) $N_i \cdot A_i = \dfrac{8{,}9 \cdot 10^{-4} \cdot 0{,}5}{4\pi \cdot 10^{-7} \cdot 10^3 \cdot 0{,}25} \, m^2; \qquad \underline{N_i \cdot A_i = 1{,}42 \, m^2}.$

S. 152/6

$\int_{t_1}^{t_2} U(t)dt = N_i A_i \cdot B; \qquad B = \dfrac{\int_{t_1}^{t_2} U(t)dt}{N_i A_i} \qquad B = \dfrac{1{,}44 \cdot 10^{-2}}{120 \cdot 1{,}0 \cdot 10^{-4}} \dfrac{Vs}{m^2}; \qquad \underline{B = 1{,}20 \dfrac{Vs}{m^2}}.$

S. 153/7

$t' = \dfrac{a}{v} \qquad t_1 - t'' = t'$

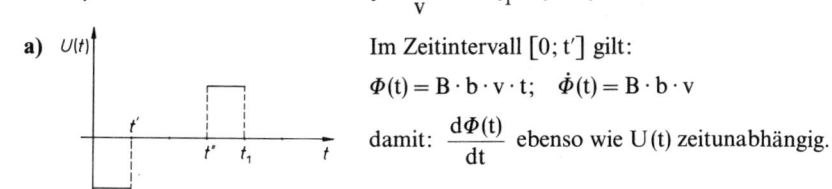

a) Im Zeitintervall $[0; t']$ gilt:

$\Phi(t) = B \cdot b \cdot v \cdot t; \quad \dot{\Phi}(t) = B \cdot b \cdot v$

damit: $\dfrac{d\Phi(t)}{dt}$ ebenso wie $U(t)$ zeitunabhängig.

Im Zeitintervall $[t'; t'']$ ist $\dfrac{d\Phi}{dt} = 0$.

Im Zeitintervall $[t''; t_1]$ gilt: $\Phi(t) = B[ab - b \cdot v \cdot (t - t'')]$

$\dfrac{d\Phi(t)}{dt} = -B \cdot b \cdot v \qquad \dfrac{d\Phi(t)}{dt}$ ist ebenso wie $U(t)$ zeitunabhängig.

Beide Spannungen sind betragsgleich.

b) $\Phi(t) = B \cdot b \cdot v \cdot t.$ **c)** $U(t) = -N_i \cdot \dfrac{d\Phi(t)}{dt}; \qquad U(t) = -N_i \cdot B \cdot b \cdot v$

$U(t) = -6 \cdot 4\pi \cdot 10^{-7} \cdot 4 \cdot 10^5 \cdot 2 \cdot 10^{-2} \cdot 1 \, V;$

$\underline{U(t) = -6 \cdot 10^{-2} \, V}.$

S. 154/8

a) $\Phi(t) = \Phi_0 + k \cdot t \qquad N_i = 1000 \qquad k = 5 \cdot 10^{-2} \, V$

$U(t) = -N_i \cdot k; \qquad \underline{U(t) = -50 \, V} \quad \text{zeitunabhängig!}$

b) $\Phi(t) = \Phi_0 \cdot \sin(\omega t) \qquad f = 50 \, Hz \qquad \Phi_0 = 5{,}0 \cdot 10^{-2} \, Vs$

$U(t) = -N_i \Phi_0 \omega \cdot \cos(\omega t)$

$U(t) = -10^3 \cdot 5 \cdot 10^{-2} \cdot 2 \cdot \pi \cdot 50 \, V \cdot \cos\left(2\pi \cdot 50 \cdot \dfrac{1}{s} \cdot t\right)$

$\underline{U(t) = 15{,}7 \, kV \cdot \cos\left(100\pi \dfrac{1}{s} \cdot t\right)}$

S. 154/9

Für das ballistische Galvanometer gilt $\alpha \sim \int_{t_1}^{t_2} I(t)\,dt$, wenn die Stoßdauer klein gegenüber der Schwingungsdauer des Galvanometers ist.

$\int_{t_1}^{t_2} I(t)\,dt$ ist die Kondensatorladung Q, die in jedem Fall über das Galvanometer abfließt.

Je größer R, desto länger dauert die Kondensatorentladung. Mit zunehmendem R treten immer größere Abweichungen von der Proportionalität zwischen α und Q auf. $\alpha \sim Q$ gilt nicht für beliebig große Widerstände.

S. 155/10

a) $U_{max} = 0{,}53$ V; \qquad d) $\int U\,dt = 1{,}68 \cdot 10^{-5}$ Vs

S. 156/1

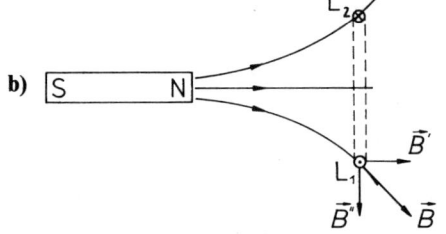

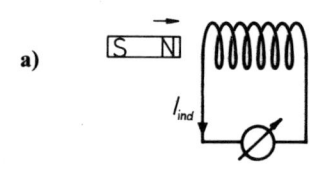

Das Leiterstück L_1 erfährt aufgrund der Feldkomponente $\vec{B}''$ eine Kraft in Richtung $\vec{B}'$. Die zugehörige reactio greift am Magneten an und wirkt entgegen der Bewegungsrichtung (actio gegengleich reactio!)
Eine entsprechende Überlegung gilt für das Leiterstück L_2.

S. 157/2

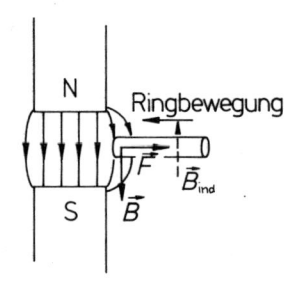

1. Richtung des induzierten Stromes nach dem Lenzschen Gesetz. Magnetfeld des Induktionsstromes sucht Zunahme des Feldes durch den Ring zu hindern. (Rechte-Faust-Regel)
2. Kraft $\vec{F}$ auf vorderen Teil des Ringes nach der Dreifingerregel der rechten Hand.

Die entsprechende Überlegung gilt für das Herausbewegen des Ringes aus dem Magnetfeld.

S. 158/3

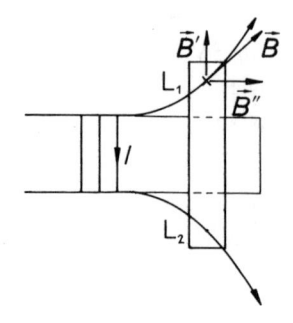

1. Richtung des Induktionsstromes im Ring nach dem Lenzschen Gesetz (Rechte-Faust-Regel).
2. Kraftwirkung auf Leiterteil L_1 (entsprechend L_2) unter der Wirkung von $\vec{B}'$ nach Dreifingerregel der rechten Hand.

Die Leiterteile erfahren eine Kraftwirkung in Richtung von $\vec{B}''$.

S. 159/4

Fall A: Weder beim Einschalten noch beim Abschalten des Magnetfeldes resultierende Kraft auf den Ring, da an ihm nur radiale Kräfte angreifen.

Fall B: Unabhängig von der Polung des Magneten erfährt der Ring beim Einschalten des Feldes eine Kraftwirkung nach links, beim Abschalten nach rechts.

S. 159/5

Durch die Drehung des Hufeisenmagneten tritt im Ring ein sich änderndes Magnetfeld auf. Die Kraftwirkung auf den vom Induktionsstrom durchflossenen Ring ist so, daß die Flußänderung verringert wird. Der Ring folgt dem Magneten im gleichen Drehsinn, aber mit geringerer Drehfrequenz, da im Falle gleicher Drehfrequenz kein Induktionsstrom und damit keine Kraft zur Überwindung der Lagerreibung vorhanden wäre.

S. 159/6

a) α) $I = 0{,}16$ A; Gegenuhrzeigersinn; β) $F_m = 6{,}4 \cdot 10^{-2}$ N; $F_g = 7{,}8 \cdot 10^{-2}$ N; $F_h = 1{,}4 \cdot 10^{-2}$ N

b) $v = 2{,}5 \dfrac{m}{s}$ **c)** $\Delta E_{pot} = \Delta W_{el} = \dfrac{U \cdot m \cdot g \cdot \Delta t}{B \cdot l}$

S. 160/7

b) α) Ring positiv; Achse negativ; $U_i = -n \cdot B \cdot \pi \cdot r^2$; β) $B = 0{,}10$ Vs/m²

c) α) $F = 2{,}5$ mN; β) $P = 31$ mW;

d) keine Änderung;   **e)** Reibungsverluste; Erwärmung

S. 161/8

b) $U_{i1} = 2 \cdot 10^{-3}$ V; $U_{i2} = -1 \cdot 10^{-3}$ V; $U_{i3} = -1 \cdot 10^{-3}$ V

c) $I_1 = 0{,}2$ A (Gegenuhrzeigersinn); $I_2 = I_3 = -0{,}1$ A (Uhrzeigersinn)
$F_1 = 2 \cdot 10^{-4}$ N; $F_2 = F_3 = 0{,}5 \cdot 10^{-4}$ N; alle nach links gerichtet.

d) α) $U_i' = U_i \cdot N$; $I' = I$; $F' = F$ **e)** $W_m = 3 \cdot 10^{-5}$ J
β) $U_i' = U_i$; $I' = n \cdot I$; $F' = n \cdot F$;   **f)** $W_e = 3 \cdot 10^{-5}$ J

S. 163/1

a) $t = 0$ s $t = \dfrac{T}{2}$ $t = T$ usw. allgemein: $\underline{t = k \cdot \dfrac{T}{2}}$ $k \in \mathbb{N}_0$

b) $t = \dfrac{T}{4}$ $t = \dfrac{3}{4}T$ $t = \dfrac{5}{4}T$ usw. allgemein: $\underline{t = (2k+1)\dfrac{T}{4}}$ $k \in \mathbb{N}_0$

c) $\Phi = \Phi_0 \cdot \cos(\omega t)$ $U_i(t) = -N_i \dfrac{d\Phi(t)}{dt}$

$U_i(t) = +N_i \omega \Phi_0 \sin(\omega t)$; $\underline{U_0 = N_i \omega \cdot \Phi_0}$.

d) $U_i = \dfrac{1}{2} U_0 \Rightarrow \sin(\omega t) = \sin \varphi = \dfrac{1}{2}$ $\varphi = 30°$
(bei $\varphi = 210°$ ist $U_i = -\dfrac{1}{2} U_0$!)

e) $U_i\left(\frac{4}{5}T\right) = N_i\omega\Phi_0 \cdot \sin\left(\frac{2\pi}{T} \cdot \frac{4}{5}T\right)$; $\quad U_i\left(\frac{4}{5}T\right) = N_i\omega\Phi_0 \sin\left(\frac{8}{5}\pi\right)$

$\underline{U_i\left(\frac{4}{5}T\right) = U_0 \cdot (-0{,}95).}$

f) Der Scheitelwert wird ebenfalls verdreifacht, da $U_0 = N_i\omega\Phi_0$ und $\omega \sim f$.

g) Der hintere Schleifring stellt den Pluspol dar.
Man überlegt sich die Stromrichtung in der Leiterschleife nach dem Lenzschen Gesetz.

S. 164/2

a) $t = \frac{5}{12}T \qquad t = \frac{11}{12}T \quad$ usw. allgemein: $t = \frac{5}{12}T + k\frac{T}{2} \qquad k \in \mathbb{N}_0$

b) $t = \frac{1}{6}T \qquad t = \frac{2}{3}T \quad$ usw. allgemein: $t = \frac{1}{6}T + k\frac{T}{2} \qquad k \in \mathbb{N}_0$

c) $\Phi(t) = \Phi_{max} \cdot \cos\left(\omega t + \frac{\pi}{6}\right)$

Wenn das Magnetfeld die Spulenfläche senkrecht durchsetzt, ist $\Phi = \Phi_{max}$.

$U_i(t) = -N_i \frac{d\Phi(t)}{dt}$

$U_i(t) = N_i \Phi_{max} \cdot \omega \cdot \sin\left(\omega t + \frac{\pi}{6}\right); \qquad \underline{U_0 = N_i \omega \Phi_{max}.}$

d) $U_i = \frac{1}{2}U_0 \Rightarrow \sin\left(\omega t + \frac{\pi}{6}\right) = \frac{1}{2} \qquad \omega t + \frac{\pi}{6} = \frac{\pi}{6}$

$\omega t = \varphi = 0$

(bei $\varphi = 180°$ ist $U_i = -\frac{1}{2}U_0$!).

e) $U_i\left(\frac{4}{5}T\right) = U_0 \sin\left(\frac{2\pi}{T} \cdot \frac{4}{5}T + \frac{\pi}{6}\right)$;

$U_i\left(\frac{4}{5}T\right) = U_0 \sin\left(\frac{8}{5}\pi + \frac{\pi}{6}\right); \qquad U_i\left(\frac{4}{5}T\right) = U_0 \sin\left(\frac{53}{30}\pi\right)$

$\underline{U_i\left(\frac{4}{5}T\right) = U_0(-0{,}67).}$

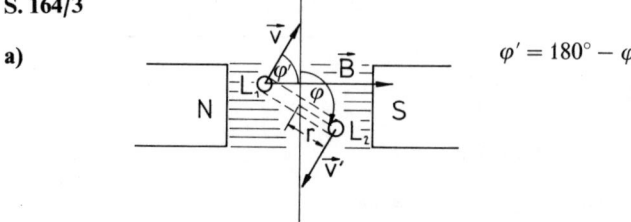

S. 164/3

a)

$\varphi' = 180° - \varphi$

b) $F_L = Q \cdot v \cdot B \cdot \sin(180° - \varphi); \qquad F_L = Q \cdot v \cdot B \cdot \sin\varphi.$

c) Durch die Lorentzkraft tritt in L_1 eine Ladungstrennung und damit der Aufbau eines elektrischen Feldes ein, bis gilt:

$$Q \cdot E = F_L$$

$$Q \cdot \frac{U_{i_1}}{l} = Q \cdot v \cdot B \cdot \sin\varphi$$

$$U_{i_1} = l \cdot v \cdot B \cdot \sin\varphi.$$

d) $U_{ig} = 2 \cdot U_{i_1}$.

Die Spannungen in L_1 und L_2 wirken gleichsinnig, die in den übrigen Leiterstücken induzierten Spannungen heben sich gegenseitig auf.

e) $v = \omega \cdot r$; $\quad \varphi = \omega t$; $\quad 2l \cdot r = A$ (Spulenfläche)

somit: $U_{ig} = 2l \cdot \omega \cdot r \cdot B \cdot \sin(\omega t)$; $\quad U_{ig} = A \cdot B \cdot \omega \sin(\omega t)$

$\hspace{6cm} U_{ig} = \Phi_0 \cdot \omega \cdot \sin(\omega t) \quad N_i = 1!$

f) Stromrichtung in L_1 vom Beschauer weg, in L_2 auf den Beschauer zu.
(Dreifingerregel der rechten Hand)

S. 166/4

Hitzdrahtinstrument, Weicheiseninstrument.
Elektrometer (nur zur Spannungsmessung).
Zur Funktionsweise: vgl. Lehrbücher der Mittelstufe!

S. 166/5

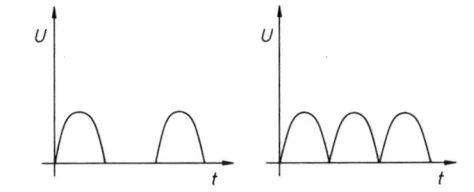

S. 167/6

Fall A: $T \cdot U_m = \int\limits_0^{\frac{T}{2}} U(t) dt = U_0 \int\limits_0^{\frac{T}{2}} \sin(\omega t) dt;$

$$U_m = U_0 \cdot \frac{[-\cos(\omega t)]_0^{\frac{T}{2}}}{T \cdot \omega} = U_0 \cdot \frac{-\cos\pi + 1}{T \cdot \frac{2\pi}{T}} = \frac{U_0}{\pi}$$

Fall B: $T \cdot U_m = 2 \cdot \int\limits_0^{\frac{T}{2}} U(t) dt \qquad \underline{U_m = 2 \cdot \frac{U_0}{\pi}.}$

S. 167/7

a) $W = \int\limits_0^T \frac{(U(t))^2}{R} dt = \frac{\int\limits_0^{\frac{T}{2}} U_0^2 \cdot (\sin(\omega t))^2}{R} dt = \frac{U_0^2}{R} \cdot \int\limits_0^{\frac{T}{2}} \frac{1}{2} \cdot (1 - \cos(2 \cdot \omega \cdot t)) dt =$

$= \frac{U_0^2}{2 \cdot R} \cdot \left[t + \frac{\sin(2 \cdot \omega \cdot t)}{2 \cdot \omega} \right]_0^{\frac{T}{2}} = \frac{U_0^2}{4R} \cdot T; \qquad \underline{U_{eff} = \frac{U_0}{\sqrt{2}}.}$

b) $U_{eff} = \dfrac{U_0}{\sqrt{2}}$.   **c)** $W' = \int_0^{\frac{T}{4}} \dfrac{(U(t))^2}{R} dt;$ $U(t) = \dfrac{U_0 \cdot 4}{T} \cdot t$

$$W' = \dfrac{16 \cdot U_0^2}{T^2 \cdot R} \cdot \int_0^{\frac{T}{4}} t^2 dt = \dfrac{16 \cdot U_0^2}{T^2 \cdot R} \left[\dfrac{t^3}{3}\right]_0^{\frac{T}{4}} = \dfrac{U_0^2 \cdot T}{12 \cdot R}$$

Im Intervall $[0; T]$ wird die Stromarbeit W_{ges} verrichtet.

$$W_{ges} = 4 \cdot W' = \dfrac{U_0^2 \cdot T}{3 \cdot R}; \qquad U_{eff} = \dfrac{U_0}{\sqrt{3}}$$

S. 167/8

Das Drehspulmeßinstrument stellt sich auf den arithmetischen Mittelwert der Spannungen ein

$$\bar{U}_{arithm.} = \dfrac{1}{\frac{T}{2}} \cdot U_0 \int_0^{\frac{T}{2}} \sin(\omega t) dt; \qquad \bar{U}_{arithm.} = \dfrac{2}{T\omega} \cdot U_0 \left[-\cos(\omega t)\right]_0^{\frac{T}{2}}$$

$$\omega = \dfrac{2\pi}{T}; \qquad \bar{U}_{arithm.} = \dfrac{2U_0}{2\pi}(-\cos\pi + \cos 0); \qquad \bar{U}_{arithm.} = \dfrac{2U_0}{\pi}$$

$$\dfrac{\bar{U}_{eff}}{\bar{U}_{arithm.}} = \dfrac{U_0 \cdot \pi}{\sqrt{2} \cdot 2U_0} = \dfrac{\pi}{2\sqrt{2}} = 1{,}11.$$

S. 167/9

c) $I_{eff} = \dfrac{I_0}{\sqrt{3}}$ **d)** $U_{eff} = \dfrac{U_0}{\sqrt{3}} = 34{,}6\ V$ **e)** $U = U_{eff}$

S. 168/10

a) $U_{eff} = U_0 \dfrac{\sqrt{3}}{3}$; $U_m = \dfrac{U_0}{3}$;   **b)** $U_{eff} = U_0$

S. 175/1

Der Einschaltvorgang verläuft in beiden Fällen völlig gleichartig. Der Abschaltvorgang ist sehr unterschiedlich.

S. 178/2

a) Im stationären Endzustand (der Strom hat seinen konstanten Endwert erreicht!) tritt wegen des ohmschen Widerstandes des Spulendrahtes an der Spule eine konstante, im allgemeinen kleine Spannung nach der Beziehung $U = R \cdot I$ auf.

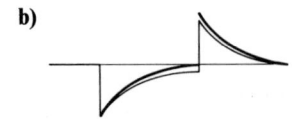

b)

Die dicken Linien kennzeichnen den Graph der Induktionsspannung.

Die Induktionsspannung ist im Moment des Abschaltens etwas größer als beim Einschalten, da der Gesamtwiderstand des maßgebenden Stromkreises um $R_1 = 3\ k\Omega$ größer als beim Einschalten ist.

S. 178/3

Während des Einschaltvorganges ist die Spannung an der Glimmlampe stets 20 V.
Nach Öffnen des Schalters fällt der Strom im Kreis Spule–Glimmlampe sehr rasch ab. Die auftretende Induktionsspannung ist erheblich größer als 20 V.

S. 178/4

$$L = \mu_0 \cdot N^2 \cdot \frac{A}{l};$$

$$= 4\pi \cdot 10^{-7} \frac{Vs}{Am} \cdot (6000)^2 \cdot \frac{20 \cdot 10^{-4} \, m^2}{0{,}15 \, m} = \underline{0{,}60 \, H}$$

S. 179/5

a) $|U_i| = L \cdot \left|\dfrac{dI}{dt}\right|$

$= 0{,}60 \dfrac{Vs}{A} \cdot 2{,}0 \dfrac{A}{s} = \underline{1{,}2 \, V};$

b) $|U_i| = 0{,}60 \dfrac{Vs}{A} \cdot 2 \cdot 2{,}0 \dfrac{A}{s^2} \cdot 1{,}0 \, s = \underline{2{,}4 \, V};$

c) $|U_i| = 0{,}60 \dfrac{Vs}{A} \cdot 2\pi \, s^{-1} \cdot 2{,}0 \, A \cdot \sin(2\pi)$

$= 7{,}54 \, V \cdot \sin(2\pi) = \underline{0}$

S. 179/6

$N \cdot \phi = N \cdot A \cdot \mu_0 \cdot N \cdot \dfrac{I}{l} = \mu_0 \cdot N^2 \dfrac{A}{c} \cdot I = L \cdot I$, also $N \cdot \phi = L \cdot I$.

S. 179/7

$|\overline{U_i}| \Delta t \approx L \cdot |\Delta I|$; $\quad L \approx \dfrac{|\overline{U_i}| \cdot \Delta t}{|\Delta I|}$; $\quad L \approx \dfrac{2 \, Vs}{1 \, A}$; $\quad \underline{L \approx 2 \, H}$.

S. 180/8

$|U_i| = L \cdot \dfrac{\Delta I}{\Delta t}$

$= 630 \, U \cdot \dfrac{50 \cdot 10^{-3} \, A}{2{,}0 \, s} = \underline{15{,}8 \, V}$

S. 180/9

Beim Ausschalten ist $\dfrac{dI}{dt} < 0$ und damit $U_i > 0$.

Die Spannung U_i treibt den elektrischen Strom in gleicher Richtung wie ursprünglich U_0.

S. 180/10

$U_i(0) = -L \cdot \left.\dfrac{dI}{dt}\right|_0 = -U_0$; d.h. $\left.\dfrac{dI}{dt}\right|_0 = \dfrac{U_0}{L}$;

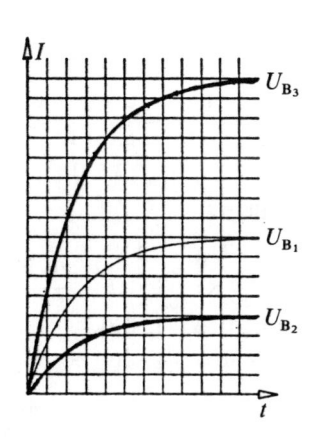

andere Schreibweise:
$U_i(t) = -L \cdot \dot{I}(t)$;
$U_i(0) = -L \cdot \dot{I}(0) = -U_0$;
$\dot{I}(0) = \dfrac{U_0}{L}$;

Wenn das Magnetfeld in der Spule aufgebaut ist, wirkt nur noch der ohmsche Widerstand, die Endstromstärke ist ebenfalls proportional bei U_B.

S. 181/11

In **Bild 1** erfolgt der Stromanstieg sehr rasch, also ist die Induktivität der Spule klein: **ohne Eisenkern**.
In **Bild 2** erfolgt der Stromanstieg langsamer, die Induktivität der Spule ist groß: **mit Eisenkern**.

S. 181/12

① und ② haben gleichen ohmschen Widerstand, ① hat die größere Induktivität.

③ hat den doppelten ohmschen Widerstand wie Spule ①. Weil $\dot{I}(0) = \dfrac{U_0}{L}$ in beiden Fällen gleich ist, ist L für die beiden Spulen gleich.

S. 181/13

a) Die induzierte Gegenspannung bei U_B bewirkt, daß am ohmschen Widerstand nicht sofort die Spannung U_B anliegt.

$R_0 = \dfrac{U_B}{I_m} = \dfrac{10\,V}{5{,}0 \cdot 10^{-3}\,A} = 2{,}0 \cdot 10^3\,\Omega$;

b) $I(t) \cdot R_0 = U_B + U_i(t)$
$-U_i(t) = U_B - I(t) \cdot R_0$
$U_i(0) = -U_B = \underline{-10\,V}$;
$U_i(1{,}0 \cdot 10^{-3}\,s) = -U_B + I(1{,}0 \cdot 10^{-3}\,s) \cdot R_0$
$= -10\,V + 2{,}0 \cdot 10^{-3}\,A \cdot 2{,}0 \cdot 10^3\,\Omega$
$= -10\,V + 4{,}0\,V = \underline{-6{,}0\,V}$
$U_i(5{,}0 \cdot 10^{-3}\,s) = -U_B + I(5{,}0 \cdot 10^{-3}\,s) \cdot R_0$
$= -10\,V + 4{,}6 \cdot 10^{-3}\,A \cdot 2{,}0 \cdot 10^3\,\Omega$
$= -10\,V + 9{,}2\,V = \underline{-0{,}8\,V}$;

c) $U_i(1{,}25 \cdot 10^{-3}\,s) = -L \cdot \dot{I}(1{,}25 \cdot 10^{-3}\,s)$

$L = -\dfrac{U_i(1{,}25 \cdot 10^{-3}\,s)}{\dot{I}(1{,}25 \cdot 10^{-3}\,s)} = \dfrac{U_B - I(1{,}25 \cdot 10^{-3}\,s) \cdot R_0}{\dot{I}(1{,}25 \cdot 10^{-3}\,s)}$

$L = \dfrac{10\,V - 2{,}4 \cdot 10^{-3}\,A \cdot 2{,}0 \cdot 10^3\,\Omega}{\dfrac{5{,}25 \cdot 10^{-3}\,A}{3{,}5 \cdot 10^{-3}\,s}} = \underline{3{,}5\,H}$;

S. 182/14

a) $I = \dfrac{U_B}{R} = \dfrac{12\,V}{150\,\Omega} = \underline{80 \cdot 10^{-3}\,A}$;

b) $U_i(t) = -L \cdot \dot{I}(t)$
$U_i(0) = -L \cdot \dot{I}(0) = -U_B$;
$\dot{I}(0) = \dfrac{U_B}{L} = \dfrac{12\,V}{30\,H} = \underline{0{,}40\,\dfrac{A}{s}}$;

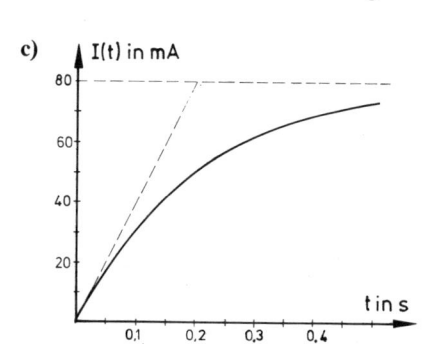

c)

[Diagram: I(t) in mA vs t in s, curve rising toward ~75 mA, dashed line at 80 mA; t-axis 0,1 0,2 0,3 0,4]

d) $I(t) = \dfrac{U_B + U_i(t)}{R}$

S. 182/15

a) $I(t) \cdot R_0 = U_B + U_i(t);$

b) $I(t) = \dfrac{U_B + U_i(t)}{R_0};$

t in s	0	0,5	1,0	2,0	4,0	8,0
U_i in V	−4,0	−3,0	−2,4	−1,5	−0,5	0
I in mA	0	10	16	25	35	40

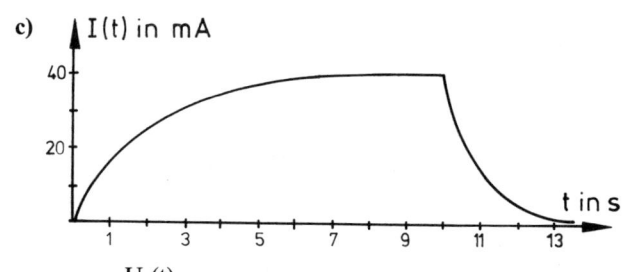

c)

[Diagram: I(t) in mA vs t in s, curve rises to ~40 mA, plateau until t≈9, then decays; t-axis 1 3 5 7 9 11 13]

d) $I(t) = \dfrac{U_i(t)}{R_0 + R_1};$

t in s	10	11	12	13
U_i in V	8,0	2,9	1,2	0,5
I in mA	40	14,5	6,0	2,5

Die Stromstärkefunktion muß stetig sein, da sich sonst der Energieinhalt des Magnetfeldes der Spule sprunghaft ändern würde.

e) $\dot{I}(0) = 20 \cdot 10^{-3} \dfrac{A}{s}$

$U_{ind}(0) = -L \cdot \dot{I}(0)$

$L = -\dfrac{U_{ind}(0)}{\dot{I}(0)}$

$= \dfrac{4,0 \text{ Vs}}{20 \cdot 10^{-3} \text{ A}} = \underline{200 \text{ H}}.$

$L = \mu_0 N^2 \cdot \dfrac{A}{l};$

$N^2 = \dfrac{Ll}{\mu_0 A}; \quad N = \sqrt{\dfrac{Ll}{\mu_0 A}}$

$N = \sqrt{\dfrac{200 \text{ Vs} \cdot 1,00 \text{ m}}{4\pi \cdot 10^{-7} \dfrac{\text{Vs}}{\text{Am}} \cdot A \cdot 40 \cdot 10^{-4} \text{ m}^2}}$

$= \underline{200\,000}.$ (Kaum möglich)

S. 183/16

a) α) *(Diagramm: I gegen t, schneller Anstieg zum Sättigungswert)*   **β)** *(Diagramm: I gegen t, langsamerer Anstieg)*

Im Fall β) ist die Induktivität wesentlich höher. Die Energie des Magnetfeldes baut sich erst allmählich auf.

b) α) Da die Feldenergie nicht sprunghaft geändert werden kann, muß für den Moment des Abschaltens die Stromstärke **stetig** sein. Da der Widerstand der jetzt in Serie zur Spule geschalteten Glimmlampe sehr groß ist, muß dazu die Induktionsspannung entsprechend hoch werden.

β) Der Strom fließt in der gleichen Richtung durch die Spule wie vor dem Abschalten; also ist an der Spule oben der Pluspol, unten der Minuspol.

S. 183/17

Beim Schließen des Schalters baut sich in der Spule ein Magnetfeld auf, bis die Stromstärke etwa konstant ist. Beim Öffnen des Schalters muß wegen der Stetigkeit der Stromstärkefunktion (s. Aufgabe 1d)) eine sehr hohe Induktionsspannung auftreten, da der Kreis nicht mehr geschlossen, also sehr hochohmig ist.

Da der 2. Anschluß geerdet ist, fließt der Stromimpuls über die Kuh zur Erde zurück, sie erhält einen kräftigen elektrischen Schlag.

S. 184/18

a) Wenn der Schalter geöffnet wird, tritt eine hohe Induktionsspannung auf (offener Kreis hat sehr hohen Widerstand). Daher könnte am zunächst nur wenig geöffneten Schalter ein Funke überschlagen.
Dabei würde der Schalter korrodieren.

b) Die Anordnung von 2 Spulen auf einem Eisenkern stellt einen Transformator dar, in dem die (hohe) Induktionsspannung der Spule niedriger Windungszahl nochmals hochtransformiert und dann an die Zündkerze gelegt wird, damit dort sicher ein Funkenüberschlag erfolgt.

S. 185/19

$L_{ges} = 5{,}2\,\text{mH}$

S. 186/20

a) $N = 557$; **b)** $L_{min} = 0{,}9\,\text{mH}$; $L_{max} = 9\,\text{mH}$

S. 189/3

a) *(Diagramm: I in μA gegen t in s, exponentiell fallende Kurve von 50 μA; bei t = 20 s ist I = 20 μA)*

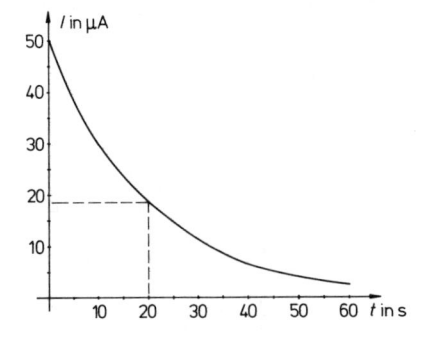

b) $U_0 = U_R + U_C$; $U_C = U_0 - U_R$; $U_C = U_0 - I \cdot R$

t in s	0	10	20	40	60
U_C in V	0	39,4	63,2	86,5	95

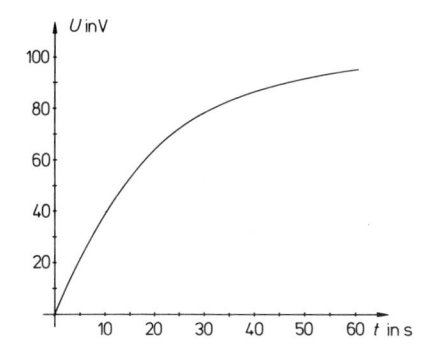

c) $\dfrac{I_0}{e} \approx 18{,}4\ \mu A$

Bei $\tau = 20$ s ist $I = 18{,}4\ \mu A$

$R \cdot C = 2 \cdot 10^6 \cdot 10 \cdot 10^{-6}\ \Omega \cdot F = 20\ \dfrac{V\,As}{A \cdot V} = \underline{20\ s}$

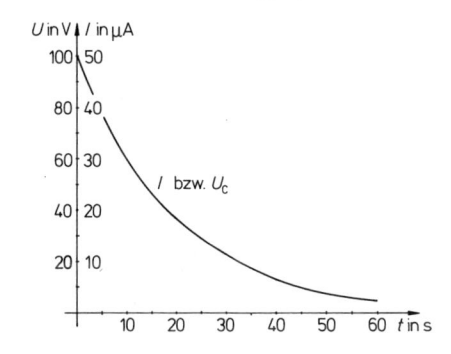

$U_C = U_R$ $U_C = I \cdot R$

t in s	0	10	20	40	60
U_C in V	100	60,6	36,8	13	5

S. 190/5

a)

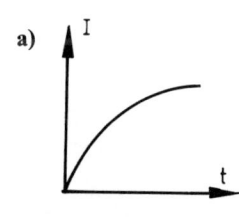

b) $U_i(0) = -L \cdot \dot{I}(0) = -U_B$

$\dot{I}(0) = \dfrac{U_B}{L} = \dfrac{10\ V}{10\ Vs}\,A = \underline{1{,}0\ \dfrac{A}{s}}$;

c) $I_\infty = \dfrac{U}{R} = \dfrac{10\ V}{100\ \Omega} = \underline{0{,}10\ A}$

d) $E_{mag} = \dfrac{1}{2} L \cdot I_\infty^2 = 5{,}0\ \dfrac{Vs}{A} \cdot (0{,}10\ A)^2 = \underline{0{,}050\ J}$.

e) [graph of U_C vs t, showing exponential rise]

f) $I(0) = \dfrac{U_B}{R} = \dfrac{10\,\text{V}}{100\,\Omega} = \underline{0{,}10\,\text{A}}$;

g) $\dot{U}_c(0) = \dfrac{I(0)}{C} = \dfrac{0{,}10\,\text{A}}{100 \cdot 10^{-6}\,\text{F}} = \underline{1000\,\dfrac{\text{V}}{\text{s}}}$;

h) $Q = C \cdot U_B = 100 \cdot 10^{-6}\,\dfrac{\text{As}}{\text{V}} \cdot 10\,\text{V} = \underline{1{,}0 \cdot 10^{-3}\,\text{C}}$

i) $E_{el} = \dfrac{1}{2} C \cdot U_B^2 = \dfrac{1}{2} \cdot 100 \cdot 10^{-6}\,\dfrac{\text{As}}{\text{V}} \cdot (10\,\text{V})^2 = \underline{5{,}0 \cdot 10^{-3}\,\text{J}}$.

S. 191/6

a) $I = 0{,}25\,\text{A}$; $W_m = 2{,}5 \cdot 10^{-2}\,\text{J}$; $W_e = 0$;   b) $U_m = 100\,\text{V}$

S. 192/1

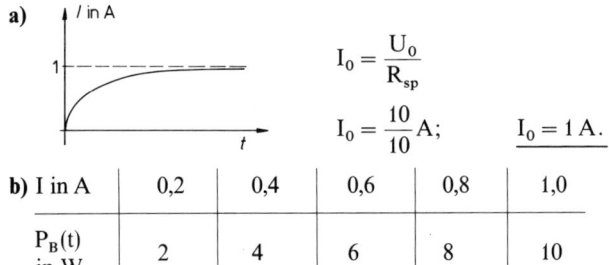

a) [graph of I in A vs t, exponential rise to 1]

$I_0 = \dfrac{U_0}{R_{sp}}$

$I_0 = \dfrac{10}{10}\,\text{A}$; $\underline{I_0 = 1\,\text{A}}$.

b)

I in A	0,2	0,4	0,6	0,8	1,0
$P_B(t)$ in W	2	4	6	8	10
$P_R(t)$ in W	0,4	1,6	3,6	6,4	10

c) Die Leistung $P_B(t) - P_R(t)$ wird zum Aufbau des magnetischen Feldes der Spule benötigt. Im stationären Endzustand wird die gesamte Batterieleistung in Wärmeleistung am Widerstand umgesetzt.

S. 194/1

a) $L = \dfrac{N^2 \cdot \mu_0 \cdot A}{l}$ $L = \dfrac{6000^2 \cdot 4 \cdot \pi \cdot 10^{-7} \cdot 20 \cdot 10^{-4}}{0{,}15}\,\dfrac{\text{V} \cdot \text{s} \cdot \text{m}^2}{\text{Am} \cdot \text{m}}$

$L = 6{,}0 \cdot 10^{-1}\,\text{H}$.

$I = \dfrac{U}{R}$; $I = \dfrac{12\,\text{V}}{5\,\Omega} = \underline{2{,}4\,\text{A}}$

$H = I \cdot \dfrac{N}{l}$; $H = 2{,}4 \cdot \dfrac{6000}{0{,}15}\,\dfrac{\text{A}}{\text{m}} = \underline{9{,}6 \cdot 10^4\,\dfrac{\text{A}}{\text{m}}}$

$B = \mu_0 \cdot H$; $B = \underline{1{,}2 \cdot 10^{-1}\,\dfrac{\text{Vs}}{\text{m}^2}}$

$\varrho = \dfrac{1}{2} \cdot B \cdot H = \dfrac{1}{2} \cdot 1{,}2 \cdot 10^{-1} \cdot 9{,}6 \cdot 10^4\,\dfrac{\text{J}}{\text{m}^3} = 5{,}8 \cdot 10^3\,\dfrac{\text{J}}{\text{m}^3}$

b) $W_{ges} = \varrho \cdot V$; $W_{ges} = \varrho \cdot A \cdot l$; $W_{ges} = 5{,}8 \cdot 10^3 \cdot 20 \cdot 10^{-4} \cdot 0{,}15\,\text{J} = \underline{1{,}7\,\text{J}}$.

S. 195/2

$W_{mag} \sim I^2$;

Daher ist $W_{mag,2} = 3^2 \cdot W_{mag,1} = 9 \cdot 1,3 \cdot 10^{-3}$ J $= \underline{11,7 \cdot 10^{-3}\text{ J}}$;

S. 195/3

$\left[\dfrac{1}{2} L \cdot I^2\right] = \dfrac{Vs}{A} \cdot A^2 = VAs = J$

S. 195/4

Die Induktivität der Spule wird wesentlich kleiner, ebenso das Magnetfeld in der Spule. Die daraus resultierende Induktionsspannung ist so gerichtet, daß diese Feldverringerung verhindert wird, der Strom steigt kurzzeitig stark an.

S. 195/5

a) $W_m = 1,77$ J;   b) $U_i = 45$ V;   c) $I(t) = I_0 e^{-\frac{t}{\tau}}$ mit $\tau = \dfrac{L}{R}$;

d) $\tau = 1,05$ s;   e) $W_{el} = W_m$

S. 196/6

a) $R_{sp} = \dfrac{U_B}{I_{max}} = \dfrac{6,0\text{ V}}{0,50\text{ A}} = \underline{12\ \Omega}$

$U_i(0) = -L \cdot \dot{I}(0) = -U_B$; $L = \dfrac{U_B}{\dot{I}(0)} = \dfrac{60\text{ V}}{0,20\ \dfrac{A}{s}} = \underline{30\text{ H}}.$

b) $W_B = U_B \cdot I = 6,0\text{ V} \cdot 0,30\text{ A} = \underline{1,8\text{ W}}$

$W_R = R_{sp} \cdot I^2 = 12\ \Omega \cdot (0,30\text{ A})^2 = \underline{1,08\text{ W}}$

Die Differenz von 0,72 W wird zum Aufbau des Spulenfeldes aufgebracht.

S. 196/7

a) $R = R_s = 2,0\ \Omega$;

b) α) $W_{R,Lamp} = \dfrac{U^2}{R+R_L} \cdot \Delta t = \dfrac{16\text{ V}^2}{4,0\ \Omega} \cdot \Delta t = \underline{16\text{ J}}$;

β) $W_{L,Lamp} = 11,9$ J; $W_{mag} = \dfrac{1}{2} L \cdot I^2 = 0,5 \cdot 3,0\text{ H} \cdot 1\text{ A}^2 = \underline{1,5\text{ J}}.$

S. 196/8

a) Windungszahl $N = \dfrac{l}{d} = \dfrac{0,80\text{ m}}{0,2 \cdot 10^{-3}\text{ m}} = \underline{4000}$;

Querschnittsfläche $A = \pi \cdot \left(\dfrac{D}{2}\right)^2 = \pi \cdot (0,050\text{ m})^2 = 7,85 \cdot 10^{-3}\text{ m}^2$

$L = \mu_0 \cdot N^2 \cdot \dfrac{A}{l}$

$= 4\pi \cdot 10^{-7} \dfrac{Vs}{Am} \cdot (4000)^2 \cdot \dfrac{7,85 \cdot 10^{-3}\text{ m}^2}{0,80\text{ m}} = \underline{0,197\text{ H}}.$

$E_{mag} = \dfrac{1}{2} L \cdot I^2 = \dfrac{1}{2} \cdot 0,197 \dfrac{Vs}{A} \cdot (0,100\text{ A})^2 = \underline{9,86 \cdot 10^{-4}\text{ J}}.$

b) Drahtlänge: $l_D = \pi \cdot D \cdot N$
$$= 3{,}14 \cdot 0{,}10 \text{ m} \cdot 4000 = 1257 \text{ m}$$

Drahtvolumen: $V_D = l_D \cdot \pi \cdot \left(\dfrac{d}{l}\right)^2 = 3{,}95 \cdot 10^{-5} \text{ m}^3 \ (= 39{,}5 \text{ cm}^3)$

Zahl der freien Elektronen: $Z_g = 5{,}6 \cdot 10^{24}$;

Zahl der Elektronen, die in 1 s durch den Leiterquerschnitt tritt:

$$\frac{\Delta Z}{\Delta t} = \frac{I}{1} = \frac{0{,}100 \text{ A}}{1{,}6 \cdot 10^{-19} \text{ C}} = 6{,}25 \cdot 10^{17} \text{ s}^{-1};$$

Zeit, in der alle frei beweglichen Elektronen durch ein Leiterende laufen und durch neue ersetzt werden:

$$t = \frac{Z_g}{\dfrac{\Delta Z}{\Delta t}} = \frac{5{,}6 \cdot 10^{24}}{6{,}25 \cdot 10^{17}} \text{ s} = 8{,}97 \cdot 10^6 \text{ s} \ (= 104 \text{ Tage!})$$

Driftgeschwindigkeit der Elektronen:

$$v_D = \frac{l_D}{t} = 1{,}40 \cdot 10^{-4} \frac{\text{m}}{\text{s}}$$

Kinetische Energie der Elektronen:

$$E_{kin} = \frac{1}{2} m_{eg} v_D^2$$
$$= \frac{1}{2} Z_g \cdot m_e \cdot v_D^2$$
$$= \frac{1}{2} \cdot 5{,}6 \cdot 10^{24} \cdot 9{,}1 \cdot 10^{-31} \text{ kg} \cdot \left(1{,}40 \cdot 20^{-4} \frac{\text{m}}{\text{s}}\right)^2$$
$$= \underline{5{,}0 \cdot 10^{-14} \text{ J}} = 5 \cdot 10^{-11} E_{mag}!$$

Die Energie steckt im Feld!

S. 199/1

$$A_1 = \int_1^{2{,}5} x^2 dx = \left[\frac{x^3}{3}\right]_1^{2{,}5} = \underline{4{,}875}.$$

S. 199/2

$$A_2 = \int_{-2}^{-1} 3 \cdot \frac{1}{x^2} dx = 3[-x^{-1}]_{-2}^{-1} = \underline{1{,}5}.$$

S. 204/5

$\Delta Q = I \cdot \Delta t$ **a)** $\Delta Q = 2{,}0 \cdot 10^{-6} \cdot 3{,}0 \cdot 10^{-1} \text{ As} = \underline{6{,}0 \cdot 10^{-7} \text{ As}}$

b) $\Delta Q = 2{,}0 \cdot 10^{-6} \cdot 2{,}0 \text{ As} = \underline{4{,}0 \cdot 10^{-6} \text{ As}}.$

S. 204/6

$$\Delta Q = c_{it} \cdot \alpha; \qquad \alpha = \frac{\Delta Q}{c_{it}}$$

a) $\alpha = \dfrac{6{,}0 \cdot 10^{-7} \text{ As}}{1{,}5 \cdot 10^{-7} \dfrac{\text{As}}{\text{Skt}}} \approx 4 \text{ Skt}.$

b) Bei dieser großen Zeitspanne Δt im Vergleich zu T ist mit den üblichen Schulspiegelgalvanometern keine ballistische Messung möglich.

S. 204/8

a) Stellung 1: Ladung des Kondensators
Stellung 2: Entladung des Kondensators

b) Solange der Widerstand R so klein ist, daß Entladedauer $\Delta t \ll T$ ist, bleibt der Stoßausschlag konstant. Ist dies nicht mehr der Fall, so wird α kleiner.

S. 206/11

Die Schaltung von Fall 1 ist günstiger, da das Galvanometer mit Hilfe eines hochohmigen Kreises geeicht wurde. Bei der Ladungsmessung am Kondensator hat man es auch mit einem sehr hochohmigen Kreis zu tun.

S. 214/4

$$c_{ut} \cdot \alpha = U \cdot \Delta t \quad \text{bei} \quad U \cdot \Delta t = \text{const} \quad \text{gilt} \quad \alpha \sim \frac{1}{R}; \quad \alpha = C \cdot \frac{1}{R}$$

$$c_{ut} \cdot C \cdot \frac{1}{R} = U \cdot \Delta t; \quad c_{ut} = \frac{U \cdot \Delta t}{C} \cdot R \implies c_{ut} \sim R$$

$$\frac{c'_{ut}}{R'_{ges}} = \frac{c_{ut}}{R_{ges}} \qquad R_{ges} = 200 \, \Omega$$
$$R'_{ges} = 500 \, \Omega$$

$$c'_{ut} = 1{,}0 \cdot 10^{-4} \cdot \frac{500}{200} \, \frac{Vs}{Skt} = 2{,}5 \cdot 10^{-4} \, \frac{Vs}{Skt}.$$

S. 215/5

$$\int_{t_1}^{t_2} U \, dt = c_{ut} \cdot \alpha; \qquad \int_{t_1}^{t_2} U \, dt = 8{,}1 \cdot 10^{-5} \cdot 9 \, Vs = 7{,}3 \cdot 10^{-4} \, Vs$$

$$\left| \int_{t_1}^{t_2} U \, dt \right| = N_i \cdot \Delta \Phi; \quad \left| \int_{t_1}^{t_2} U \, dt \right| = N_i \cdot B \cdot A_i; \quad B = \frac{\left| \int_{t_1}^{t_2} U \, dt \right|}{N_i \cdot A_i}; \quad B = \frac{7{,}3 \cdot 10^{-4}}{40 \cdot 25 \cdot 10^{-4}} \, \frac{Vs}{m^2}$$

$$B = 7{,}3 \cdot 10^{-3} \, \frac{Vs}{m^2}.$$

Anhang 7
Referatsthemen für das 1. Semester im Leistungskurs Physik

1. Messung von Widerständen
a) Widerstandsbestimmung aus einer Strom- und Spannungsmessung. Eingehen auf strom- bzw. spannungsrichtige Messung.
b) Widerstandsmessung nach einem Kompensationsverfahren.
c) Kurze Gegenüberstellung von Ausschlags- und Kompensationsmeßverfahren.
Literatur:
L. Merz: Grundkurs der Meßtechnik, Teil I, S. 36ff., S. 105ff. R. Oldenbourg Verlag, München, 1965

2. Kapazität eines Kondensators
a) Nachweis, daß für einen beliebigen isoliert aufgestellten Leiter gilt: Ladung $\sim$ Spannung (zwischen Leiter und Erde).
b) Definition der Kapazität C.
c) Berechnung von C für die bei **a)** untersuchten Leiteranordnungen.
Literatur:
K. May: Die Ladung als zentraler Begriff der Elektrostatik, S. 4ff., Sonderschrift der Firma Phywe, Göttingen

3. Feldlinienbilder
a) Darstellung typischer Feldlinienbilder (Grießkörner in Rizinusöl bzw. Kunststoffasern auf Glasplatte).
b) Aufzeigen der wesentlichen Charakteristika von Feldlinienbildern an obigen Beispielen.
Literatur:
Zentralkartei Physik – Elektrostatik, Nr. 598661, Leybold-Heraeus, Köln. Kuhn: III C Felder und Ladungen S. 13ff.; Westermann Verlag, Braunschweig

4. Messung von Ladungen mit dem ballistischen Galvanometer
a) c_{it}-Bestimmung beim Spiegelgalvanometer.
b) Messung der Ladung eines Körpers
  α) mit dem Spiegelgalvanometer β) mit dem geeichten Meßverstärker.
Vergleich der beiden Messungen.
Literatur:
Anhang 2 und 3 dieses Buches

5. Potentialverlauf in der Umgebung einer geladenen Kugel
a) Experimentelle Untersuchung des Potentialverlaufes mit der Flammensonde.
b) Vergleich mit dem Verlauf des Gravitationspotentials in der Umgebung der Erde.
Literatur:
W. Kuhn: Physik – Mechanik III A, S. 174ff., Westermann Verlag, Braunschweig, 1973

6. Elektrofotografie
a) Darstellung des Grundprinzips **b)** Aufbau eines Fotokopierapparates
Literatur:
Die Technik im Leben der Menschen von heute, S. 412 und S. 720, Meyers Lexikon Verlag, Mannheim, 1971

7. Gewitterelektrizität
a) Zustandekommen von Gewittern
b) Richtiges Verhalten bei Gewittern, insbesondere im Gebirge.
Literatur:
H. Prinz: Gewitterelektrizität
Abhandlungen und Berichte des Deutschen Museums, 1979/1, Oldenbourg Verlag, München
Alpin-Lehrplan 10 des DAV, S. 146, BLV-Verlag, München, 1963

8. Das Feldionenmikroskop und Feldelektronenmikroskop
a) Knappe Erklärung des Prinzips
b) Durchführung des Schulversuches.
Literatur:
Dransfeld, Kienle: Physik II, Elektrodynamik, S. 64ff.
Oldenbourg Verlag, München, 1975
W. Kuhn: Physik – Thermodynamik und Statistik III B, S. 29ff.
Westermann Verlag, Braunschweig, 1971

9. Die Kapazität eines Plattenkondensators
a) Experimenteller Nachweis, daß $C \sim \dfrac{A}{d}$ ist.
b) Bestimmung der Influenzkonstanten ε_0.
Literatur:
K. May: Die Ladung als zentraler Begriff der Elektrostatik, S. 14ff.
Sonderschrift der Firma Phywe, Göttingen

10. Experimentelle Bestätigung des Coulombschen Gesetzes
a) Nachweis von $F \sim 1/r^2$ bei fester Ladung der Kugeln mit Hilfe der Schürholz-Drehwaage.
b) Nachweis von $F \sim Q_1 \cdot Q_2$ bei festem Kugelabstand.
Literatur:
Physikalisches Handblatt DK 537.211 b
Leybold-Heraeus, Köln

11. Bestimmung der relativen Dielektrizitätskonstanten ε_r
a) ε_r-Bestimmung für verschiedene Isolatoren
b) Technische Ausführungen von Kondensatoren; Anwendungen.
Literatur:
Lexikon Technik und exakte Naturwissenschaften, S. 1704ff.
Fischer Taschenbuch Verlag, Frankfurt, 1971
Informationsschriften der Firma Bosch, Geschäftsbereich Kondensatoren

12. Kraft zwischen zwei Kondensatorplatten
a) Theoretische Herleitung der Kraftformel
b) Messung der Kraft mit der Spannungswaage nach Kirchhoff.
Literatur:
Geräteblatt zur Stromwaage Nr. 516 32 und 516 37
Leybold-Heraeus, Köln

13. Die Faradayschen Gesetze der Elektrolyse
a) Nachweis, daß die abgeschiedene Masse proportional zum Produkt aus Strom und Zeit ist: $m \sim Q$
b) Bestimmung der Elementarladung aus der Faradayschen Konstanten.
Literatur:
R. Pohl: Elektrizitätslehre, S. 168ff.
Springer Verlag, Berlin, 1975

14. Bestimmung der Elementarladung mit der Wechselfeldmethode
a) Theoretische Behandlung der Methode
b) Demonstration der Methode.
Literatur:
O. Scholz: Die Wechselfeldumlademethode zur Bestimmung der Elementarladung mit dem Millikangerät
Phywe Nachrichten A3/1961

15. Das Magnetfeld eines Helmholtz-Spulenpaares
a) Eichung einer Hallsonde
b) c_{ut}-Bestimmung für einen Satz Induktionsspulen mit Galvanometer
c) Untersuchung des Magnetfeldes im Raum zwischen den Helmholtz-Spulen. Zusammenhang zwischen Spulenstrom I und Magnetfeld B im Zentrum der Anordnung. Verwendung beider Nachweismethoden.

Literatur:
Gerätebeschreibung zum Meßmodul 0-1000 mT/3000 mT, Nr. 53075 Leybold-Heraeus, Köln, Anhang 5 dieses Buches

16. Das Magnetfeld im Luftspalt eines Elektromagneten
a) Aufbau eines Elektromagneten aus zwei Spulen, einem U-Kern und zwei Polschuhen.
b) Untersuchung des Zusammenhangs zwischen Spulenstrom I und Flußdichte B bei festem Abstand zwischen den Polschuhen (vor der Messung die Anordnung entmagnetisieren).
c) Variation der Breite des Luftspaltes.

Literatur:
Gerätebeschreibung zur Tangentialfeldsonde 516501; Leybold-Heraeus, Köln

17. Bewegungsgleichungen der Wurfbewegungen in der Mechanik
a) Der lotrechte Wurf nach oben und unten
b) Der horizontale Wurf – Bahngleichung
c) Der schiefe Wurf – optimaler Abwurfwinkel

Literatur:
Dorn, Bader: Physik Oberstufe MS, S. 50ff., Schroedel Verlag, Hannover, 1983

18. Der Magnetohydrodynamische Generator
a) Aufbau und Wirkungsweise des Generators
b) Vergleich mit klassischen Generatoren; Einsatzmöglichkeiten.

Literatur:
Dransfeld, Kienle: Physik II, Elektrodynamik, S. 145 Oldenbourg Verlag, München, 1975, Lexikon Technik und exakte Naturwissenschaften, S. 1902, Fischer Taschenbuch Verlag, Frankfurt, 1971

19. Das Normalzyklotron
a) Aufbau und Funktionsweise des klassischen Zyklotrons (evtl. Bau eines Modells); kurzes Eingehen auf die Erfindung des Zyklotrons
b) Vergleich mit einem van-de-Graff-Beschleuniger
c) Zusammenhang zwischen Endenergie, Radius der größten Bahn und Frequenz der Wechselspannung
d) Ausblick auf Varianten des klassischen Zyklotrons bei Verwendung relativistischer Teilchen.

Literatur:
Berkeley Physik Kurs: Mechanik, S. 77ff. und S. 92ff. Vieweg Verlag, Braunschweig, 1973, Müller, Leitner, Dilg: Kernphysik, S. 95ff., Ehrenwirth Verlag, München, 1983

20. Der Massenspektrograph
a) Ziel der Massenspektrometrie
b) Beschreibung und theoretische Behandlung eines einfachen Spektrographen (Bainbridge oder Thomson)
c) Ausblick auf verbesserte Spektrographen; Geschwindigkeits- und Richtungsfokussierung.

Literatur:
Spolski: Atomphysik Band I, S. 38ff. Deutscher Verlag der Wissenschaften, Berlin, 1972, Finkelnburg: Einführung in die Atomphysik, S. 32ff., Springer Verlag, Berlin, 1973

Themen für Referate 265

21. Die Entdeckung der Induktion durch Faraday
a) Kurze Biographie von Faraday
b) Grundversuche zur Induktion
c) Kurze Gegenüberstellung von Fernwirkungstheorie (Newton, Coulomb) und Nahwirkungstheorie (Faraday).
Literatur:
W. Gerlach: Michael Faraday
Abhandlungen und Berichte des Deutschen Museums 1969/1, Oldenbourg Verlag, München

22. Messungen am Erdmagnetfeld
a) Bestimmung von Betrag und Richtung des erdmagnetischen Feldes
b) Entstehung des Erdmagnetfeldes.
Literatur:
Handbuch der experimentellen Schulphysik, Band 6, S. 204, Aulis Verlag, Köln, 1964
Sexl, Raab, Streeruwitz: Der Weg der modernen Physik, Band 2, S. 164,
Diesterweg Verlag, Frankfurt, 1980

23. Erzeugung sinusförmiger Wechselspannung
a) Erzeugung sinusförmiger Wechselspannung in einem einfachen Schulversuch
b) Abhängigkeit des Spannungsscheitelwertes von den Versuchsdaten
c) Ausblick auf großtechnische Generatoren
Literatur:
Lexikon Technik und exakte Naturwissenschaften, S. 1313 und S. 3101
Fischer Taschenbuch Verlag, Frankfurt, 1971

24. Technische Anwendungen der elektromagnetischen Induktion
a) Automatische Zugsicherung
b) Wirkungsweise eines elektromagnetischen Tonabnehmers
c) Induktionsschleifen zur Verkehrszählung.
Literatur:
E. Lüscher: Experimentalphysik II, S. 143 ff.
BI-Hochschultaschenbuch 115, Bibliographisches Institut, Mannheim, 1966
Siemens Firmenschrift, Abteilung Straßenverkehrstechnik:
Schleifendetektor für den Straßenverkehr

25. Die Hysterese
a) Aufnahme der Hysterese-Kurve
b) Anwendung ferromagnetischer Stoffe in der Technik.
Literatur:
Grimsehl: Lehrbuch der Physik II, S. 310,
Teubner Verlag, Leipzig, 1973
Lexikon Technik und exakte Naturwissenschaften S. 2903,
Fischer Taschenbuch Verlag, Frankfurt 1971

26. R-C-Schaltungen
a) Untersuchung des Stromes und der Kondensatorspannung bei der Ladung und Entladung eines Kondensators über einen hochohmigen Widerstand.
b) Aufgabenstellung wie bei **a)**, jedoch Versorgung der R-C-Schaltung mit einem Rechteckgenerator; Darstellung von Strom und Spannung mit dem Oszilloskop.
Literatur:
Handbuch der experimentellen Schulphysik, Band 6, S. 132 ff.,
Aulis Verlag, Köln, 1964

Anhang 8

Ein- und Ausschaltvorgänge bei Spule und Kondensator, Computersimulation

Spule:
Einschaltvorgang
Man geht von der Gleichung auf Seite 176 aus:

$$I_2(t) = \frac{U_0 + U_\mathrm{i}}{R_2 + R_\mathrm{sp}}; \tag{1}$$

Differenzieren nach der Zeit, Multiplikation mit L und Auflösen nach U_i ergibt:

$$\dot{U}_\mathrm{i}(t) = -\left(\frac{R_2 + R_\mathrm{sp}}{L}\right) \cdot U_\mathrm{i}(t); \tag{2}$$

Eine Gleichung, die z. B. wie hier die Größe $U_\mathrm{i}(t)$ und ihre Ableitung verbindet, nennt man **Differentialgleichung** für diese Größe. Eine zeitabhängige Funktion, die diese Gleichung erfüllt, nennt man **Lösung der Differentialgleichung**. Wenn man eine exakte mathematische Beschreibung für den zeitlichen Verlauf von U_i gewinnen will, muß man also offensichtlich eine solche Lösung der Differentialgleichung (2) suchen.
Wie man durch Einsetzen leicht sieht, ist

$$U_\mathrm{i}(t) = -U_0 \cdot e^{-\frac{R_2 + R_\mathrm{sp}}{L} \cdot t}; \tag{3}$$

die Lösung der Gleichung, die für den Zeitpunkt $t = 0$ des Einschaltens den zu fordernden Wert $U_\mathrm{i}(0) = -U_0$ hat. Entsprechend erhält man aus (1):

$$I_2(t) = \frac{U_0}{R_2 + R_\mathrm{sp}}(1 - e^{-\frac{R_2 + R_\mathrm{sp}}{L} \cdot t}); \tag{4}$$

Computersimulation:
Es ist leicht möglich, eine numerische oder graphische Lösung der Differentialgleichung (2) durch ein einfaches Rechnerprogramm zu erhalten. Man ersetzt dabei allgemein die Ableitung (den Differentialquotienten) der gesuchten Größe näherungsweise durch den **Differenzenquotienten:**

z. B. $\qquad \dot{U}_\mathrm{i}(t) \approx \dfrac{\Delta U_\mathrm{i}}{\Delta t} = \dfrac{U_\mathrm{i}(t + \Delta t) - U_\mathrm{i}(t)}{\Delta t}$

Damit ist: $\qquad U_\mathrm{i}(t + \Delta t) - U_\mathrm{i}(t) = \Delta U_\mathrm{i} \approx \dot{U}_\mathrm{i}(t) \cdot \Delta t;$
und $\qquad U_\mathrm{i}(t + \Delta t) = U_\mathrm{i}(t) + \dot{U}_\mathrm{i}(t) \cdot \Delta t;$

Dies gilt allgemein. Verwendet man jetzt die Differentialgleichung (2), so erhält man:

$$U_\mathrm{i}(t + \Delta t) = U_\mathrm{i}(t) - \frac{R_2 + R_\mathrm{sp}}{L} \cdot U_\mathrm{i}(t) \cdot \Delta t;$$

bzw.

$$U_\mathrm{i}(t + \Delta t) = U_\mathrm{i}(t) \cdot \left(1 - \frac{R_2 + R_\mathrm{sp}}{L} \cdot \Delta t\right); \tag{5}$$

Mit dieser Gleichung ergibt sich ein Iterationsverfahren, mit dem man schrittweise jeweils aus dem Wert für U_i zum Zeitpunkt t den Wert zum Zeitpunkt $t + \Delta t$ errechnen kann, worauf das Verfahren mit dem neu gewonnenen Wert als Ausgangswert wiederholt wird. Im Rahmen der Rechengenauigkeit erhält man so (fast) beliebig viele aufeinanderfolgende Werte für die gesuchte Größe.

An sich müßte noch untersucht werden, ob die so erhaltenen diskreten Werte Einzelwerte der gesuchten Funktion sind. Eine solche Untersuchung übersteigt aber im allgemeinen den Rahmen des in der Schule Möglichen. Am konkreten Beispiel wird die hinreichende Übereinstimmung der im Näherungsverfahren gewonnenen Werte mit den nach Formel (3) errechneten gezeigt.

Gleichung (5) führt zu folgendem Rechenverfahren:

Start: $\qquad t = 0; \quad U_i = -U_0;$

Schritt: $\qquad t = t + \Delta t; \quad U_i = U_i \cdot \left(1 - \dfrac{R_2 + R_{sp}}{L} \cdot \Delta t\right);$

Dieser Schritt wird so lange wiederholt, bis die Größe t eine vorher festgesetzte Endzeit t_{ende} erreicht. Eine andere Möglichkeit zum Abbruch des Verfahrens besteht z. B. darin, $|U_i| < \varepsilon$ als Abbruchbedingung vorzugeben. Die zuerst angegebene Methode ist sicherer.

Das Verfahren wird in einem Flußdiagramm dargestellt:

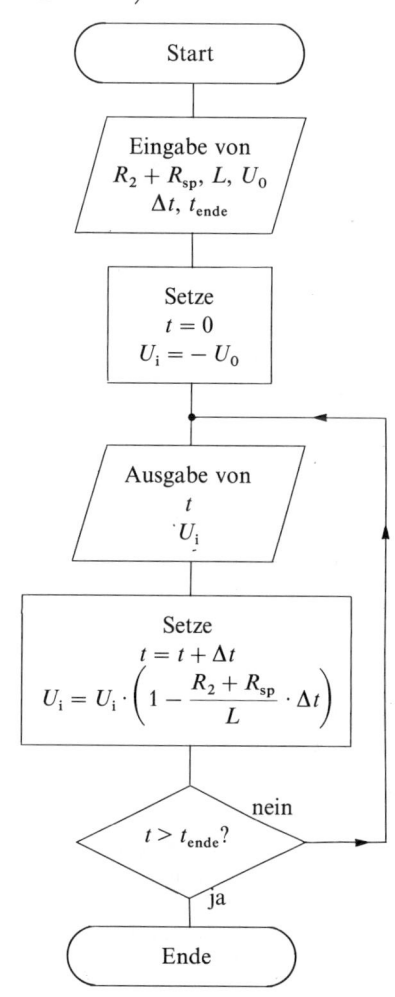

Das Programm und die Art der Ausgabe sind geräteabhängig. Das folgende Beispiel zeigt eine mit einem Plotter erstellte Graphik. Dabei markieren die Kreuzchen Punkte, die nach der exakten Formel (3) errechnet wurden. Man sieht, daß das sehr einfache Näherungsverfahren die tatsächlichen Werte im Rahmen der darstellbaren Genauigkeit ausgezeichnet approximiert, obwohl hier als Zeitschritt nur der relativ grobe Wert $\Delta t = 0{,}025$ s verwendet wurde.

Beispiel für $U_0 = 10$ V; $\dfrac{R_2 + R_{sp}}{L} = 0{,}67 \text{ s}^{-1}$;

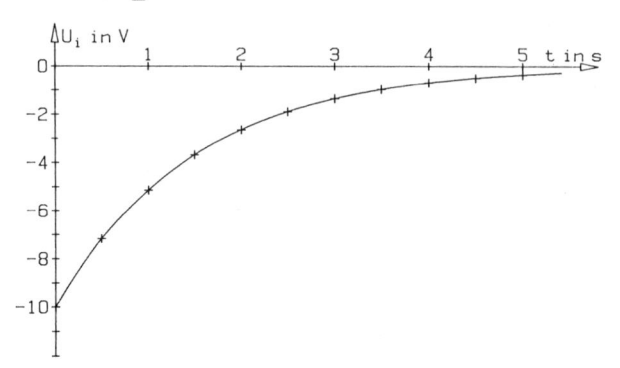

Das Näherungsverfahren für $I_2(t)$ läuft genauso ab:

Nach (1) ist
$$I_2(t) = \frac{U_0 - L \cdot \dot{I}_2(t)}{R_2 + R_{sp}}$$

Auflösen nach $\dot{I}_2(t)$:
$$\dot{I}_2(t) = \frac{U_0}{L} - \frac{R_2 + R_{sp}}{L} \cdot I_2(t); \qquad (6)$$

Dies ist die Differentialgleichung für den Spulenstrom.
Entsprechend wie oben ist

$$I_2(t + \Delta t) = I_2(t) + \dot{I}_2(t) \cdot \Delta t;$$

und

$$I_2(t + \Delta t) = I_2(t) + \left(\frac{U_0}{L} - \frac{R_2 + R_{sp}}{L} \cdot I_2(t) \right) \cdot \Delta t;$$

Das Verfahren ist entsprechend:

Start: $\qquad t = 0; \quad I_2 = 0;$

Schritt: $\qquad t = t + \Delta t; \quad I_2 = I_2 + \left(\dfrac{U_0}{L} - \dfrac{R_2 + R_{sp}}{L} \cdot I_2 \right) \cdot \Delta t;$

Im Flußdiagramm ist nur U_i durch I_2 zu ersetzen, sinngemäß die Formel für die Neuberechnung durch diese für I_2.

---

1. Aufgabe:

a) Stellen Sie entsprechend die Differentialgleichungen für den Abschaltvorgang auf. Berücksichtigen Sie, daß der Widerstand des Kreises nun $R_2 + R_{sp} + R_1$ ist.

b) Entwerfen Sie für den Abschaltvorgang entsprechend das Näherungsverfahren. Gehen Sie hierzu davon aus, daß das Abschalten aus dem stationären Zustand erfolgt, d.h., daß der Spulenstrom den Wert $I_2 = U_0/(R_2 + R_{sp})$ hat.

Kondensator

Mit den Bezeichnungen der Schaltskizze von Seite 187 gilt für das

Einschalten | Ausschalten

$$I_2(t) = \frac{U_0 - U_{CA}}{R_2} \quad (*) \qquad I_2(t) = \frac{-U_{CA}}{R_2 + R_1}$$

Wegen
$$Q = C \cdot U_{CA}$$
gilt
$$I_2 = \dot{Q} = C \cdot \dot{U}_{CA}$$
also

$$C \cdot \dot{U}_{CA} = \frac{U_0 - U_{CA}}{R_2} \qquad C \cdot \dot{U}_{CA} = \frac{-U_{CA}}{R_2 + R_1}$$
und

$$\dot{U}_{CA} = \frac{U_0 - U_{CA}}{R_2 \cdot C} \qquad \dot{U}_{CA} = \frac{-U_{CA}}{(R_2 + R_1) \cdot C}$$

Ebenso durch Differenzieren von (*):

$$\dot{I}_2(t) = -\frac{\dot{U}_{CA}}{R_2} \qquad \dot{I}_2(t) = -\frac{\dot{U}_{CA}}{R_2 + R_1}$$
und

$$\dot{I}_2(t) = -\frac{I_2}{R_2 \cdot C} \qquad \dot{I}_2(t) = -\frac{I_2}{(R_2 + R_1) \cdot C}$$

---

2. Aufgabe:
Entwerfen Sie für den Ein- bzw. Ausschaltvorgang am Kondensator unter Verwendung der eben hergeleiteten Differentialgleichungen jeweils ein Näherungsverfahren zur Berechnung von Werten von Strom und Kondensatorspannung.
Hinweise: 1. Der maximale Strom beim Einschalten ist U_0/R_2.
2. Der Ausschaltvorgang soll erst dann beginnen, wenn der Kondensator auf die maximale Spannung $U_{CA} = U_0$ aufgeladen ist.

Anhang 9

Neuere Reifeprüfungsaufgaben

Reifeprüfungsaufgaben für den Leistungskurs Physik zum Themenbereich »Bewegung geladener Teilchen in elektrischen und magnetischen Feldern«.
Die Bearbeitungszeit für eine Aufgabe betrug 120 Minuten.

Leistungskursabitur 1976, I

1. a) Zeichnen Sie den prinzipiellen Aufbau eines Zyklotrons.
   Geben Sie die Bedeutung der wesentlichen Teile an und beschreiben Sie kurz die Wirkungsweise.
   b) Skizzieren Sie die Bahn eines Protons im Zyklotron, wenn das Magnetfeld senkrecht zur Zeichenebene auf den Betrachter zu gerichtet ist.
   c) Begründen Sie durch Rechnung, warum man das Zyklotron bei nicht zu hohen Endenergien mit einer Wechselspannung ($U = U_0 \sin \omega t$) konstanter Frequenz betreiben kann.
   d) Nach wie vielen Umläufen (N) muß man Protonen aus dem Zyklotron herauslenken, wenn $U_0 = 20$ kV ist und die erreichte Endgeschwindigkeit $v_1 = 2{,}0 \cdot 10^7 \frac{\text{m}}{\text{s}}$ betragen soll? Die Anfangsgeschwindigkeit der Protonen ist zu vernachlässigen. Es wird vorausgesetzt, daß die Protonen während der Umläufe maximal beschleunigt werden.

2. Für schwere Ionen verwendet man u. a. den folgenden Beschleunigertyp. In das hochevakuierte Keramikrohr dieses Beschleunigers soll ein Gemisch negativer Ionen eingeschossen werden. Diese Ionen wurden aus der Ruhe heraus durch eine Spannung $U_a = 40$ kV vorbeschleunigt. Der Krümmungsradius im Anschlußstück ist $r = 20$ cm. Die Ablenkung wird durch ein geeignetes Magnetfeld erreicht.

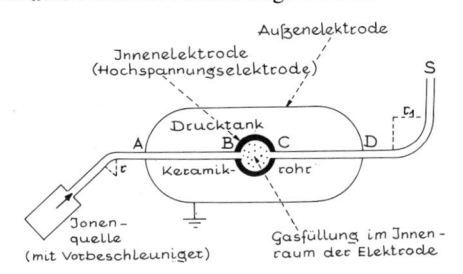

   Prinzipieller Aufbau des Beschleunigers

   a) Welchen Betrag muß B haben, wenn einfach negativ geladene ^{12}C-Ionen in das Keramikrohr eingeschossen werden sollen?
   b) Welche Geschwindigkeit besitzen die vorbeschleunigten Ionen am Ende der Strecke [AB], wenn die Spannung zwischen der Innen- und Außenelektrode des Beschleunigers 6,3 MV beträgt?
   Nichtrelativistische Rechnung!
   c) Der Innenraum der Hochspannungselektrode (siehe Skizze) ist mit Gas gefüllt. Beim Durchgang des Ionenstrahls werden die Ionen umgeladen, indem sie mehrere Elektronen verlieren. Von dem Energieverlust der Ionen beim Durchgang durch die Innenelektrode kann abgesehen werden.
   Was kann man über die Beschleunigung der Ionen auf der Strecke [CD] aussagen?
   d) Die Ionen durchlaufen dann außerhalb des Beschleunigers einen 90°-Bogen mit einem Krümmungsradius $r_1 = 1{,}0$ m aufgrund der Einwirkung eines Magnetfeldes, das senkrecht zur Bahnebene orientiert ist.
   Berechnen Sie die Ladung der ^{12}C-Ionen, die bei S zur Verfügung stehen, und bestimmen Sie ihre Geschwindigkeit, wenn $B = 0{,}70 \frac{\text{Vs}}{\text{m}^2}$ ist. (Nichtrelativistische Rechnung; die Vorbeschleunigung und die Elektronenmasse sind zu vernachlässigen!)

Leistungskursabitur 1978, II

Die Bestimmung der spezifischen Ladung von Elektronen nach Busch wird mit der nebenstehend vereinfacht dargestellten Anordnung durchgeführt.

Die Strecke zwischen der Kathode K und dem Leuchtschirm S läßt sich in mehrere Abschnitte einteilen, in denen die Beeinflussung der Elektronen näher untersucht werden soll. Dabei darf als Idealisierung angenommen werden, daß in jedem Abschnitt nur jeweils ein Feld die Bewegung der Elektronen beeinflußt.

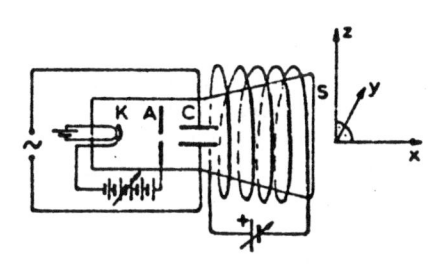

1. **Erster Abschnitt**
   Zwischen der Glühkathode K und der Anode A herrscht ein inhomogenes elektrisches Feld und eine Potentialdifferenz U_b.
   Leiten Sie die Formel für die Endgeschwindigkeit der Elektronen an der Anode allgemein unter der Voraussetzung her, daß U_b von der Größenordnung 1 kV ist. Begründen Sie kurz die Berechtigung des Ansatzes bei den gegebenen Bedingungen.
2. Zwischen dem Anodenloch und der Eintrittsstelle der Elektronen in den Kondensator besteht infolge geeigneter Schaltungsmaßnahmen keine Potentialdifferenz.

   Zweiter Abschnitt
   Im Kondensator herrscht ein homogenes elektrisches Wechselfeld. Die angelegte Wechselspannung sei $U_a = U_m \sin(\omega t)$. Ein Strahl von Elektronen einheitlicher Geschwindigkeit $v_x = 1{,}0 \cdot 10^7 \frac{m}{s}$ fällt in der Mitte zwischen den beiden Platten (Plattenlänge $l = 5{,}0$ cm, Plattenabstand $d = 2{,}0$ cm) in den Kondensator ein. Die Frequenz der anliegenden Wechselspannung ist so gewählt, daß die Elektronen den Kondensator in einer Halbperiode durchlaufen.
   a) Begründen Sie ohne Rechnung, daß diejenigen Elektronen, die bei $U_a = 0$ V in den Kondensator eintreten, beim Verlassen des Kondensators den maximalen Betrag der Geschwindigkeitskomponente $\vec{v}_z$ erhalten.
   Wie hängt ω von v_x und den Kondensatordaten ab?
   b) Berechnen Sie den Scheitelwert der Wechselspannung so, daß für Elektronen, die den Kondensator mit maximalem $|\vec{v}_z|$ verlassen, die Bahntangente mit der x-Achse den Winkel 10° bildet.
   $$\left(\text{Zwischenergebnis: } |\vec{v}_z|_{\max} = \frac{2 \cdot e \cdot U_m}{m_e \cdot d \cdot \omega}\right)$$

3. **Dritter Abschnitt**
   Zwischen Kondensator und Leuchtschirm herrscht ein homogenes magnetisches Längsfeld.
   Für die Bewegung der Elektronen im magnetischen Längsfeld dürfen bei geringer Strahlaufweitung im Kondensator folgende Vereinfachungen angenommen werden:
   α) Die Elektronen besitzen einheitliches v_x, das sich aus der Beschleunigungsspannung U_b ergibt,

β) sie gehen in einem schwach divergenten Bündel vom Mittelpunkt P des Kondensators aus und unterliegen von da an ausschließlich der Kraftwirkung im magnetischen Längsfeld (siehe Skizze).

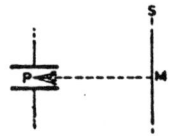

a) Von welcher Art sind die Bahnen, die die Elektronen beschreiben?
Skizzieren Sie hierzu die senkrechten Projektionen zweier solcher Bahnen auf die y-z-Ebene des Schirmes:
α) für ein Elektron, für das $v_z > 0$ ist,
β) für ein Elektron, für das $v_z < 0$ ist.
Es sei dabei $\overline{PM} = 0,2$ m, $U_b = 1,0 \cdot 10^3$ V, $B = 5,0 \cdot 10^{-3} \frac{\text{Vs}}{\text{m}^2}$.
Kennzeichnen Sie die Bahnprojektionen mit α und β und geben Sie den Umlaufsinn an.

b) Begründen Sie durch Rechnung, daß alle Elektronen, die von P unter verschiedenen Winkeln zur x-Achse ausgehen, bei den Daten von Teilaufgabe 3a durch einen weiteren Punkt der Strecke $\overline{PM}$ gehen.

c) Bei $U_b = 2250$ V treffen alle von P ausgehenden Elektronen in der Schirmmitte M auf, wenn $\overline{PM}$ und B die in Teilaufgabe 3a angegebenen Werte haben. Berechnen Sie aus diesen Angaben $\frac{e}{m_e}$. (Nichtrelativistische Rechnung!)

4. a) Welchen Wert hat $\frac{e}{m}$ für Elektronen, die mit vernachlässigbarer Anfangsgeschwindigkeit in einem elektrischen Feld die Potentialdifferenz $1,0 \cdot 10^5$ V durchlaufen haben?

b) Bei der Berechnung von $\frac{e}{m}$ mußten Sie voraussetzen, daß e nicht von der Geschwindigkeit abhängt. Wie kann man die Gültigkeit dieser Voraussetzung bestätigen? Angabe eines Versuchsprinzips oder anderer geeigneter Überlegungen genügt.

Leistungskursabitur 1982, II

Alle Berechnungen können nichtrelativistisch durchgeführt werden.   Bewertung

1. a) Unter welchen Bedingungen beschreibt ein Strahl geladener Teilchen in   4
einem Magnetfeld eine Kreisbahn?

b) Wie kann eine solche Kreisbahn für Elektronen experimentell gezeigt werden?   8
Beschreiben und zeichnen Sie hierzu eine geeignete Versuchsanordnung mit Orientierung der Felder und geben Sie eine knappe Erklärung für die Sichtbarkeit der Bahn.

c) Leiten Sie eine Formel her, mit der man aus den Daten des Versuchs von Teilaufgabe 1b) die spezifische Ladung der Elektronen bestimmen kann.   9

Die folgenden Aufgaben beziehen sich alle auf die nebenstehend dargestellte Versuchsanordnung. Wasserstoffkerne $^1_1\text{H}^+$ verlassen bei hoher Temperatur eine Ionenquelle und werden anschließend in einem elektrischen Längsfeld (Bremsspannung U_G) abgebremst.

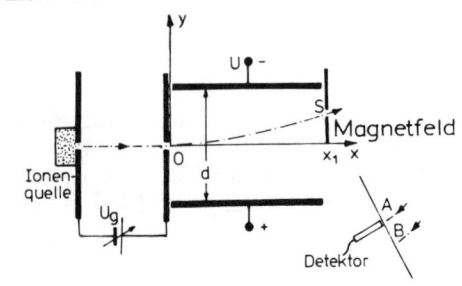

2. a) Geben Sie die Abnahme der kinetischen Energie beim Durchlaufen der Bremsstrecke an.

b) Die Ionenquelle emittiert auch noch Kerne des Wasserstoffisotops Deuterium, $_1^2D^+$.
Erläutern Sie, warum jeder der emittierten Isotopenkerne unabhängig von seiner Anfangsenergie in der Bremsstrecke den gleichen Betrag an kinetischer Energie verliert.

3. Es werden nun Kerne beider Isotope betrachtet, die bei 0 mit den gleichen Energien W_0 in ein scharf begrenztes elektrisches Querfeld der Länge x_1 eintreten. Dieses Querfeld wird bei einem Plattenabstand d durch die Spannung U zwischen den Platten erzeugt.

a) Kerne der Masse m und der Geschwindigkeit v_0 durchlaufen die Bahn OS.
Leiten Sie die Gleichung dieser Bahn her.

$$\left(\text{Zwischenergebnis: } y = \frac{eU}{2dmv_0^2} \cdot x^2\right)$$

b) Zeigen Sie, daß diese Bahn unabhängig von der Masse der Kerne ist, wenn die Kerne beider Isotope mit gleicher Anfangsenergie W_0 in das elektrische Querfeld eintreten.

c) Erklären Sie physikalisch, warum jeder Kern nach Durchlaufen des Querfeldes eine Zunahme seiner kinetischen Energie erfahren hat, und zeigen Sie, daß diese Zunahme

$$\Delta W = \frac{e^2 U^2}{4d^2 W_0} \cdot x_1^2 \text{ beträgt.}$$

4. Nur die Wasserstoff- und Deuteriumkerne mit der Energie $W_1 = W_0 + \Delta W$ verlassen das elektrische Querfeld an der Stelle $S(x_1|y_1)$ und treten dort in ein homogenes Magnetfeld ein, dessen Feldlinien auf der Zeichenebene senkrecht stehen.

a) Zeigen Sie, daß sich die Bahnradien der beteiligten Kerne beider Isotope wie $1:\sqrt{2}$ verhalten.

b) Zur Registrierung der Teilchen müssen diese einen Detektor senkrecht treffen, der auf einer geraden Meßschiene verschoben werden kann.
Zeigen Sie anhand einer Skizze, daß die Verlängerung der Meßschiene durch S gehen und dort auf der Bahnrichtung senkrecht stehen muß.

5. Der Detektor wird nun mit einem Zählratenmesser verbunden.
Aufgrund der Art ihrer Erzeugung verlassen die Kerne die Ionenquelle mit unterschiedlichen Anfangsenergien.

a) Begründen Sie, warum trotz einer Veränderung der Bremsspannung U_G im Punkt A stets Teilchen der gleichen kinetischen Energie auftreffen.

b) Inwiefern kann sich eine Änderung der Bremsspannung U_G auf die Zählrate der in A auftreffenden Teilchen auswirken?

c) Wie kann mit der gesamten Anordnung die Verteilung der Anfangsenergien in der Ionenquelle – nach Isotopen getrennt – untersucht werden?

Leistungskursabitur 1983, II   Bewertung

Alle Herleitungen und Berechnungen sind nicht-relativistisch durchzuführen. Die Gravitationskraft wird vernachlässigt.

1. Zwei Kondensatorplatten sind $d = 15{,}0$ cm voneinander entfernt. Das Feld zwischen den Platten ist homogen und hat die Feldstärke $E = 3000 \, \frac{\text{N}}{\text{As}}$. Außerhalb des Kondensators wird – idealisiert – $E = 0$ angenommen. Die Spannung zwischen den Platten ist U_1. Die Platte am Koordinatenursprung ist negativ geladen.

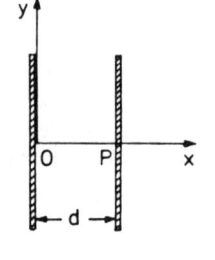

   a) Berechnen Sie die Spannung zwischen den Kondensatorplatten.   3

   Ein Elektron habe in O die Geschwindigkeit $0 \, \frac{\text{m}}{\text{s}}$.

   b) Berechnen Sie die Zeit, in der es von O nach P gelangt.   8

   c) Berechnen Sie die Geschwindigkeit, mit der es in P auftrifft.   6

   Ein anderes Elektron habe in O die Geschwindigkeit $u_y = 5{,}0 \cdot 10^6 \, \frac{\text{m}}{\text{s}}$; $u_x = 0 \, \frac{\text{m}}{\text{s}}$.

   d) Berechnen Sie den Auftreffort auf der positiven Platte.   5

   e) Geben Sie für diesen Fall die Bahngleichung für das Elektron in Abhängigkeit von der spezifischen Ladung, der Geschwindigkeit u_y und der Feldstärke an.   7

   f) Aus einer Ionenquelle sollen nun von O aus einfach negativ geladene Ionen in positive y-Richtung wegfliegen.   7
   Zeigen Sie, daß man obige Anordnung nicht ohne weiteres zur Isotopentrennung benutzen kann. Welche zusätzliche Maßnahme wäre dazu notwendig?

2. Die Kondensatorplatten werden nun durch Metallgitter ersetzt. Das elektrische Feld darf wieder als homogen angesehen werden.
   Ein Elektronenstrahl, der unter dem Winkel ε gegen die x-Achse im Ursprung O eintritt, durchläuft das Kondensatorfeld und tritt in Q wieder aus. Die Kondensatorspannung ist wieder U_1. Der Strahl schließt nach dem Austritt mit der x-Achse den Winkel ε' ein, er wird durch das elektrische Feld des Kondensators »gebrochen«.

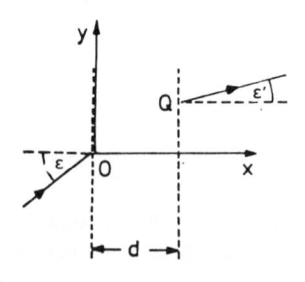

   a) Die Eintrittsgeschwindigkeit sei $u = \begin{pmatrix} u_x \\ u_y \end{pmatrix}$. Stellen Sie die Gleichungen auf, aus denen man die Änderungen der Geschwindigkeitskoordinaten u_x und u_y bestimmen kann. Die Berechnung der Geschwindigkeitsänderungen ist nicht verlangt!   9

b) Geben Sie die Bahngleichung, die für die Elektronen zwischen O und Q gilt, in allgemeiner Form an.   7

c) Berechnen Sie die kinetische Energie der Elektronen nach dem Verlassen des Kondensatorfeldes allgemein.   5

Die Elektronen des Strahls haben ihre Anfangsgeschwindigkeit u ausschließlich beim Durchlaufen einer Beschleunigungsspannung U_0 erhalten.

d) Die Geschwindigkeit der Elektronen beim Verlassen des Kondensators sei $\vec{v}$.   7
  α) Drücken Sie $|\vec{v}|$ durch die Beschleunigungsspannung U_0 und die Kondensatorspannung U_1 aus.
  β) Berechnen Sie $|\vec{v}|$ für $U_0 = 150$ V und $U_1 = 450$ V.

e) Zeigen Sie, daß für die »Brechung« des Elektronenstrahls das gleiche Gesetz wie für die Brechung von Lichtstrahlen gilt (siehe physikalische Formelsammlung – Brechungsgesetz, Seite 41).   12

f) Geben Sie die Brechzahl in Abhängigkeit von U_0 und U_1 an.

Leistungskursabitur 1986, II (Auszug)   Bewertung

1. Bestimmung der Elementarladung
Robert A. Millikan gelang mittels nebenstehender Versuchsanordnung der Nachweis des quantenhaften Charakters der elektrischen Ladung. Elektrisch geladene Öltröpfchen (Radius r, Dichte ϱ) fallen durch die Bohrung L des Millikan-Kondensators. Die Spannung U an den Kondensatorplatten (Abstand d) kann reguliert werden. Der Auftrieb der Tröpfchen in Luft soll vernachlässigt werden.

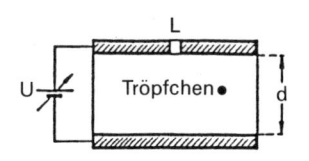

a) Erklären Sie knapp die »Schwebefeldmethode«.   4

b) Leiten Sie für den Schwebefall allgemein eine Beziehung her, die es gestattet, die Tröpfchenladung aus den gegebenen Größen zu berechnen.   6

c) Erläutern Sie kurz, wie man aufgrund dieser Versuche auf die Existenz einer Elementarladung schließen konnte.   4

d) Nennen Sie Gründe, die eine exakte Ladungsbestimmung mit der Schwebefeldmethode erschweren.   5

e) Begründen Sie, ob sich das Schweben eines geladenen Öltröpfchens auch mit einem homogenen Magnetfeld erreichen läßt.   4

f) Ein negativ geladenes Öltröpfchen der Masse $m = 4{,}9 \cdot 10^{-12}$ g fällt im Millikan-Kondensator ohne elektrisches Feld infoge der Luftreibungskraft $F_R = 6\pi\eta r v$ mit der konstanten Geschwindigkeit v_1 (η = Zähigkeit der Luft). Nach dem Einschalten eines homogenen elektrischen Feldes, dessen Feldstärke die gleiche Richtung wie die Gravitationsfeldstärke hat, fällt das Tröpfchen mit der konstanten Geschwindigkeit $v_2 = 0{,}4 v_1$.   15
Berechnen Sie die Ladung des Tröpfchens, wenn $E = 6{,}0 \cdot 10^4 \,\dfrac{\text{V}}{\text{m}}$ ist.

2. Kreisbeschleuniger
In modernen Kreisbeschleunigern werden elektrische Ladungen durch mehrere Magnetsektoren auf Kreisbahnen mit wachsendem Radius gezwungen und zwischen den Sektoren durch elektrische Wechselfelder beschleunigt. Ein einzelner Magnetsektor soll im folgenden näher betrachtet werden:

Teilchen der Masse m und der positiven Ladung q treten mit der Geschwindigkeit v_0 bei A senkrecht zum homogenen Magnetfeld $\vec{B}$ in den Sektorkanal mit dem Radius r_0 und dem Sektorwinkel α ein und verlassen ihn wieder bei X.

a) Begründen Sie, warum der Geschwindigkeitsbetrag konstant bleibt und die Teilchen sich auf einer Kreisbahn durch den Sektorkanal bewegen.   5

b) Berechnen Sie die dazu nötige magnetische Flußdichte B und die Durchlaufzeit T_α in Abhängigkeit von v_0, r_0 und α.   8

c) Die Flußdichte B sei so eingestellt, daß sich Protonen der Geschwindigkeit v_0 auf der angegebenen Kreisbahn bewegen. Anstelle von Protonen sollen α-Teilchen derselben Geschwindigkeit v_0 auf derselben Bahn durch den Magnetkanal der Breite d geschleust werden. Man kann das erreichen, indem man B beibehält und an die Begrenzungsplatten eine Spannung U anlegt. Das zusätzlich entstehende elektrische Feld soll als homogen betrachtet werden ($r_0 \gg d$).   11
Betrachten Sie die auf ein α-Teilchen wirkenden Kräfte, und berechnen Sie allgemein die anzulegende Spannung U.

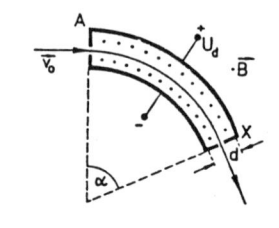

Verzeichnis der aufgeführten Literatur

Bergmann-Schaefer: Lehrbuch der Experimentalphysik, Bd.2, 1966, Verlag Walter de Gruyter, Berlin.
Digitale Elektronik in Meßtechnik und Datenverarbeitung, Bd. 2, PHILIPS Fachbücher, Hamburg, 1970.
Dransfeld-Kienle: Physik II, 1975, R. Oldenbourg Verlag, München.
dtv-Lexikon der Physik. Deutscher Taschenbuch Verlag, München, 1970.
Feynman: Lectures on Physics, Bd. 2, 1973, R. Oldenbourg Verlag, München.
Finkelnburg: Einführung in die Atomphysik, 1967, Springer Verlag, Berlin.
Grimsehl: Lehrbuch der Physik, Bd. 2, 1973, Teubner Verlagsgesellschaft, Leipzig.
Kittel: Einführung in die Festkörperphysik, 1973, R. Oldenbourg Verlag, München.
Lexikon der Technik und Naturwissenschaften. Fischer Handbücher, Frankfurt, 1972.
Lüscher: Experimentalphysik II. BI-Hochschultaschenbuch 115/115a, Mannheim, 1966.

Register

Abgeleitete Größe 14
Äquipotentialfläche 45
Arbeit im elektrischen Feld 35ff.
Aston, Massenspektrograph 133

Ballistisches Galvanometer 200ff.
Ballistisches Meßverfahren 201
Barkhauseneffekt 172
Basisgröße 14
Beschleuniger 130
Bewegung von Ladungen im elektrischen Feld 91f.
Bewegung von Ladungen im homogenen Magnetfeld 126

Coulombsches Gesetz 61
Cunningham-Korrektur 210
c_{ut}-Bestimmung 213

Dämpfung des Galvanometers 200
Dauermagnet 172
Dielektrizitätskonstante, Messung der 24
Dielektrizitätskonstante, relative 69
Differentielle Form des Induktionsgesetzes 153
Doppelweggleichrichtung 166
Drehspulinstrument 113
Dreifingerregel 104
Driftgeschwindigkeit 123
Duanden 130

Effektivwert von Wechselspannung und Wechselstrom 165f.
Einweggleichrichtung 166
ε_0-Bestimmung 69
Elektrisches Feld 28
Elektrische Feldstärke 28
Elektrochemisches Äquivalent 83
Elektrolyse 83
Elektrometer 16
Elektromagnetische Induktion 114f., 148f.
Elementarladung 84f.

Energie des elektrischen Feldes 76
Energie des magnetischen Feldes 192
Energiedichte des elektrischen Feldes 78
Energiedichte des magnetischen Feldes 194
e/m-Bestimmung 126

Fadenstrahlrohr 126
Faradaysche Gesetze 83
Faradaysche Konstante 84
Feldstärke, elektrische 28
Feldstärke, magnetische 138
Ferromagnetische Stoffe 99, 169
Ferromagnetismus 169
Flächenladungsdichte 57
Flußdichte, magnetische 107
Fluß, magnetischer 148

Galvanometer, ballistisches 16
Geschwindigkeitsfilter 113
Grundgleichung des elektrischen Feldes 57
Grundgleichung des magnetischen Feldes 141
Grundgröße 14

Halleffekt 120
Hallkonstante 124
Hallspannung 122
Helmholtz-Spulen 127
Henry 178
Homogenes elektrisches Feld 29f.
Homogenes magnetisches Feld 101
Hufeisenmagnet 101
Hysterese 171

Induktion, elektromagnetische 114f., 148f.
Induktionsgesetz, differentielle Form 153
Induktionsgesetz, integrale Form 151
Induktionskonstante 141
Induktionsspannung 114
Induktivität 178
Influenz, elektrische 19, 56

Influenz, magnetische 100
Influenzkonstante, Bestimmung der 24
Integrationsregeln 198

Kapazität, Messung der 22
Kilomol 83
Koerzitivfeldstärke 171
Kondensator, Aufladung eines 187
Kondensator, Entladung eines 187
Kraft auf bewegte Ladungen im Magnetfeld 111
Kraft auf einen stromdurchflossenen Leiter im Magnetfeld 104
Kugelkondensator 20, 65

Ladung, elektrische 14f.
Ladung, Bewegung im elektrischen Feld 91
Ladungsmessung mit dem Elektrometer 16
Ladungsmessung mit dem ballistischen Galvanometer 16
Ladungsmessung mit dem Meßverstärker 17
Ladungsträgerdichte 125
Lenzsches Gesetz 156
Lineare Überlagerung elektrischer Felder 46
Lineare Überlagerung magnetischer Felder 146
Lorentzkraft 110f.

Magnetfeld 99
Magnetfeld eines geraden Leiters 102, 146
Magnetfeld eines stromdurchflossenen Leiters 102
Magnetfeld der Erde 101
Magnetfeld, Messung mit der Hallsonde 119f.
Magnetfeld, Messung mit der Induktionsspule 116
Magnetische Feldkonstante 141
Magnetische Feldstärke 138
Magnetischer Fluß 148
Massenspektrograph 131
Materie im elektrischen Feld 69

Materie im magnetischen
 Feld 169
Messung von Wechsel-
 strömen 166
Meßverstärker 17, 207f.
MHD-Generator 129
Millikan-Versuch 85
Modell eines Magneten 101
Modelleiter 111
Modellvorstellung zum
 Ferromagnetismus 171
Molekulargewicht, relatives
 83f.

Neukurve 171

Öltröpfchenversuch 85

Parabelmethode 131
Parallelschaltung von Spulen
 185
Permeabilität, relative 170
Potential, elektrisches 44

Potentialdifferenz 46
Potential, Messung des 51
Potential, Überlagerung von
 46
Potentielle Energie 39

Radialsymmetrisches elek-
 trisches Feld 60
Rechte-Faust-Regel 102
Rechte-Hand-Regel 104
Remanenz 171

Selbstinduktion 173f.
Serienschaltung von Spulen
 184
Sinusförmige Wechsel-
 spannung 163
Spannung 49
Spannungsstoß 116, 154
Spannungsstoßkonstante 213
Spiegelgalvanometer 200
Stabmagnet 99
Stromstärke 14

Stromstoß 154
Stromstoßkonstante 202

Thomsonscher Massen-
 spektrograph 131
Transformatoreisen 171

Überlagerung magnetischer
 Felder 146
μ_0-Bestimmung 151

Vektorcharakter von $\vec{B}$ 112
Verschiebungsdichte, elek-
 trische 56
Verschiebungsdichte in
 Materie 73
Verschiebungsdichte, Vektor-
 charakter 57

Wechselstrom, Erzeugung
 von 163

Zyklotron 130